RISE OF THE VULCANS
The History of Bush's War Cabinet

布什 战争内阁史

〔美〕詹姆斯·曼（James Mann）著
韩红 田军 肖宏宇 译

北京市版权局登记号图字:01-2006-0577号

图书在版编目(CIP)数据

布什战争内阁史/(美)曼(Mann,J.)著;韩红,田军,肖宏宇译.—北京:北京大学出版社,2007.1

ISBN 978-7-301-11299-1

Ⅰ.布… Ⅱ.①曼… ②韩… ③田… ④肖… Ⅲ.①政治人物-研究-美国-现代 ②政治-研究-美国-现代 Ⅳ.①K837.127=5 ②D771.2

中国版本图书馆 CIP 数据核字(2006)第138067号

Rise of the Vulcans: The History of Bush's War Cabinet
By James Mann
Copyright ⓒ James Mann, 2004
All rights reserved including the right of reproduction in whole or in part in any form.
This edition published by arrangement with Viking Penguin, a member of Penguin Group (USA) Inc,

书 名:	布什战争内阁史
著作责任者:	〔美〕詹姆斯·曼 著 韩 红 田 军 肖宏宇 译
责 任 编 辑:	张盈盈 耿协峰
标 准 书 号:	ISBN 978-7-301-11299-1/D·1630
出 版 发 行:	北京大学出版社
地 址:	北京市海淀区成府路205号 100871
网 址:	http://www.pup.cn 电子邮箱:ss@pup.pku.edu.cn
电 话:	邮购部 62752015 发行部 62750672 编辑部 62753121
	出版部 62754962
印 刷 者:	北京宏伟双华印刷有限公司
经 销 者:	新华书店
	787毫米×1092毫米 16开本 24.5印张 417千字
	2007年1月第1版 2007年3月第3次印刷
定 价:	39.00元

未经许可,不得以任何方式复制或抄袭本书之部分或全部内容。

版权所有,侵权必究

举报电话:010-62752024 电子邮箱:fd@pup.pku.edu.cn

RISE OF THE VULCANS
The History of Bush's War Cabinet

序

唐师曾

一

这两年,我给十几本国际问题畅销书写序:《萨达姆的伊拉克》、《驻伊华裔美国兵》、《世界的眼睛——马格南50年》、《〈生活〉杂志50年》、《焦点不实》、《海湾战争锅盖头》、《战云笼罩巴格达》……可最让我诚惶诚恐的,还是面前这本《布什战争内阁史》(*Rise of the Vulcans: The History of Bush's War Cabinet*, N. Y. : Penguin Books Ltd. , January 2004)。

首先,给老鸭布置作业的,是北大国际关系学院"博导"——黄宗良教授,23年前,他指导过我的毕业论文。黄教授是世界社会主义研究所所长,毕生钻研社会主义与资本主义关系史,屡为"帝师",进中南海给中央政治局讲国际政治。现在,老师命学生给名著作序,不仅凸现北大作为中南海"外脑"博采众长的学术、战略眼光,还表明恩师对老鸭肆意游走世界热点地区,寄予厚望。

其次,作者詹姆斯·曼(James Mann)是老鸭同行,曾任《洛杉矶时报》驻京首席记者,中文名字"孟捷慕"。既有行万里路的"记者长腿",又有读万卷书的"学者大脑"。特别善于透过错综复杂、瞬息万变的虚实影像,精准、精炼、精彩地解析"影像"背后的逻辑关系。詹姆斯·曼还为《新共和》、《大西洋月刊》、《华盛顿邮报》等报刊撰稿，现任华盛顿"外脑"——战略与国际研究中心（CSIS）研究员。这本《布什战争内阁史》是他多年读书走路的扛鼎之作，颠覆了《世界是平的》作者托马斯·弗里德曼等一大批国际问题专家的传统论述，久踞《纽约时报》畅销书排行榜。

第三，北京大学出版社素来执名著、学术著作之牛耳，民主科学，兼容并包，宝相庄严。1991年苏联解体，盎格鲁-撒克逊人通过海湾战争一蹴而就，成为中东乃至世界无争的主宰。充斥TV屏幕的是经过处理的美国拷贝，信息陈旧且不对称。纷杂混乱的垃圾信息误导持冷战思维的学术界，形势分析忽而"挺萨"，忽而"亲美"。战略预测死板僵化，一再走空，民意哗然。北京大学出版社适时出版《布什战争内阁史》，轻取超级大国的他山之石，解析走入迷局的国际关系，激励我们相对滞后的国际问题研究，可谓一石三鸟。

二

詹姆斯·曼是一流的调查记者，1992年水门事件20周年，就在《大西洋月刊》质疑费尔特是水门"深喉"。他任《洛杉矶时报》常驻北京记者期间，不仅自己开吉普车，还写了许多源自吉普的鸿篇巨著。

1989年，他不失时机地出版《北京吉普：美国企业在中国的短暂罗曼史》（Beijing Jeep: The Short, Unhappy Romance of American Business in China），回顾美国AMC与北京切诺基的10年历史，剖析不同政治背景下的艰难合作，认为文化差异可能导致"北京吉普痛苦收场"。《福布斯》将该书列为"后毛泽东时代"来华经商秘笈，称："任何想去世界上人口最多的国家闯荡的公司，都应当读一读。"

受《北京吉普》影响，艾柯卡的克莱斯勒公司接替AMC继续与北京合资，现在已经发展成中、美、德三国合资的"北京戴姆勒-克莱斯勒-奔驰公司"，不仅制造大吉普"切诺基V8"，还生产"克莱斯勒"和"北京奔驰"。

此后，詹姆斯·曼出版《变脸》（About Face），也有人翻译成《翻脸》或《转向》。以《洛杉矶时报》驻京记者的独特身份，揭秘尼克松、基辛格借秘密外交利用中国，企图摆脱越战泥潭，牵制苏联。认为1972年《上海公报》、1978年《中美建交公报》、1982年《八一七公报》、1979年《与台湾关系法》只注重争取中国围堵苏联，忽视了民意和"民主、人权等普世价值"，忽略两国政治体制、经济制度、社会关系、意识形态、普世价值观的巨大差异。一旦苏联解体，这种浮沙上的战略伙伴,立即遭到包括"人权"在内多种价值观的挑战而土崩瓦解。

小布什当选总统后,许多学者——包括《世界是平的》作者托马斯·弗里德曼、《纽约时报》专栏作家莫林·多德、上海国际问题研究所杨洁勉都认为,美国将"重视大国外交,维持稳定而不是改变世界","重走老路"(retreads)。

詹姆斯·曼查阅数百份新近解密的政府文件、访问近百位相关人士后,写出《布什战争内阁史》。他以人性和自然法则为秘匙,透过中美撞机、"9·11"、伊拉克战争等表象,解析布什外交政策的来龙去脉,揭示美国政府的政治信念和文化根源。首次把目光聚焦在布什政府的"火神派"上,认为总统采取的言论、行动,往往来自手下的官员。

三

2001年9月15日,"在接到中国记者对恐怖袭击美国鼓掌欢呼的报告后",美国副国务卿阿米蒂奇下令"Send them home"。这句口号曾在中东的反美示威中反复出现,意思是"滚回老家",或"遣返原籍"。

把中国记者"遣返原籍"的阿米蒂奇身材魁梧,散漫、唐突、外向、不拘礼节,是个爱打仗、爱闻火药味的怪人。安纳波利斯海军学院毕业后,化名"陈"参加越战,要把越南人炸回到石器时代。"陈"是越南民族英雄,1287年抵抗过蒙古入侵。

"火神"(Vulcans)是古罗马"火、货币与金属锻造之神",代表权力、顽强、坚韧和耐久精神。布什政府的"火神内阁"包括副总统切尼、国家安全顾问赖斯、国防部长拉姆斯菲尔德、国务卿鲍威尔、国防部副部长沃尔福威茨、副国务卿阿米蒂奇……

冷战时代的迪安·艾奇逊、乔治·凯南、埃夫里尔·哈里曼和约翰·麦克洛伊……从商业、银行和国际法界进入政府,有强有力的学术背景。这些知识分子奉行"智者"外交,把美国的影响扩大到第三世界。

阿米蒂奇和其他火神都是行伍出身,都曾供职五角大楼,军人出身和缺少文化。他们信仰坚定,自诩继承希腊罗马传统,迷信军事实力,主张以实力推行美国的民主理想。他们无暇谈判,不再听信以往的借口,不再服从共同的理性,不再使用固有的思维方式。美国历任政府能够容忍的事情,他们不再容忍了……

布什当选总统伊始,"火神派"政府不顾欧洲盟友感受,对不符合美国利益的条约、协定公开质疑。他们质疑冷战的遏制、威慑政策,主张先发制人,对朝鲜、中国采取针锋相对的强硬政策,以战争实现美国的民主价值观。

美国对伊拉克的决策几乎包含了"火神派"的全部世界观,美国的外交战略与罗马的"马基雅弗利"权谋政治同出一源。

四

1991年海湾战争地面战役打响后,2月24日我给新华社发报,预测盟军会像占领德国、日本那样改造伊拉克(见1994年知识出版社《我从战场上归来》)。可是参联会主席"火神"鲍威尔,竟阻止美军进攻巴格达。我在巴士拉附近拍到"麦地那光明师"、"依赖真主师"上百辆平板拖车驮着T-72北撤。据CIA分析,"至少有365辆(占总数一半的)苏制T72,以及'汉谟拉比'一个整师逃回巴格达"。

停火后,施瓦茨科普夫允许伊拉克使用直升飞机,"攻击什叶派和库尔德武装力量"。1991年4—5月,我在苏莱马尼亚、埃尔比勒看到伊军直升机向库尔德人喊话,要难民返回家园。鲍威尔称:"我们实际意图是给巴格达留下足够的实力生存下去,形成对美国抱有敌意的伊朗的威胁。"

中东原是统一的阿拉伯帝国,后分裂成22个民族国家。它们可分为三种类型:第一类,始终与英美保持友好;第二类,曾经与英美为敌,海湾战争后迅速改变外交政策;第三类,继续坚持我行我素。在美国的持续压力下,前两类越来越多,第三类越来越少。

二战以来,西方始终对叙利亚、利比亚、埃及、约旦、伊拉克的阿拉伯复兴社会党保持警惕,只是把主要精力放在防止共产主义扩散上。苏联解体后,热衷阿拉伯复兴社会主义的萨达姆、卡扎菲上升为矛盾焦点。

我曾在开罗请教一位美国记者,为什么不许伊拉克拥有大规模杀伤性武器?这老兄理直气壮地告诉我,中东石油是整个地球的血库,必须绝对安全。我接着问,以色列也是中东国家,为什么就可以拥有类似武器?这老兄说,以色列四年一次大选,政体健康。而伊拉克是萨达姆一人说了算,一个人说了算的独裁国家随时危害整个人类……

我先后五次进入巴格达,海湾战争是20世纪钢铁含量最大的战争,它使二战奠定的两极格局土崩瓦解。这是历任美国总统前仆后继、始终追求国家利益的必然结果。反法西斯巨人罗斯福、冷战总统杜鲁门、欧洲解放者艾森豪威尔以及肯尼迪、约翰逊都试图进入中东。70年代，尼克松、福特、卡特通过《戴维营协议》促成萨达特、贝京埃以和平。海湾战争终于给布什机会，再次以拯救者身份，名正言顺地进驻海湾。

五

在"9·11"以后5个月里，布什的"火神政府"已把反恐重点从报复"9·11"袭击，转移到阻止恐怖分子获得大规模杀伤性武器，又转移到防止"流氓国家"向恐怖分子提供这些武器，再转移到阻止"流氓国家"发展大规模杀伤性武器。凡是被布什政府打上"邪恶轴心"的政权就像二战中的"轴心国"，布什的《邪恶轴心讲话》把伊拉克押上公审舞台，它就乖乖地竖在那里等候宣判。对不道德的政权不能绥靖，只能依赖美国的强大军事实力。

2002年"9·11"一周年，搜狐请我在线聊天，有人问："你觉得美国是否会对伊拉克单独动手？"我答："至少是和英国一起。"有人问："你是否觉得年内对伊拉克动武？"我答："空袭始终就没断。从气候上看，我不认为这么快会有大规模地面行动……"此后半年盟军地面入侵巴格达，一年后逮捕萨达姆，此前美国就这么对待过巴拿马的诺列加、南联盟的米洛舍维奇……按照"火神"理论，这同于纽伦堡和东京审判。

由于阿拉法特不听话，布什在玫瑰园要求选举"不向恐怖主义妥协的"新领导人，取而代之。以色列的急性子沙龙立即给阿拉法特断水断电，传出给阿拉法特投毒的谣言……

入侵伊拉克干涉中东的决策囊括了"火神内阁"的全部世界观，即武力实现中东民主化，就像盟军占领德国、麦克阿瑟改造日本。其内部逻辑是：恐怖主义已成为美国的主要威胁，而恐怖主义又主要兴起于中东。因此，"塑造未来的安全环境"，就意味着改变中东的整个政治和社会结构。

作为无所事事、四海漫游的海湾遗老，老鸭这篇抑郁唠叨，就像2000年萨达姆给我的签名一文不值。还是见好就收，别让我冗长的疯话耽搁列位品味这本好书——《布什战争内阁史》。

2006年12月15日，新华社宿舍

献给我的母亲佩吉·曼
她用坚忍不拔的美德
和对生活的热爱
激励着我们每一个人

RISE OF THE VULCANS
The History of Bush's War Cabinet | 目录

前　言　001

第一章	在战争和阴谋中崛起的政客	001
第二章	身为门徒的知识分子	021
第三章	士兵和水手	037
第四章	同苏联人缓和，排挤基辛格	057
第五章	进入波斯湾	079
第六章	过渡	093
第七章	保守派的大本营	111
第八章	论独裁与民主	127
第九章	在善与恶的大决战中	137
第十章	丑闻及其后果	149
第十一章	新总统，新班子	165

第十二章	动用武力 181
第十三章	一个帝国的消亡，一种远见的诞生 199
第十四章	在野的"火神派" 217
第十五章	"火神派"的日程表 235
第十六章	竞选 249
第十七章	谁来执掌五角大楼？ 263
第十八章	预兆与信号 279
第十九章	历史从今天开始 297
第二十章	新战略 313
第二十一章	走向伊拉克战争 333

结束语 357

致　谢 369

RISE OF THE VULCANS
The History of Bush's War Cabinet

前言

乔治·W. 布什在1999年和2000年竞选总统的过程中，逐渐确定了一个贯穿始终的主题。他反复解释说，他有一群出类拔萃、比民主党人经验丰富得多的顾问，企图打消对他外交政策经验不足的疑虑。这群顾问中，大多数曾在他父亲的政府里，在苏联解体急风骤雨的日子里，在第一次打伊拉克的海湾战争中，担任过政府高层职务。有些曾在里根政府里任职；有些甚至70年代在理查德·尼克松和杰拉尔德·福特手下工作过。

每当小布什搞错了细节——比如，有位电视记者搞了一次突然袭击式的"测验"，结果布什说不出巴基斯坦或印度领导人的姓名。① 这位候选人就会说，总统具备知人善任的能力才是重要的。"我组织的这个外交政策班子是有史以来最强的，"他这样回应一位民主党人的发难。② 他表示，他的副总统提名人迪克·切尼、科林·鲍威尔、康多莉扎·赖斯、保罗·沃尔福威茨和理查德·阿米蒂奇这些支持他的男男女女们，都是连续性和稳定的象征。这个顾问班子实际上成了他首次问鼎白宫的外交政策骨干。他想说明的与其说是他将如何行动，不如说是他将起用何人。

竞选中，布什的外交政策顾问们为自己想出了一个绰号。他们称自己的团队为"火神"，以此表达对罗马主管火、铸造和金属制造的神的敬意。为布什竞选担任外交政策协调人的赖斯在亚拉巴马州的伯明翰长大,在那里,小山上一座高56英尺的火神塑像俯瞰着市中心,以表彰该城的钢铁工业。本来,这个绰号是当玩笑叫起来的,不料却被叫开了,竞选班子开始在公开场合使用这个称呼。"火神"这个词恰如其分地表现了布什外交政策班子想要表达的形象:一种权力感,顽强,弹性和耐久性。(具有讽刺意味的是,伯明翰市的火神塑像于1999年被拆下来进行维修,因为它已经开始破损,对于这一细节,布什的班子在开始使用这个比喻时便心照不宣地避而不谈。)

毫不奇怪,布什一当选总统,便开始用这群老手来填充大多数最重要的职位。到2001年初,新政府的外交政策班子已经组成,这时,似乎有一种老同学团聚的感觉。这个班子中的大多数成员已经在此前的几届政府内共事过,他们之间的关系是密切的,复杂的,盘根错节。

新任国防部长罗纳德·拉姆斯菲尔德早在三十多年前便与切尼初次共事,切尼当时在尼克松政府内是拉姆斯菲尔德的行政助手。切尼在老布什的政府里担任国防部长,他(越过几名资历更深的将军)选择了科林·鲍威尔出任参谋长联席会议主席,并一起共事了三年。新任副国务卿理查德·阿米蒂奇也曾与鲍威尔共事过,两人同在里根政府里帮助管理五角大楼。2001年的新任国防部副部长保罗·沃尔福威茨,曾与阿米蒂奇有过密切的工作关系,当时两人在里根手下负责美国与亚洲的关系。沃尔福威茨还在国防部给切尼担任过高级助手。90年代期间,共和党在野,沃尔福威茨在拉姆斯菲尔德领导的一个重要的导弹委员会里任职,阿米蒂奇则负责一家小型私营咨询公司,并雇用了切尼的女儿。

到2001年,共和党已经在过去32年中控制白宫达20年之久。他们在总统选举政治中频频获胜,为"火神派"这样有志向的共和党人开辟了道路,使他们比民主党的同行们积累了更长时间的外交政策工作经验。他们拥有漫长的历史和共同的记忆。即便是2001年布什外交政策班子中两名最年轻的成员——总统本人和他的国家安全事务助理赖斯——也与过去这份遗产有着特殊的密切关系。布什的父亲当然是做过美国总统,更早前他曾任中央情报局局长和美国副总统。赖斯在老布什的政府里担任协调对苏政策的艰巨任务;她备受老布什总统的国家安全事务助理布伦特·斯考克罗夫特的提携。

错综复杂的关系和历史的延续深入到忠实信徒的各个阶层。最高层领袖人物的助手和门徒们,在过去若干届共和党政府里曾经恪尽职守,共同升迁。有的从一个老板手下换到另一个老板手下。切尼副总统的新任办公室主任I. 刘易斯

（·斯库特）·利比，30年前在耶鲁大学曾在沃尔福威茨教导下读本科，在里根和老布什政府时期，曾经给沃尔福威茨当过十多年的助手。赖斯的新国家安全委员会班子里，有几名成员曾经为切尼、沃尔福威茨或者阿米蒂奇工作过。

由于有这样的历史，共和党在2001年准备重掌大权时，有人以为美国与世界的关系即将回归到老布什政府时期的状态。在同一周内，《纽约时报》专栏作家莫林·多德和托马斯·弗里德曼选择了相同的词"重走老路"（retreads），来描述布什周围的人。"乔治二世是个孝子，他对老国王在各个方面都亦步亦趋，"多德几周后写道，"他觉得没有必要在君主制度上加盖自己的印章。"③

表示了类似看法的远不止报刊的专栏。在海外，许多外国政府和学者津津乐道于一种安全感：新布什政府在很大程度上将沿用老布什政府的政策，其政策将具有可预见性。新政府内的老手们将重视大国外交，而不会因为道义而对其他国家进行讨伐；将重视维持稳定，而不是改变世界。"共和党人通常比民主党人擅长外交和安全政策，"上海国际问题研究所的杨洁勉评论道。④

这些关于走老路和连续性的种种预测很快便被证明是错误的。从就任的第一个月起，新的布什外交政策班子便明确表示，它将以新的方式与世界打交道。自打一开始，它的风格便不同于老布什政府。2001年头9个月里，新政府对朝鲜和中国采取了更针锋相对的政策。它置欧洲盟友的担心于不顾，迅速开始推动研发导弹防御系统的计划。对于那些在它看来不符合美国利益的国际协定和条约则持明确的怀疑态度。

2001年9月11日，世贸中心和五角大楼遭受恐怖袭击之后，政府处理世界问题的独特方式更加明确。接下去的一年当中，"火神派"提出一系列引人注意的新主张和思想，这些主张和思想表示了要与以往的外交政策和战略分道扬镳。在处理敌对国家关系时，布什政府认定，美国将不再坚持作为冷战根本原则的遏制和威慑政策。相反，美国愿意通过进行先发制人的打击来发动战争。在中东，美国曾数十年与沙特阿拉伯这样的专制政权密切合作，而布什政府却公开鼓吹民主，大谈特谈整个地区的政治改革，从而打破了先例。

这些发展代表着某种更深刻的东西，而不是从一届共和党政府过渡到另一届共和党政府的方向性小调整。它们代表的是时代性变革，是对美国的地位和在世界的作用的崭新观点的崛起。他们看到的是一个无人能够挑战的美国，一个军事力量强大到不再需要对任何其他国家或者国家集团做出妥协和让步（除非它自己想这样做）的美国。

这一新的世界观，代表着三十多年来在共和党政府内不断发展的思想和理想达到了登峰造极的地步。其思想根源可以追溯到里根政府,更早还可以追溯到福特政府时期发生的事件——特别是对美国在越战失败的反应,以及理查德·尼克松和亨利·基辛格推行的对苏缓和政策。

其中有几位"火神派"的成员是在对上述这两项发展做出反应的过程中开始他们在华盛顿的生涯的。乔治·W.布什政府中的三位高官——拉姆斯菲尔德、切尼和沃尔福威茨——都是有关缓和的大辩论的参与者。另外两位——鲍威尔和阿米蒂奇,曾在越战中服过役。这些人在华盛顿外交政策体制内发迹的同时,始终牢记着20世纪70年代的教训和经历:美国必须加强军力,必须重新获得民众对军队的支持,必须与主要敌手针锋相对,并且在必要时战胜敌手,以此来推行民主的理想。

作为一个群体,"火神派"代表着美国对外政策领域里独特的一代人,其与众不同的程度,就像二战结束时创造了美国新的外交政策的所谓"智者"(如迪安·艾奇逊、乔治·凯南、埃夫里尔·哈里曼和约翰·麦克洛伊等),或20世纪60年代负责越战的"出类拔萃之辈"(肯尼迪家族、罗伯特·麦克纳马拉、邦迪家族和罗斯托家族等)。⑤

那些"智者"们从商业、银行和国际法界进入政府;他们的精神家园是华尔街,是投资银行网络,是与之相连的法律事务所。那些"出类拔萃之辈"则是以强有力的学术背景步入政府的;他们的精神家园是麻省的剑桥,是他们中许多人曾经求学或执教过的哈佛大学校园。

"火神派"是军中一代人。他们的源头,他们所有人在从政生涯中都曾任过职的共同机构,是五角大楼。2001年就职的这个外交政策最高层有两位前国防部长(切尼和拉姆斯菲尔德),一位前参谋长联席会议主席(鲍威尔),一位前国防部副部长(沃尔福威茨),一位前助理国防部长(阿米蒂奇)。即使是赖斯,也是从五角大楼参谋长联席会议任职开始她在华盛顿的生涯的。

20世纪40年代,"智者"们致力于在国际上和华盛顿建立有助于在受到威胁的欧洲维护民主和资本主义的机构。他们具备的法律和经商的技能,对于机构建立工作非常宝贵。肯尼迪的"出类拔萃之辈"们的建树稍有逊色,但他们尝试了用自己的学识,将美国的影响扩大到第三世界,抗衡那些被他们认为是共产主义在亚洲和非洲的运动。

"火神派"则不同。他们首要关注的是美国的军事力量。20世纪70年代和80年代初,他们的目标是在越战后帮助军队恢复和重建。80年代末90年代初,他们试图设计出应该在何时和如何运用美国重振后的军事力量。到21世纪开始的几年,随着美国的战争能力处于无可争议的地位,他们又在勾画美国的新作用,这一作用将考虑到美国军事力量与其他任何一个国家之间存在的巨大鸿沟。

"火神派"代表着在现代史中通常被描绘成两个截然不同的时期——冷战和后冷战时期——之间起着承上启下作用的一代。在"火神派"看来,苏联的解体仅仅标志着故事的一个中间章节,既非开头,亦非结尾。

论述美国在冷战中作用的著作已有上百本。这些著作在时间上多截止到1989年推倒柏林墙或1991年苏联倒台。出现了被称作"冷战史"的完整的研究学派。同时,在过去10年里,还有许多著作专门论述了通常所说的后冷战时期的世界,这些著作多从1989—1991年写起。所有这些著作都认为,冷战的结束标志着一个根本性的断裂,历史的叙述必须从此时开始,或者终止于此。

"火神派"的故事提醒人们,把历史截然划分为冷战和后冷战时期是非常生硬的。"火神派"的职业生涯跨越了这一人为划分的两个阶段。在政府任职期间,他们最直接地面对了有柏林墙的世界和柏林墙倒塌后的世界。

如果我们能超越对冷战结束表现的持续的专注,便会透过"火神派"的经历,开始注意到一部前后贯通的叙述。这里讲述的,是拥有世界历史上空前强大力量的美国逐渐崛起的故事。的确,我们可以把本书涉及的时间跨度看做一个独特的历史时期。从20世纪70年代初至2003年,美国的实力逐渐走出越战结束时的低谷,上升到拥有了无可争议的军事力量的地位。

这一时期开始时,美国仍然在为在东南亚的失败而晕眩。不论在海外,还是在国内,人们普遍认为美国正在走下坡路。美军声名狼藉,并被种族关系紧张所困扰;在国会,国防预算不断受到抨击。美国急切地希望在海外达成一系列新的谅解:与苏联缓和关系,同时和中国建立一种新的关系,以便遏制苏联。

接着,美国来了个大转向。在接下去的几十年里,美国不断选择扩充实力,运用自己的经济和军事力量来压倒任何潜在的对手。"火神派"正处于这些事件和选择的中心。他们相信,美国并没有衰退,美国仍然是并且必须是世界最强大的国家,必须向海外推广自己的价值观和理想。透过"火神派"和他们的经历,我们可以看到美国的变化,看到它作为世界占据统治地位的超级大国的作用的显现。

本书意在通过追溯切尼、拉姆斯菲尔德、鲍威尔、阿米蒂奇、沃尔福威茨和赖斯这六位主要成员的经历,来分析"火神派"的信仰和世界观。其目的是试图理解美国如何并且为什么会以乔治·W.布什政府所采取的方式来对待世界其他国家。"火神派"的思想是如何产生的?尤其是这六位"火神"为什么登上了共和党外交政策机构之巅?他们的哪些背景和经历,导致了他们在2001年走马上任后和"9·11"恐怖袭击后做出的那些选择?

也许应该解释一下"火神"这个词的含义。我是在象征意义上使用这个词，指的是任何一位曾在前几届共和党政府里从事过外交政策工作，后又在乔治·W.布什手下重返政府的人。

本书所涉及的这六位并非都直接参加了率先使用"火神"一词的竞选顾问班子。切尼、拉姆斯菲尔德和鲍威尔不是这个竞选小组的成员，因为他们的级别均在此之上；他们的资历过深，不宜参与日常的竞选政策活动。不过，他们三人都在布什竞选中起着关键作用。

没有参与竞选顾问小组，但在2001年重掌权力的前几届共和党政府的外交政策人员不乏其人：如斯库特·利比、国家安全副顾问斯蒂芬·哈德利、国防部副部长道格拉斯·费斯、副国务卿保拉·多布里扬斯基等。他们都可以算是"火神派"。我决定集中撰写六个人的经历和观点，因为他们在所有的"火神派"中，地位最显赫，权力最大。

我把"火神派"称为一代人，并不是说他们的观点相同。很显然，他们的见解是不同的。比如，国务院的鲍威尔和阿米蒂奇，与五角大楼的拉姆斯菲尔德和沃尔福威茨，在伊拉克、中东、朝鲜和其他问题上的分歧，是实实在在的，也是严重的。这些分歧消耗了政府相当多的精力，自然成为每天有关政府的新闻报道的主要内容。

然而，这些分歧往往掩盖了"火神派"在更宏观的问题上的一致。他们都相信美国军事力量的重要性。鲍威尔以谨慎动用军力而著称，但他的目的是避免发生第二个越战，是引导和保存美国的军队；鲍威尔支持加强军力的总体目标，在这一点上与沃尔福威茨等其他对美国发动军事行动顾虑更少的领导人一样。在1989年至1991年间，国防部企图限制国会削减军费的努力，此时，鲍威尔和沃尔福威茨是站在一起的。

此外，与其五角大楼背景相符合的是，所有的"火神派"都注重传统的国家安全问题，而把美国在国际经济中的作用问题基本交给了私营企业。他们的做法不同于克林顿政府以经济为导向的政策重点，在克林顿政府时期，国家经济委员会的权力曾一度重于国家安全委员会，财政部和国际货币基金组织则成为美国对外政策的主要工具。

"火神派"都相信，美国的实力和理想总体是世界上一支向善的力量。在此意义上，他们都有别于自由民主党人士，如在卡特政府和国会中供职的那些人，他们担心的是美国会滥用权力，他们企图建立有助于遏制美国滥用权力的规则和国际秩序。

最后，"火神派"的经历造就了他们对美国的能力及其未来的乐观态度。在这个意义上，他们的观点有别于20世纪70年代初掌控共和党政府外交政策的亨利·基辛格的悲观论点；与罗斯·佩罗的观点也不尽相同，后者在20世纪80年代末已就日本的崛起和美国即将发生的衰退发出了警告。基辛格及其追随者认为，实力受到削弱的美国需要缓和；佩罗及其追随者相信，美国的实力正在稀里糊涂地被不断削弱。相比之下，"火神派"则认定，美国是强大的，并且越来越强大。

有关布什政府内存在分歧的说法实际上忽略了这些共同之处。如果我们看看鲍威尔和阿米蒂奇这两位通常被描绘为乔治·W.布什政府里的鸽派或自由派的国务院官员，他们的历史便能说明这一点。

1981年，罗纳德·里根成为卡尔文·库利奇之后最保守的美国总统。在他的政府里，为首的强硬派是国防部长卡斯珀·温伯格。鲍威尔和阿米蒂奇则成为温伯格的两名主要助手；换言之，他们是半个世纪以来最强硬的政府中最强硬的内阁成员的忠实追随者。阿米蒂奇是负责实施里根主义的官员，所谓的里根主义，即为反对苏联支持的政权的武装暴乱提供军事和资金援助。几年后，有人试探了鲍威尔做民主党副总统提名人或国务卿的可能性。他回绝了，理由是他对共和党的外交政策要适应得多。

简言之，与乔治·W.布什政府内国防部的一些同事相比，鲍威尔和阿米蒂奇可以算是鸽派，但是，在过去30年美国外交政策更广泛的圈子内，他们几乎不能算是鸽派，事实上与其他"火神派"有许多共同之处。他们与切尼、拉姆斯菲尔德和沃尔福威茨等鹰派人士间的关系，就像是不和的家庭成员之间的关系。他们会争吵；但是他们似乎又相互需要，他们都不断回到饭桌边来。

那么乔治·W.布什本人呢？为什么不把这位美国总统和在他手下任职的这六位放进同一本书呢？我之所以不写布什，有几个方面的原因。

布什本人2001年之前并未直接从事过外交政策工作。他无需在冷战、海湾战争或者在前几十年美国与世界关系中的任何重大危机中，去明确自己的信念，或者去实施政策。布什的父亲拥有自己以前的知识，可以在这些知识的基础上做总统的决策。比如，有人开玩笑说，担任过前美国驻北京特使的老布什，是处理日常事务的中国处"处长"。而他的儿子就缺乏这种经历。他在2001年后所做的，其实不能看成是一种连续的、逐渐发展的结果，也不能根据他以往的经历来做判断，这是因为，乔治·W.布什没有以往经历。在这个意义上，他不能算是"火神派"。

由于以往经验如此有限，布什必须在极大程度上依赖他的顾问提供思想和信息。如果"火神派"没有设计出选择，他便不可能做出决策；没有"火神派"给他提供语言和思想，他就不可能制定政策。这一事实也增加了"火神派"的重要性。

这样说倒并非要贬低乔治·W.布什,或者要尽量贬低他的重要性。布什在外交政策方面缺乏经验并不一定是一个致命的缺陷。那些抱怨布什在担任总统之前极少出国旅行的人忽视了一个事实:哈里·杜鲁门担任总统前也没有出国的经历。在入主白宫之前,杜鲁门除了在一战当士兵的时候曾经派驻欧洲一年之外,从未离开过美国;他却成为在外交政策领域里最有作为的美国总统。

布什是管理者,是决策者,是手下的人在外交政策上出现分歧时的最终仲裁者,这种情况时有发生。这一权威本身代表的是令人敬畏的权力。他也为他的行政当局制定总的政治方向,这一作用对外交政策也是极为重要的。

然而,本书的主题,是过去 30 年来美国与世界不断变化的关系。因此,我们必须研究布什外交政策班子的成员以及他们的观点是如何随着时间推移而变化的。

美国人往往把美国总统的作用过分个人化。总统的新闻助手和私人顾问出于各自的原因,都在助长这样一种看法,即总统不仅是一切事物的中心,实际上也是美国政府采取的每一步行动的动力。记者和学者仔细挖掘美国总统的孩提时代、学历和早期经历,他们认为,总统生平中,每一次成功、每一次精神上的冲击、每一位女友都是重要的。当然,事实上以总统的名义采取的行动和发表的言论,通常反映着他手下的官员的观点。

在论述现代美国历史的许多著作当中,总统是核心人物。在这里,在记述"火神派"和变化中的美国的故事当中,他却仅扮演了一个配角。

注　释

① CNBC 新闻稿,"George W. Bush Stumped When Asked to Name the Leaders," November 4, 1999。
② Frank Bruni, "Bush Questions Gore's Fitness for Commander in Chief," *New York Times*, May 31, 2000, p.20。
③ 见 Maureen Dowd, "Hail Anhedonia", *New York Times*, November 12, 2000; Thomas L. Friedman, "The Way We Win", *New York Times*, November 14, 2000; Dowd, "When the Boy King Ruled", *New York Times*, December 31, 2000。
④ 作者 2000 年 1 月 19 日对杨洁勉的采访。
⑤ Walter Isaacson and Evan Thomas, *The Wise Men* (New York: Simon & Schuster, 1986); David Halberstam, *The Best and the Brightest* (New York: Random House, 1969)。

RISE OF THE VULCANS
The History of Bush's War Cabinet

第一章

在战争和阴谋中崛起的政客

第一章 在战争和阴谋中崛起的政客

1971 年4月7日,星期三,中午时分,理查德·尼克松坐在白宫隔壁行政办公楼他的秘密办公室里,正在准备当晚黄金时段对全国发表总统讲话。讲话的主题依旧是越南。尼克松在和他的两位高级助手、国家安全事务顾问亨利·基辛格和白宫办公厅主任H. R.(鲍伯·)霍尔德曼仔细审查他的讲稿,可是谈话却总是跑到另一个题目上——这就是感到越来越气愤的总统所说的"拉姆斯菲尔德问题"。尼克松盘算着要甩掉这位前众议员和后来担任白宫工作人员的唐纳德·拉姆斯菲尔德。"我觉得拉姆斯菲尔德在这里也许呆不了多久了,"他说道,几分钟后又补充道,"咱们把他甩了算了。"①

麻烦在于,在尼克松和基辛格看来,拉姆斯菲尔德正在变成一个惹人讨厌的反战鼓吹者。拉姆斯菲尔德日渐成为一小群政府官员的核心人物,他们都是搞国内政策的,在开工作人员会议时,他们私下里在议论政府为什么不能更迅速地结束这场战争。政府内部的反对者还包括管理和预算办公室主任乔治·舒尔茨、国会关系顾问克拉克·麦格雷戈,还有负责国内政策的约翰·埃利希曼。

"他们对外交政策狗屁不懂!"尼克松前一天在跟基辛格通电话时突然大发雷霆,"坦白讲,他们实际上关心的只是不惜代价的和平。因为他们关心的全是,嗯,分享利益、环境等等那些废话——依我看,这全都毫无意义。"基辛格附和道:"他们哪知道,假如这些全都不行了,我们的下场会是什么。"②

一周前,越战到达了一个里程碑:越战阵亡人数现在已经超过了朝鲜战争。这样,越南仅次于内战和两次世界大战,成为美国历史上第四场伤亡最多的战争。在国内,在大学校园,在主要城市的街头,在美国政界,越战引起了越来越严重的动乱。那年春季,新一轮反战示威正在形成。民主党挑战者、参议员埃德蒙·马斯基正在紧锣密鼓地准备1972年在竞选中与尼克松一决高下;马斯基在越战问题上跟尼克松叫上了板,民调显示,他和总统旗鼓相当,甚至超过了总统。就连国会里的共和党人都坐立不安起来;4月初,9位共和党参议员在纽约州参议员雅各布·贾维茨的家中会见了国防部长梅尔文·莱尔德,恳请尼克松结束战争。③

近两个月来,拉姆斯菲尔德一直寻求在政府里扮演新角色,一个可以影响政

府的越南政策的角色。在此过程中,他引起了基辛格的特别反感。在1971年2月27日写给尼克松的一份备忘录中,拉姆斯菲尔德做了第一次尝试,建议任命"一位高级总统助手,在减少敌对活动的同时,研究战后东南亚的形势,并提交报告"。文件之详细,使人确信拉姆斯菲尔德打的算盘是由他自己担任这个职务。拉姆斯菲尔德提出,这位特使可以为东南亚的战后重建打下基础;他坚持说,这样一位特使不会侵犯基辛格作为总统国家安全事务助理的地盘。拉姆斯菲尔德告诉尼克松,这一任命"将把注意力和重点集中到印度支那的和平而不是印度支那的战争上"④。用官僚机构的话讲,拉姆斯菲尔德是要尼克松给和平一个机会。

在越南政策上,亨利·基辛格是不会把任何权力让给这个咄咄逼人的政客的。基辛格的副手亚历山大·黑格先是拖了数周迟迟不回复拉姆斯菲尔德的备忘录,而后发了一份回复说,设立特使"会使我们的盟友搞不清楚谁在干什么"⑤。拉姆斯菲尔德锲而不舍,在椭圆形办公室里与尼克松单独会见时提出了这个想法。总统没搭他的茬。尼克松倒是提了另一桩事,他建议拉姆斯菲尔德到海外工作一段时间,以便扩大他的外交政策经验。"这对你来讲可能更好一些——我觉得你会愿意去欧洲转转,"他这样告诉拉姆斯菲尔德。这次欧洲之旅的公开目的,是就毒品问题与欧洲官员交换意见,时间定在春天晚些时候⑥。

但是,拉姆斯菲尔德还是不肯在越南问题上善罢甘休。4月7日上午,他当着其他白宫工作人员的面,硬要基辛格解释政府为什么不能更快地结束战争。后来,基辛格向总统抱怨说,拉姆斯菲尔德从来没有确切地说过他想要尼克松做什么。他从来没有(像批评尼克松的人所要求的那样)明确要求尼克松规定一个结束战争的"确切日期",而仅仅是泛泛地谈到要明确美国把在越南的驻军减少为一支"留守部队"的日期。正是这次工作人员会议,再加上拉姆斯菲尔德在越南问题上总的立场,促使尼克松谈起要开掉他。总统也担心拉姆斯菲尔德会自己先提出辞职。

"拉米他随时都可能撂挑子,"尼克松后来再见霍尔德曼和基辛格的时候这样说道⑦。

"不会的,我觉得他还不至于就要撂挑子,"霍尔德曼说,"我怀疑他会这样做,因为(在政府里继续留任)比离开政府对他有利。不过,我认为他不会成为这个班子的坚定成员。"

"他不过是想使自己接近《华盛顿邮报》和《纽约时报》而已,"基辛格插话说。

尼克松言归正传。"那好吧,我们这就把他开了,"他说,"我的天,我们打发他和(白宫顾问罗伯特·)芬奇到欧洲去度两个月的假吧。去他的。这又为了什么？"

"让他离开这里，"基辛格说道。他文雅地提醒他的上司，拉姆斯菲尔德的欧洲"假期"最初是尼克松和基辛格两个人共同的主意。

尼克松想接着排练当晚的讲话，他将在讲话当中宣布，他准备在年底前从越南撤出十万美军，不过，他也将明确拒绝规定结束战争的日期。尼克松还是不能把拉姆斯菲尔德放在脑后。

"再说说拉姆斯菲尔德问题——我对唐感到失望，鲍伯，"几分钟后，他对霍尔德曼说道，"要明白，我不想失望，因为我不想要他妈的一个只有在顺利时跟我们一条心的人，你明白我的意思吗？如果他觉得我们要完了，他会跟我们一起完的话，也许他恰好要到欧洲去度假了——然后涮他一把，知道吗？"

使尼克松尤为恼火的是，被认为是政府最能言善辩的公共发言人的拉姆斯菲尔德，居然拒绝站出来在美国人民面前为尼克松政府辩护。"他不会为任何事情站出来的，"尼克松嘟嚷着，"我们一而再、再而三地给他站出来的机会，他就是不站出来，就是不动作。"

霍尔德曼附和道："我以前总是以为他是潜在的总统竞争者，可他没戏。"

"他和芬奇一个样，"尼克松说，"他们两人都具备担任国家领导人的个人魅力，但两个人都没有骨气。"

尼克松对拉姆斯菲尔德的不快最终平息了。他是尼克松说要开掉但从未下手的几个助手之一；拉姆斯菲尔德一直呆到这届政府任期未满就换了班。然而，越南事件使人们看到，拉姆斯菲尔德在尼克松政府里所做的工作，与许多年后美国人对拉姆斯菲尔德形成的简单化的看法截然不同。

在接下去的30年里，拉姆斯菲尔德被人们视为狂热的鹰派，美国军事力量的鼓吹者。这些看法与他个人经历的早期阶段并不相符，当时，他是国内改革热情的拥护者，是尼克松政府内的温和派或者自由派。他的鸽派观点符合他的政治抱负：战争不得人心，拉姆斯菲尔德作为国内政策顾问，打赢这场战争对于他而言没有个人或者职业上的利害关系。的确，在政府服务期间津津乐道于官僚机构勾心斗角的拉姆斯菲尔德，也许认为他在越南问题上可以挑战基辛格在政府中的老大地位（在这个问题上，拉姆斯菲尔德在福特政府里以鹰派的面目干要成功得多）。

多年来，还形成了对拉姆斯菲尔德的另一种看法：他与尼克松政府的阴暗面毫无关系。之所以会有这种想法，部分原因在于拉姆斯菲尔德被任命为驻北约大

使,因此在1973和1974年,当"水门事件"丑闻闹得沸沸扬扬和尼克松辞职时,他远在千里之外的欧洲。杰拉尔德·福特,这位使拉姆斯菲尔德在尼克松辞职后重返华盛顿掌管白宫办公厅的老朋友,实际上助长了这种看法。"他(拉姆斯菲尔德)对玩政治手腕深恶痛绝,尼克松周围的那些人都明白,所以,为了自我保护,他们把他排斥在圈子之外,"福特写道。⑧

1973年2月13日,尼克松总统与拉姆斯菲尔德在玫瑰园。(尼克松总统用品收藏,美国国家档案馆)

尼克松的秘密白宫录音带描绘的却是一种更为复杂的现实。拉姆斯菲尔德并非与尼克松的政治运作毫无干系。没有迹象表明拉姆斯菲尔德卷入了"水门事件"的任何违法行为,不过,他愿为尼克松提供不太光明磊落的帮助——诋毁政敌的名声,建立与某位著名民意调查者的秘密关系等等。尼克松的录音带表明,拉姆斯菲尔德经常与约翰·米切尔和查尔斯·科尔森合作,并备受他们的青睐,此二人系尼克松手下两位最精明强干的政治活动家,他们认为拉姆斯菲尔德比其他白宫助手更精明。的确,尼克松在1971年夏最初考虑任命拉姆斯菲尔德出任北约大使时,米切尔曾强烈要求总统把任命推迟到大选之后,尼克松认定米切尔说得有道理。"我这样说吧——他在政治上为米切尔做过一些好事。他会合作的。北约挺不错,但是到北约去任职会使他脱离政坛,"尼克松曾经对霍尔德曼这样评论拉姆斯菲尔德,"……他是一位行动者。"⑨ 总之,白宫秘密录音显示,拉姆斯菲尔德并不是后来被人们描绘的那样是尼克松政治机构中的边缘人物。

尼克松和拉姆斯菲尔德之间似乎很早便建立了一种奇特而密切的关系。拉姆斯菲尔德把尼克松看做是导师。在白宫一系列一对一的长谈中,拉姆斯菲尔德一再企图成为政府的内阁成员,同时,他希望尼克松能点拨一下他的政治生涯。

拉姆斯菲尔德得到的自然是美国最干练的政治拳击手的亲自指点。

尼克松也很器重拉姆斯菲尔德。在尼克松看来,拉姆斯菲尔德属于不同于霍尔德曼、埃利希曼和基辛格的一类人;作为前众议员,拉姆斯菲尔德是唯一一位像尼克松那样不断使自己面对竞选公职带来的危险和当众受辱的可能的白宫高级工作人员。尼克松1960年和1962年在政治上蒙受的打击,以及其漫长的、备受指责的经历,不仅使总统过于自怜,而且使他与其他政客建立起密切的个人关系。霍尔德曼、埃利希曼等白宫高级助手厌恶拉姆斯菲尔德的野心和自吹自擂,但是在尼克松看来,这些特点并不是拉姆斯菲尔德的弱点。此外,尼克松还把拉姆斯菲尔德看成是能够在公开场合代表政府的合适人选,尼克松希望利用他,特别是利用他来争取大学校园和美国郊区的选民。"他年轻,才39岁,他做发言人非常理想,"尼克松说。[10]

不过,他们的关系多半不为世人所知。在公开场合,拉姆斯菲尔德从不像是尼克松政府的核心成员。尼克松非常不满地发现,拉姆斯菲尔德太喜欢挑战白宫内部的既定政策,而不太愿意在公开场合维护它。而对于拉姆斯菲尔德来说,他始终未能从尼克松那里得到他所想要的核心角色或内阁任命。正如"水门事件"之后事情发展的那样,拉姆斯菲尔德感到庆幸,他还好没有跟尼克松走得太近。

唐纳德·亨利·拉姆斯菲尔德的父亲乔治·拉姆斯菲尔德是芝加哥的房地产中间商,二战中在海军服役期间携带家眷在美国四处为家,后来返回芝加哥,在北岸安下家。唐纳德进了新特里尔高中,在那里,他是学校里的州级摔跤冠军队的明星。接着进了普林斯顿,成为摔跤队队长。弗兰克·卡卢奇是高他两届的队友,像拉姆斯菲尔德一样,后来爬到美国国家安全机构的顶层。[11]

大学毕业后,拉姆斯菲尔德在海军服役三年,成为飞行员和飞行教练,并且又成为摔跤冠军;他希望有机会参加1956年奥运会,但是因肩膀受伤而放弃。50年代末,他在华盛顿做国会议员助手。最终,他决定自己参加竞选国会议员。1962年,他参加了共和党的初选,竞选芝加哥北郊的议员席位。他的主要对手是来自伊文斯顿的一位保险公司经理,该公司正在接受州里的调查。拉姆斯菲尔德的竞选助手、年轻的共和党人杰布·斯图尔特·马格鲁德(后被宣判在"水门事件"丑闻中犯有提供伪证罪),设法让拉姆斯菲尔德的对手不断因保险公司受调查案而被发难。拉姆斯菲尔德在初选中获胜并赢得这个席位。[12]

在国会里,拉姆斯菲尔德开始显露出一些后来几十年里成为他职业生涯的特征的风格。国会的同事发现,他对陈词滥调嗤之以鼻,他喜欢在公共场合让那些动不动就在讲话中大用晦涩难懂语言的人下不来台。他是众院科学和宇航委员会成员,他对航天项目情有独钟。一次,国家航空航天局的一位官员开始向委员会介绍航空航天局"内部"将如何运作这个项目或那个项目。感到恼怒的拉姆斯菲尔德终于打断他说:"那在外部怎么做呢?"⑬

1954年担任普林斯顿大学摔跤队队长时的唐·拉姆斯菲尔德。普林斯顿大学年鉴上称他为"迅速将对手摔倒在地的能手"。(普林斯顿大学图书馆)

拉姆斯菲尔德的投票记录与来自北部郊区的其他共和党人并无不同;在经济问题上,他的立场是保守的,但在社会问题上是温和的。⑭他支持民权立法;带头推动以志愿兵役制取代义务兵役制。(40年之后,拉姆斯菲尔德担任国防部长,两位反对攻打伊拉克的国会议员提出了恢复义务兵役制的立法。拉姆斯菲尔德拿出了他在60年代的老论点,提出义务兵并未给部队带来新的"价值观和优势"。他很快便不得不向退伍军人组织道歉。⑮)

拉姆斯菲尔德对外交政策也有一定兴趣。1962年,理查德·艾伦,这位后来成为罗纳德·里根的总统国家安全事务助理的保守的共和党人,在乔治敦大学成立了一家名为"战略研究中心"的思想库。拉姆斯菲尔德是国会中最早支持该机构的议员。"在国会议员仍然有时间思考和呼吸的那段时间里,我们组织了一个小沙龙,"艾伦说,"拉姆斯菲尔德总是和一小群志同道合的共和党及民主党议员一起过来。拉姆斯菲尔德和我建立起友谊。我们没有钱;我们开的是大众牌汽车,互相串门,喝大罐子装的葡萄酒,吃意大利面条。"⑯

拉姆斯菲尔德这期间的主要成就,是他在一次向国会山现有政治秩序的成功挑战中所起的作用。巴里·戈德华特在1964年总统选举中败北后,一些共和党众议员决定要推动建立党内新的领导班子。当时共和党内担任少数党领袖的是印第安纳州的查尔斯·哈勒克。拉姆斯菲尔德成了这群造反派的头,这群人还包括纽约州的查尔斯·古德尔、密歇根州的罗伯特·格里芬、明尼苏达州的阿尔伯特·奎伊和堪萨斯州的罗伯特·埃尔斯沃思等众议员。这群人后来抛弃了哈勒克,扶持起密歇根州的杰拉尔德·福特众议员。⑰ 努力奏了效,拉姆斯菲尔德成为与福特关系最密切的顾问之一。

对于一位总体上属于保守派的共和党众议员来说,拉姆斯菲尔德在民主党人中间保持了一些令人吃惊的友谊。与他关系最近的一位众议员是反战运动领袖人物、也许是当时议员中最坚定的自由派人士的阿拉德·洛温斯坦,他在 1967 年曾经领导了民主党内反对林登·约翰逊成为党内总统提名人的斗争。拉姆斯菲尔德和洛温斯坦 50 年代末曾经一起做过国会议员助手,曾梦想联手买下一家地方报纸。⑱

1968 年竞选期间,拉姆斯菲尔德为共和党总统提名人理查德·尼克松提供了一个值得注意的小小的服务。尼克松得知拉姆斯菲尔德来自芝加哥后,便请他于 8 月间民主党在当地召开全国代表大会的时候,协助负责驻扎在康拉德·希尔顿饭店里一个小小的共和党机构的运作。这座 28 层高的希尔顿饭店是处于领先地位的民主党人、副总统休伯特·汉弗莱和持反战立场的候选人尤金·麦卡锡的总部;许多其他民主党代表也在那里安营扎寨。拉姆斯菲尔德的任务,是和其他几位尼克松的支持者一起,担任共和党候选人的公共发言人,在现场针对民主党人的攻击回答记者的提问。此外,一辈子都热衷于搜集政治情报的尼克松,要拉姆斯菲尔德汇报他那一周内的见闻,包括从与会代表和在饭店外面的抗议者那里获得的见闻。暴力发生时,拉姆斯菲尔德成为尼克松的观察员。⑲

1968 年 8 月 28 日的下午和傍晚时分,芝加哥警察沿着市中心街道追逐反战示威者,并用警棍殴打他们。部分殴打最严重的情况发生在希尔顿饭店前面的密歇根大道上。拉姆斯菲尔德一边从饭店的窗户向外观察流血冲突,一边向正在佛罗里达的比斯坎湾度假和准备秋天竞选的尼克松及其助手及时提供目击者的叙述。

"他打来电话说,'他们打伤人啦! 天啊,快看!'"当时担任尼克松全国政治督导的罗伯特·埃尔斯沃思回忆道,拉姆斯菲尔德从芝加哥打来电话时,是他接的电话。"这消息本身政治意义并不大,但是却使候选人感到兴奋。尼克松对那些细节津津乐道,"埃尔斯沃思补充道。

到了 1968 年,拉姆斯菲尔德已经做了近 6 年的国会议员。他希望有些改变。那年秋天帮助尼克松在全国竞选之后,他的希望是,如果尼克松胜出,他会被任命为共和党全国委员会主席。他没有得到这份工作。就像整个经历中的其他时候一样,拉姆斯菲尔德好斗、咄咄逼人的风格使他能取悦于高高在上的尼克松,但是

却在接近顶层的其他人中间树起劲敌,特别是尼克松的白宫办公厅主任霍尔德曼。据埃尔斯沃思说,霍尔德曼不仅使拉姆斯菲尔德没有当上党的主席(这一职位后来给了对人更随和的众议员罗杰斯·莫顿),而且与政府里各种各样的高层职务都无缘。接着,拉姆斯菲尔德争取获得众院共和党领导层的一个新职位——共和党研究计划委员会主席,但又输给了俄亥俄州众议员小罗伯特·塔夫特。在负责福特的竞选活动中,拉姆斯菲尔德得罪了众院其他一些党内头面人物。到了1969年的头几个月,拉姆斯菲尔德似乎已走投无路,成了虽有抱负但却在寻找下一个向上阶梯的众议员。

尼克松就职后三个月,终于出现了一个职务空缺。两位共和党州长谢绝了尼克松要他们出任经济机会办公室主任的邀请,该机构始建于约翰逊政府,负责管理新的扶贫项目。尼克松邀请拉姆斯菲尔德担任此职,而拉姆斯菲尔德曾经在国会投票反对过其中许多个扶贫项目。这个职位"不能满足他的期望,但是比霍尔德曼愿意给他的要好",埃尔斯沃思说。

拉姆斯菲尔德在接受该职务前拼命地讨价还价。在比斯坎湾一次与尼克松会面时,他得到了保证,不仅会任命他担任扶贫机构的主任,还将任命他为内阁部长级总统助理,办公室设在白宫。兼任白宫的职务后来证明是很重要的,因为这有助于克服一个法律上的障碍:宪法禁止国会议员接受任何联邦政府的职务,如果该职务的工资在该议员在国会任职期间上调过的话。拉姆斯菲尔德担任国会议员期间,国会曾将经济机会办公室主任的工资从3万增加到4.25万美元。不过,尼克松政府从精明强干的新任助理司法部长威廉·伦奎斯特那里得到了一份备忘录,备忘录解释道,如果尼克松同意不支付他做经济机会办公室主任的工资而给他担任白宫顾问一职支付4.25万美元的工资,便可以绕开拉姆斯菲尔德面临的宪法难题。就这样,在一定程度上由于未来的美国首席大法官绕着圈子提出的法律推理,拉姆斯菲尔德得到了在尼克松政府内的第一份工作。[20]

拉姆斯菲尔德在尼克松政府里最早采取的一次行动,从表面上看是一个不太重要的人事决定,但是该决定的影响却持续了数十年。拉姆斯菲尔德在挑选一名得力助手来协助他管理办公室。他找到并且雇用了一名28岁的国会议员助手、名叫理查德·切尼的研究生。

理查德·切尼在怀俄明州的卡斯珀长大,父亲是农业部一位职业文官。他是纳特罗纳县高中的足球明星和年级主席,在高中期间,他和怀俄明州乐队指挥冠军琳内·文森特有了约会。他曾获得耶鲁大学极少颁发的奖学金,但是不到两年便退了学。"我与耶鲁格格不入,"他后来解释道,"……我对走出去看世界或者至少周游西部怀有一些浪漫的想法。"㉑

切尼搬回了西部,做了后来他所说的"县电话线路员",在怀俄明、科罗拉多和犹他的建筑工地架设电线。后来他还是回到大学,就读于怀俄明州里立大学,与琳内·文森特结为连理,并且带着她一起去威斯康星大学研究生院攻读政治学博士学位。越战期间,他是符合征兵条件的,但是获准缓服兵役,理由先是因为在校就读,后来是因为1966年他和琳内的大女儿伊丽莎白的出生。(二十多年后,当他接受参院军事委员会关于缓服兵役的质询时,切尼的回答引人注意:"我在60年代中有比服兵役更重要的事情要做。"他说,假如他得到入伍通知,他会很乐意地去服役的,他相信美国参与越战是神圣的事业。)㉒

1968年,切尼获得美国政治科学协会提供的研究员薪金,来到了华盛顿,这笔钱使他能够为一位国会议员工作。面试他的众议员之一是拉姆斯菲尔德,但是切尼这位未来的副总统并没有打动未来的国防部长拉姆斯菲尔德。申请人口才欠佳,又缺乏活力。"这是我一生中不太愉快的一段经历,"切尼在1986年的一次讲话中回忆道,"……事实是我没能通过面试。半小时后,我们两人都清楚,我是不可能为他工作的。"㉓

切尼最后到了威斯康星州威廉·斯泰格尔众议员的办公室。1969年春他在那里工作时,注意到斯泰格尔的办公桌上摆放着拉姆斯菲尔德写的一张便条,寻求对他在经济机会办公室新工作的建议和帮助。切尼看到了机会。周末,他主动为斯泰格尔写了一份备忘录,介绍如何为一家联邦机构配备工作人员和如何进行管理。拉姆斯菲尔德看到备忘录几个星期之后给切尼打了电话,请他担任他的特别助理。㉔

于是,切尼便开始了师从拉姆斯菲尔德的漫长道路。接下去的七年当中,在尼克松和福特政府里,切尼在华盛顿为拉姆斯菲尔德充当守门人和最高行政官员。他寡言,谨慎,高效。拉姆斯菲尔德手下的工作人员很快发现,办事情得找切尼。拉姆斯菲尔德的风格是对日常运作进行遥控,通过特别助理来发号施令和获取信息。扮演助手角色的切尼,自身的重要性也渐渐提高。"你把一件事交给迪克办,"一位曾在经济机会办公室工作过的人说,"一定会有下文。事情准能办成。"㉕

他们两人有很强的互补性,各自有对方所不具备的特点。拉姆斯菲尔精力充

沛;切尼则比较低调。拉姆斯菲尔德能言善辩,满脑子主意;切尼则是语言精练的西部人,从来不比需要的多说一个字。拉姆斯菲尔德似乎从不满足:更大的地盘,更多的使命,更重要的工作;切尼在外界看来永远是谦虚和耐心的。拉姆斯菲尔德会直接挑战别人,在此过程中,他让许多其他人感到紧张或者憎恶;相比之下,避免抛头露面的切尼,总是使对手以为发生在他们身上的事情,不过是政府工作中经常发生的事情,而不是针对他们个人的。拉姆斯菲尔德喜欢改变现有的秩序;而切尼则善于给人吃定心丸,给人稳定感。

然而,尽管两人风格迥异,他们的想法却往往一致。他们在三十多年的时间里断断续续地一起共事,但两人之间从未出现过任何重大分歧。

在那些年里,切尼仅仅是在经济机会办公室工作的几位未来领袖人物之一,当时,消除贫困比后来更受重视。拉姆斯菲尔德还聘用了他在普林斯顿的朋友和摔跤队队友弗兰克·卡卢奇担任高级助手。于是,非常有趣的是,在尼克松政府内,美国未来的三位国防部长——拉姆斯菲尔德、卡卢奇和切尼——在一个致力于社会变革的机构里同事。60年代末70年代初,经济机会办公室的雇员还有未来的参议员和总统候选人比尔·布莱德利、未来的新泽西州州长和环保局局长克里斯汀·托德、未来的美国贸易代表米奇·坎特、未来的众议员吉姆·利奇,以及未来的调查员和参院"水门事件"委员会工作人员特里·兰茨纳。约翰·D.洛克菲勒四世曾是"威斯塔"(美国志愿服务者团)最早的雇员,这个机构是经济机会办公室下属的国内版本的"和平队";"威斯塔"把洛克菲勒派到了西弗吉尼亚州,他后来在那里定居,先是当选为州长,后来又当选为美国联邦参议员。

他们中的许多人为该机构理想主义的使命所吸引。林登·约翰逊1964年成立经济机会办公室时曾对国会说:"征服贫困在我国历史上头一次成为了可能。"[26] 该机构最初几年里开始的项目不仅包括"威斯塔",还包括为社会地位低下的青年组织的就业团,为穷人提供法律服务,以及为学龄前儿童设立的"良好开端"教育项目。

在民主党人管理的头三年里,经济机会办公室人员开始组织起来,并且成为穷人的代言人,这时,这个机构遭到州长、地方官员和商界的强烈反对。其中最有争议的,是加州反贫困项目的律师帮着流动农场工人与农场主利益集团打官司。罗纳德·里根州长便企图削减经济机会办公室开展法律援助项目的经费。

在1968年的总统竞选中,尼克松保证要"收拾"一下这个反贫困机构。据尼克松的白宫顾问和前法律合伙人莱昂纳德·加门特说,尼克松的主要目的,是"把那些让州长和其他人发狂的疯子们给整伏贴了"[27]。

就这样,拉姆斯菲尔德正在进入非常危险的局面,他接管了一个由民主党人创建、热情的年轻雇员组成,但却被总统视为眼中钉的机构。他很快着手纠正经济机会办公室的过度行为。他起草了新的规章制度,不允许雇用"近期有重罪案底"的人。他还发出指示,要求"威斯塔"项目开始雇用年纪稍大、受教育程度更高、具备更多技能的志愿者。[28]

然而,几个月后,拉姆斯菲尔德很快也成了经济机会办公室最坚定、出人意料的顽固的支持者。这是拉姆斯菲尔德在政府行政部门中的第一份工作,从一开始,他就显示出保护自己的官僚地盘的特殊才能。为了得到他的机构需要的东西,他私下里向白宫和预算官员们施加压力,还学会了走出行政当局,借力国会和媒体去反击来自政府的抵抗。[29]他为他的机构竭尽全力,希望使之成功。

接管经济机会办公室7个月之后,在国家新闻俱乐部的一次讲话中,拉姆斯菲尔德甚至替联邦政府资助的法律服务这个概念进行辩护,他说,"为穷人提供公正"是他的机构的使命。这时,拉姆斯菲尔德已经开始被看做是尼克松当局里少见的温和派甚至是进步的声音了,他开始成为保守派攻击的目标。在这次讲话之后的记者招待会上,第一位提问者就他在尼克松的白宫内受到"公开敌视"的报道进行了询问。[30]

在下一年里,拉姆斯菲尔德提出一项引人注目的新计划,这项计划后来成为美国保守派非常重视的一项事业:学费退税积分制。这是向教育领域里数十年来一直存在的一个有争议的问题的首轮攻击。拉姆斯菲尔德的论点是,凭退税积分或者退税收据,"家境贫寒的父母就能够像更富有的父母那样有选择的机会,后者可以把家搬到'更好的'公立学校的学区,或者将子女送入私立学校"[31]。

在关于退税积分制问题致尼克松的一份备忘录中,拉姆斯菲尔德说,他认为他可以说服犹太人社团,他们对有可能违反政教分离原则的担心是"毫无根据的"。不过,拉姆斯菲尔德接着说:"教育界的游说集团……认为,这些尝试对他们舒适的世界构成了潜在威胁,这显然是正确的。"这份备忘录体现了拉姆斯菲尔德的傲慢风格、他对自己的劝服能力的过分自信和他对打破现有秩序的热情。[32]

到了1970年底,拉姆斯菲尔德决定应该换地方了。他成功地使经济机会办

公室没有被尼克松政府撤销掉,但是他的保守派朋友们对他说,他做这份工作的时间已经太久,这正在成为政治上的不利因素。㉝他也希望能在政府里担任更重要的职务。

1970年国会选举中,共和党表现欠佳,此后不久,尼克松和他的工作班子开始议论重组政府的问题。拉姆斯菲尔德在运作中崭露头角。霍尔德曼在1979年11月7日的日记中写道:"决定了重大人事变动。[乔治·]罗姆尼[住房和城市发展部长]下,由拉姆斯菲尔德接替。"㉞但是罗姆尼拒绝离任,尽管尼克松和他的助手们谈过要撤掉他,但总统还是下不了手。于是,尼克松和霍尔德曼就把拉姆斯菲尔德转到白宫做专职的高级顾问,预备他在未来担任内阁级职务,同时也暂时回避了在等待过程中到底要他做什么的问题。

整个1971和1972年,拉姆斯菲尔德担任白宫专职顾问,同时,他断断续续在私下同总统谈论了他自己的前途,谈论了美国的政治、外交政策和世界形势。那些记录在尼克松的录音带上冗长的一对一的漫谈,使我们得以更好地了解这两个人。

拉姆斯菲尔德继续为那些与政府总的保守趋势相悖的温和派和自由派目标辩护。他在该反贫困机构的工作已经使他有了一批支持者,一度也让他有了一种目标感。"我们必须能够和年轻人、黑人和穷人沟通,即便他们不会投我们的票。"1971年3月他在一次私人谈话中对尼克松说。㉟

尼克松认定,拉姆斯菲尔德信奉的自由主义是可以很好地加以利用的,它能够在政府薄弱的地方赢得支持。"坦白讲,我觉得拉姆斯菲尔德在做郊区人和年轻人这两种人的工作,听起来太棒了,"他对霍尔德曼说,"……别说什么环境不环境的,跟老年人、黑人什么的混在一起,得要组织起来,我希望做大学年轻人的工作。"㊱

然而,很难把拉姆斯菲尔德的政治立场与他宏伟的抱负截然分开。他似乎希望,自己的进步观点能在这个努力争取政治中间地带的选民的政府里对自己有利。他代表"年轻人、黑人和穷人"的呼吁,是在总统询问了拉姆斯菲尔德对副总统斯皮罗·阿格纽的看法之后立即提出的。尼克松不明白阿格纽为什么这么不受欢迎。

> 拉姆斯菲尔德:副总统的行为举止……往往会使人们明白他们之间并没有沟通。我们可以看看他的背景。他从马里兰直接到了这里。

尼克松：从马里兰直接爬上来非常不容易呀。

拉姆斯菲尔德：你还真得信这个！我的天，我的意思是，我在政府的经历可要比他多三倍。㉜

人们自然会得出这样的结论，拉姆斯菲尔德希望总统抛弃阿格纽，在1972年由尼克松和拉姆斯菲尔德联手竞选。

这些谈话的主题是拉姆斯菲尔德的事业发展。尼克松干的是他最喜欢的消遣：在政治上做指点。当时谈话时，两个人都以为拉姆斯菲尔德最终会从他的家乡伊利诺伊州竞选美国参院席位。主要问题是，什么样的工作或者经历能帮助他赢得参议员席位。尼克松鼓励拉姆斯菲尔德要在外交政策方面有所作为。

"请相信我的话，在任何一个复杂的大州里——你的州就是一个复杂的大州，重要的是这个世界，而不是那些不愉快的小事，"总统告诉拉姆斯菲尔德。他详细描述了自己做加州众议员的经历，如何积极参与了众院非美事务委员会和对阿尔杰·希斯的调查，于是，他在1950年从加州竞选参议员时，被人们认为是外交政策的"专家"，颇得选民的尊敬。

拉姆斯菲尔德表示愿意参与外交事务，因为"这会给我一张资格证书"。尼克松建议拉姆斯菲尔德考虑到国防部工作，但是他告诫他不要当什么陆军、海军或者空军部长。"那些兵种部长们嘛，都是些废物，"总统说，"作为个人我喜欢他们，但是他们干不了大事。"

尼克松还简要地告诉拉姆斯菲尔德，世界上哪些国家和地区有助于有抱负的政治家的前途，哪些没有帮助。"世界上唯一重要的是日本和中国、俄罗斯和欧洲，"尼克松解释道，"拉丁美洲无关紧要。虽然我们在那里很久了，但是人们一点儿不在乎拉丁美洲，唐。"也别沾非洲的边，尼克松警告说。他接着说，至于中东，卷入那里的事情对一位政治家来说潜在的危险太多。"人们认为是为了争取犹太人的选票，"尼克松告诉拉姆斯菲尔德，"不管怎么说，你拿中东一点办法都没有。"㉝

但是，尼克松一方面反复提到派驻海外或者国内某个新的重要职务的可能性，另一方面却没有明确是什么。"我们一直希望你能担任内阁职务——我仍然希望你能如此，但是就是还没有空缺，"他在1971年3月告诉拉姆斯菲尔德。4个月之后他再次表示了歉意。"我们谈的事情都无法兑现，"他告诉拉姆斯菲尔德。罗姆尼要在内阁继续留任，交通部长约翰·沃尔普也将留任，他占着拉姆斯

菲尔德有可能被任命担任的另一个职务。㊴

拉姆斯菲尔德在等待的同时,尽量取悦总统,这意味着协助白宫的政治运作。他帮着米切尔和科尔森,这两人是尼克松政治机构的关键人物。拉姆斯菲尔德私下帮的一个小忙,是用他在普林斯顿的老关系与盖洛普民意调查机构进行秘密接触,科尔森认为该机构的本性是"鸽派"。"我们决定给拉姆斯菲德一次考验,让他做盖洛普的工作。他是小乔治[·盖洛普]在普林斯顿的同学,"科尔森1971年7月告诉总统。尼克松和科尔森急于设法影响主要民意调查特别是盖洛普和哈里斯的结果,看能不能让他们把提问的措辞或者表述民意调查结果的方式变得对尼克松有利。"我的意思是,假如数字不是我们想要的,当然我们不希望他们为此而撒谎,"尼克松曾经向科尔森解释道,"他们可以想办法修饰一下。"㊵

在尼克松的录音带中,没有证据显示拉姆斯菲尔德试图要左右盖洛普民意调查的结果。不过,拉姆斯菲尔德的确设法提前搞到过一些关于盖洛普即将公布的民意调查结果的信息,这样就给使尼克松有几天的时间做好准备。拉姆斯菲尔德似乎意识到,在这些联系过程中,他要求盖洛普做的,超出了民意调查机构传统的独立角色。在1971年10月白宫举行的一次会议上,拉姆斯菲尔德敦促尼克松把与盖洛普的联系作为绝密:

拉姆斯菲尔德:好吧,先生,我只想报告一下,我跟[小]乔治·盖洛普谈话的情况。

尼克松:哦,对了,你和他是同学,对不对?

拉姆斯菲尔德:对。我希望跟这个楼里的人谈话时要特别当心,别说漏了我跟他联系的事。因为他干这行,最重要的就是诚信。

接着,拉姆斯菲尔德告诉尼克松,马上要出台的盖洛普民意调查将显示总统的支持率最近有所上升。㊶

尼克松和霍尔德曼似乎相信,这些通过拉姆斯菲尔德与盖洛普组织之间的联系正在带来一些微妙的好处。在尼克松访华前夕,霍尔德曼告诉总统,举行盖洛普民意调查的时间将有利于尼克松。"我不相信盖洛普会告诉拉姆斯菲尔德说他要搞一次民意调查,"尼克松惊叫起来,"因为盖洛普总是说,'天哪,只有亲眼看到了民意调查数字才算数。'"霍尔德曼解释说,盖洛普并不是在重新安排民意调查的时间,而只是改变一下公布民意调查结果的时间而已。"他会等到下个月再公布,等你回来以后,"他解释道。

1971年春,拉姆斯菲尔德和罗伯特·芬奇访问了欧洲10个国家,他们主要是谈毒品问题,但拉姆斯菲尔德也给尼克松带回来一些政治炮弹。一位美国大使"跟我们说了一堆马斯基和他的业余爱好的坏话",拉姆斯菲尔德说。

尼克松立即兴奋起来。"什么业余爱好?"他问,"做生意?还是女人?"

拉姆斯菲尔德显然没有尼克松那么好打听别人的事。"我想不是生意就是女人吧,"他含糊其辞地答道。就这样,他非常小心地把大使的信息传递到了,但又没有涉及任何细节,让总统有兴趣就自己去弄清楚。㊷（这个说法后来不了了之,看来似乎是没有什么实据。）

对于拉姆斯菲尔德来说,白宫顾问这个不伦不类的工作令他很没有情绪。他手下没有领导的机构或者部门,也没有具体的使命。他不停地要尼克松给他分配具体的工作。"你曾经要我有专长,我同意,我愿意这样,"他告诉总统,"一个人在白宫晃来晃去,长远不是个事儿。"㊸他建议,如果他要留在白宫干,就必须有明确的头衔或者职责。

自从新政府一开始,尼克松的高级助手们就对拉姆斯菲尔德不感冒,在他成为白宫的专职助手之后,对他尤其反感。"高层工作人员渐渐意识到,踌躇满志的拉姆斯菲尔德会拒绝所有无助于实现他的个人目标的任命,"约翰·埃利希曼后来写道。㊹

拉姆斯菲尔德在不同的时间,曾向尼克松提出过让自己担任越南战后重建特使、商务部长、驻拉美特使或者有可能让他"在贸易圈子里干点什么"。当美国驻日本大使的职务出现空缺时,他好像还请过朋友替他在总统面前美言几句。尼克松向霍尔德曼抱怨说,有人建议"也许我可以劝他[拉姆斯菲尔德]接受"东京的职位。"我是不会劝他干**任何事情**的,"尼克松说,"如果拉姆斯菲尔德想当大使,让他自己说嘛!但是上帝啊,鲍伯,妈的——我觉得拉姆斯菲尔德干不了日本,你知道吗,因为我觉得他不会为我们这边硬起来的,你明白我的意思吗?"㊺

最终,在1971年夏天,尼克松决定了他能给的职位。他提出了让拉姆斯菲尔德担任美国驻北约大使的可能性。拉姆斯菲尔德表示了兴趣。"这肯定会填补我个人经历的一个空白,"他告诉总统。

不过,拉姆斯菲尔德是谨慎的。尼克松最先任命担任北约大使的是埃尔斯沃

思,这是在他与政府里其他人发生冲突之后到尼克松的白宫短暂工作了一段时间之后发生的事情。埃尔斯沃思就任驻北约大使的时候,拉姆斯菲尔德告诉总统:"他就像是被抛弃了似的。"拉姆斯菲尔德不希望自己的北约任命被搞成"好像我被明升暗降了似的"。尼克松的回答是,别担心。㊻

结果,倒是尼克松的顾虑更多一些。在总统首次跟拉姆斯菲尔德谈了北约的工作6天之后,他的高级助手强烈要求他将任命推迟到竞选连任之后再说。霍尔德曼向总统转达了米切尔的忠告。"他说,他极力主张不要让他[拉姆斯菲尔德]去北约,他是这里的宝贵财富,"霍尔德曼对总统说,"……约翰认为,让他去国外使团工作很荒唐。"㊼

解决的方法是将北约的任命推迟一年以上,到尼克松的第二任期再说。在此期间,总统给他这位焦虑不安的年轻顾问找了点别的事情干。那年秋季,尼克松任命拉姆斯菲尔德去负责新设立的生活费用委员会,使他暂时忙碌起来。同时,拉姆斯菲尔德继续担任与盖洛普民意调查机构联系的中间人,替政府发表讲话,在其他政治方面打打杂。

一起等到尼克松重新当选之后才最后确定下来。到了那个时候,白宫里经常与拉姆斯菲尔德发生冲突的助手们非常希望把他彻底挤出政府。霍尔德曼在日记中写道,1972年11月20日,在与埃利希曼的会见中,拉姆斯菲尔德似乎同意回到伊利诺伊州去竞选参议员。"可是后来他[拉姆斯菲尔德]见总统时却又改了主意,说那不行,他必须在某个政府职位上干一年,这使总统和埃利希曼十分震惊,"霍尔德曼写道,"典型的拉姆斯菲尔德,相当卑鄙的做法。"㊽拉姆斯菲尔德最终说服尼克松让他当上了驻北约大使这个一年多前就已经许给他的职务。

第二年,随着"水门事件"丑闻的波及面越来越大,霍尔德曼和埃利希曼都丢掉了白宫的饭碗。这时,拉姆斯菲尔德却安安稳稳地远在欧洲,远离尼克松白宫的污点。

注　释

① 1971年4月7日理查德·尼克松与 H. R. 霍尔德曼和亨利·基辛格的谈话,conversation 246-7, Nixon tape collection, National Archives。

② 1971年4月6日尼克松与基辛格的电话交谈,conversation 1-4, National Archives。

③ Terri Shaw, "GI Deaths in Vietnam Pass Korean," *Washington Post*, April 9, 1971, p.1; Chalmers M. Roberts, "President Prodded on War: Nine in GOP Urge 'Finality,'" *Washington Post*, April 7, 1971, p.1.

④ 1971年2月27日唐纳德·拉姆斯菲尔德致总统的备忘录,见 National Security Files, Name Files, Donald Rumsfeld, in Nixon papers, National Archives。

⑤ 1971年5月4日黑格将军致约翰·亨茨曼的备忘录,出处同上。

⑥ 1971年3月8日尼克松与唐纳德·拉姆斯菲尔德的谈话,conversation 463-6, Nixon tape collection, National Archives。

⑦ Conversation 246-7, ibid.

⑧ Gerald Ford, *A Time to Heal* (New York: Harper & Row), 1979, p.130.

⑨ 1971年7月23日尼克松与基辛格和霍尔德曼的谈话,Conversation 544-4, Nixon tape collection, National Archives。

⑩ Ibid.

⑪ 有关拉姆斯菲尔德早期经历中的这些及其他细节,见 Steve Neal, "Donald Rumsfeld Gets Down to the Running for President," *Chicago Tribune Magazine*, January 26, 1986, p.6。有关普林斯顿摔跤队的情况,见2002年6月28日对弗兰克·卡卢奇的采访。

⑫ Neal, op. cit.

⑬ 2002年1月13日对罗伯特·埃尔斯沃思的采访。

⑭ Neal, op. cit.

⑮ Vernon Loeb, "Rumsfeld Apologizes for Remarks on Draftees," *Washington Post*, January 22, 2003, p.A1.

⑯ 对理查德·艾伦的采访,2001年12月21日。

⑰ 对艾尔沃斯的采访。

⑱ John Osborne, "The President and the Poor," *New Republic* (May 24, 1969).

⑲ 对埃尔斯沃思的采访。尼克松设在希尔顿饭店内的前哨还包括帕特里克·布坎南和威廉·萨菲尔。见 William Safire, *Before the Fall: An Inside View of the Pre-Watergate White House* (New York: Doubleday & Co., 1975), pp.60-61。

⑳ 1969年4月14日威廉·伦奎斯特的备忘录,见 White House Central Files, Subject Files, EX-FG, Office of Economic Opportunity, Nixon papers, National Archives。

㉑ 2002年7月18日对戴夫·格里本的采访;Michael Medved, *The Shadow Presidents* (New York: Times Books, 1979), p.334。

㉒ Medved, op. cit.; Melissa Healy, "Cheney Courts Support as Nomination Hearings Begin," *Los Angeles Times*, March 15, 1989, p.A1; George C. Wilson, "Cheney Believes Gorbachev Sincere," *Washington Post*, April 5, 1989, p.A12.

㉓ Richard Cheney, "Government Must Help Business Flourish," *American Business and the Quest for Freedom* (Washington, D.C.: Ethics and Public Policy Center, 1986), p.13.

㉔ 2001年12月17日对戴夫·格里本的采访。

㉕ 对卡卢奇的采访。

㉖ 1964年3月16日林登·约翰逊给国会的特别致辞。

㉗ 2002年6月28日对莱昂纳德·加门纳德的采访。

㉘ "Statement by the President on the Office of Economic Opportunity," August 11, 1969, 及 "Redirection of the Office of Economic Opportunity," 见 White House Central Files, Subject Files, EX FG 6-7, Office of Economic Opportunity, Nixon papers, National Archives。

㉙ 对卡卢奇的采访。

㉚ 1969年12月16日唐纳德·拉姆斯菲尔德在全国新闻俱乐部的讲话, 见 White House Central Files, Subject Files, EX FG6-7, Office of Economic Opportunity, Nixon papers, National Archives。

㉛ 1979年9月23日唐纳德·拉姆斯菲尔德对旧金山商会的讲话, 见 White House Central Files, Subject Files EX FG6-7, Office of Economic Opportunity, Nixon papers, National Archives。

㉜ 1970年10月16日拉姆斯菲尔德致总统的备忘录, 见 White House Central Files, Subject Files EX FG6-7, Office of Economic Opportunity, Nixon papers, National Archives。

㉝ 对理查德·艾伦的采访。

㉞ H. R. Haldeman, *The Haldeman Diaries* (New York: G. P. Putman, 1994), p. 208.

㉟ 1971年3月8日尼克松与拉姆斯菲尔德的谈话, conversation 463-6, Nixon tape collection, National Archives。

㊱ 1971年7月23日的谈话。

㊲ 1971年3月8日的谈话。

㊳ 同上。

㊴ 3月的谈话出处同上。1971年7月22日尼克松与拉姆斯菲尔德的谈话, conversation 542-5, Nixon tape collection, National Archives。

㊵ 1971年7月23日尼克松与科尔森的电话交谈, conversation 6-197, Nixon tape collection, National Archives。

㊶ 1971年10月19日尼克松与拉姆斯菲尔德的谈话, conversation 11-135, Nixon tape collection, National Archives。

㊷ 1971年5月19日尼克松在椭圆形办公室与拉姆斯菲尔德和芬奇的谈话, conversation 501-29, Nixon tape collection, National Archives。

㊸ 1971年3月8日与唐纳德·拉姆斯菲尔德的谈话。

㊹ John Ehrlichman, *Witness to Power* (New York: Simon & Schuster, 1982), p. 103.

㊺ 1971年7月2日尼克松与霍尔德曼的谈话, conversation 537-2, Nixon tape collection, National Archives。

㊻ 1971年7月22日尼克松与拉姆斯菲尔德的谈话, Nixon tape collection, National Archives。

㊼ 1971年7月28日尼克松与霍尔德曼的谈话, conversation 550-1, Nixon tape collection, National Archives。

㊽ Haldeman, op. cit., p.540.

RISE OF THE VULCANS
The History of Bush's War Cabinet

第二章

身为门徒的知识分子

第二章 身为门徒的知识分子

通常在美国人的记忆当中，60年代是美国转向左派知识分子的年代。那些形象依然历历在目：在美国的主要大学里，那是反战示威游行的年代，是马克思主义教授占据讲台的年代，是大学生占领校长办公室的年代。在一些精英大学的校园里，最保守的学生似乎加入了青年民主党组织，而真正的左派分子成了革命者。流行于校园的书籍，如查尔斯·赖克的《不成熟的美国》、赫伯特·马库塞的《单向度的人》和弗兰茨·法农的《世界上不幸的人》等等，主张必须对邪恶的美国实力加以限制。

就在这场校园动荡中，在竟然几乎没有被人们察觉的情况下，知识界出现了一种独立的运动。按照字面上的意义，这是一场保守运动；它接受（实际上是崇拜）过去的传统价值、哲学家和政治理论家。当时，这场运动对美国政府和政策没有什么影响，至少与努力争取——并且最终成功地——使美国从越南撤军的政治左派的潮流相比是这样。

然而，在30年的时间里，这场看似微不足道、内容五花八门的校园运动，对美国的政策产生了比反战运动更重要和持久的影响。到了21世纪初，越战时代的"新左派"早已被埋葬。而60年代保守的校园运动却在蓬勃发展。其拥护者们在乔治·W.布什的政府里身居要职。处在这些知识界逆流中心、也就是处在保守派理论与美国外交政策实践的连接点上的，是乔治·W.布什的国防部副部长保罗·沃尔福威茨。

如果说有某位公共官员总是受人保护的话，那就非沃尔福威茨莫属。他天性聪颖，善于创造性思维，且很勤奋。甚至连一些坚决反对他的结论的民主党头面人物，私下都承认为他的聪明过人而折服，这在共和党外交政策官员里，只有他一个。同时，沃尔福威茨又忠实于与他共事的那些上级，对他们不构成威胁。在他漫长的职业生涯中，一位又一位学者或政府领导人把他作为门徒精心地栽培。多年来，沃尔福威茨的恩师既有学术界的理论家艾伦·布鲁姆（他本人是哲学家列奥·施特劳斯的信徒），也有核战略家艾伯特·沃尔斯泰特、学者兼官僚弗雷德·埃克雷，还有高级内阁成员乔治·舒尔茨、迪克·切尼和唐纳德·拉姆斯菲

尔德。过了一段时间,沃尔福威茨开始培养自己的一群门徒,他们是由他介绍进入政府的年轻的保守派,如切尼的办公厅主任斯库特·利比,还有学者弗朗西斯·福山等。在某种意义上,沃尔福威茨的经历符合一位欧洲教授的知识传统;他最重要的关系不是与他的同辈人而是与他的导师们、继而又是与他的学生们的关系。

他是学术界与政府之间的一座桥梁。对于他在学术界的导师们,沃尔福威茨代表着连接政府和公共政策的现实世界之间的纽带。对于政府里的恩师们,他提供了理论框架和决策的理论基础。值得注意的是,沃尔福威茨从未反对或者背弃过其中的任何一位恩师。他既不努力争取,也没有人去请他担任最高层的领导职务。尽管沃尔福威茨低调的个性和善于思考、毫不浮夸的风格使他成为理想的大学校长人选,但并不太符合在华盛顿一位内阁部长应有的外表和举止的标准;沃尔福威茨不像拉姆斯菲尔德那样强硬、果断,不是科林·鲍威尔那样干练的管理者,也不像康多莉扎·赖斯那样有政治头脑。结果,到了沃尔福威茨年近花甲、原来的一头黑发渐渐花白的时候,他仍然是一位下属——然而,由于他创造性的智慧,他是华盛顿最有影响的一位下属。

沃尔福威茨的父亲雅各布·沃尔福威茨出生于波兰的一个犹太人家庭。他在华沙出生,10岁时跟随父母定居纽约市。他毕业于纽约城市学院,在大萧条期间,为了挣钱,曾在高中教书,获得纽约大学数学博士学位,最终成为美国统计学理论的著名专家。他毕生都是一位虔诚的犹太复国主义者,到了晚年,还积极组织了反对苏联迫害持不同政见者和少数民族的示威游行。①

40年代初,老沃尔福威茨在哥伦比亚任教期间,参加了学校的统计学研究小组,为美国军方进行战时研究工作。在此期间的1943年,保罗·沃尔福威茨诞生了,排行老二。

雅各布·沃尔福威茨于1951年加入了康奈尔大学的教师队伍,把夫人和子女从纽约市合家迁到了纽约州令人愉快、宁静的大学城伊萨卡。保罗·沃尔福威茨虽然随父亲在休科研假的学期里到加州大学洛杉矶分校和伊利诺伊大学教书而搬过家,但他青少年时代的大多数时间是在那里度过的。14岁时,他的父亲接受了在以色列科技大学当客座教授的工作,并将家一起搬了过去。(许多年后,保罗的姐姐劳拉,一位生物学家,嫁给了一个以色列人,并在以色列定了居。)

他最初的志向是上哈佛大学,但是他获得了康奈尔大学的全额奖学金,父亲

第二章 身为门徒的知识分子

明确说这个条件太好了,不应该拒绝。在本科生期间,他开始步父亲的后尘,主修数学和化学。但到了毕业那一年,他开始偏离自然科学,进入其他领域。他注意到,自己的业余时间用在了阅读历史和政治书籍上,而他的主课数学课的同学,则把业余时间都用在解额外的数学题上。②

在校期间,沃尔福威茨加入了"碲化物协会"。该协会是一位名叫 L. L. 纳恩的科罗拉多商人在 1910 年建立的,它选择了康奈尔大学一群成绩拔尖的学生,为他们提供免费食宿。学生都是男性,直到沃尔福威茨的姐姐在 1962 年成为第一位女性成员。被选中的学生集中住在学校一个大宿舍"碲化物大楼"里,他们在那里通过实践体会了民主的意义;学生们管理宿舍楼,雇清洁工,监督宿舍的维修,组织演讲、研讨会和其他学术方面的交流活动。③

"碲化物协会"这个概念本没有政治或者意识形态的色彩。但是在 1963 年,一位新来的教员、名叫艾伦·布鲁姆的政治哲学教授来到康奈尔,一段时间里,他担任了住在"碲化物大楼"里的教员。布鲁姆推崇传统价值、名著和经典的重要性;他后来撰写了《走向封闭的美国精神》一书,在 1987 年成为畅销书,书中具体论述了保守派对美国高等教育领域出现的变化的不满。布鲁姆也是一位具有个人魅力的人物,他好问,是苏格拉底的信徒,享乐主义者,充满了智慧,是布鲁姆的密友索尔·贝娄的小说《拉维尔斯坦》中标题人物公开的原型。

"在他看来,耶路撒冷和雅典是文明的两个发源地……在他的课堂上,讲座总是座无虚席,他咳嗽、口吃,他吸烟、高声喊叫、大笑,他让学生站起来辩论,他唆使他们争斗、检查他们、向他们灌输,"小说家索尔·贝娄这样描述他笔下的主人公拉维尔斯坦教授,"他不会问,'你们将在何处度过永恒?'就像宗教中鼓吹世界末日将近的纠察队员那样,而是会问,'在当今民主社会里,你用什么来满足你心灵的需要?'……他会向你讲述你的心灵,它已经很薄,正在迅速缩小——越来越迅速。"④

布鲁姆很快在康奈尔发展了一个以"碲化物协会"为核心的学生网络。沃尔福威茨是其中一员。这个"碲化物协会"的其他成员在不同时期包括政治学家弗朗西斯·福山、总统候选人艾伦·凯斯、情报专家艾布拉姆·舒尔斯基、苏联问题专家斯蒂芬·塞斯塔诺维奇,还有中亚问题专家查尔斯·费尔班克斯。许多年后,在里根政府里,沃尔福威茨聘用了康奈尔"碲化物协会"网的几位成员参加了他在国务院的工作班子。包括沃尔福威茨在内的一些康奈尔大学校友,继续时不时地打电话给布鲁姆,希望按照传统价值和理想,去理解华盛顿面临的困境。

布鲁姆与仍在康奈尔讲授数学的沃尔福威茨的父亲之间的关系比较尴尬。在《拉维尔斯坦》一书中,贝罗描绘了一个名叫菲利普·格曼的虚构人物,他是拉维尔斯坦从前的学生,后来像保罗·沃尔福威茨一样,成为国防部高级官员。在小说里,格曼的父亲是和拉维尔斯坦同校教统计学的教授,很像真实生活中的雅各布·沃尔福威茨和布鲁姆。

"格曼在学术界的父亲坚决反对菲利普选的拉维尔斯坦的讲座课,"贝罗写道,"受尊敬的政治学教授告诉老格曼,拉维尔斯坦太爱标新立异,他诱惑和腐蚀了他的学生。'有人告诫一家之长,要小心那个同性恋色鬼,'拉维尔斯坦说。"⑤(布鲁姆是同性恋,这一事实是贝罗在书中首次公开披露的。他的一些学生认为他的性行为是个谜。"就像是'别问,也别说'似的,"保罗·沃尔福威茨后来告诉一个来询问布鲁姆情况的采访者。⑥)

沃尔福威茨认为,小说家的描述有失准确,要么就是部分根据布鲁姆其他一些学生和他们的父亲的故事拼凑的。多年之后再回忆起来,他想到他父亲和布鲁姆互相之间既提防又钦佩着对方。布鲁姆认为,大脑的一生代表着最伟大的活动,雅各布·沃尔福威茨常常在康奈尔的四方院子里连续数小时在沉思中踱步,没有一支笔或一张纸来帮助他,让他印象极为深刻。但是,老沃尔福威茨研究的是数学,布鲁姆研究的是政治理论;他们之间的鸿沟是不可逾越的。雅各布·沃尔福威茨根本看不起社会科学和人文科学,也看不起研究这些的人。布鲁姆刚好是这个子集的一分子。⑦

布鲁姆的思想和他的知识架构大部分不是他自己的东西。他本人是一位名叫列奥·施特劳斯的哲学家的门徒和普及者。施特劳斯是德国犹太人,在纳粹镇压中离开欧洲,到芝加哥大学政治学系任教。布鲁姆的许多理论——尤其是他批判的在他看来弥漫着现代知识界生活的相对论情绪——都是直接来自施特劳斯。在芝加哥大学,布鲁姆曾在施特劳斯手下做过研究,他的第一部著作就题献给了施特劳斯,曾经把他第一次与施特劳斯相遇说成是一生当中"最关键的时刻"⑧。

保罗·沃尔福威茨在康奈尔大学念四年级的时候,决定申请研究生院,不是攻读数学或自然科学,而是攻读政治学和国际关系。他的父亲做了最后的努力,想劝他改变主意,坚持说如果他打定主意放弃纯自然科学,应该至少学经济学,这比任何其他的社会科学学科都更接近数学。他的请求很快遭到断然拒绝。保罗·沃尔福威茨同时被哈佛大学和芝加哥大学的研究生院录取了。他选择了芝加哥大学。一个关键因素是列奥·施特劳斯仍在该校任教。沃尔福威茨觉得施特劳斯是个特殊人物,是不可取代的资产。他希望更多地了解他。⑨

列奥·施特劳斯是现代保守派运动的一尊偶像。他的影响目前在研究包括外交事务在内的公共政策的保守派中间特别强烈。他在学术界的继承人包括新保守派杂志《旗帜周刊》的编辑威廉·克里斯托尔、前教育部长威廉·贝内特、福山和哈佛大学教授哈维·曼斯菲尔德等学者,还有五角大楼和国家安全部门的不少官员。并非所有的施特劳斯主义者都是保守的共和党人。曾经一度在比尔·克林顿总统的白宫工作的知识分子之一威廉·高尔斯顿也是施特劳斯的学生;像沃尔福威茨一样,高尔斯顿先是在康奈尔师从布鲁姆,接着到芝加哥大学研究政治学。⑩

施特劳斯的影响令人吃惊,因为他撰写的那些大部头的、深奥的著作,实际上没有具体探讨什么外交或者国内政策问题。和布鲁姆一样,他的著作主要是关于理解经典著作、特别是柏拉图和亚里士多德以及从洛克和卢梭到尼采和海德格尔等欧洲先哲的重要性。施特劳斯著作的一个核心思想,是对道德宽容精神的批判,他认为,道德的宽容统治了欧洲和美国的知识生活。他描绘了他所谓的"自由主义的危机——……危机的出现,是因为自由主义放弃了其绝对主义的基础,并且正试图变成彻底的相对论者"⑪。施特劳斯指出,相对主义和自由主义的问题在于,它们有可能退化为"不严肃的信念,即所有的观点都是平等的(因此,哪一个都不值得进行热烈的辩论、深刻的分析或者坚定的辩护),接着再退化为另一个令人不快的信念,即凡是赞成某个独特的道德认识、生活方式或者人种至上的人,都有点像是精英论者,或者是反民主的——因此是不道德的"⑫。施特劳斯谈到需要一群出类拔萃的顾问,就像柏拉图的《理想国》书中说的那样,他们能够使政治领袖和大众认识到,必须具备美德和正确的对善与恶的道德判断。

至于美国与世界的关系,施特劳斯的思想有几方面的含义。首先,他的思想强调,一个领袖人物,行动果断,信仰坚定,敢于与"暴政"作斗争(施特劳斯经常使用**暴政**这个比较老的词,而不用**专制**这个更现代的词),这非常重要。施特劳斯和他的追随者们尤其崇敬温斯顿·邱吉尔;在里根政府时期乃至其后很多年,华盛顿的施特劳斯主义者们每逢邱吉尔的诞辰日便会举行集会,一起啜饮白兰地,吸雪茄。⑬邱吉尔之所以吸引他们,是因为他敢于反抗希特勒。在一篇纪念邱吉尔的悼词里,施特劳斯写道:"那位暴君正处在权力的巅峰。不屈不挠而又宽宏大量的政治家与疯狂的暴君之间的差别——这种明白无误的展现,是人类在任何时

代都可以汲取的一个伟大的教训。"⑭

其次,在冷战期间,施特劳斯的思想,为坚定彻底的反共产主义运动提供了部分知识基础。施特劳斯主义者们并不像很多自由派那样,他们不受限制,不需要迟迟不做道德判断,不需要考虑不同的文化价值和敏感的事物。

对于施特劳斯主义者来说,罗纳德·里根总统谴责苏联是一个"邪恶帝国",这是一座伟大的政治里程碑。在《走向封闭的美国精神》一书中,艾伦·布鲁姆特别提到了里根的这番话,并且指出,很多自由派人士对里根的话感到反感。"里根总统使用'邪恶'一词使同时代人听起来反感,其原因在于这个词在文化上的傲慢,在于假定他和美国知道什么是善;在于它否定了其他生活方式的尊严;在于它对那些与我们意见分歧的人的含蓄的蔑视,"他解释道。然而,里根对文化相对论的抨击,正是施特劳斯主义者所喝彩的;这是问题的关键。⑮

一些施特劳斯主义者相信,这位哲学家的思想包含了对联合国以及其他国际组织的价值的深深怀疑。"这些机构要么是通向人类普遍平等的阶梯,要么是我们对自己的公正和实力丧失了信心的愚蠢的实例,"施特劳斯的一位门徒在一篇论述他的哲学的政治意义的论文中这样写道。⑯施特劳斯的著作中并不包含这些思想,但是,它们显示了一些施特劳斯主义者认为他的思想对美国的外交政策的意义。

最后,包括沃尔福威茨的密友艾布拉姆·舒尔斯基在内的其他一些施特劳斯主义者,将施氏理论的含义延伸到了情报搜集领域。施特劳斯主义者认为,由哈佛大学历史学教授谢尔曼·坎特创立的中央情报局的分析风格,与学术界的自由主义传统有内在的联系。情报官员往往假定,所有的官员都遵循相同的基本行为过程和模式(比如,企图继续掌权,维护国家利益,维持获得经济资源的手段等)。因此,中情局预测另一个政府未来将如何行事的最佳方法,是研究经济产出等客观标准;安插特务和窃取情报没有那么重要。但是,施特劳斯学派对情报搜集的不同观点是,最重要的是一个政权的本质是什么;暴政国家的表现从根本上会与民主国家不同。因此,施特劳斯主义者认为,美国情报部门更需要重视虚假现象。极权政权可以把国内发生的真实情况掩盖起来不让世人了解;要想搞清独裁者掩盖的现实,特务便是重要的。⑰

到达芝加哥大学后,沃尔福威茨与施特劳斯的关系并不特别密切。这位教授在芝大的执教生涯已近尾声,沃尔福威茨还没念完研究生,他便离开了。沃尔福

第二章 身为门徒的知识分子

威茨修了施特劳斯的两门政治理论课,一门是关于柏拉图的,另一门是关于孟德斯鸠的。他曾一度考虑跟另一位教授、正在将施特劳斯的思想用于美国政治的赫伯特·斯托林写论文。不过,按照沃尔福威茨那时结识的朋友彼得·威尔逊的说法,沃尔福威茨当时并不怎么谈论施特劳斯;此外,沃尔福威茨在政治上并不活跃,甚至没有自认为是保守派。当时在威尔逊眼里,沃尔福威茨似乎是一位中间派,一个很能适应温和派共和党人的传统的人。[18]

在随后的年代里,政府和学术界的同事都逐渐把沃尔福威茨看做是列奥·施特劳斯思想传统的继承人。"沃尔福威茨仍然是主要的施特劳斯主义者,"前美国驻联合国大使珍妮·柯克帕特里克在 2002 年的一次采访中评论道。[19] 沃尔福威茨在谈论外交政策时提及的一些论点带有明显的施特劳斯思想的色彩:他强调要推翻暴政、谴责邪恶;他认为专制制度的运作从根本上不同于民主制度;认为自由民主国家及其情报机关有可能受到专制者的有意蒙蔽等等。沃尔福威茨最初在冷战时期将这些思想运用于苏联,接着在若干年后,又用于萨达姆·侯赛因的伊拉克。

随着他自身事业的发展,沃尔福威茨开始拉大与施特劳斯的距离。"我不太喜欢这个[施特劳斯主义者]标签,因为我一点也不喜欢标签那类的东西,"他在一次采访中说道。[20] 实际上,从一开始念研究生,沃尔福威茨便开始受到一个新的领域——核战略——的吸引,开始投到一位新的导师的门下,他就是芝加哥大学的另一位教授,名叫艾伯特·沃尔斯泰特。

1965 年夏季,在为新研究生举办的第一次教职人员茶话会上,沃尔斯泰特曾经询问过他是否认识一个名叫"杰克·沃尔福威茨"的人。"那是家父,"沃尔福威茨答道。"我在哥伦比亚大学跟他念过数学,"沃尔斯泰特说。在康奈尔大学短暂造反之后,保罗·沃尔福威茨开始浪子回头了。

艾伯特·沃尔斯泰特是能够得到数学家雅各布·沃尔福威茨称许的那类学者,如果他允许自己称许政治学界的任何人的话。沃尔斯泰特的经历显示,人们是可以将数学、自然科学和公共政策有用地相结合的。他在纽约市长大,就读于纽约城市学院,在哥伦比亚大学攻读研究生。50 年代初,他已经在位于圣莫尼卡、承接美国空军合同的独立智库兰德公司安顿下来。在这个位置上,沃尔斯泰特崭露头角,成为美国在核战争理论与战略方面首屈一指的专家。他在 50 年代初富有开创精神的研究显示,当时,作为发生核大战时美国的战略支柱——美国战略空军司令部的海外基地,有可能遭受像日本袭击珍珠港那样的来自苏联的突然袭击。从那时起，沃尔斯泰特便潜心研究美国有可能遭受打击的概念，并在此过程中，成为一群研究国防问题的观点倾向保守的知识分子的核心人物，这些人包括赫尔曼·卡恩这个被认为是同名影片中的主人公斯特兰格罗夫博士的原型的人。[21]

60 年代后期，沃尔斯泰特开始在芝加哥大学讲授政治学，吸引了不少像保罗·沃尔福威茨那样的学生，他们不仅潜心于理论，也渴望在实际应用上有所作为。沃尔斯泰特主要推动的是防止核扩散。60 年代后期的某个时期，沃尔斯泰特访问以色列归来，他对他所看到的核计划可能扩展到中东地区的危险感到焦虑不安。

50 年代以来，美国政府一直讨论在以色列与埃及和约旦边界建立核能脱盐站，以此来推动以色列与阿拉伯人之间在水和灌溉等问题上形成一种合作精神。这些脱盐厂的目标是崇高的，但是，它们也会制造出一种副产品——钚。沃尔斯泰特担心，钚终究会被用于开发核武器的计划。到 60 年代中期，一家美国公司——凯瑟工程师联合公司具体建议在以色列搞一个大型核脱盐项目。沃尔斯泰特带回了有关这个问题的一套文字材料。他问沃尔福威茨懂不懂希伯来语。沃尔福威茨说他懂。这些材料便成为沃尔福威茨博士论文的起点。[22]

沃尔福威茨的博士论文详细地驳斥了建立核能脱盐站的想法，他的理由是建立脱盐站的好处被夸大，核扩散的危险太大。他论述了进行有效国际核查的困难、秘密转移核材料的风险，以及帮助一个国家改进核科学的技术和科学能力的危险，所有这些问题在未来数十年里一再出现。

现在回想起来，似乎特别值得注意的是，沃尔福威茨对核扩散提出的警告，在当时既适用于色列，也适用于阿拉伯国家。沃尔福威茨尤其反对以色列拥有核武器。"根本问题在于，任何以色列的核力量都将不得不相对地依赖于运载系统，这些运载系统甚至会受到常规武器的攻击，"沃尔福威茨在论文中写道，"……以色列对阿拉伯城市的核威胁将削弱以色列的常规军事实力，因为它会割断以色列与西方友好国家的联系，鼓励甚至是逼迫苏联替阿拉伯人进行更积极地干预……以色列的核武器会迫使阿拉伯人竭力获取核武器，如果不是从苏联那里，也会在以后从别国那里获取，或者依靠自力更生发展核武器。"[23] 果不其然，70 年代初，沃尔福威茨的论文完成之后，以色列的确发展了核武器。它的阿拉伯邻国开始考虑效法以色列，某个阿拉伯政府也就是伊拉克开始致力于发展自己的核武器，正像沃尔福威茨预言的那样。在以后的年代里，至少在公开场合，沃尔福威茨很少承认他反对过以色列发展核计划,也不承认以色列起了刺激中东其他国家与之较量的作用。

沃尔福威茨的博士论文成为他的思想发展的另一个重要阶段。在职业生涯的最初阶段,他主要关注的是中东核武器计划的危险问题。在当时,这还是不太引人注意的议题,但在后来30年里,正是这个议题一直纠缠着美国的外交政策,消耗了沃尔福威茨本人大量的时间和精力。

一个又一个夏天,热情的青年学生们走出大学校园,云集美国的首都,为当时五花八门的目标几乎是不计报酬地工作着。所有这些活动的中心,是华盛顿市杜邦环岛的周边地区,在那里,许多名称含糊、预算更不明确的非政府组织在破旧低矮的办公楼里安营扎寨。就是在那里,1969年夏天,"维持谨慎的国防政策委员会"开张了。

该机构仅存在了几个月。但是在1969年夏天里,它的办公室成为开展特殊指导活动的场所。在那里,美国冷战的两位主要设计师、处于职业生涯最后阶段的迪安·艾奇逊和保罗·尼采,将他们有关华盛顿的深奥的学识和他们关于美国外交政策的强硬观点,传授给了两名好学的年轻研究生保罗·沃尔福威茨和理查德·珀尔。[24]

艾奇逊曾经官至国务卿,尼采则是冷战初期杜鲁门政府国务院政策规划司的司长。这两个人一直是美国主张对苏联采取不妥协政策的主要倡导者。

艾奇逊和尼采建立了"维持谨慎的国防政策委员会",为了长期提供对反弹道导弹系统的支持而游说国会。随着越战日益失去民心,国会开始用更加批判的眼光审查美国的国防预算,反弹道导弹系统是提交给参议院审查的最昂贵的一项开支。参院两党的自由派——如爱德华·肯尼迪、威廉·富布赖特、老艾伯特·戈尔、查尔斯·珀西和雅各布·贾维茨等政治领袖——联手反对反弹道导弹系统。这些持反对意见者做了一件以前国会在就国防问题的斗争中从未做过的事情:他们请来支持他们的科学家,其中包括来自哈佛大学和麻省理工学院、对新的武器系统是否有效提出质疑的著名专家。[25]

艾奇逊和尼采试图反驳这些科学界的反对者,他们挖苦地称他们为"查尔斯河帮"。他们的主要同盟是艾伯特·沃尔斯泰特,是他吸收了这些分文不取的年轻研究生们到华盛顿的办公室里工作。沃尔斯泰特从芝加哥大学派来了沃尔福威茨和他的另一个学生彼得·威尔逊。沃尔斯泰特另外吸收了当时在普林斯顿

念研究生的珀尔,自从毛头小子珀尔在洛杉矶与沃尔斯泰特的女儿约会,他就认识了他。珀尔在名义上负责着办公室,虽然该组织并没有严格的层级结构。

整个夏天,艾奇逊和尼采经常到办公室来坐坐,为他们支招。艾奇逊此时已基本上听不见了,但是那些年轻学生非常高兴能有机会聆听他的教诲。在两位年长的政治家的指导下,珀尔、沃尔福威茨和威尔逊撰写研究报告,向参议院散发支持反弹道导弹系统的介绍材料。他们还组织人到参院军事委员会作证,为重要的参议员、带头为该系统争取资金的亨利·M.(斯库普·)杰克逊起草材料。当斯图尔特·赛明顿参议员画了一张非常引人注目的、说明反弹道导弹系统行不通的图表时,沃尔福威茨也画了一张同样抢眼的图表供杰克逊反驳对方时使用。㉖

到夏天结束时,鹰派取得了重大胜利,参院以 51 票对 50 票一票之差,批准了反弹道导弹系统。"他们(沃尔福威茨、珀尔和威尔逊)帮助我们写的文件,大大超过了好争论和自负的科学家们撰写的内容失实的文件,"尼采在他的回忆录中写道。㉗

参院的投票结果使总统在与苏联谈判中有了筹码:美国现在可以主动提出以限制本国反弹道导弹系统的发展,来换取莫斯科做出类似让步。尼克松最终签署了《反弹道导弹条约》,限制了今后几十年中反弹道导弹系统的发展。该条约延续到 2001 年 12 月,直到乔治·W.布什政府宣布美国将退出该条约。

1969 年的那次较量,标志着国会的一个重要转折点。那是自 1941 年众院以微弱多数延长了和平时期征兵制以来,有关重要国防项目投票结果最接近的一次。㉘ 投票为国会围绕军控和武器系统的发展畸形的数十年的斗争搭建了舞台;在这些摊牌中,支持和反对的双方都请了科学家和其他学术专家来支持他们的论点。㉙ 围绕反弹道导弹系统的辩论也是后来围绕着战略防御计划的政治斗争的先驱;在所有这些情况中,关键问题是反导弹系统造价是否过高,是否有效。

1969 年夏天后来被证明也是保罗·沃尔福威茨和理查德·珀尔的一个转折点。他俩都发现,与学术界那些抽象概念相比,自己更喜欢涉足公共政策。通过与艾奇逊和尼采的联系,这两位研究生体验了华盛顿政治斗争的惊心动魄和未来在政府里发展的可能性。后来,珀尔和沃尔福威茨成为 20 世纪最后几十年里美国外交政策领域的两位最主要的鹰派人士,就像艾奇逊和尼采在 20 世纪中叶成为冷战的领军人物一样。

最重要的是,这两位年长者向沃尔福威茨和珀尔灌输了对同苏联搞军控的强烈怀疑态度。他们认为,做出这种努力本身的愿望也许是好的,但也有可能损害

到美国的利益,甚至会从心理上削弱美国。㉚

夏季结束时,珀尔留在了华盛顿,在参院里为领导了反弹道导弹系统斗争的亨利·杰克逊参议员做办公室助手。他再也没有回到研究生院。在 70 年代,凭借着杰克逊的强有力支持,珀尔成为国会反对与苏联搞军控的主要推动者。亨利·基辛格后来写道,珀尔"在追求自己更远大的目标——阻止政府的军控政策——时,既显示出足智多谋,又表现得立场坚定"㉛。

沃尔福威茨没有像珀尔那么快就放弃了学术生活。他返回了芝加哥大学,为沃尔斯泰特完成了学位论文,在耶鲁大学找到一份教书的工作。然后,在 1973 年,他得到一个在政府的军控和裁军局工作的机会,他接受了这份工作,接下去的 20 年,他基本都是在国务院或者国防部里度过的。

沃尔福威茨能够获得他的第一份政府工作,间接受益于亨利·杰克逊的努力。1972 年,尼克松和基辛格推行了与苏联缓和的政策——目的在于缓和紧张局势,避免冲突,在军控问题上达成协议。尼克松和基辛格在莫斯科进行限制战略武器的谈判达成协议之后,受到来自协议反对派的强大压力。于是,尼克松为了维持国会对他的脆弱的支持,开始在政治上做出让步,他希望以此来确保国会批准这项军控条约。1973 年初,在杰克逊的压力下,尼克松同意撤换美国军控和裁军局的大多数高层工作人员;几个月之内,13 名高层官员被解职。杰克逊认定,尼克松第一个任期内的军控班子过分热衷于和苏联签协议。尼克松和基辛格反正很愿意换掉第一任期内使用的军控谈判者,这些人对基辛格不允许他们参加在莫斯科的谈判感到不满,他们对尼克松和基辛格对苏联人做出的让步知道得太多了。㉜

尼克松挑选了与沃尔斯泰特和其他鹰派人士共事的兰德公司的战略家弗雷德·埃克雷担任军控局的新局长。与他的前任相比,埃克雷对军控是否明智以及能够带来什么益处,要清醒得多。实际上,杰克逊是在负责进行军控谈判的机构里安插赞成自己观点的人。

埃克雷则把一个更保守的班子带进了军控局。他带来的新人之一是一直在耶鲁大学任教的沃尔福威茨。"沃尔斯泰特把他推荐给我,"埃克雷许多年后回忆道。㉝ 沃尔福威茨刚满 30 岁,但他很快便成为埃克雷最信赖的顾问之一。他撰写关于导弹发射和早期预警问题的文件;参与战略武器谈判和其他军控谈判;陪同埃克雷到巴黎和其他欧洲国家的首都旅行。1974 和 1975 年,年轻的沃尔福威

茨积极参与了美国成功劝说韩国不提炼钚的工作,这个项目可以生产出核武器的燃料。具有讽刺意义的是,数十年后,美国发现自己在劝说朝鲜不要做类似的事情。

沃尔福威茨显然喜欢自己在政府里的工作。所有的人都把他看做是学者和知识分子,这一点不错,但是,他在本性上也是一个了解内幕的人,他喜欢撰写政策文件,乐于为了他信奉的思想在官僚机构里进行斗争。多年来,沃尔福威茨多次返回政府任职,有的时候,他的朋友都感到吃惊,他们偶然对他如此频繁地加入政府并且在政府里呆这么长时间感到不解。

在这方面,沃尔福威茨与他的朋友珀尔十分不同,珀尔好斗的风格更适合在国会而不是政府的行政部门里工作。珀尔做参院办公室人员时,能够随心所欲地反对尼克松和基辛格与苏联进行军控谈判,这使他非常开心。而沃尔福威茨却是尼克松政府的成员,因此有义务支持总统的政策。不过,在政府内部的位置上,沃尔福威茨能够在政府的决策被确定之前对其施加影响;他可以设法缩小政府行动的范围,或者对这些行动的理论基础提出质疑。

在官场上,在涉及尼克松政府内部许多关于军控问题的辩论中,珀尔和沃尔福威茨经常处于对立面,但实际上,他们的观点相似。事实上,他们的特长是互补的。珀尔的风格是在媒体和国会发动连珠炮似的攻击,挑战对手的动机和品格。与之相比,沃尔福威茨则是在美国政府内部,通过撰写论证严密的政策文件,抨击对手的逻辑。

这种沃尔福威茨在政府内部、珀尔在政府外部的搭配,在后来30年里的其他情况下也出现过。诚然,珀尔偶然也会在联邦政府里任职;他曾经在里根政府里担任过国防部高级官员,在那里仍然表现出在做议员助手时的那种锋芒毕露的风格。总的看,珀尔不像沃尔福威茨,他不具备在政府里长期服务的持久性;珀尔在里根时代结束之前便离开了五角大楼,在后来任何一届共和党政府中,再也没有担任过全职的正式工作。㉞

即便如此,珀尔一直非常活跃。在乔治·W.布什的政府里,在高级官员们决定是否攻打伊拉克时,毫不奇怪,主张采取军事行动的两员大将又是政府外部的珀尔和政府内部的沃尔福威茨。

的确,2002年、2003年珀尔和沃尔福威茨在辩论伊拉克问题时提出的一些思想,多少与最初从他们的导师沃尔斯泰特、艾奇逊和尼采那里学到的东西有相似之处。他们反复谈论的一个主题是"易受攻击的窗口"。美国被说成面临某个迅速推进的敌人的突然威胁：冷战期间苏联处于进攻态势的军事力量，或者 2002 年和 2003 年间伊拉克的大规模杀伤武器计划。根据如此推理，美国只有很短的时间来应对威胁，因此，在还来得及的时候，使美国迅速采取行动是至关重要的。

60 年代，苏联的军事力量似乎如此令人畏惧，以至于没有人在思考美国霸权的可能性。到了乔治·W.布什政府时期，在一个美国没有了军事对手的世界里，沃尔福威茨和珀尔重弹易受攻击思想的老调，他们把这些思想加以更新，并得出与 60 年代他们的导师提出的完全相反的解决方法。艾奇逊和尼采是遏制政策的设计师。但在伊拉克问题上，沃尔福威茨和珀尔不再赞成使用以往的遏制或者威慑方法。他们赞成直接采取军事行动，赞成先发制人的战争。

注　释

① 见"Bibliographical Note on Jacob Wolfowitz", Jack Kiefer, ed., *Selected Papers of Jacob Wolfowitz* (New York: Springer-Verlag, 1980), 和 *Dictionary of Scientific Biography* (New York: Scribner, 1970), vol. 18, supplement 2, pp. 996-997。
② 2003 年 6 月 19 日对保罗·沃尔福威茨的采访。
③ 2002 年 7 月 19 日对弗朗西斯·福山的采访。
④ Saul Bellow, *Ravelstein* (New York: Penguin Books, 2000), pp. 15, 19-20.
⑤ Ibid., p. 58.
⑥ D. T. Max, "With Friends Like Saul Bellow," *New York Times Magazine*, April 16, 2000, p. 70.
⑦ 对沃尔福威茨的采访。
⑧ Walter Nicgorski, "Allen Bloom: Strauss, Socrates and Liberal Education", 见 *Leo Strauss, the Straussians and the American Regime*, ed. Kenneth L. Deutsch and John A. Murley, (Lanham, Md.: Rowman & Littlefield, 1999), pp. 206, 208。
⑨ 对沃尔福威茨的采访。
⑩ 见 William Galston, "A Student of Leo Strauss in the Clinton Administration", in *Leo Strauss*, loc. cit., pp. 429-437。
⑪ Thomas Pangle, *The Rebirth of Classical Political Rationalism: Essays and Lectures by Leo Strauss* (Chicago: University of Chicago Press, 1989), p. 17。
⑫ Ibid., p. xxv. 该引语出自潘戈尔而不是施特劳斯。
⑬ Jacob Weisberg, "The Cult of Leo Strauss", *Newsweek* (August 3, 1987), p. 61。多年来，沃尔福威茨曾参加过在华盛顿举行的施特劳斯学生的一些聚会，其中包括 2003 年的一次。
⑭ 引自 Harry. V. Jaffa, "Strauss at One Hundred," in *Leo Strauss*, loc. cit., pp. 43-44。
⑮ Allan Bloom, *The Closing of the American Mind* (New York: Simon & Schuster, 1987), pp. 141-142.

⑯ Mark Blitz, "Government Practice and the School of Strauss", in *Leo Strauss*, loc. cit., 429-430.

⑰ Gary J. Schmitt and Abram N. Shulsky, "Leo Strauss and the World of Intelligence (by Which We Do Not Mean *Nous*)", in *Leo Strauss*, pp. 407-412.

⑱ 2002年8月1日对彼得·威尔逊的采访。

⑲ 2002年4月24日对珍妮·柯克帕特里克的采访。

⑳ 对沃尔福威茨的采访。

㉑ Fred Kaplan, *The Wizards of Armageddon* (New York: Simon & Schuster, 1983), pp. 89-110 and 117-124页,清楚地描述了沃尔斯泰特的工作。

㉒ 对沃尔福威茨的采访。

㉓ Paul D. Wolfowitz, "Nuclear Proliferation in the Middle East: The Politics and Economics of Proposals for Nuclear Desalting," doctoral dissertation, University of Chicago, June 1972, pp. 32-33.

㉔ 这段叙述根据对两位不愿披露姓名、对该委员会有直接了解的人的采访。关于办公室的细节和有关反弹道导弹的辩论情况,保罗·H. 尼采在 *From Hiroshima to Glasnot* (New York: Grove Weidenfeld,1989)第294—295页中也有叙述;见 Kaplan, op. cit., pp. 342-355;另见 Jay Winik, *On the Brink* (New York: Simon & Schuster, 1996), pp. 52-53。

㉕ Kaplan, op. cit., pp. 349-350.

㉖ Robert G. Kaufman, *Henry M. Jackson: A Life in Politics* (Seattle: University of Washington Press, 2000), p. 211.

㉗ Nitze, op. cit., p. 295.

㉘ Max Frankel, "The Missile Vote: Both Sides Can Claim a Victory," *New York Times*, August 4, 1969, p. 22.

㉙ Kaplan, op. cit., pp. 354-355.

㉚ 我在此指的是尼采在1969年的观点。尼采本人后来担任过美国的军控谈判代表。

㉛ Henry Kissinger, *Years of Renewal* (New York: Simon & Schuster, 1999), p. 114.

㉜ 关于军控和裁军局的情况,见 Raymond L. Garthoff, *A Journey Through the Cold War* (Washington, D.C.: Brookings Institution Press, 2001), pp. 273-274; Kaufman, op. cit., p. 258; Seymour Hersh, *The Price of Power* (New York: Summit Books, 1983), pp. 559-560。

㉝ 对弗雷德·埃克雷的采访。

㉞ 在乔治·W. 布什政府里,珀尔曾一度担任过一个顾问机构——国防政策理事会的主席,但是没有在政府内担任任何职务。

RISE OF THE VULCANS
The History of Bush's War Cabinet

第三章

士兵和水手

第三章 士兵和水手

1968 年1月,北越发动"春季攻势",理查德·阿米蒂奇正在越南海岸附近的一艘6门炮的美国海军驱逐舰上服役。短暂的"春季攻势"令美国人措手不及,改变了战争的进程。在舰上,阿米蒂奇焦虑不安,闷闷不乐。在无线电里,他听得见枪炮大作的声音:美国陆军来回冲杀;海军陆战队在交火;要求增援的紧急呼叫。在阿米蒂奇与战斗行动之间,是一片汪洋,他鞭长莫及。

阿米蒂奇一年前毕业于美国海军学院。他在亚特兰大长大,是个头发黄中带红、胸脯滚圆的青年,他总是喋喋不休,身体特别健壮,参加四种体育活动,是皮尤斯X学院高中班里的联合班级主席。他的计划是拿足球奖学金,上肯塔基大学或者田纳西大学查塔努加分校,但是父亲成功说服海军的足球教练招募了他。①

一到安纳波里斯,却发现阿米蒂奇虽然体格健壮,速度却不足以加入校足球队。在高年级的时候,他担任了新生足球队的教练。他还参加举重,每周在这项后来变成毕生的业余爱好上花许多小时。他的同班同学给他起了个绰号叫"里奇",有时候又叫他"骡子"。毕业时,海军学院的年级年鉴《幸运口袋》用这番话总结了阿米蒂奇在校期间的情况:"里奇翻开一本书的时间从来超不过一小时,但他总能在学业上名列前茅。由于个性杰出,里奇是全大队的知名人物。"②

毕业时,阿米蒂奇打算参加海军陆战队。他最要好的朋友、足球队的中锋把他介绍给了自己未婚妻的室友、一位名叫劳拉·桑福德的姑娘,使他改变了计划。她是一家保险公司经理——亚拉巴马州伯明翰市最显赫、最成功的商人的千金。阿米蒂奇坠入了爱河,于是,他决定不参加海军陆战队,而是到一艘海军驱逐舰上去服役,然后回家结婚。这些计划一直持续到"春季攻势"使他意识到就在附近的战争离他有多么近。"我不能袖手旁观我们时代的这些重要事件而不去更积极地参与其中,"阿米蒂奇许多年后解释道。③

他极想离开舰艇,因此,他志愿去南越,给那些乘坐小型船只在那个国家的热带丛林和内陆地区的浑浊的河上巡逻的"浑水海军"担任顾问。他接受了四周的越语培训,然后仓促地投入了战斗。阿米蒂奇按照自己的意愿选择了作战,而不愿享受呆在舰船上的安全。在接下去的几年里,他一再志愿参战,宁愿去面对危险而不愿贪图安全,并且参加了越战中一些最艰巨和最秘密的行动。

对于科林·鲍威尔来讲,在越南执行作战任务,更多的是出于义务而不是个人的选择。鲍威尔选定了美国陆军作为自己的职业,于是,陆军派你去哪里,你就去哪里。1962年,在肯尼迪政府卷入越南的最初日子里,陆军派遣鲍威尔去驻扎在老挝边界附近的一个南越步兵师担任顾问。美国在越南的顾问人数从3 200名增加到11 000名,他是其中一员。

鲍威尔的父母是牙买加移民,定居在南布朗克斯,他毕业于纽约城市学院,在校期间,加入了学校的预备役军官训练团。他发现自己喜欢预备役军官训练团的纪律、结构和同志间的友谊和忠诚,于是便把训练团的项目作为大学生涯的核心,最后升任管理由上千名学生组成的学生团的学

理查德·阿米蒂奇在美国海军学院1967年年鉴上的照片。(经美国海军学院校友会1967级同意使用)

员队长。④ 1958年毕业后,他按照预备役军官训练团的要求服了三年兵役,之后,毫不犹豫地选择了将陆军作为自己的毕生事业。"我是个黑人青年。除了当兵之外,其他我一无所知,"鲍威尔在回忆录中解释道,"我能干什么呢?在成衣工厂区跟我父亲一起干吗?*……对于一个黑人来说,在美国社会中,没有能比此提供更多机遇的道路了。"⑤

他在布雷格军营的非常规作战中心学习了五周,然后于1962年圣诞节那天到达西贡。能够参战使他感到兴奋。这是分配的而不是选择的任务,但分配的任务不错,说明陆军是重视他的。"我成为职业军官同僚们羡慕的对象,因为凡是被

---

* 鲍威尔父母做裁缝,所以从小在成衣区混。——译者

第三章 士兵和水手

在越南躺在吊床上放松的青年士兵科林·鲍威尔。（选自美国陆军退休将军科林·鲍威尔的文件，美国国防大学图书馆）

选中去南越的人，都被认为是有前途的，是被送去经风雨见世面、前途光明的人，"他后来写道。⑥

鲍威尔和阿米蒂奇在越南的作战经历最终使他们不同于美国外交政策精英圈中身居高位的其他大多数人。不少越战老兵后来进入了美国的参院，其中最著名的是约翰·麦凯恩。一些越战老兵曾经在里根政府里与鲍威尔和阿米蒂奇共过事。不过，总的来讲，在80年代和90年代初期，担任共和党政府外交政策要职的，是诸如乔治·舒尔茨、卡斯珀·温伯格、布伦特·斯考克罗夫特和詹姆斯·贝克这些属于上一代的人。在上一代人中，有些曾经参加过二战，但都没有越战老兵的经历，没感受过那种参加了一场美国没能打赢的战争的强烈的挫折感，那种看到美国人为了一个并未得到美国人全心支持的事业献出生命的痛苦。

到了21世纪开始时，这老一代人已经退休。乔治·W.布什启用的"火神派"代表的是外交政策领域承上启下的一代；他们大多数人是在50年代末和60年代中成年的。然而，在这代接班人里，越战老兵的影响并不太强；事实上，鲍威尔和阿米蒂奇是少数派。在小布什政府里，像国防部长拉姆斯菲尔德和总统国家安全事务助理康多莉扎·赖斯等一些官员，因为岁数太大或者太年轻而没有参加过越

战。包括副总统迪克·切尼和国防部副部长保罗·沃尔福威茨在内的其他人,岁数虽然合适,但却没有参加越战;和成千上万的其他美国人一样,他们得以缓服兵役,使他们能够继续学业和职业生涯。⑦最高层的情况最能说明这种两代人之间的变化。乔治·H.W.布什总统二战中在海外作过战,他的儿子乔治·W.布什总统在越战期间是在得克萨斯州国民警卫队中服过役。

罗伯特·廷伯格的著作《夜莺之歌》研究了越战的战争经历对里根政府中的官员的影响,在这部著作中,廷伯格引用了一位越战老兵的话:"在我们这些参战者和未参战者之间,矗立着一道十英里高、五十英里厚的墙,这堵墙永远不会消失。"⑧15年后,在小布什政府里,这堵墙也许没有以前那么高、那么厚了,但是它肯定依然存在。

2002年夏,鲍威尔和阿米蒂奇是国务院的负责人,美国当时正在考虑是否攻打伊拉克,越战那代人中原来就有的严重分歧重新冒了出来。越战老兵认为,一些像切尼和沃尔福威茨那样最主张对伊拉克动武的人是无法理解战争的,因为他们没有亲身经历过战争。"他们是从学术角度来讨论战争的,而不是由于有过藏身在热带丛林里、或者在散兵坑里目睹朋友被炸掉脑袋的经历,"越战老兵查克·哈格尔参议员这样说道。⑨

切尼和沃尔福威茨的辩护者以同样的激情回敬道,并非只有越战老兵才是明智的。"90年代中,那些亲历沙场的将军们一次又一次对美国参战的后果判断失误——而没有战争经验的文职官员却做出了正确的判断,"《新共和》杂志的专栏作家彼得·贝纳特写道,在他看来,鲍威尔等领导人对海湾战争和美国在巴尔干地区的军事干预过于谨慎。⑩

那么,鲍威尔和阿米蒂奇在越南究竟获得了什么样的作战经历?他们在那里得到的教训是什么?事实上,尽管他们的越战经历使他们两人之间结下了牢固的友谊,但他们的经历并没有多少相似之处。

鲍威尔在陆军中服役,阿米蒂奇则在海军中服役。鲍威尔是被派往越南作战的,而阿米蒂奇则是自愿去作战的。鲍威尔在海外服役的经历成为他漫长军旅生涯的晋身之阶;而阿米蒂奇在越南的服役,则是导致他放弃军队生涯的转折点。鲍威尔参加越战是冷静的、超脱的,以此为职业;阿米蒂奇则对那个国家和人民产生了浓厚的个人和感情上的依恋。到1975年越战结束时,鲍威尔已经获得了提升,到其他地方担任新的工作,有了新的任命。越战最后的日子给阿米蒂奇带来的，是几天的英雄风光，然后是若干年没有根基的不确定的生活。

鲍威尔到越南服过两次兵役，每次历时一年，第一次是 1962—1963 年，第二次是 1968—1969 年。第一次派往越南，鲍威尔被直升机送到南越偏僻的阿绍山谷，在那里，他是美国顾问，周围是南越军人、山民、鸡群、猪、蚂蟥和几乎每天袭击他的部队的越共。他经历了敌人炮火的恐惧。他不得不依赖毫无规律的邮件（如果邮件送不到，就依靠无线电）来获取妻子生下他们的第一个孩子并且是个儿子的消息。参战六个月后，鲍威尔踩上了陷阱，这是一种隐藏在地下的大竹钉，竹钉刺穿了他的脚。在剩下的几个月里，他在位于顺化的一个师部里服役。⑪

鲍威尔怀着对华盛顿的文职领袖愤世嫉俗的心情，结束了第一次海外服役的任务。他的回忆录里到处是形容词——"麦克纳马拉手下拿着计算尺的突击队"、"拿着计算尺的奇才们"、"五角大楼的高技术武士们"——表达了一个士兵对那些远离战斗的决策者的不信任。鲍威尔还带着认为战争的许多方面极为荒唐的感觉回到了家，最典型的例子是，和他共事的南越上尉告诉他，阿绍基地很重要，因为它保卫着飞机场，飞机场之所以建在那里，是因为要给基地补充给养。"我常想，我们是否真能有所作为，"鲍威尔后

在越战期间担任陆军军官的科林·鲍威尔。
（选自美国陆军退休将军科林·鲍威尔的文件，美国国防大学图书馆）

来反省道，"我们怎么跟混在当地农民中间的敌人作战？这些农民不是吓破了胆，就是同情我们的敌人，他们不会出卖他们。"然而，在回国时他仍然坚信"帮助南越人保持独立是正确的，在世界任何地方反对共产主义是正确的"。鲍威尔坚信，美国人仅仅需要向越南增兵就可以了。⑫

鲍威尔在越南的第二次服役是从 1968 年 7 月开始的，此时，他已经从上尉升到了少校，美军在越南的人数也已经从 11 000 人增加到 50 万人。鲍威尔在阿马里克尔师担任营长，负责向部队提供补给和其他支援。这一回，他不是在农村的

前线作战部队里,然而,他的营却经常遭到伏击和火箭、榴弹炮火的攻击。

鲍威尔被派往越南两个月之后,阿马里克尔师师长查尔斯·M.盖提斯少将在《陆军时报》上看到一张鲍威尔的照片,旁边的文章提到他是利文沃斯军营一个指挥参谋班中军衔第二高的军官。他把鲍威尔召到阿马里克尔师位于朱莱的师部,任命他担任该师负责作战和计划的参谋。⑬

这个新职务发挥了鲍威尔的才干,使他兼有的组织和政治技巧以及个人魅力有了用武之地。在接下去的几年里,鲍威尔一再被任命担任参谋或负责行政的军官。不过,鲍威尔的新工作也使他第一次接触到了有争议的问题——这就是阿马里克尔师企图打掉关于后来被称作"梅莱大屠杀"的指控的种种努力。

1969年3月间,鲍威尔在阿马里克尔师师部工作,西贡美军司令部监察长办公室的一名军官来到他的办公室,要他在部队的档案中查找关于某个死亡人数特别高的日子的纪录。鲍威尔翻查了日志,为调查员找到了1968年3月16日的日志,那天,美军一个排记录他们在巴唐安半岛上击毙了128名敌人。据鲍威尔的叙述,直到几个月后,独立记者西摩·赫什的新闻报道披露了"梅莱大屠杀"的细节,他才明白监察长当时调查的是什么。阿马里克尔师一个由威廉·卡利上尉指挥的排开枪打死了347名手无寸铁的越南人,其中大部分人是老人、妇女和儿童。⑭

鲍威尔是"梅莱大屠杀"三个月之后到的越南。但是,有证据显示,他并非像他的叙述所暗示的那样,对阿马里克尔师向平民施暴的指控一无所知。1968年11月,在与卡利同一个旅但不同的排里服役、正在回国途中的专业技术四等兵汤姆·格伦,给驻越美军司令官克莱顿·亚伯拉姆斯上将写了一封信,称美军屠杀了平民和俘虏。他说,有的部队"任意向越南人的住宅射击,在没有受到挑衅或者没有正当理由的情况下,便向人群开枪……[这些行为]部队各级官兵都这么干,因此说明这是得到批准的政策"。格伦的信没有具体点出梅莱或者卡利排的名。⑮

该信被转到阿马里克尔师师部,鲍威尔被指定进行调查并考虑如何回复。鲍威尔很快就把信给处理了。4天后,鲍威尔跟格伦的指挥官谈了话,然后起草了一封回信,信中称指控并不属实。鲍威尔写道,有可能发生过美军施暴的"孤立事件",不过都已经进行了惩罚。"……阿马里克尔师的士兵与越南人的关系非常好,"他补充道。格伦很快收到一位美国将军写的内容完全相同来信。⑯

格伦提出的指控就这样不了了之了,因为它缺乏细节。作为一名有前途的年

044

轻参谋军官,鲍威尔对调查关于美军胡作非为的含糊但却令人不安的指控并不热衷。直到后来另一名士兵、专业技术四等兵罗恩·莱登诺尔给他家乡的国会议员写信并因此引发陆军对此进行调查之后,"梅莱大屠杀"的细节才传出阿马里克尔师。

在海外第二次服役的过程中,鲍威尔营救了他的指挥官盖提斯将军,在将军和另外两名美国人搭乘的直升机撞上一棵树并坠毁之后,他将他们拖到安全地带,因此被授予功勋奖章。乘坐同一架直升机的鲍威尔摔断了脚踝。1969年夏天,他结束了在海外的服役期,动身离开越南。

鲍威尔仍然怀着对文职官员不珍视自己的自由和安全那种传统的反感。林登·约翰逊在1968年宣布不竞选连任时,鲍威尔认为这是一个颇具"政治家风度的姿态",但是"收拾行装,打道回府,重归牧场[原文如此],这并不是职业军官或者应征入伍的美国人能够做出的选择"[17]。

然而,第二次海外服役结束,鲍威尔从越南回国时,对战争本身和美国打这场战争的方式,也有了更广泛、更冷峻的判断。鲍威尔的一些结论为后来几代美国人所熟知,因为所谓的"温伯格主义"(鲍威尔时任国防部长卡斯珀·温伯格的军事顾问)和后来所谓的"鲍威尔主义"(当他担任参联会主席之后)的国防部方针里都包括了他的这些结论。最主要的观点是必须有明确的目标,有美国公众的支持,运用压倒敌人的力量。"战争应该是政治的最后手段,"鲍威尔在第二次派往越南服役之后这样认定,"在我们走向战争时,我们必须有一个我们的人民理解并且支持的目标;我们必须动员国家的资源来完成这一使命,然后去打赢这场战争。"[18]

鲍威尔从越战中还汲取了其他一些教训。美国的军事领袖们需要恢复元气,美军的文化需要改变;高级军官满脑子都是奖章、晋升和诸如死亡数字一类虚假的统计数字。军事领袖们需要对文职领袖讲真话,而不能支持那些"缺乏支持、并非全心投入的战争"。20年之后,作为美国历史上最有权威的参联会主席,鲍威尔得以将这些关于需要强有力和独立的军事领导的思想付诸实践。

最后,鲍威尔是怀着对打仗和送死的主要是那些比较贫穷、受教育程度较低的美国人的现象深深的不公平感离开越南的。"这么多权贵子弟,这么多职业运动员……设法挤进了后备役部队和国民警卫队,我深感愤慨,"他写道。[19]

在与世隔绝的南越,并肩作战的南越士兵给理查德·阿米蒂奇起了个越南名

字——"陈万富"[20]。这个名字有它自己的意义。"Phu"是"福"或者"富"的意思,多少跟阿米蒂奇的名字有点联系。"Van"指的是男性。"陈"是伟大的越南海军英雄陈兴道的姓,这位将军曾在 1287 年击败过蒙古人的入侵。阿米蒂奇的越南名字大体意思便成了"富有的海军大兵"。

在主动要求从海军驱逐舰转到参战部队之后,阿米蒂奇便在越南境内服役,参加了在湄公河和其他内陆及海岸附近的水道巡逻的部队。根据他本人和官方的叙述,在第一次派驻越南的过程中,阿米蒂奇曾在沿海地区的一支南越伏击部队里任顾问。一年后,他离开越南,在加州的克罗纳多军事基地担任反暴乱教官,教授伏击和审讯的技巧。接着在 1971 年 5 月,他志愿第二次返回南越再服役一年,在柬埔寨边界附近的西宁给另一支部队担任顾问。这一年结束后,他立即主动要求从 1972 年 5 月开始再干第三个任期,在沿海地区给一个伏击队当顾问。他已经和大学的女友结了婚,但是,这并没有阻止他一再返回战场。

有关阿米蒂奇在越南的经历的这些官方记载并未讲述完整的故事。阿米蒂奇的几个朋友和同事在采访中主动说出了他在越南是情报人员。"他在那儿干的是秘密工作,"1980 年第一次见到阿米蒂奇的理查德·艾伦说道。帮助聘用阿米蒂奇加入里根政府并且成为他在五角大楼的上司的弗雷德·埃克雷说,他认为阿米蒂奇一直是为中情局工作的。[21] 这是什么样的秘密行动呢?熟悉阿米蒂奇在那个时期的活动的其他人说,他与名声欠佳、多有争议的"凤凰计划"有关系,这是由中情局指挥的、目的是通过除掉越共在农村的政治机构来瓦解它的美国行动。

"他参加了越战中风险最大、最艰巨、出手最狠的'凤凰计划'。他们不是暗杀队;而是反游击队小组,"拉里·洛普卡说。洛普卡是一位空军军官,70 年代曾在越南和伊朗与阿米蒂奇共事,后来在五角大楼又做了他的助手。当被问及他能不能肯定阿米蒂奇是否参与了"凤凰计划"时,洛普卡答道:"我认为这是事实。我们在后来的年代里很长时间都在一起。他向我讲述了一些交火的情况。听起来就像是电影《第一滴血》中的场景一样……他们在夜色中乘坐小船悄悄驶往上游,摸进越共的村庄,找到负责人住的茅屋,把茅屋给端掉,然后返回小船,再撤出那个地方。"[22]

持批评意见的人指责说,"凤凰计划"其实是一个暗杀计划,通常由南越特务来执行;替它辩护的人则认为这是一场恶战的合理组成部分。中情局负责该项目的威廉·科尔比后来在国会听证会上承认,在执行"凤凰计划"中的确有一些"过火行为"。该项目相当成功;科尔比称,"凤凰计划"除掉了 6 万名越共特务,在很多情况下是直接把这些人给干掉。1969 年一年的时间里,在西贡的美国使馆声称,"凤凰计划""除掉"了 19 534 名特务,并打死了其中 6 187 人。㉓

当被问及阿米蒂奇是否参与了"凤凰计划"时,在西贡担任过中情局情报站站长、协助负责"凤凰计划"的老牌情报官泰德·沙科利答道:"是的,他可能是外围人员。"沙科利说,他在越南时并不直接认识阿米蒂奇,但阿米蒂奇与美国的情报行动有"关系"。㉔

阿米蒂奇本人坚持说,他没有参加过"凤凰计划"。"我从来没有参加过'凤凰计划',"他在就本书接受采访时说,"我是一支越南伏击队的顾问。"他解释道,有时候,他的部队在搜集情报时,会把情报交给一位海军情报联络官,这位情报联络官再将情报转给"凤凰计划"的负责人;因此,"凤凰计划"的军官们有时会到阿米蒂奇所在的越南农村来寻求咨询或帮助,他会把他们带到某个地方。"但是我从来没有为'凤凰计划'干过,"他说。至于执行夜间突袭任务,阿米蒂奇说:"这就是我当突击队顾问的原因。这就是我干的事情。这就是我的生活!"㉕

理查德·阿米蒂奇 1969 年 4 月在南越担任伏击队顾问期间。(经理查德·阿米蒂奇同意使用)

阿米蒂奇不仅仅是像鲍威尔那样通过在越南作战来履行自己的军人职责;阿米蒂奇爱上了这个国家,他珍视它给予他的机遇,并一次又一次地回到这个国家。他能讲一口流利的越语,特别喜欢呆在乡下。一次,有人试探他愿不愿意到西贡给一位美国海军上将作副官,他提的问题是,他是不是必须穿袜子。当被告知可能得穿袜子的时候,阿米蒂奇拒绝了这份工作。㉖

"我太太会告诉你,我第一次结束海外服役回国之后,精神头十足,"许多年后阿米蒂奇告诉一位采访者,"我喜欢越南的文化。第二次,我感到心灰意冷。我希望越南人能出来战斗。到了第三次,我找到了平衡。有些日子里,你希望有仗打;有些日子里,你就想睡大觉。"㉗

1973 年初,尼克松政府的对越政策发生剧烈摇摆之后的几个月,阿米蒂奇的军旅生涯出现了危机。按照做具体工作的阿米蒂奇的观点,他相信理查德·尼克

松在1972年底对河内和海防的猛烈轰炸终于使美国在战争中占了上风。"我在1972年12月意识到,……我们距离胜利已有多么近,"他后来声称,"……我们把那帮混蛋打得落花流水,然后又饶了他们。我认为亨利·基辛格慌了阵脚,总统也慌了阵脚。"[28] 仅过了几个星期,尼克松政府就签署了《巴黎和约》,接受了美国同意从越南撤军的解决方案。

巴黎协议激怒了阿米蒂奇,使他不知所措。"他对战争的结束非常反感,"他的朋友理查德·奇尔德雷斯说,"我想我们谁都没有料到,军队和美国就这么撤了。"数年后,阿米蒂奇发泄了自己对巴黎和平协议的愤怒,他打了一个恰当的比方,这个比方使人确信他个人与越南、越南军队和越南人民有深深的联系。

"我觉得[美国从越南撤军]很像把一位女人的肚子搞大之后便撒手走人似的,"阿米蒂奇宣称,"这可不是什么好形象,但我觉得我们就是那个逃兵父亲。"[29]

阿米蒂奇第三次派驻越南的日子就要结束了,但他仍然不想离开这个国家。根据巴黎协议,美国在撤军之后,只允许在南越保留50名军事人员。阿米蒂奇向海军上司申请成为这50人之一,他要求在西贡这个他以前一直回避的城市工作。他的请求遭到拒绝。海军的军官们向阿米蒂奇建议,他在越南待的时间已经足够了,证明他可以在世界其他地方做其他事情,这对他的军旅生涯更有利。

"海军的调配人员说的话大意是,'我们觉得你已经开始落在你同辈人的后面了',"阿米蒂奇的朋友詹姆斯·凯利说道,"他们说这番话的时候,他对那些海军的人谈了他对这个体制的想法,在这个体制里,本来积极参战应该是最重要的事情,可你与同辈人相比却因此而落了伍,如果他们是这样看的,那海军爱怎么样就怎么样了。他当即就辞了职。"[30]

阿米蒂奇选择了放弃他的海军生涯并且留在南越。他成为西贡美国武官处的文职雇员,在那里,他继续充当南越军队的顾问。他在海军司令部工作,为南越的海军、海军陆战队和特种部队担任作战顾问。他经常在全国各地跑,了解南越军队如何作战,监督他们如何使用美国的军事装备。[31]

阿米蒂奇把夫人劳拉带到南越待了一段时间。他们与许多其他美国人不同,因为阿米蒂奇越语非常流利,并且大部分时间跟越南人呆在一起。"里奇认为不值得与泡在西贡的部队小卖部周围的人为伍,因此他不到那个地方去,"凯利说,"他们生活在越南人中间,到越南人的市场去买东西。"[32]

在此期间,阿米蒂奇被派去接待一位到访的名叫埃里希·冯·马博德的五角大楼官员,并担任他的向导,后者后来在他的生活当中起了非常重要的作用。冯·马博德是文职人员,是国防部负责管理越战后勤、资金和武器的官员。在五角大楼里,他是一个传奇人物,以能办成事、办事效率高而迅速、有办法绕过繁文缛节而闻名。如果你想向某个外国卖武器,冯·马博德是你必须拜访的人。[33]"他是所谓的国防安全援助局的审计员,这使他掌握了有关东南亚各种没有登记造册的资料,"冯·马博德的海军助手凯利解释道。凯利认为马博德是他见到的最优秀的官员,他拥有着陆军上将和海军上将们在国防部长之外很少赋予文职人员的权力。一次,冯·马博德和凯利在五角大楼里沿着走廊走着,这时,一位四星海军上将打旁边经过,向冯·马博德热情洋溢地打着招呼。将军离开后,喜欢造些警句格言的冯·马博德告诉凯利:"千万别把畏惧和爱戴混为一谈。"[34]

1973年,参院军事委员会的约翰·斯坦尼斯参议员抱怨说,五角大楼给他的关于南越需要多少经费和美军装备的报告很多竟是互相矛盾的。他要求五角大楼用一个声音讲话。国防部长詹姆斯·施莱辛格采取的应对措施是任命冯·马博德担任负责南越问题的主要副手。第二年,冯·马博德访问了越南,去亲眼看看战争的进展情况。[35]

在西贡,分配给阿米蒂奇的任务是领着冯·马博德到处转转。他不太高兴。"有一天,我接到[驻西贡美军军官打来的]电话,说我们这要来一个大人物,他想请你陪他转转,带他到前线去看看,"阿米蒂奇回忆道,"我挺恼火,我被留了下来。到了新山[机场]的指定地点,我见到了埃里希·冯·马博德和吉姆·凯利……冯·马博德想看作战情况。因此我把他们带到战斗激烈的地方,我们坐直升机进不去,于是,我又带他们到其他一些地方去。他[冯·马博德]非常高兴。他是个地道的爱打仗、爱闻火药味的怪人。他就喜欢那个,并且老是记得。"[36]冯·马博德当然印象深刻。"他非常勇敢,"他这样评论阿米蒂奇,"我对挨枪打不习惯,可他却非常放松。我们很难能说动别人带我们到某些[危险的]地区去,可是他通过美国航空公司和某些越南组织安排我们去成了……他似乎全然不担心自身的安全。"[37]

阿米蒂奇巧妙利用自己的作战经验吸引了没有像他那样在越南服过役的华盛顿重要官员,这不是第一次,也不是最后一次。接下去的几年里,在阿米蒂奇试图在海军以外建立起职业生涯的过程中,曾仰仗冯·马博德安排工作和提供帮助。

  1974年12月,阿米蒂奇辞去在西贡的工作回到美国。他认为这场仗打得很糟糕。他去了华盛顿,希望能给南越不断恶化的局势敲敲警钟,但是毫无结果。似乎没有人听他的话。阿米蒂奇飞回圣地亚哥的家,与妻子家人短暂团聚。之后,他变得烦躁不安,便于1975年3月飞回越南,访问了岘港,到越南南方和北方到处旅行。当时和后来他都坚持说,他完全是自己在旅行,尽管他还似乎在执行评估军事形势的使命,可能在向冯·马博德汇报,后者仍负责向国会报告战争的进展情况。阿米蒂奇发现南越似乎正在出现内乱。回国后,他再次试图引起对帮助防止南越政权垮台的兴趣。"我不知道如何是好,"他回忆道,"我找不到一个能够明白那个国家正在自己垮掉的人。"[38]

  在这个时候,阿米蒂奇对南越状况的了解,远远超出他对美国人的情绪的了解。美国人不愿意在签订了撤出美军、结束美国在战争中的军事行动的协议两年之后,再为挽救南越政权做出新的努力。福特总统提出向南越增加7.22亿美元援助款的最后请求没有得到国会的批准。

  4月末,阿米蒂奇正坐在圣地亚哥的家中,这时电话铃响了。来电话的是冯·马博德。"里奇,你小子到华盛顿来,"冯·马博德说,"我给你找了份工作。"他要阿米蒂奇带着妻子和两个孩子一起来,因为他在一段时间里会看不到他们。阿米蒂奇和家人一起飞到华盛顿,住进双桥万豪酒店的一个房间,第二天早上步行去五角大楼。在冯·马博德的办公室里,凯利注意到阿米蒂奇穿着他唯一的运动衫,可能还戴着他为数很少的一条领带。[39]

  冯·马博德解释了他想要阿米蒂奇做什么。此时,五角大楼已经意识到南越即将垮台。美国政府希望防止南越的军事资产——它的飞机、舰只和其他有价值的军事武器装备——落入北越手中。冯·马博德第二天要飞往西贡,并且要带阿米蒂奇同行。他们的使命是尽可能多地把这些东西来从南越运出来,其余的设法销毁。

  冯·马博德、阿米蒂奇,还有两位美国空军军官,于1975年4月24日乘坐泛美航空公司的最后一架商业航班在西贡降落。阿米蒂奇的任务是协助将美国的舰只和快艇弄出越南,而冯·马博德和空军军官主要负责飞机。第二天,冯·马博德和阿米蒂奇拜访了南越海军司令钟新刚中将,告诉他北越部队正在快速推进。他们向钟将军提交了撤退计划:首先,所有越南海军人员将奉命携带家属,把舰只驶到基地。然后,一接到信号,越南人将驾船出海,前往昆山岛附近海域的集

合地点,美国军舰将搭载他们和保护他们。㊵

该计划预备在一周后,也就是在 5 月 1 日或者 5 月 2 日左右执行。这个日子是根据中情局对北越到达西贡所需的时间确定的。但是,北越人并没有执行中情局的时间表;他们提前很多就到了,影响了美国人的行动,限制了美国人能够营救出的飞机、舰只和人员的数量。时隔四分之一个世纪,提起中央情报局西贡站"那个混蛋"站长托马斯·波尔加,阿米蒂奇仍耿耿于怀,他认为波尔加过于依赖波兰人和匈牙利人来获取关于北越人意图的情报。㊶

4 月 28 日,冯·马博德派阿米蒂奇前往位于西贡西北的边和的大型美国基地,要他们打点行装,运走贮存的军事物资。阿米蒂奇乘坐直升机飞过去,他发现基地几乎是空荡荡的,只有三四十名南越维修工人。他跟他们做了一笔交易:如果他们帮着打包,同意开枪打死所有企图翻墙过来的人,阿米蒂奇就带他们去西贡。不到一小时,他们就捆了 15 个货盘,这时,阿米蒂奇接到马博德打来的电话。"马上撤出来,"他说,"我现在不能对你解释。"在西贡,美国国防部官员监听到北越的一条无线电消息说,他们已经包围了边和的基地,决不能让敌人逃走。阿米蒂奇说,他必须带上那些他答应一起走的南越人。边和遭到越来越猛烈的火箭和迫击炮火的攻击,冯·马博德派来的一架中情局的飞机着了陆,搭载上阿米蒂奇和他的南越维修工人,把他们运送到首都安全的地方。㊷

两天后,随着北越军队向西贡逼近,美国的撤退计划开始了。冯·马博德和阿米蒂奇乘坐美国航空公司的直升机到了美国海军蓝岭号。阿米蒂奇在混乱中丢失了他的身份证件,不过他说服了该舰舰长唐·惠特迈耶将军让他登上了一艘美国驱逐舰,驾驶驱逐舰向南驶向昆山岛。

接下去一个星期发生的事情使阿米蒂奇在南越的服役有了一个英雄壮举般的收场。在昆山岛附近,南越海军集结了大约 90 艘舰船。船上有至少 2 万名外逃的南越人,其中大多数是海军人员和他们的家属,也包括钟将军。这些舰船没有食品和水,其中一些基本不能出海。阿米蒂奇是美国海军在越南人这支船队里唯一的代表。㊸

阿米蒂奇决定将船只和难民驶往约一千英里以外的菲律宾。大多数船只的状况都做不了这次航行。至少 60 艘船被凿沉了,有的是被炮火击沉的。2 万名越南人挤进 32 艘船;有 3 艘原来是美国海岸警卫队使用的船,每艘通常搭载 170 名水手,现在每艘船塞进了 1500 名越南人。阿米蒂奇向国防部拍发了急电,结果派人给船只送来了食品和饮水。从 5 月 2 日至 7 日,阿米蒂奇的越南船队在 3

艘美国军舰的保护下,驶往菲律宾的苏比克湾。由于过度拥挤,船上发生了打斗甚至交火。

当船只抵达苏比克湾时,费迪南·马科斯总统和菲律宾政府企图阻止这些仍然悬挂着南越旗帜的船只进入菲律宾水域。在美国官员、菲律宾官员和越南难民参加的紧张的谈判中,阿米蒂奇再次充当中间人和翻译。终于在5月8日找到了解决方法:在阿米蒂奇协助安排的正式仪式上,船只降下它们的越南旗,悬挂上美国旗,然后驶入苏比克湾。对于阿米蒂奇,在七年多之后,越战终于结束了。

在最广泛的意义上,越战的惨败对那些参战的和没有参战的所有"火神派"产生了相似的影响。在越南的失败,导致他们致力于重振和保持美国的军事实力。理查德·切尼、唐纳德·拉姆斯菲尔德、保罗·沃尔福威茨以及科林·鲍威尔和理查德·阿米蒂奇的职业生涯都无一例外。明显地重视从军事角度分析外交政策问题,这是在小布什政府里掌权的这个班子不同于他人的主要特点。

冷战初期掌管美国外交政策的那些"智者们"并不缺乏处理军事问题的经验。比如,他们中的约翰·麦克洛伊和罗伯特·洛维特二人,曾在二战中担任作战部长亨利·史汀生的高级副官。但是,在史早的这代人看来,军事问题上的经验并不像具有更广泛的外交、国际法和商务经验那么重要。㊹那么,毫不奇怪,二战后那一代人的领袖人物,对建立能够进一步拓展美国利益的永久性新国际经济、法律和外交体制和机构(联合国、国际货币基金组织和世界银行及马歇尔计划等)的兴趣,要浓于对建立新的军事机构(如北约)的兴趣。相比之下,"火神派"在美国军事实力的问题上精力充沛,富于创新,而对建立新的外交或经济体制和机构则热情不足。

一方面,"火神派"对军事实力有共同兴趣;另一方面,他们中间在什么时候使用军事实力和如何最好地保持这种力量的问题上存在着分歧。这些分歧源于越战时期他们的不同经历。

美国撤出越南30年之后,保罗·沃尔福威茨对那场战争和那场战争究竟应不应该打,仍然抱着一种复杂的心情,这不符合他的性格。在2002年的一次采访中,他提到,越战当时像是一项崇高的事业;他指出,新加坡的李光耀等领导人坚信,美国迟滞了共产主义在整个地区的发展,从而"挽救"了东南亚。另一方面,沃尔福威茨接着说,美国牺牲的人数这么多,战争在美国社会引起了这么深的分歧,那么打这场战争是否值得,这是一个合理的质疑;美国似乎"超支"了美国的

实力。㊺

沃尔福威茨能够超脱出对越战的强烈感情,这反映了他自身的背景。越战期间,他大多数时间在学术界。他在研究生院的导师、核战略家艾伯特·沃尔斯泰特不是越战的坚定支持者。虽然沃尔斯泰特在政治上是保守派,但他总是把越战看做是精神错乱,是一次错误的行动,它消耗了美国的能量,把美国的注意力从重要得多的与苏联的长期竞争上转移开来。㊻

鲍威尔和阿米蒂奇没有沃尔福威茨那样超脱。他们帮助在东南亚打的这场战争,成为他们对认识美国外交政策和美国与世界的关系的核心因素。

越战使鲍威尔始终对有可能削弱美军的实力、名声和作战能力的军事行动持谨慎态度。换言之,在鲍威尔看来,保持美国军事实力的主要办法,是少用和慎用。于是,越战的经历便产生了温伯格主义和鲍威尔主义:先要有明确和集中的目标以及强有力的公众支持,然后再发动战争;一旦开始战争,必须动用压倒优势的力量迅速夺取胜利。鲍威尔往往不信任那些在华盛顿而不是在战场上获得国防问题经验的官员们。当文职领袖要求在海外采取军事行动时,鲍威尔有时会把他们视为越战中罗伯特·麦克纳马拉的现代翻版。

鲍威尔在与五角大楼的文职领袖打交道时,经常会想到他们的越战经历或者缺乏越战经历。在谈及他在老布什政府里与国防部长迪克·切尼似乎很和谐的合作关系时,鲍威尔在自传中写道:"这个没有穿过一天军装、在越战中以在校就读和有了孩子借口获得了缓役的人,立刻控制了五角大楼。"㊼

阿米蒂奇从越南汲取了许多与鲍威尔相同的教训。他也信奉温伯格—鲍威尔主义包含的谨慎和压倒优势力量的原则。

阿米蒂奇还从越南获取了其他一些教训。教训之一是,美国特别是在亚洲必须保持盟国和自己的承诺至关重要。美国从南越撤军激怒了他,因此,他迫切地要确保美国不再有"逃跑的父亲"那类的行为。在后来的几十年里,阿米蒂奇成为华盛顿对强大的盟友和美国在亚洲永久驻军的一位主要支持者。除了迈克·曼斯菲尔德大使外,过去30年中,没有一位美国官员像阿米蒂奇这样与日本保持了如此密切的关系。

其他"火神派"对盟国的看法要消极得多,只要有必要,他们宁愿美国独自行动。尤其是拉姆斯菲尔德,他在70年代初出任了美国驻北约大使,他怀着对美国及其欧洲盟友做决策时采用的冗长、乏味、繁琐的协商过程的偏见卸了任。"拉姆斯菲尔德似乎不喜欢北约,在北约,你得彬彬有礼,得对意大利国防部长客客气气地说话,得应付欧洲人对苏联的错误观点,"在尼克松和福特政府里与拉姆斯菲尔德共事过的一位前官员说。㊽

阿米蒂奇在越南度过的日子使他对美国政府和华盛顿的官僚机构的运作方式有了一点体会。最重要的是人际关系和网络,而不是官僚机构正式运作的方式。阿米蒂奇的第一位文职上司埃里希·冯·马博德,在整个华盛顿建立起一个可以寻求帮助的广泛的私人朋友网,使他掌握了实权。阿米蒂奇在华盛顿建立起类似的网络,根据他在越南参加小部队作战的经验,他重视信任、忠诚和友谊的个人价值。像切尼这样的其他高层官员对工作助手有所保留,保持着职业距离。切尼通常能赢得他们的尊重,但是他们之间的关系个人色彩并不重,他的助手也随着政府的进退而改换门庭。而阿米蒂奇却培养了一小群忠实的助手,他们跟着他从一个工作换到另一个工作。阿米蒂奇则对高层朋友——特别是对鲍威尔——表现出特殊的个人忠诚。

最后,越战的混乱使阿米蒂奇懂得,事情往往发展太快,这是华盛顿的任何人都无法控制的。战争结束时,阿米蒂奇与至少2万名越南人乘船到了菲律宾,尽管菲律宾总统并不愿意接受难民,而且美国政府也不知道该如何处置他们。

回忆起那个时刻,阿米蒂奇说:"我学到一个永恒的道理——宽恕比允准更容易得到。"㊾

注　释

① 这段叙述根据 2002 年 8 月 21 日对理查德·阿米蒂奇的采访。
② *Lucky Bag* yearbook note,由美国海军学院档案馆提供。绰号和举重房的情况由海军学院一同学在采访中提供。
③ 对阿米蒂奇的采访。
④ Colin Powell,*My American Journey*(New York:Ballatine Books,1995),pp.27,34.
⑤ Colin Powell,*My American Journey*(New York:Ballatine Books,1995),p.59.
⑥ Ibid., p.66.
⑦ 切尼先是由于在校就读后又因有了孩子而缓役。沃尔福威茨因在校就读而得以缓役。
⑧ Robert Timberg,*The Nightingale's Song*(New York:Touchstone Books,1995),p.91.
⑨ Michael Hirsh,"Hawks, Doves and Dubya,"*Newsweek*(September 2, 2002),p.24.
⑩ Peter Beinart,"First Serve,"*New Republic*(September 2, 2002),p.6.

⑪ Powell, op. cit., pp. 77-101.
⑫ Ibid., pp. 78, 86, 100-101, 127.
⑬ Ibid., pp. 126-145.
⑭ Ibid., pp. 138-139.
⑮ Charles Lane 的 "Anatomy of an Establishment Career" 一文，引用了格伦的信，见 *New Republic* (April 17, 1995), p.20, 该信由一位名叫迈克尔·比尔顿的英国记者公布于众。
⑯ Ibid.
⑰ Powell, op. cit., p. 120.
⑱ Ibid., pp. 143-145.
⑲ Ibid.
⑳ 2002 年 9 月 17 日对詹姆斯·凯利的采访。
㉑ 2001 年 12 月 21 日对理查德·艾伦的采访；2001 年 12 月 10 日和 2002 年 7 月 23 日对弗雷德·埃克雷的采访。
㉒ 2002 年 10 月 22 日对拉里·洛普卡的采访。
㉓ Stanley Karnow, *Vietnam, A History* (New York: Penguin Books, 1984), pp. 601-602; Eilaine Sciolino, "Cloak and Dagger Retired, Ex-Chief of CIA Remains Hard to Predict," *New York Times*, March 30, 1992, p. 10.
㉔ 沙科利 2002 年 11 月 23 日回答作者通过另一位前中情局官员李洁明转问的问题。
㉕ 2003 年 6 月 23 日对阿米蒂奇的采访。
㉖ 对凯利的采访。
㉗ J. Edward Lee and Toby Haynsworth, *White Christmas in April* (New York: Peter Lang Publishing, 1995), p. 85.
㉘ Ibid., p. 84.
㉙ Ibid.; 2002 年 10 月 16 日对理查德·奇尔德雷斯的采访。
㉚ 对凯利的采访。
㉛ 对阿米蒂奇的采访。
㉜ 对凯利的采访。
㉝ 对 70 年代曾在国防部担任高级官员的采访。
㉞ 对凯利的采访。
㉟ 对洛普卡的采访。
㊱ 对阿米蒂奇的采访。
㊲ 2003 年 3 月 4 日对埃里希·冯·马博德的采访。
㊳ 对阿米蒂奇的采访。
㊴ 对阿米蒂奇和凯利的采访。
㊵ 埃里希·冯·马博德的书面声明；对阿米蒂奇的采访；Lee and Haynsowrth, op. cit.。
㊶ 对阿米蒂奇的采访。
㊷ Frank Snepp, *Decent Interval* (New York: Random House, 1977), p. 459; von Marbod state-

ment.

㊸ Von Marbod statement to Undersecretary of Defense Walter Slocombe, April 26, 2000.

㊹ 见 Walter Isaacson and Evan Thomas, *The Wise Men* (New York: Simon & Schuster, 1986)。

㊺ 2002年3月12日对保罗·沃尔福威茨的采访。

㊻ 2002年8月1日对彼得·威尔逊的采访。

㊼ Powell, op. cit., p.393.

㊽ 对尼克松和福特政府的一位前官员的采访,采访的条件是不要公布他的姓名。

㊾ 对阿米蒂奇的采访。

RISE OF THE VULCANS
The History of Bush's War Cabinet

第四章

同苏联人缓和，排挤基辛格

第四章 同苏联人缓和，排挤基辛格

唐纳德·拉姆斯菲尔德轻松地从尼克松政府进入福特政府。一次，还在"水门事件"正热闹的时候，他私下告诉尼克松，他愿意辞去北约的职务，回华盛顿来帮忙对付国会的弹劾。我们并不清楚他是否真的这样想。对拉姆斯菲尔德来说，幸运的是尼克松并没有把他的话当真。①

1974年8月9日，尼克松辞去总统职务的前一天，杰拉尔德·福特任命了一个临时过渡小组，负责协助他接管白宫。该小组的三名成员之一是和福特一起在国会共事过的老朋友拉姆斯菲尔德。拉姆斯菲尔德迅速从布鲁塞尔的北约总部打电话给他从前的副手迪克·切尼，要切尼到杜勒斯国际机场去接他，协助过渡期的办公室工作。

福特向过渡班子下达的指示是明确的：研究他该如何重组白宫办公厅，如何处理国内政策，但不要触及基辛格的外交政策。"下达的命令是先干起来，对管理和预算办公室、白宫在国内问题上运行的情况、白宫和内阁之间的关系进行审查，然后向我报告，"切尼在许多年后的一次访谈中回忆，"但是不要触及国家安全领域。"据切尼说，福特的意思是"国家安全委员会、国务院、国防部，这些都不能碰"②。

新任总统不打算干涉基辛格。当时，基辛格的权力正如日中天。他身兼国务卿和总统国家安全事务助理两个职务。在政府内部，所有有关外交政策和国防项目的部门间会议几乎都由他来主持；他和他手下的工作人员控制着信息和情报的流动；他们起草上报给总统的政策建议文件。在政府外部，媒体和全国都对基辛格这位诺贝尔和平奖得主赞赏有加，是他一手制定了1973年的和平协定，为美军从越南撤军和结束越战（至少美国人当时这样相信）铺平了道路。随着尼克松丑闻缠身，基辛格被普遍视为美国对华开放和对苏缓和政策的设计师。在"水门事件"期间，基辛格的公众威信如此之高，尼克松竟希望通过与他的国务卿的关系来提升自己的政治地位。福特接手白宫后，他也试图通过保证留用基辛格来获取公众的支持。

基辛格本人则不失时机地确保自己在福特手下拥有至少在尼克松任总统时期后几年里相同的权力。福特宣誓就职的第二天，基辛格起草了一份备忘录交福特签署，备忘录将扩大他业已拥有的权力。根据这份备忘录，基辛格的国家安全

委员会负责外交政策的全部决策,基辛格继续主持最高层政府官员有关外交政策的几乎所有的会议。③ 每逢国防部长詹姆斯·施莱辛格想让总统了解他比基辛格**国务卿**更强硬的观点时,他必须通过由**总统国家安全事务助理**基辛格负责的**国家安全委员会**。

福特上任总统的第一天,基辛格便会见了苏联大使阿纳托利·多勃雷宁,他向对方保证,他本人和他推行的缓和政策都没有问题。基辛格的意思是"福特要他继续留任,要他特别重视与苏联的关系",多勃雷宁事后这样写道,"……坦率讲,在福特政府的初期阶段,我把主要希望寄托在亨利·基辛格和他的观点上"④。

在福特担任总统的两年半时间里,政府的高层发生了重大变化。亨利·基辛格失去了他在外交政策领域里的显赫地位。他的权威在1974年夏季被削弱到似乎难以想象的程度。此外,基辛格试图与苏联建立一种新关系的努力这个检验他所有政策的试金石,正在受到越来越严重的挑战,福特甚至到了回避使用"缓和"这个字眼的地步。美国与世界其他国家的关系出现了新的紧张,这是一种思潮,它对美国是否应该与莫斯科做交易或者与其妥协提出了质疑。处在这些变化中心的,是唐纳德·拉姆斯菲尔德及其门徒迪克·切尼。

福特宣誓就职一个月后,他把拉姆斯菲尔德从北约召回国担任白宫办公厅主任,取代了亚历山大·黑格。拉姆斯菲尔德很快安排切尼担任他的副官,也就是切尼在尼克松政府里、在拉姆斯菲尔德手下扮演的相同的随从角色。两人在各自的位置上干了一年多,直到福特任命拉姆斯菲尔德为国防部长,任命切尼接替拉姆斯菲尔德出任白宫办公厅主任。整个福特政府期间,拉姆斯菲尔德和切尼的二人搭档配合默契,牢牢掌握了政府的内部运作。毋庸置疑,拉姆斯菲尔德扮演的是上司的角色。切尼加入福特政府时年仅33岁,用当时一位同事的话说:"切尼成年后,精力全都投入了研究政治学和为拉姆斯菲尔德服务上。"⑤

罗伯特·埃尔斯沃思60年代曾在国会,后又在尼克松和福特政府里与拉姆斯菲尔德共过事,据他说,几十年来,共和党人中间悄悄传播着一句古老的名言。这句名言简单明了:"唐纳德·拉姆斯菲尔德是常胜将军。"⑥

诚然,此说法略显夸张。在漫长的职业生涯中,拉姆斯菲尔德也曾在一些大大小小的事情上受过挫折——其中包括他想当美国总统的抱负。然而,在官僚机构内部冲突问题上,埃尔斯沃思的说法基本准确地描述了拉姆斯菲尔德的经历;

第四章 同苏联人缓和，排挤基辛格

福特总统会见办公厅主任唐纳德·拉姆斯菲尔德（左）和办公厅副主任迪克·切尼（右），1975年4月28日在椭圆形办公室。（经福特图书馆同意使用）

在政府内部的权力之争或者意志较量中，拉姆斯菲尔德很少棋逢对手。在福特政府里，拉姆斯菲尔德战胜了福特的白宫和外交政策机构内一个又一个的对手，不断证明了埃尔斯沃思的话的正确性。

首先，在1974年底、1975年初，拉姆斯菲尔德和切尼控制了白宫工作班子和国内政策，把总统在众院担任少数党领袖和副总统时期的助手们排挤到一边。接着，在1975年，他们开始削弱基辛格的权力以及基辛格的同盟和朋友、副总统纳尔逊·洛克菲勒的权力。最后，在1975年底和1976年，拉姆斯菲尔德从正面挑战了基辛格与苏联实现缓和和军控的政策。每次冲突都造成更大的影响，争斗都更加激烈。在这些政府内部的较量中，拉姆斯菲尔德从来没有失败过，而切尼总是站在他一边。

最初的较量是福特随从人员中的争风吃醋。拉姆斯菲尔德的主要对手是福特的前国会助手和副总统时的办公厅主任罗伯特·哈特曼，尼克松辞职那天，新任总统说的值得纪念的那番话，就是出自哈特曼之笔："我们国家漫长的噩梦结束

了。"⑦ 福特任命了哈特曼担任白宫顾问。在这个位置上,哈特曼反复敦促福特,担任总统就必须大权在握,要安插忠实的助手班子;在他眼里,拉姆斯菲尔德是尼克松时期的遗老,是企图继承尼克松政府衣钵的人。哈特曼搬进白宫西厢唯一与椭圆形办公室直接相通的办公室,使他随时可以走进去跟总统谈话。拉姆斯菲尔德对付哈特曼用的是管家的一招:他成功地坚持把哈特曼的办公室改成总统的私人书房。哈特曼搬了出来,失去了接近福特的机会,逐渐被边缘化了。⑧

在福特时期,特警局给理查德·切尼起了一个他们所起过的最为贴切的化名"老末"⑨。这个化名非常贴切地描绘了切尼作为一个默默无闻的白宫工作人员的角色。

切尼在福特的白宫内的得势可以说明,如果一个人愿意做那些更有抱负的人不愿做的琐事,从而获得信赖,并且摸清一个组织内部运作的门道,便可爬到顶层。切尼就像是变成了首席执行官的职员,荣升为总编的校对编辑,接管了电影制片厂的会计。

那个时期的档案显示了身为办公厅副主任的切尼,是如何从负责诸如下水管道和马桶之类的不足挂齿的小事干起而最后在福特政府内起家的。

备忘录致:迪克·切尼
发自:杰瑞·琼斯
1974年10月12日
我们无法很快解决一层厕所水池的排水问题。白宫的下水管道过于老化,我们已请总服务局用了一段时间来考虑如何改善这个问题。希望很快能够解决……⑩

负责白宫圣诞贺卡和礼物寄送的是切尼。贝蒂·福特在白宫的直升机上觉得不舒服,给她的座椅加上头枕的也是切尼。切尼甚至要负责安排白宫餐桌的摆放。

备忘录致:杰瑞·琼斯
发自:迪克·切尼
1975年2月19日
官邸似乎有供国会议员用餐的盐瓶(配有滑稽的小勺的小盐瓶)。小型早餐和小型男性宴会不使用普通盐瓶是何原因?⑪

旁人很快便发现,正如拉姆斯菲尔德早就知道的那样,你把一件事交给切尼,他肯定会把事情办了——虽然不花哨,但一定能做好。他是完美的工作人员。他工作的时间比其他几乎所有的人都长。"一个加入了办公厅工作人员班子、想从早上9点干到下午5点、也许还想在鸡尾酒会上凑点热闹的人,在你需要他的时候,他早没影了,"切尼对一位采访者说道。⑫

没过多久,切尼开始接手更大更重要的工作,拉姆斯菲尔德另有任务时,作为这位办公厅主任的知己,他便会代替他。切尼很自然负起责来的领域是情报领域:他为人可靠,不好抛头露面,总是非常谨慎。在福特年代里,中央情报局一直企图回避媒体和国会接连不断的调查,以及司法部、媒体和国会联手制订管理情报搜集工作的新规则和准则的努力。1975年5月,《纽约时报》刊登了西摩·赫什的文章,描述了美国情报部门企图把一艘沉没的苏联潜艇从太平洋海底秘密打捞起来的经过。切尼负责召开会议,讨论福特政府是否应该把那家报纸诉上法庭。从切尼手写的笔记可以看出,他在积极考虑若干项对策,比如起诉赫什和《纽约时报》,甚至获取搜查证搜查赫什的公寓。切尼写道,这样做的目的,是"制止《纽约时报》和其他刊物采取类似行动"。在情报部门断定他们的工作并未受到严重损害之后,切尼和白宫才最终决定就此罢休。⑬

1975年的头几个月,基辛格头上的光环开始黯淡。拉姆斯菲尔德开始挑战他对外交政策的控制。

在某种程度上,基辛格的失势是在所难免的。1975年初,福特已在白宫站稳了脚,并开始考虑1976年的竞选。福特如果把外交政策完全交给基辛格,有可能会给人们造成他身为总统权威不够的印象,而仅仅是继承已经下台的理查德·尼克松的政策衣钵。政府里其他人对基辛格权力过大多有抱怨,就连局外人都越来越多地对此有了微词。1975年初,小说家约翰·赫什在福特的白宫呆了一个星期,他报道说,总统经常与一大群各式各样的顾问商讨经济、能源和国内政策,但是讨论外交政策的人只有一个,那就是基辛格。"这位总统在就职前很少接触外交事务,我听说,他只听一个声音,一个反复无常的声音,那就是亨利·基辛格的声音,"赫什写道,"是的,这是我整整一周都在思考的最令人不安的想法……外交、安全、国外情报——怎么能每天只听一个声音?"⑭

如果说基辛格即将失势的话,拉姆斯菲尔德则随时准备落井下石。一次,白宫新闻秘书罗恩·内森跟基辛格的下层助手发生了小摩擦,他发现,拉姆斯菲尔德把此事直接捅给了总统,这是他没有想到的。"我有一种不安的感觉,拉姆斯菲

尔德在利用这件事,想把我扯进企图限制基辛格和国安会的幕后斗争中去,"内森写道。⑮ 那年春天,报上开始出现报道白宫内部有人在打压基辛格的文章。"炮轰基辛格,"《新共和》杂志宣布道。⑯

1975年4月23日,北越军队正向南推进,发动夺取西贡的最后攻击,福特在华盛顿外旅行。他的演讲撰稿人为他起草了一段讲话,准备向美国人民承认,战争终于结束了。起初,总统有些犹豫,说基辛格可能不会同意的,但他还是发表了讲话。"今天,美国可以恢复越战前的自豪感了,"福特对图莱恩大学的听众说,"但对美国而言,靠重打一场已经结束了的战争,是不可能做到这点的。"演讲颇得好评,但是谁也没有找基辛格审核讲稿,基辛格大发雷霆。他坚持说,这次演讲使美国没有足够的时间从越南撤退难民。⑰

基辛格后来写道,白宫工作人员不让他接触关于越南的演讲稿,是"策划了一场典型的华盛顿官场的胜利"。这一批评出自基辛格之口有点不可思议,因为他本人曾策划过太多次这类华盛顿官场的花招。然而,随着拉姆斯菲尔德巩固了对福特白宫的控制,基辛格明显大势已去。

美国最终从越南撤退的时候,在福特的白宫里宣读这场战争的墓志铭的,正是拉姆斯菲尔德。

政府处理越战最后的混乱时刻时,把事情搞得一团糟。白宫向媒体宣布,美国人已经全部空运出西贡,结果却在几分钟之后发现,一百多名海军陆战队队员仍然在美国使馆内等待直升机。几小时后,海军陆战队获得了营救,但是,问题是怎么对媒体讲第一次宣布的时候其实撤退并没有结束。"基辛格想把责任推给五角大楼的军事通讯中心,尽管宣布了错误的消息是因为他本人错误地断定(美国大使的)离开就意味着撤退的结束,"白宫新闻秘书罗恩·内森写道。⑱

内森希望忘记这一切,就好像政府最初说结束了的时候,撤退就已经结束了。但是,身为白宫办公厅主任的拉姆斯菲尔德拒绝这样做。

"这场战争已经有了这么多的谎言、这么多的推诿,最后再用谎言来结束战争是错误的,"拉姆斯菲尔德说。他命令新闻秘书要对政府犯的错误"实话实说"。许多年之后,当美国与伊拉克交战时,拉姆斯菲尔德时任国防部长,他并不总是这么实话实说的。

美国在越南的失败,对政治、对外交政策、对公众如何看待国家以及美国与世界其他国家的关系,产生了深远的影响,这些影响在当时并不容易被人理解。基辛格后来承认,他没能理解这些变化,相比之下,拉姆斯菲尔德的洞察力则更强些。

基辛格忙于应付来自政治左派对他的外交政策的威胁——就是那些在反越战运动以及1972年民主党人乔治·麦戈文的竞选中产生出来的、企图削减美国军力和海外驻军的势力。按照基辛格的观点,与苏联缓和的部分目的是为了挫败左派;他希望,美国既能从越南撤军,又可以通过与苏联签订军控协议,在"和平问题上占据主动",从而维护美国在海外的其他承诺。[19] 基辛格对来自政治右派的挑战远没有那么担心;他错误地相信,像罗纳德·里根那类的保守派和亨利·杰克逊那类的民主党新保守派,有着与尼克松政府和福特政府相同的总体目标,他们之间的分歧不过是策略上的分歧。基辛格认为,右翼最主要的错误在于不理解自由派民主党人的实力和危险。"尼克松和我认为,拒绝与克里姆林宫谈判,将把反越战抗议运动的毒素扩散到美国外交政策的方方面面,而且可能会深深地渗透到我们的同盟关系中,"他解释道。[20]

从近期看,基辛格对自由派民主党人势力的担心得到了证实。越战的结束的确导致国会企图进一步削减美国在海外的承诺、压缩军费预算、限制美国的情报活动。然而,美国从越南的撤退,也逐渐助长了出乎基辛格预料的情绪:一种认为美国今后不应该再蒙受类似失败、要积极地向海外宣传美国的价值观和不能轻易向共产主义政权妥协的情绪。

被基辛格低估了实力的右翼,其实力大大加强了。在共和党内部,里根开始了对福特政府的挑战。在国会,杰克逊则加强了对缓和政策的挑战。到1975年夏季,福特处于退却状态。他决定把与中华人民共和国建交的想法推迟到1976年选举之后,他放慢了将巴拿马运河归还给巴拿马的谈判进程。

数十年后,基辛格承认,他没能觉察越战后美国的发展方向,而拉姆斯菲尔德则更好地把握了这个国家的情绪。"作为政治争斗的老手,拉姆斯菲尔德比我更清楚,"水门事件"和越战很可能引起保守派强烈和不利的反应,(1974年11月)麦戈文派在国会当选之后,这看上去像是自由派的潮流,事实上标志着激进派达到了登峰造极的地步,"他写道。[21]

拉姆斯菲尔德和切尼向基辛格的缓和政策进行挑战的舞台已经搭好。

1975年6月底,被流放的苏联作家、诺贝尔奖得主亚历山大·索尔仁尼琴访问华盛顿,在劳联—产联为他举办的晚宴上发表讲话。共和党参议员们希望安排他到白宫去见福特。行政当局不同意,坚持说总统的日程已经满了。基辛格认为晚宴活

动和要求安排索尔仁尼琴访问白宫,为的是惹怒苏联领导人,从而破坏缓和。

切尼显然愤怒了。白宫其他人早就发现切尼是非常保守的。"每当他个人的意识形态显露出来,他总是显得比福特、拉姆斯菲尔德或者成吉思汗的立场更右,"与切尼并不交好的哈特曼写道。㉒ 不过,此时切尼仍然仅仅是白宫办公厅副主任,他很少在外交政策上发表意见。这一次,切尼决心发表自己的意见。在白宫内部,他发出一份私人备忘录,对基辛格对苏联的态度进行了严厉抨击:

备忘录致:唐·拉姆斯菲尔德

发自:迪克·切尼

1975 年 7 月 8 日

主题:索尔仁尼琴

……我本人强烈感觉,总统应该会见索尔仁尼琴,原因如下:

1. 我认为,决定不见他是由于对缓和的错误理解……缓和并不意味着我们与苏联的关系突然之间变得一片甜蜜和光明。

2. 如果会见他,将有利于抵消对美国总统会见苏联领导人的所有宣传报道。会见苏联领导人固然重要,但我们不再助长以为我们突然间成了苏联人的挚友的幻觉,这也同样重要。

……(苏联人)多年来可以随意批评我们在东南亚的行动和政策,称我们为帝国主义者、战争贩子,还有其他各种各样的昵称,我不相信他们不明白总统为什么想见索尔仁尼琴。㉓

切尼的努力失败了。索尔仁尼琴最终也没有见成总统。这一事件后来让福特和基辛格付出了昂贵的政治代价。

那年秋季,福特突然宣布要进行比美国近代史上任何一位总统更为广泛的内阁大改组,改组涉及外交政策和白宫的几乎所有的高层官员。主要受惠者是拉姆斯菲尔德和切尼。

福特决定撤销施莱辛格的国防部长职务,由拉姆斯菲尔德接任。总统要求基辛格放弃总统国家安全事务助理的头衔,只做国务卿;基辛格的前副手布伦特·斯考克罗夫特出任总统国家安全事务助理。福特告诉洛克菲勒副总统,他如果在 1976 年竞选中做自己的竞选伙伴,将会在政治上造成不利,他从洛克菲勒那里获取了一份公开声明,宣布自己将不竞争副总统提名。总统用曾任美国驻北京联络处主任的乔治·H.W.布什,取代了威廉·科尔比的中央情报局局长职务,埃利奥特·理查森被任命为商务部长。切尼被任命接替拉姆斯菲尔德担任白宫办公厅主任。

起初,这次人事改组被媒体和政治圈子里的其他人误认为是基辛格和缓和政策取得了胜利。按照这种解释(施莱辛格也接受此说法),国务卿成功地搞掉了公开反对基辛格对苏政策的国防部长。福特的总统竞选主席霍华德·卡拉维在与共和党领袖交谈之后向白宫报告:"最初的反应是基辛格略胜施莱辛格一筹。对于一位了解苏联的实力、主张加强国防的人来说,这似乎是一次失败。"[24]

基辛格本人心里清楚得多。他失去了在政府里身兼二职的统治地位,失去了召集外交政策主要部门联委会的权力,失去了他在白宫的基础和接近总统的便利。此外,基辛格最密切的朋友、他在共和党政治中地位最高的同盟和保护人洛克菲勒变成了一只"跛脚鸭"。国务卿正确地感觉到,拉姆斯菲尔德凭借自己的政治关系、野心和过人的官僚技能,将成为比施莱辛格更难对付的国防部长。诚然,基辛格成功地安插斯考克罗夫特担任了总统国家安全事务助理,但是拉姆斯菲尔德的同盟切尼,得到了白宫办公厅主任的职务。这一系列变化着实叫基辛格十分不安,他召集助手和朋友开了几个晚上的会来决定他要不要辞职。他甚至起草了一份辞职信,最后还是决定留任。[25]

多年来,福特搞的这次有时被称作"万圣节大屠杀"的人事改组,成为拉姆斯菲尔德传奇的一部分。许多其他共和党人相信(并且几十年来一直认为),是拉姆斯菲尔德一手策划了改组,目的是要改变自己的政治前途。洛克菲勒后来正式发表声明说,拉姆斯菲尔德曾希望成为福特1976年竞选的副总统人选。[26]接近布什的人提出了一个更详细的、马基雅弗利式的解释。他们认为,拉姆斯菲尔德安排任命布什出任中情局局长,这样就避免了布什成为竞争副总统提名的对手;根据这种理论,拉姆斯菲尔德心里明白,无论谁被任命为中情局局长,都必须在批准任命的听证会上向参议员保证不参与1976年的政治。

现实要比这些阴谋理论平庸得多。按照包括福特在内所有人的说法,内阁改组的主要动力,是因为总统本人对施莱辛格极为反感。福特觉得,他的国防部长对他态度傲慢,盛气凌人。总统初次简单介绍这些调整时,拉姆斯菲尔德对担任国防部长有些犹豫,他提出容他晚上回去考虑考虑。他吃不准他是否愿意离开白宫。[27]

的确,按照切尼后来的说法,总统不得不动用他来说服拉姆斯菲尔德接受国防部的职务。"坦率地讲,我不得不劝(拉姆斯菲尔德)接受这个职务——通过打长途电话,"切尼在70年代末的一次访谈中说道,"……这是一个奇特的情形。星

期六我还是拉姆斯菲尔德的副手,到了星期天,我已经在替福特劝说拉姆斯菲尔德接受总统要他做的事情。"㉘

布什的一班人马对拉姆斯菲尔德的疑虑似乎被夸大了。拉姆斯菲尔德具有丰富的经验,他知道在确定总统的竞选伙伴时必须考虑地理上平衡的习惯做法,因此他应该知道,来自密歇根州的福特,是不会选择一个来自伊利诺伊州的竞选伙伴的。假如说政府改组的目的是要使与拉姆斯菲尔德竞争副总统位置的人出局的话,为什么同样有可能成为候选人的埃利奥特·理查森,却获得了一份好差事?福特不打算提名洛克菲勒做副总统候选人与拉姆斯菲尔德无关;相反,这是福特企图安抚共和党右翼所做的更广泛努力的一部分。就人们所知,拉姆斯菲尔德后来从未争取过获得1976年的副总统提名;第二年夏天,福特选择了鲍勃·多尔做自己的竞选伙伴。

不过,在内阁大变动某些方面的背后,可以发现拉姆斯菲尔德的手。一段时间以来,拉姆斯菲尔德一直在说基辛格权势过大,福特应该在外交政策上听到更广泛的意见。在白宫内部,在控制国内政策等问题上,拉姆斯菲尔德一年多来一直与洛克菲勒存在分歧。拉姆斯菲尔德也许在最后一刻表示了不愿担任国防部长,但是从福特政府一开始他就表示,与白宫办公厅主任相比,他更愿意担任像国防部长这样的内阁职务。㉙

"万圣节大屠杀"在福特政府内部埋下了对拉姆斯菲尔德的敌意,需要许多年的时间才能愈合。1976年大选后,《新共和》杂志驻白宫记者约翰·奥斯本采访了那届政府的许多高级官员。他发现"基辛格、施莱辛格和财政部长威廉·西蒙……都和洛克菲勒一样,对拉姆斯菲尔德和他的后任切尼手下的白宫办公厅深恶痛绝"。政府高层充满了"怀疑和仇恨——仇恨一词用得非常贴切,"奥斯本如此总结道。㉚

虽然在尼克松政府内,拉姆斯菲尔德在越战问题上是鸽派,在福特时期,他逐渐变成政府的主要鹰派人物。作为国防部长,他比任何人都更卖力地阻止了缓和,使美国对苏政策强硬起来。"我非常清楚地记得,他使基辛格非常难堪,"莫顿·阿布拉莫维茨回忆道,他曾经担任过施莱辛格的助理国防部长,又在拉姆斯菲尔德手下留任。㉛

拉姆斯菲尔德做这些事的动机是一个允许争论的问题。他对从1975到1976年这段时间里信奉的这些保守观点是否笃信不移?他是否仅仅在争取政治右派的支持?基辛格及其助手认为,拉姆斯菲尔德的观点多半反映了政治上的机会主义。"拉姆斯菲尔德考虑的是以后竞选总统,"数十年后,布伦特·斯考克罗夫特在接受采访时断言,"我认为他在给自己定位。他希望站在保守派一边。依我看,这是战术和政治上的变化,不是意识形态上的变化。"㉜ 根据这种解释,拉姆斯菲尔德在尼克松时期提出的要求迅速结束越战的请求,也是建立在政治考量基础之上的:拉姆斯菲尔德暂时支持了公众的反战情绪。基辛格的班子估计,反对缓和是拉姆斯菲尔德的另一个近期招数。

然而,有迹象表明,拉姆斯菲尔德担任福特的国防部长时采取的立场,代表了更广泛持久的观点变化。至少从1973—1974年间担任驻北约大使起,拉姆斯菲尔德在美国对苏政策上越来越倾向更强硬的观点。当时担任军控和裁军局局长的弗雷德·埃克雷在拉姆斯菲尔德担任大使期间访问了布鲁塞尔,他发现,仅仅由于自己所担任的职务,拉姆斯菲尔德便不想和他多打交道。"他相当无礼,"埃克雷回忆道,"我是军控负责人,他不喜欢军控,甚至在当时就不喜欢。"埃克雷自己也不喜欢缓和,他和拉姆斯菲尔德后来在华盛顿联手抵制了基辛格的军控政策。㉝

1976年4月国防部长唐纳德·拉姆斯菲尔德亲自驾驶一架B-1轰炸机后,于爱德华兹空军基地。(© Bettmann/CORBIS)

不论拉姆斯菲尔德的初衷如何,他在福特政府后期信奉的鹰派观点后来证明是长期的。在这个意义上,基辛格派犯了错误;在拉姆斯菲尔德看来,1975和1976年反对缓和不仅仅是一时所为。几十年来,拉姆斯菲尔德一直主张保持美国的军事力量,他深深地怀疑军控和其他形式对苏妥协究竟有什么意义。拉姆斯菲尔德在前后左右、鹰派和鸽派之间摇摆不定的阶段已经结束。

福特政府的档案可以证明,拉姆斯菲尔德在国防部娴熟地加强了自己的势力,削弱了基辛格对美国外交政策的控制。

在批准任命的听证会上,对基辛格和苏联进行限制战略武器谈判的民主党主要批评者杰克逊,详细质询了拉姆斯菲尔德的观点。保守的共和党参议员也就缓和提出非常尖刻的问题。拉姆斯菲尔德谨慎地应付了参议员们的质询,任命获得通过。

对多数被提名的人来说,故事到此便结束了,但拉姆斯菲尔德的情况不是这样。听证会结束时,他将一份听证过程的副本外加一张请总统特别注意某些段落的私人便条直接交给了福特。这些段落包含了前几任国防部长对基辛格不让他们参与军控谈判、被剥夺了亲自向总统发表意见的权利的不满。杰克逊问道,国防部长为什么被贬低到在国家安全机构里面给基辛格唱配角的地步?他们为什么只能向基辛格提交备忘录,然后由他再改写进他的"意见文件"?拉姆斯菲尔德告诉福特,参议员们提出的问题"反映出对国家安全事务委员会运作的一种关切……我认为,要使国安会在实际当中发挥作用,需要我们所有的人做出最大努力"。拉姆斯菲尔德的潜台词十分清楚:总统不能让基辛格或者斯考克罗夫特把国防部长们排斥在决策会议之外。

宣誓就职几周后,拉姆斯菲尔德便成功地使基辛格企图与苏联谈判一份新的限制战略武器协议的努力搁浅。基辛格试图获准向莫斯科提交一项新的军控建议。拉姆斯菲尔德设法将建议搁置了几个星期,并提出要更仔细地研究。"他[拉姆斯菲尔德]实际上允许和鼓励让官僚机构的程序搁浅,"基辛格说。㉞

1976 年 1 月,福特允许基辛格去莫斯科,向苏联领导人列昂纳德·勃列日涅夫递交一份新的谈判建议。拉姆斯菲尔德头一回成功地把五角大楼的一位文职官员代表、一个能向拉姆斯菲尔德汇报的人安插进了基辛格的随行人员。基辛格返回时认为自己在达成协议方面已经取得了进展,但他却在华盛顿遭到反对。"反对的是国防部长唐·拉姆斯菲尔德和参谋长联席会议,我清楚他们手中握着王牌,"福特在回忆录中写道,"参院必须批准新的协议。如果拉姆斯菲尔德或者参联会在作证时表示反对,参院是绝对不会批准的。"福特政府提出了更容易为五角大楼所接受的新建议,但勃列日涅夫拒不接受,这样,当年达成协议的可能性也就不存在了。㉟

在公开场合,拉姆斯菲尔德开始告诫要警惕苏军不断增长的实力,他提出,这就意味着必须增加美国的国防预算。"世界发生了重大的权力转移,"他在一份文件中写道,"如果不能阻止对我们的利益有害的趋势,这便意味着,在未来,我们会发现自己面对这样一个对手,它与我们没有共同的最基本的信仰,它具备威胁

或恫吓世界许多地方的能力。"㊱

基辛格反对拉姆斯菲尔德在公开场合讨论苏联军备问题,福特本人则希望用委婉的话来掩盖分歧。但是,拉姆斯菲尔德毫不退让。在有关1976年3月29日在椭圆形办公室召开的会议的已经解秘了的副本里,有这段关于美苏间军事平衡的火药味十足的对话:

基辛格:如果说趋势对我们不利,这就够糟的了。我们在走下坡路的印象正在全世界产生很坏的影响。

拉姆斯菲尔德:但是情况的确如此!

基辛格:那我们就必须明确自己的目标。60年代以来,我们的水准一直在下降。我们是要维持1960年的水准?还是要保持足够的军力?

拉姆斯菲尔德:可那的确如此!60年代以来,我们从优势地位下降到了均衡地位,如果我们不制止势头,就会落伍。

总统:我认为总统不能说我们在走下坡路。我可以说,我们需要加倍努力。我不想说我们在落伍。我要说我们面临着挑战,我们总体是平衡的,必须保持住这种平衡。㊲

拉姆斯菲尔德离开白宫,意味着新任办公厅主任切尼已经有效地控制了福特总统的竞选。切尼从共和党在各地的民调人员和政客们那里听到的,符合他本人根深蒂固的保守派直觉:他甚至比拉姆斯菲尔德更不情愿支持基辛格的苏联政策。

"缓和是大多数共和党选民特别不欢迎的一个概念,而且这个字眼更糟糕,"民调人员罗伯特·蒂特在切尼担任办公厅主任后两周给切尼提交的一份私人备忘录写道,"我们应该尽可能避免使用这个字眼。"福特的演讲撰稿人罗伯特·哈特曼1月初呈上"国情咨文"讲话稿的时候,切尼加了批注后,把讲稿退了回去,他的批注写道:"鲍勃——外交政策部分针对国会的措辞太强硬,对俄国则不够强硬。"㊳

福特曾一度驳斥过批评者。"我认为缓和符合国家的最大利益,有利于世界的稳定和世界和平,"他在1976年1月的一次电视采访中说道。但是,罗纳德·里根在共和党初选中加大了抨击的火力,称缓和使得苏联利用了美国,在军事上超过了美国,削弱了美国的安全。不到两个月,福特便全面退却。"我们要忘记使用缓和这个词,"他在皮奥利亚对听众说,"……谈判中发生的事情……是会造成后果的。"㊴

那年春天,切尼和福特的政治顾问们都让总统不要反驳里根对他的外交政策的挑战。使基辛格不悦的是,他们认为在外交政策上不值得与里根纠缠;福特在秋季选举中需要保守派的支持。㊵

现在,切尼在他的政府生涯当中第一次不再是拉姆斯菲尔德的助手,而自己身处权威的地位。助手们向福特开玩笑说,关于他的内阁重组,媒体最大的问题将会是:"理查德·切尼究竟何许人也?"但切尼迅速巩固了他对白宫工作人员班子的控制。白宫新闻记者们很快给了他一个绰号"大条顿人"(Grand Teuton)*,这既借用了切尼的老家怀俄明州的"大泰顿斯"(Grand Tetons)一词的发音,又巧妙地点到了在 H.R.霍尔德曼担任白宫办公厅主任期间,尼克松白宫办公厅的普鲁士人风格。㊶

1975 年 12 月,福特乘飞机降落在北京机场,与毛泽东举行峰会,在此前的四年当中多次造访北京的亨利·基辛格发现,有一件事令他大吃一惊。"我手下的(总统)先遣组,给我安排了一间比亨利更大的卧室,一个更大的套房,"切尼在 20 年后的采访中回忆道,"我的套房离总统更近。亨利很不高兴。"切尼时年 34 岁。㊷

里根的挑战,远比福特或者基辛格预想的要严峻得多。里根在北卡罗来纳州击败了福特,这是任期内的共和党总统第一次在预选中败北。里根在整个春季加强了对福特外交政策的攻击。然而,随着预选的结束和共和党全国代表大会的临近,福特似乎有足够的代表人数支持他获得提名。

代表大会在堪萨斯城举行的第一天,里根的势力开始了最后的挑战。他们提出要在党纲中加入一个题为"外交政策的道德"的政策要点。这等于直接向福特和基辛格的苏联政策直接开火。

共和党外交政策的目标,是"依照法律实现自由",关于道德的政策要点这样写道。它特别赞扬了亚历山大·索尔仁尼琴表达的"我们面对世界时绝不能对暴政的本质存有任何幻想的强有力的信息"。它还保证将奉行"绝不背着我们的人民搞秘密交易的"外交政策。㊸

福特后来称,他大发雷霆。基辛格、斯考克罗夫特和副总统洛克菲勒则更为愤怒;他们坚持,福特必须进行斗争,击败那条道德政策要点,这是个原则问题,因为它等于是在谴责政府。起初,福特发出通知说,这正是他想做的。与此同时,福特的谈判者们试图起草削弱那条政策要点的修正案,包括删除涉及索尔仁尼琴的语言。

然而,切尼令福特改变了立场。在福特的政治顾问的支持下,这位白宫办公厅主任争辩道,如果福特跟"外交政策的道德"政策要点对着干,并在与里根进行象征性力量较量中败北的话,就有可能影响他获得总统候选人提名的机会。"原则在一定程度上是好的,"切尼对福特其他的助手说,"但是,假如你得不到提名,

---

* 古民族,现指日耳曼人。——译者

原则便毫无用处……党纲是一纸空文。"㊹

福特让步了。为了避免冲突,他接受了"外交政策的道德"政策要点。接着他获得了提名,但是,那年夏天他赖以竞选的共和党党纲,代表的却是里根和其他批评政府人士的观点。这是基辛格和缓和政策的惨重失败。

诚然,切尼极力主张接受里根的提法,此举是政治现实主义的行为。作为忠实而有奉献精神的白宫办公厅主任,切尼在努力确保福特能够获得共和党的提名。不过,也有另外一种解释:观点保守的切尼,在心底里可能远比福特、基辛格或者斯考克罗夫特更能接受里根的外交政策要点。切尼本人在私下曾经挑战过福特和基辛格对待索尔仁尼琴的态度。在个人关系上,切尼是福特值得信赖的助手。但在外交政策的抽象原则问题上,他似乎更接近共和党内的挑战者里根,而不是福特和基辛格。

正当拉姆斯菲尔德和切尼在福特政府和共和党的最高层面上抽取基辛格的对苏政策精髓时,保罗·沃尔福威茨正在美国情报部门内部进行着同样的努力。

每年年末,在起草新的国防预算时,中央情报局和其他美国情报机构会制定一份关于苏联的意图和能力的秘密国家情报估计报告。到70年代中期,这个过程变得越来越有争议;国会里持批评态度的人抱怨,情报部门提出的关于苏联领导人和军队的观点过于宽厚和乐观。根本问题在于,中央情报局和其他机构是否为了支持基辛格的缓和政策而有意修改了情报,或者根本就不够重视从更消极的角度来解释苏联的意图,从而低估了来自苏联的威胁。

1976年,中情局新任局长布什采取行动反击了这种批评。他任命了一组外部专家,取名叫"B组",负责审阅保密的数据,撰写关于苏联及其意图的独立报告。"B组"负责人是哈佛大学俄国历史教授理查德·派普斯。沃尔福威茨当时仍在美国军控和裁军局工作,是小组的10名成员之一。

该报告于1976年底提交,就苏联的动机提出了与美国情报部门明显不同的分析。该小组的结论是,根据可得到的情报数据,可以认为苏联正在努力取得对美国的军事优势,并将缓和视为达到这一目标的手段。"所有的证据都表明,苏联决心实现美其名曰'社会主义在世界范围内的胜利',这个所谓的胜利,实为苏联在全球称霸。"该报告批评中情局过于依赖卫星和其他技术,而未能对苏联领导人的讲话给予足够的重视。㊺

这种使用"B组"的做法代表了沃尔福威茨职业生涯的重要一步。他第一次认真研究了美国外交政策的基础,专注于在情报界干巴巴的、所谓不带偏见的研

究之外所暗含的假设和逻辑跳跃上。多年之后,在接受中情局内部的历史学家的采访、回顾当时的情况时,沃尔福威茨说,他的结论是,美国情报分析人员运作的方式就像是一位神父,发布结论时仿佛它们是写在石板上的"十诫"似的。"'B组'证明,关于苏联的意图,有可能得出与分析人员的一致意见截然不同的观点,而且这与观察到的苏联人的行为更吻合(也更符合在苏联入侵阿富汗之前和入侵阿富汗过程中所观察到的苏联人的行为),"沃尔福威茨说。㊻

"B组"的做法创造了重要的先例。自那时起,只要国会议员认为中情局在尽量掩盖某个外交政策问题的严重性,他们便要求成立一个"B组",重新研究情报并进行独立评估。90年代中期,国会的共和党多数派成立了一个"B组"式的特别委员会,负责研究弹道导弹对美国的威胁。对情报重新审查之后,一个独立的委员会得出结论:导弹攻击的危险远大于美国情报界的报告。该导弹防御委员会由唐纳德·拉姆斯菲尔德牵头,主要成员之一是保罗·沃尔福威茨。

沃尔福威茨在"B组"的工作似乎对其思想产生了特别强烈的影响。自那时起,美国情报部门的不健全便成为沃尔福威茨经常谈论的主题。他个人认为,情报部门缺乏怀疑精神;它太容易满足于获得能够证实其预想的情报。批评者对他提出相反的指责;有人抱怨他人想获得符合他自己保守观点的情报。

2001年恐怖袭击之后,美国逐步走向对萨达姆·侯赛因的伊拉克开战,沃尔福威茨是布什政府中向美国情报界施加压力、要他们拿出更有说服力的情报来证明伊拉克与恐怖主义的联系及其大规模杀伤性武器计划的官员之一。在五角大楼里,沃尔福威茨建立了一个特别小组来进行独立分析,并根据有关伊拉克的情报,得出自己的结论;该小组由老资格的情报专家艾布拉姆·舒尔斯基牵头,他是沃尔福威茨在康奈尔和芝加哥大学的同窗好友。㊼从某种意义上说,沃尔福威茨在建立自己的内部"B组"。

到70年代中期,沃尔福威茨不仅对基辛格的苏联政策,而且对他更广泛的假设、他的世界观和他对历史的理解都产生了疑问。沃尔福威茨年纪还轻,他的观点当时没有引起什么注意,但是,他的观点代表着政治右翼正在形成的对基辛格的挑战。

在1976年夏季里,沃尔福威茨继续在军控局工作,他邀请了两名哈佛大学的毕业生去给他做实习生。其中一位是弗朗西斯·福山。一天晚上,沃尔福威茨在家里一边吃晚饭,一边为实习生们分析基辛格写的学术著作《重建的世界》,这本书怀着崇敬的心情,描述了19世纪初奥地利政治家梅特涅在欧洲建立了持久的均势的经历。沃尔福威茨告诉学生们,这是部好书,是基辛格的杰作,但是,基辛格忽略了一点:这段历史的英雄人物不是现实主义者梅特涅,而是极力主张对拿破仑采取更强硬行动的俄国沙皇亚历山大一世,因为亚历山大一世代表的是道德和宗教原则。[48]

基辛格显然认为自己与梅特涅相似,他赞同他在主要大国间建立稳定的平衡的目标。基辛格追求对苏联的缓和,基础似乎就是这种模式。在《重建的世界》里,他以厌恶的口吻论及了对道德的关切。"道德的种种主张涉及对绝对事物的追求,对细微差别的否定,对历史的摒弃,"基辛格争辩道。[49]

相比之下,在沃尔福威茨看来,道德原则比稳定或者国家利益更重要。"我记得他说过,基辛格错就错在他不懂得他在其中生活的国家,不懂这个国家信奉着某些普遍的原则,"福山回忆道。

比起维持现有的力量均衡,沃尔福威茨更重视的是政治自由。他是有可能愉快地接受里根派提出的"外交政策的道德"政纲要点的。许多年后,在小布什政府内,沃尔福威茨把这种重价值观和轻政治稳定的态度用到了美国对伊拉克的政策上。他的道理是,如果推翻萨达姆·侯赛因会打乱中东现有的力量平衡,那又有什么关系。最重要的是追求他心中的价值观。

基辛格在他关于福特年代的回忆录里,对于像伍德罗·威尔逊那样,把美国外交政策视为"善与恶之间的斗争,而美国在斗争各个阶段的使命,是帮助击败挑战和平秩序的邪恶敌人……威尔逊主义反对通过力量的平衡来实现和平,赞成通过道德上的共识取得和平"的美国人颇有微词。[50] 这番话恰如其分地描述了沃尔福威茨从福特政府起直到小布什政府的观点。与共和党外交政策层级结构中所有其他人相比,沃尔福威茨自认为是基辛格的反对者,是基辛格在思想范畴内的对手。

除掉基辛格和制止缓和,这代表了美国与世界关系的一个转折点。在美国内部,涉及美国外交政策的问题和辩论的焦点,正在发生着迅速和根本的变化。拉姆斯菲尔德、切尼和沃尔福威茨均在这些变化中扮演着重要角色,而这些变化后来亦在他们的生涯中影响着他们。

60年代末70年代初,在越战期间,最主要的问题是,美国——特别是美军——究竟是世界上向善的还是向恶的力量。美国的反战运动和民主党的自由派强调的是美国在海外驻军的负面影响。在政治上,主要斗争是在尼克松和乔治·麦戈文的势力之间展开的。

在福特年代里,有关美国外交政策的辩论转向了由不同的政治力量提出的新

问题。其根本问题,是美国的实力究竟有多大——也就是说,越战对国家的总体军事和经济力量产生了多大影响。美国在军事失败之后是否在衰落?美国是否不得不减少在海外的卷入程度?美国人民是否愿意放弃反对共产主义,并且不得不接受与苏联的合作关系?

基辛格的外交政策是建立在一整套对这些问题的答案之上的。他认为,在越战之后,美国必然要缩减力量、向莫斯科妥协。"他觉得,美国受到越战的削弱,这个国家的情绪是赞成军控和缓和,"弗雷德·埃克雷说道。批评他的人认为,基辛格对美国及其未来的观点过于悲观;一些人拿他与悲观的德国哲学家奥斯瓦尔德·斯宾格勒相比。"基辛格是斯宾格勒主义者,"在卡特政府里担任总统国家安全事务助理的兹比格纽·布热津斯基说,"他认为美国正在衰退,苏联正在取得胜利,我们能做的就是与之签订对他们的崛起有约束作用的协议。"[51]

基辛格驳斥了这些指控,不过,从某些方面看,这种批评是公正的。他可能并未认定苏联真的会取胜,但是他的确似乎认为美国的衰退是不可避免的。在1977年进行的一次采访中,基辛格最亲密的助手温斯顿·洛德说,基辛格认为美国主宰全球的时代已经结束。基辛格的另一位副手布伦特·斯考克罗夫特说,基辛格认为,美国过高地估计了自己独自处理世界事务的能力。[52] 基辛格本人则认为,在越战和"水门事件"之后,美国公众根本不会支持与苏联对抗。[53]

这种观点似乎符合了70年代中期的政治气氛,当时,国会正试图大幅度削减美国的国防预算,并且对美国的情报工作进行前所未有的仔细审查。然而,拉姆斯菲尔德、切尼、沃尔福威茨、共和党的保守派和民主党的新保守派批驳了基辛格的悲观观点。他们都在转向一种既不同于基辛格派、也有别于民主党的麦戈文派的世界观。据此观点,美国**并没有**衰退;不应该小视美国的力量,也用不着对苏联做出新的妥协。

在福特年代里出现的哲学分歧一直持续到20世纪末和21世纪初。2002年,小布什政府在讨论是否入侵伊拉克时,一群共和党内的批评者告诫说,美国必须谨慎,要承认自身力量的局限性。在这些持批评态度的人中,为首的是基辛格的副手斯考克罗夫特。而军事行动的主要倡导者则是切尼、拉姆斯菲尔德和沃尔福威茨。

注　释

① Richard Nixon：*RN*（New York：Grosset & Dunlap, 1978）, p.1042.

② 1996 年 12 月 6 日对理查德·切尼的采访。
③ Memo to the president from Henry A. Kissinger re NSC Meeting, Saturday August 10, 1974, in National Security Adviser: NSC Meeting File, box 1, folder "NSC Meeting, August 10, 1974," Gerald R. Ford Library.
④ Anatoly Dobrynin, *In Confidence* (New York: Times Books, 1995), pp. 325-326.
⑤ Robert T. Hartmann, *Palace Politics* (New York: McGraw-Hill, 1980), p. 283.
⑥ 对 2001 年 12 月 13 日罗伯特·T.埃尔斯沃思的采访。
⑦ "Gerald R. Ford's Remarks on Taking the Oath of Office as President," Gerald R. Ford Library.
⑧ Ron Nessen, *It Sure Looks Different from the Inside* (Chicago: Playboy Paperbacks, 1978 年), p. 150.
⑨ Michael Medved, *The Shadow President* (New York: Times Books, 1979), p. 36.
⑩ Files of Jerry H. Jones, 1974—1977, box 10, Richard Cheney, Gerald R. Ford Library.
⑪ Ibid.
⑫ Cheney interview with Stephen Wayne, Hyde and Wayne collection, Gerald R. Ford Library.
⑬ Handwritten notes from Richard Cheney, May 29, 1975, in Richard Cheney Files, box 6, folder "Intelligence—New York Times Articles by Seymour Hersh (1)," Gerald R. Ford Library.
⑭ John Hersey, *The President* (New York: Alfred A. Knopf, 1975), pp. 120-121.
⑮ Nessen, op. cit., p. 132.
⑯ John Osborne, *White House Watch: The Ford Years* (New York: New Republic Books, 1977), pp. 142-143.
⑰ Hartmann, op. cit. pp. 321-323; Nessen, op. cit., 108-9; Kissinger, *Years of Renewal* (New York: Simon & Schuster, 1999), pp. 534-535.
⑱ Nessen, op. cit., pp. 112-113.
⑲ Kissinger, op. cit., pp. 98-99.
⑳ Ibid., p. 105.
㉑ Ibid., p. 175.
㉒ Hartmann, op. cit., p. 283.
㉓ Memorandum for Don Rumsfeld from Dick Cheney, July 8, 1975, in Richard Cheney files, box 10, folder "Solzhenitsyn, Alexander," Gerald R. Ford Library.
㉔ Callaway memo to Cheney, November 3, 1975, in Callaway papers, box 5, Gerald R. Ford Library.
㉕ 1996 年 12 月 11 日对温斯顿·洛德的采访; Walter Isaacson, *Kissinger* (New York: Simon & Schuster, 1992), p. 671。
㉖ Osborne, op. cit., p. xxiv.
㉗ Ford, *A Time To Heal* (New York: Harper & Row, 1979), pp. 320-327.
㉘ Medved, op. cit., p. 337.
㉙ Osborne, op. cit., p. 11.
㉚ Ibid., pp. xxiv-xxv.

㉛ 2001 年 12 月 12 日对莫顿·阿布拉莫维茨的采访。

㉜ 2002 年 6 月 6 日对布伦特·斯考克罗夫特的采访。

㉝ 2001 年 12 月 10 日对弗雷德·埃克雷的采访。

㉞ Kissinger, op. cit., p.850.

㉟ Ford, op. cit., 357-358; Raymond Garthoff, *Détente and Confrontation* (Washington, D. C.: Brookings Institution Press, 1985), pp. 540-543.

㊱ "Implications of Recent Trends in the United States and Soviet Military Balance," by Donald Rumsfeld, James E. Connor files, box 1, folder "Defense, Donald Rumsfeld (3)," Gerald R. Ford Library.

㊲ Memorandum of Conversation: President Ford, Dr. Henry A. Kissinger, Donald Rumsfeld and Brent Scowcroft, Oval Office, March 29, 1976, in National Security Advisor Memoranda of Conversations collection, box 18, Gerald R. Ford Library.

㊳ Teeter memo to Cheney, "Analysis of Early Research," November 12, 1975, in Robert M. Teeter papers, box 63, Gerald R. Ford Library. 切尼对哈特曼的评论见 Hartmann Papers, box 120, Ford Library。

㊴ *Weekly Compilation of Presidential Documents*, vol. 12, pp. 22,350, quoted in Garthoff, op. cit., pp. 547-548.

㊵ Ford, op. cit., p.374.

㊶ Medved, op. cit., pp.337,339.

㊷ 1995 年 12 月 6 日对切尼的采访。

㊸ Republican platform, "Morality in Foreign Policy," proceedings of the 1976 Republican National Convention.

㊹ Nessen, op. cit., pp.229-231; Ford, op. cit., 398; memo from Mike Duval to Dick Cheney, August 17, 1976, Gerald R. Ford Library.

㊺ 见 Don Oberdorfer, "Report Saw Soviet Buildup for War," CIA Declassifies Controversial 1976 "Team B" Analysis, *Washington Post*, October 12, 1992, p. A11。

㊻ Jack Davis, "The Challenge of Managing Uncertainty: Paul Wolfowitz on Intellidence Policy-Relations," *Studies in Intelligence*, vol.39, no.5 (1996).

㊼ 见 Robert Dreyfuss, "The Pentagon Muzzles the CIA" *American Prospects*, vol.13, issue 22 (December 16, 2002), 及 Seymour M. Hersh, "Selective Intelligence," *New Yorker* (May 12, 2003), p.44。

㊽ 2002 年 7 月 19 日对弗朗西斯·福山的采访。

㊾ Henry Kissinger, *A World Restored* (Boston: Houghton Mifflin, 1973), p.316.

㊿ Kissinger, *Years of Renewal*, p.97.

㉛ 对埃克雷的采访;2001 年 11 月 26 日对兹比格纽·布热津斯基的采访。

㉜ A. James Reichley interviews with Winston Lord and Brent Scowcroft, Gerald R. Ford Library.

㉝ Kissinger, *Years of Renewal*, p.652.

RISE OF THE VULCANS
The History of Bush's War Cabinet

第五章

进入波斯湾

第五章 进入波斯湾

1977年,当吉米·卡特和民主党人接管白宫的时候,保罗·沃尔福威茨继续在政府里留任。沃尔福威茨曾在尼克松和福特的政府里工作过,但他本人不是共和党人。他的两位政治上最密切的盟友亨利·杰克逊参议员和杰克逊的助手理查德·珀尔是民主党人。卡特就任时,杰克逊的势力仍然希望新一届政府会采纳他们在外交政策上的鹰派观点;在1976年的总统竞选中,卡特把自己塑造成处于温和派和保守派之间的候选人,他小心翼翼地与国会的自由派民主党人保持着距离。

几年来,沃尔福威茨一直找机会到国防部工作。他希望能够从他原来的专业领域即核武器中拓展出去,在中东和波斯湾传统军事问题方面获得一些经历。他相信,防止核战争的关键是阻止传统战争的发生。① 卡特政府一上任,他接受了五角大楼的一份工作,担任负责区域项目的助理国务卿帮办这个并不显赫的中层职务。沃尔福威茨负责超脱出五角大楼的日常危机,去思考国防部未来有可能面对的问题。很快,他开始了一个新项目的工作,该项目在未来几十年里,将对改变美国的波斯湾政策起到开创性的作用。项目的名称是"有限应急研究"。②

国防部长哈罗德·布朗请沃尔福威茨研究美军有可能在第三世界面临的威胁。在欧洲,盟国时刻准备着阻止苏联的入侵,美军是否会被要求去欧洲以外的地方作战?沃尔福威茨很快把注意力集中到波斯湾的石油资源上。到20世纪70年代中期,美国已经遭受过阿拉伯国家的石油禁运,石油价格空前上涨。作为回应,一些美国政策制定者笼统地提出了美国诉诸武力打破未来禁运的可能性。沃尔福威茨认为,这种前景提出了许多问题。美军能否保护世界最大的石油生产国沙特阿拉伯的油田?美国能否将军队运进该地区?

开始新工作后最初几个月里,沃尔福威茨参加了弗莱彻法律与外交学院的年轻教授杰弗里·坎普的一次讲座。坎普是中东问题专家,他认为美国军队过于关注保卫欧洲,但对苏联军队南进到波斯湾的可能性注意不够。这一警告触动了沃尔福威茨。它恰好与沃尔福威茨在"B组"的情报审查中得出的结论相吻合:美国低估了来自苏联的军事威胁。沃尔福威茨很快邀请坎普参加了"有限应急研究"工作。他还吸收了加州大学年轻的苏联问题专家丹尼斯·罗斯。这是罗斯的第

一份政府工作,后来,他成为克林顿政府的中东和谈代表。

"有限应急研究"是五角大楼第一次广泛研究美国是否有必要保卫波斯湾。"我们和我们的主要工业化盟国需要波斯湾的石油,波斯湾的事件影响着阿以冲突,因此,我们在波斯湾地区有至关重要的、不断增长的利害关系,"研究报告开宗明义地写道,"波斯湾石油的重要性怎么强调也不过分。"如果苏联控制了波斯湾的石油,其影响将"有可能是,苏联无需一枪一弹便可以摧毁北约和美日联盟"③。

五角大楼的研究小组研究了军事战略史,研究了伊朗和伊拉克主要势力的战争计划。二战期间,英国政府曾担心德国军队在入侵苏联之后抽身向南,入侵波斯湾,从而使英军得不到中东的油田,扼杀英国的经济。70年代的苏军是否会沿着二战中盟军曾担心德国人有可能走的路线,穿越高加索山脉,直捣中东?

对于五角大楼来说,对苏联入侵波斯湾的担心代表着一个重要变化。冷战初期的年代里,美国国防计划的焦点是担心苏联会沿着挪威的北约北部侧翼或者穿过希腊和土耳其的北约南部侧翼,通过德国的富尔达隘口入侵西欧。

沃尔福威茨不仅研究了苏联夺取波斯湾油田的可能性,还将"有限应急研究"又向前推进了一步。他提出了一个美国决策者尚未研究过的问题:如果**另一个国家**,比如波斯湾地区的另一个国家威胁到该地区的油田怎么办?具体讲,如果伊拉克入侵邻国沙特阿拉伯或者科威特怎么办?

研究报告的结论如下:

> ……在波斯湾地区,伊拉克的军事力量已经很强,由于伊拉克所持的激进的阿拉伯立场和反西方态度、对苏联军售的依赖以及它随时有可能在该地区其他国家制造麻烦,这是一个令人担忧的发展。
>
> ……伊拉克正在形成的威胁表现为两个方面。一方面,未来伊拉克有可能对诸如科威特或者沙特阿拉伯等国动武(如在1961年英国及时通过武力干涉解决的科威特危机中那样)。另一方面,更严重的问题可能在于,伊拉克**潜在的**力量,可能使目前立场温和的地区大国在并未受到直接胁迫的情况下对伊拉克做出让步。后一个问题表明,面对伊拉克的侵略或炫耀武力,我们不仅必须有能力保护科威特、沙特阿拉伯和我们自己的利益,也应该明确表示我们平衡伊拉克势力的能力和决心——而这可能要求提高美国的实力的可见度。④

在沃尔福威茨的指导下,罗斯执笔写了有关伊拉克的章节,按照他的说法,没有人相信伊拉克对沙特构成了严重的或紧迫的威胁。然而,沃尔福威茨告诉罗斯:"在你研究突发事件时,不能只注意突发事件发生的可能性,也要注意其后果的严重性。"换言之,突发事件的可能性并不是一切;即使有些事情看起来不太可能发生,但如果将对美国产生灾难性的影响,你就不能不担心它。⑤

国防部长布朗坚决不同意提出伊拉克入侵的可能性问题。他认为,如果已知一份研究报告有可能公布于众,就绝对不允许在其中讨论伊拉克进攻的问题。如果研究报告被披露出去,美国可能不得不向(受到时任革命委员会副主席的年轻领袖萨达姆·侯赛因日益控制的)伊拉克政府解释为什么要把伊拉克视为威胁。此外,如果研究报告被公开,还会使沙特阿拉伯感到不安——由于中东地区的人喜欢怀疑有什么阴谋,伊拉克肯定会认为美国是在沙特的挑唆下进行这项研究的。⑥ 这些担心被证明是多余的;研究报告没有被泄露出去。

总的看,"有限应急研究"的军事意义是明确的。美国需要采取措施,发展能够将美军运进波斯湾的基础设施。该报告建议美国在该地区修建新基地,改善跑道,提高美军的空运和海运能力,开发可供美国存储大量军事装备的仓储地点。"该研究报告的全部要点,在于说明了我们[美国]面临一个严重的问题,需要用很长时间才能把具有一定规模的部队运送进这个地区,"罗斯解释说。

总的来说,沃尔福威茨和罗斯的研究认真分析了伊拉克入侵沙特阿拉伯或科威特的可能性以及美国应如何做出反应,实现了新的突破。十多年后,1990年8月,就在萨达姆·侯赛因的军队入侵科威特的第二天,罗斯正与国务卿詹姆斯·贝克同机在国外旅行。贝克机上的一位将军就伊拉克可能集结部队进攻沙特向贝克做了简要汇报。罗斯看着将军的图表,吃惊地意识到这实际上只不过更新了一下他在"有限应急研究"中所做的工作。

伊拉克是沃尔福威茨在今后的职业生涯中将要反复遇到的问题。很久之后,萨达姆·侯赛因的暴政成了他反复强调的主题。不过,重要的是应当注意,在20世纪70年代后期,当沃尔福威茨最初开始关注伊拉克的时候,萨达姆·侯赛因还没有足够的时间去巩固他对领导权的控制、压制国内的不同意见或对伊拉克的库尔德人使用化学武器。沃尔福威茨对伊拉克最初的兴趣是出于对石油、地缘政治和波斯湾地区力量均衡的考虑,而不是因为萨达姆·侯赛因的所作所为。

由于美国在过去四分之一世纪里在波斯湾强大的军事卷入,今天,谁都难以想象或者是回忆70年代的情形是多么不同。当时,该地区在五角大楼的全球军事计划中似乎只是被一带而过。

在那个时代,美国没有专门负责波斯湾的军事指挥部。美国的中央司令部尚不存在。该司令部1991年在诺曼·施瓦茨科普夫将军的统帅下指挥了海湾战争,从2001年至2003年在汤米·弗兰克斯将军的统帅下指挥了阿富汗和伊拉克战争,使美国人对它熟悉起来。

负责将美国陆军部队运送到波斯湾的是美国驻欧洲军事指挥官,其管辖范围一直延伸到伊朗与巴基斯坦的边界。另一方面,从波斯湾到红海的水域,则是太平洋美军指挥官的管辖范围,他同时还负责巴基斯坦和阿富汗。毫不奇怪,总部设在斯图加特的欧洲司令部主要负责保卫西欧不受苏联的侵犯,而总部设在檀香山的太平洋司令部,大部分时间在担心东亚的种种问题。⑦如果美国突然必须在波斯湾打一场战争,它将发现并没有现成的详细作战计划。

事实上,在70年代绝大多数时间里,美国保卫自身在波斯湾利益的战略,很大程度上取决于一个国家和这个国家喜怒无常、变化多端的领导人——伊朗国王。

1972年在访问莫斯科后回国途中,理查德·尼克松和亨利·基辛格在伊朗做了短暂停留并采取了一个重大措施,而这一措施的意义当时却几乎没有人注意到。他们为美国与穆罕默德·里萨·巴列维国王建立广泛的新关系打开了通道。美国同意增加在伊朗的美国军事顾问人数,允许伊朗购买新的美国军事武器和技术。作为交换,国王同意带头保卫西方在波斯湾的利益。会见结束时,尼克松神情沉重地看着伊朗国王说:"请保卫我。"⑧

尼克松像对待缓和问题一样,试图重新调整美国的外交政策,以便把越战的影响考虑进去。尼克松和基辛格断定,既然美国好像不能够独立控制世界,最好的办法是扶持与美国关系密切、能在周边地区协助提供安全的地区性大国。伊朗似乎是这一政策的最佳候选项。它是波斯湾地区最大和人口最多的国家。伊朗国王有宏大的抱负,又致力于西方化,恰好是尼克松和基辛格迫切需要的那种地区性领导人。

尼克松政府也在对中东军事力量均衡的变化做出反应。1971年,作为撤出苏伊士运河以东地区的一部分,英国已从波斯湾撤出了军队。1972年4月,就在尼克松访问伊朗前的几星期,苏联签订了友好条约,根据该条约,苏联将向伊朗的邻国和对该地区影响的对手伊拉克提供新的军事武器。

在尼克松和基辛格坚决支持的鼓舞下,伊朗国王开始了漫长的大采购,凡是美国军工制造商提供给他的东西,他统统来者不拒。他尤其希望得到最新式的尖端武器。在1972年到1978年的6年里,伊朗订购了至少120亿美元的先进的美国武器,这其中包括至少160架F-16喷气式战斗机、7架AWACS预警指挥和控制飞机、4艘斯普鲁恩斯级驱逐舰、3 艘潜艇和 14 000 枚导弹。⑨伊朗国王通过促使产油国史无前例地大幅度增加石油价格,获得了购买这些武器的经费;1973 年 12 月,"赎罪日战争"和阿拉伯石油禁运之后,他劝说石油输出国组织将一桶油的价格提高到仅仅三个月前的四倍。财政部长威廉·西蒙等华盛顿其他人敦促基辛格暂停向伊朗交付武器,基辛格断然拒绝。⑩美国与伊朗国王的关系太重要了,他辩解道。

五角大楼的官员自从一开始便对这些对伊朗的武器销售感到不对劲,他们曾在美国政府里几个不同场合,表达了自己的强烈反对。国防部的研究报告通常显示,伊朗更需要的是训练自己的军队,而不是先进武器。五角大楼的官员们担心,伊朗消化不了正在采购的所有新技术,也不清楚这些新武器将如何使用。基辛格打消了这些担心,称国防部更愿意把过时的武器卖给伊朗,而把最新的武器留给美国自己。

基辛格在评论五角大楼的一些反对意见时,提醒尼克松注意,在 1972 年访问伊朗之后,"我们采取的政策实际上要求我们同意伊朗国王提出向我们购买武器的任何请求(而不仅仅是一些先进的尖端武器,当然,任何核武器能力都排除在外……)"。⑪虽然基辛格坚持没有这个意思,但是这番话似乎告诉五角大楼,军售的决定很大程度上就是对伊朗国王有求必应。

在尼克松和福特政府时期,华盛顿依赖伊朗国王提供中东其他国家的内部情况和情报。比如,1975 年在白宫椭圆形办公室里的一次谈话中,伊朗国王曾提醒福特总统和基辛格,沙特阿拉伯的君主制度不太稳定。

"贝督因人不容易统治,"他说,"宗教很重要。我们必须准备应付任何情况。"后来证明,沙特的君主制度要比伊朗国王本人更加稳定。⑫

这个时期里曾经去过伊朗的许多工作层面上的美国官员中,有理查德·阿米蒂奇和科林·鲍威尔。他们的经历是独立的,不可比较的;阿米蒂奇在德黑兰住过几个月,而鲍威尔从华盛顿到伊朗访问,仅仅停留了几天。然而,他们两人的使命类似,都是因为五角大楼竭力想理清向伊朗国王的军售。两人都亲眼目睹了尼克松和基辛格将伊朗建成地区强国的政策内在的种种问题。

到了 70 年代中期,国防部长詹姆斯·施莱辛格对在他看来向伊朗国王军售中的不理智和无度现象更加感到不安。比如,伊朗想购买 F-14、F-15 和 F-16 战斗机,让人感到未来在后勤保障和零件方面将是一场噩梦。在 1975 年给福特总统的一份备忘录中,施莱辛格怀疑"我们支持伊朗显然是无限制扩军的这种政策,是否能够继续服务于我们的长远利益"。⑬

是年9月，施莱辛格派他手下解决难题的文职专家埃里希·冯·马博德常驻德黑兰，担任他在那里的代表。冯·马博德在国防安全援助局的工作包括负责军售。他的主要任务是设法使伊朗购买美国武器的工作有连贯性并且有节制。

冯·马博德带着自己的一班人马到了德黑兰，阿米蒂奇是其中一员。阿米蒂奇前些年已经与冯·马博德密切合作过，起初是在美国仓皇撤退期间在越南，后来是在战后帮助越南难民在美国定居。在德黑兰，阿米蒂奇协助与伊朗的海军和特种部队打交道。"他没有明确的职权范围。他做的是零零碎碎的工作，"同是冯·马博德班子里的空军军官拉里·洛普卡回忆道。阿米蒂奇是班子里级别较低的成员。美国大使理查德·赫尔姆斯主持庆祝空军上将理查德·西科德晋升仪式时，阿米蒂奇也在场，负责递送香槟酒和为了不让德黑兰的尘土飞扬起来而洒水。⑭

这次派往德黑兰工作，是阿米蒂奇第一次有机会接触到东南亚之外的其他地区。不过，同越南相比，此次接触比较肤浅；阿米蒂奇始终没有机会学习语言，或者培养起他对东南亚那样的感情。据与阿米蒂奇在德黑兰共事的另一位冯·马博德的助手、后来在里根和乔治·W. 布什政府里在他手下的詹姆斯·凯利介绍，冯·马博德使团中的美国人和普通伊朗人之间没有什么联系。事实上，伊朗国王的秘密警察"沙瓦克"严密监视着这些美国人。在越南，阿米蒂奇和越南人住在一起。相比之下，在伊朗，他舒适地和美国人住在一起，并且因为每天早晨连续做几百个俯卧撑和仰卧起坐而给他的室友凯利留下深刻印象。

阿米蒂奇得出结论，伊朗国王"不知道"他自己的国家里"发生的情况"。这位伊朗统治者总是浮在问题之上而并不去亲身体验这些问题。在四分之一个世纪多之后，阿米蒂奇还回忆起，他发现"伊朗人自我意识非常强"。他们似乎比越南人还要怀疑外国人。"我这一生中从未遇到过比他们种族优越感更强的人，"他观察道。⑮

科林·鲍威尔是在很久之后的1978年10月，以卡特的国防部副部长查尔斯·邓肯率领的代表团中的军事助手的身份，访问德黑兰的。美国人再次在设法确定伊朗人消化美国武器的情况。但是到此时，美国代表团也在私下里检查这个国家的政治稳定情况。

在十年多之后撰写的自传中，鲍威尔对此行的回忆带有讽刺的色彩。他写道，在访问中，美国人得知，被称为"刀枪不入军"的伊朗精锐部队会"为了保卫伊朗国王而战斗到最后一个人"。他说道，伊朗国王"受到他的人民的爱戴，至少我们当时这样以为"⑯。

在伊斯法汗城里的一次豪华的宴会上,鲍威尔听到街上传来像是机关枪的声音。伊朗军队的领导人一副像是什么事情也没有发生的样子。在设拉子,鲍威尔的代表团应该出席由伊朗空军一位将军举办的正式晚餐。但是,一位"身着漂亮军装的护卫官"来到美国人住的饭店,告诉他们不要到外面去。街上不安全,因为警察和原教旨主义暴民正在交火。

鲍威尔当时不可能知道,他成为一个处在革命最初阶段的国家的目击者。

沃尔福威茨的"有限应急研究"没有产生什么直接影响。研究报告的作者们是五角大楼中层文职人员。对于要他们改变美军结构和组织以反映波斯湾日益增加的重要性的建议,高层文职军事领导人们仍然拒不接受。的确,就连卡特总统和国安会,都很难使军队改变他们的作战和指挥结构。卡特在1977年就发布了一道命令,正式要求国防部成立一支能够进入波斯湾的"快速部署部队",但是,两年过去了,五角大楼没有多少回应。官僚机构的惯性是很强的。"军队不想采取任何行动,在世界上那个他们后来打了两场战争的地区集结部队,"为卡特的国安会担任军事顾问的威廉·奥登将军这样说道。⑰

直到尼克松—基辛格的波斯湾战略突然最后垮台才发生了变化。1979年1月16日,在一系列反对伊朗国王的骚乱和示威游行中,他离开国家出逃,两周后,霍梅尼结束了他在巴黎的流放生活,作为国家的新领袖飞回伊朗。1979年将近年底,伊朗学生占领了德黑兰的美国大使馆,扣留了66名美国人作为人质;霍梅尼称美国为头号撒旦。1980年4月间,卡特政府企图组织一场称为"沙漠一号"的营救行动来救出人质,但是美国的两架直升机在伊朗的沙漠上空坠毁,营救行动流产了。

伊朗的动乱,加上苏联在1979年底入侵阿富汗,促使卡特政府采取了一系列旨在增加美国在波斯湾驻军数量的措施。军队的抵制开始有所缓和,五角大楼开始组建快速部署部队。总统正式宣布了后来所谓的"卡特主义"——"任何外部力量旨在控制波斯湾的任何企图,都将被视为是对美国至关重要的利益的攻击,将使用包括军队在内的任何必要手段击败这种攻击"⑱。

美国军官们开始在诸如安曼、肯尼亚和索马里等波斯湾邻近国家里寻求建立空军和海军基地。他们鼓励中东的友好国家建立美国军队能够使用的更大的空军基地和仓储设施。1980年,美国和埃及军队进行了代号为"明星"的联合演习,演习中,美军人员获得了他们在中东沙漠条件下的首次训练。美军开始研发作战条件下

生产饮用水的新技术,五角大楼开始研制能够在10天内将美军从美国东海岸运送到苏伊士运河的快速"直接驶上、驶下"的运输舰只。卡特离任后的第二年,里根政府正式建立了"中央司令部",即负责中东地区的新军事指挥部。[19] 渐渐地,美国开始给予波斯湾长期以来一直给予欧洲和东亚的同样的关注。

伊朗的革命有几个方面的教训,这些教训将在几十年里影响美国人的思维。对于鲍威尔和阿米蒂奇那样正在或者曾在美军中服役的人来说,伊朗再一次凸现了越南的政治教训。其中一个教训是,美国军队不应该过分依赖不太受本国人民支持的某位领袖或者某个政权。"伊朗国王倒台时,我们的伊朗政策也随之瓦解了,"鲍威尔在回忆录中思考道,"我们在那里花掉的数十亿美元,只是使情况更糟,推动了直至今日仍坚决反对我们的原教旨主义政权的上台。"[20]

"沙漠一号"行动的失败,进一步增加了越战遗留给军队的挫败感。鲍威尔并未参与营救人质的行动,营救行动根本没有足够数量的直升机,计划漏洞百出,依靠的又是一支有不同兵种临时拼凑成的队伍,他对此感到愤慨。必须"具备需要的一切才能动手——然后还有一些——这不是一厢情愿的事,"鲍威尔写道,"我认为'沙漠一号'行动成功的几率是百分之一,作为军事行动,这是很鲁莽的。"[21] 几年后,国会批准成立了一支新的特种行动指挥部,负责未来在伊朗失败的那类行动。在乔治·W.布什政府内,这个指挥部在海外军事行动中担负起越来越重要的责任。

伊朗革命对于美国的全球战略还有其他更加广泛的意义。它标志着尼克松主义的终结。尼克松主义是在越战中提出的,内容是美国将不扮演世界警察的角色,而将依赖其他国家自卫。美国不能依靠伊朗国王保卫波斯湾——不仅是因为伊朗国王地位不稳定,而且也因为美国在海湾地区的利益以及它的石油供应被认为十分重要,不应该交给该地区的某一位领导人或者某一支军队。

相反,美国应该发展自己保卫海湾地区和海湾石油资源的能力。对于美国来说,这是至关重要的决策,其意义远远超出波斯湾的范围。美国决定的是主要依靠自己的军事资源。对于确保石油源源不断地从海湾地区向外运送的其他战略我们便可想而知:使用外交手段,确保中东地区的政府与美国合作,或者运用经济手段,购买或者交换石油。欧洲各国和日本政府在不使用军事战略的情况下保证了中东的石油供应。然而,所有其他这些战略都有很高的代价,最终,它们都不能保证石油的持续供应。(的确,日本等国的政府最终常常依靠美国的军事实力来保证石油的供应。)

第五章 进入波斯湾

20世纪70年代末,美国对海湾地区的军事思考毫不奇怪地集中在苏联身上。当卡特警告"外部力量"企图控制波斯湾时,他指的当然是苏联人。然而,一旦总统宣布波斯湾对美国的战略利益至关重要,他的观点的逻辑便不仅适用于该地区外的国家,同时也适用于中东地区诸如伊拉克或者伊朗等有可能企图控制石油供应的国家。

于是,波斯湾在苏联解体之后,一直是美国战略思考的核心问题。沃尔福威茨在"有限应急研究报告"中对伊拉克的危险提出了警告,他实际上指引了一条华盛顿并不知道自己正在朝着那个方向走去的道路。

伊朗革命也冲击了美国的政治和思想领域。特别是,伊朗国王的倒台加深了民主党主流与民主党鹰派新保守主义之间的分歧。这些事件促使保守派开始推行一些奇特的民主思想,许多年后,他们又暗中放弃了这些思想。

民主党内部出现了新保守主义运动,是由那些最初坚决支持民主党的"新政"传统的知识分子、学者和忠实的党员组成的。最早一批新保守主义分子之一、《公共利益》杂志编辑欧文·克里斯托尔回忆:"我们都是大萧条时代的人,大多数来自中下层或者工人阶级家庭,其中相当多的人是城里的犹太人,对于我们来说,20世纪30年代是绝望的年代,如果不是对'新政'的所有项目和政策,我们至少对'新政'的精神有一种忠诚感。"㉒ 60年代末和70年代里,这些民主党人对民主党向政治左翼转向越来越不满。他们不喜欢林登·约翰逊的反贫困计划;接着,民主党领袖们接受了60年代青年人反文化运动中包括反对越战和支持少数民族的肯定性行动等许多内容,又使他们感到愤怒。70年代,新保守派坚决支持亨利·杰克逊、休伯特·汉弗莱和丹尼尔·帕特里克·莫尼汉等民主党领导人;在该运动年纪较长的知识分子之外,又加入了像理查德·珀尔和保罗·沃尔福威茨这样新近崭露头角的年轻的外交政策鹰派人士。他们都信奉美国实力的重要性;他们都希望罗斯福和杜鲁门政府在二战和冷战期间所依靠的强硬的国际主义传统能够得到振兴。

其中一位最知名的新保守派分子是珍妮·柯克帕特里克。到1979年,柯克帕特里克,这位乔治敦大学的政治学家和老资格的民主党人,是汉弗莱的长期支持者,她像很多其他新保守派一样,对卡特政府完全失去了幻想。卡特把政府的多数重要职务都给了自由派,继续追求与苏联的缓和,按照新保守派的观点,苏联在全世界捞取战略利益,而卡特政府却基本处于消极状态。

伊朗革命几个月之后,柯克帕特里克在《评论》杂志上发表了一篇文章,回顾

了美国的对外政策和美国自由派对伊朗国王和其他第三世界国家的独裁统治者的态度。文章的标题为《独裁与双重标准》。

实质上,这篇文章的论点是,卡特政府试图推动诸如伊朗国王或尼加拉瓜的阿纳斯塔西奥·索摩查等独裁领袖搞的民主改革过多,而且步子走得过快。美国对这些独裁者抱的期望,是美国对第三世界共产党政权领袖都不抱的期望,柯克帕特里克写道。她认为,卡特政府对伊朗国王这样的领导人施压,要他们加大政治自由化,结果却适得其反。美国政策削弱了独裁者,却为霍梅尼的伊斯兰原教旨主义分子或尼加拉瓜的桑地诺民族解放阵线等新的领袖人物推翻前者铺平了道路,他们对民主改革或个人自由的承诺程度,远远不及被他们取代的独裁者们。卡特政府要求进行改革的政府,"恰恰主要是受到革命的游击队压力的非共产党独裁统治,"柯克帕特里克写道,"……我们似乎接受了共产党国家的现状(以'多样性'和民族自治的名义),但却不接受由'右翼'独裁者或白人寡头政治统治的国家的现状。"㉓

柯克帕特里克至少在理论上可以提出,这种"双重标准"的解药,就是卡特政府要以推动伊朗国王等友好的独裁者那样的热情,去推动共产党国家实行"民主"。实际上,柯克帕特里克的文章提出的恰好是相反的解决方法:美国应该结束这种双重标准,对支持美国政策的独裁政权的现状采取更宽容的态度。

柯克帕特里克使用的一些语言对整个在第三世界国家推动民主的概念充满了敌意。"尽管世界上大多数国家一如既往地一直是这样或者那样的独裁国家,但对有知识的美国人影响最大的思想,当数这样一种信念:在任何时间、任何地方,在任何条件下,使其他政府实现民主化都是可能的,"她断言道。美国人寻求民主变革的步伐太快了。"……想要一个国家接受[民主]必要的纪律和习俗,往往需要数十年,如果不是数百年的时间。"㉔

柯克帕特里克并未明确说,她反对第三世界的民主事业。她的观点的实质是,美国应该同等地将民主的信念用于所有国家,美国必须保证,在寻求政治自由化的过程中,不至于事与愿违地造成相反的结果,比如伊朗的霍梅尼。然而,她的观点很容易被简单化地说成是呼吁美国支持独裁政权,事实上,也确实被人广泛地如此误解了。(几年后,柯克帕特里克在出访马尼拉、菲律宾总统费迪南·马科斯在晚宴上向她致祝酒辞时,热情洋溢地引用了她在《独裁与双重标准》一文中的一些话,显然他以为该文章表达了对他的独裁政权的支持,这使柯克帕特里克大为尴尬。柯克帕特里克感到她不得不以宣扬共和政府的长处来应对他的这番话。㉕)

《独裁与双重标准》一文中表述的思想成为新保守派对卡特政府诸多批评的一

部分。当时很少有人注意到,柯克帕特里克的文章还造成一种潜在的紧张状态,新保守派在后来不得不面对这种紧张状态。他们都是反共分子——正是这个目的使他们成为同路人——但是,他们的目标是与苏联展开**地缘政治**斗争吗？他们的目的是推广民主政府吗？假如新保守运动的主要动力是希望有一个反对苏联的外交政策,那么,友好的右翼独裁者便可被视为有助于这项事业,但是加入其目标是政治自由化和个人自由,那么,对独裁者的判断就应不同。在《独裁与双重标准》一文中,柯克帕特里克贬低了企图推行民主的明智和好处。但是,像沃尔福威茨等一些新保守派却坚定地信奉民主的理想；他们从哲学家列奥·施特劳斯那里接受了这样的观点,即反对身为"暴君"的领袖,这是一个道义上的责任。

在随后的数十年里,新保守派开始努力应付柯克帕特里克文章的反民主含义,时而为之辩护,时而制止不力。到21世纪开始时,新保守运动已经在倡导与《独裁与双重标准》相反的观点。柯克帕特里克嘲笑了在"任何时间、任何地方,在任何条件下"都可以建立民主制度的观点,而在乔治·W.布什政府里,新保守派争辩道,美国在任何可能的地方,无论是沙特阿拉伯和埃及,还是巴基斯坦和乌兹别克斯坦,都必须寻求民主改革。[26] 柯克帕特里克提出,第三世界国家的民主化可能需要数十年或者数百年时间,但是到了2002年,新保守派已经在巴勒斯坦人中间、并且在不到两年时间里在伊拉克寻求民主变革。

柯克帕特里克的《独裁与双重标准》发表于1979年11月。拜读了这篇文章的有前加州州长罗纳德·里根,他当时正在竞选1980年共和党总统候选人提名。没过多久,他给柯克帕特里克写了一个便条,告诉她自己非常欣赏她的文章。里根本人曾经是民主党人,此后,他又要他的外交政策顾问理查德·艾伦帮他约见柯克帕特里克。[27] 对于美国政治和外交政策,这是一个划时代转变的开始。新保守派即将抛弃民主党,转而支持共和党。

注 释

[1] 2003年6月19日对保罗·沃尔福威茨的采访。
[2] "有限应急研究"的整体介绍,乃是根据对杰弗里·坎普(2002年2月21日)、丹尼斯·罗斯(2002年4月18日)和保罗·沃尔福威茨(2002年3月12日和1993年6月19日)的采访。
[3] Pentagon study, "Capabilities for Limited Contingencies in the Persian Gulf," June 15, 1979, executive summary, p.1。该研究报告的全文于2003年4月23日解密并提供给作者。该研究报告更早的一个非保密文本提供给了撰写 The Generals' War (Boston: Little, Brown, 1995)

一书的作者 Michael R. Gordon and General Bernard E. Trainor，见 pp.6-9,480, fn. 2。

④ Ibid., pp.6-7.

⑤ 对罗斯的采访。

⑥ 对罗斯的采访；2002年2月28日同哈罗德·布朗的谈话。

⑦ William Odom, "The Cold War Origins of the U. S. Central Command," unpublished paper, pp. 25-26.

⑧ Gary Sick, *All Fall Down* (New York：Random House, 1985), p.13.

⑨ 见 William Branigan, "Iran Cancels Arms Orders with U. S.," *Washington Post*, April 9, 1979, p. A1。

⑩ Walter Issacson, *Kissinger* (New York：Simon & Shuster, 1992), pp.562-565.

⑪ Sick, op. cit., p.15。基辛格坚持说，这段话（他没有引用原文）仅适用于一个特别的决定：是否准许伊朗国王购买 F-14 或 F-15 战斗机。另见 Henry Kissinger, *Years of Upheaval* (New York：Little, Brown, 1982), p.670。

⑫ Memorandum of conversation, Ford, Kissinger, Scowcroft and shah of Iran, May 15, 1975, box 11, National Security Adviser files, Gerald Ford Library.

⑬ Sick, op. cit., p.17.

⑭ 2002年10月22日对拉里·洛普卡的采访；对赫尔姆斯—西科德仪式的一位目击者的采访。

⑮ 2003年6月23日对理查德·阿米蒂奇的采访。

⑯ Colin Powell, *My American Journey* (New York：Ballantine Books, 1995), pp.232-233.

⑰ 2002年3月28日对威廉·奥登的采访；Zbigniew Brzezinski, *Power and Principle* (New York：Farrar, Straus & Giroux, 1985), p.456。

⑱ 吉米·卡特总统1980年1月21日发表的"国情咨文讲话"。

⑲ Odom, op. cit., pp.25-32.

⑳ Powell, op. cit., p.234.

㉑ Ibid., p.241.

㉒ Irving Kristol, "American Conservatism 1945—1995," *Public Interest*, no.121 (September 1995), p.84.

㉓ Jeane Kirkpatrick, "Dictatorships and Double Standards," *Commentary*, vol.68 (November 1979), p.41.

㉔ Ibid., p.37.

㉕ 2002年4月24日对珍妮·柯克帕特里克的采访。

㉖ 近期新保守派的民主观点最好的范例见 Lawrence F. Kaplan and William Kristol, *The War over Iraq* (San Francisco：Encounter Books, 2003), pp.96-111。该书明确抨击了柯克帕特里克的《独裁与双重标准》, pp.102-103。

㉗ Lou Cannon and David S. Broder, "Anticipating Carter, Reagan Adds Key Advisers," *Washington Post*, March 23, 1980, p.A1.

RISE OF THE VULCANS
The History of Bush's War Cabinet

第六章

过 渡

第六章 过 渡

1977 年伊始,戴夫·格里本帮助他的朋友迪克·切尼把东西装上租来的莱德卡车。切尼夫妇要从马里兰州的伯塞斯达搬回怀俄明州的卡斯珀。切尼已从历史上最年轻的白宫办公厅主任一职上卸任,他要毫不声张地离开了,这刚好与《史密斯先生进入华盛顿》一书中描写的场景相反。结果,他并没有离开多久。两年后,在 1979 年 1 月,他返回了华盛顿。格里本开着自己的旧大众牌汽车,沿着宾夕法尼亚大街,把切尼送到国会山,在那里,切尼搬进了他作为新当选众议员的办公室。

格里本和妻子劳莉是跟迪克和琳内·切尼在怀俄明一起长大的,四个人一起在卡斯珀上的纳特罗纳城市高中。他们曾经一度失去联系,直到 70 年代初的一天,格里本的妻子在伯塞斯达挨家挨户找临时照看孩子的人,这时,她意外地碰到了住在一个街区以外的琳内。从那时起,切尼每周在福特的白宫工作 6 天半,两家人偶尔在星期天一起烧烤,有的时候,烧烤会突然被打断,切尼便被召回去工作。

回到怀俄明,切尼重新加入了布雷迪—伍兹公司,这是 70 年代初在他的保护人唐纳德·拉姆斯菲尔德离开尼克松的白宫去担任驻北约大使之后他曾经工作过的那家私人投资公司。但是,切尼离开公共生活的时间还不到 9 个月。1977 年 9 月,怀俄明州唯一的众议员、民主党人泰诺·罗恩卡里奥决定退休。几周后,切尼宣布他将竞选这个席位。

1978 年 6 月 18 日,就在他第一次参加国会竞选的过程中,切尼的心脏病第一次发作。他被迫在家里呆了 6 个星期,看来对健康的担心有可能影响他的候选人资格。切尼立即做出回应。在初选开始前,他给怀俄明州的每一位共和党人都寄了一封两页纸的信,信中称他已经戒了烟。他还尽量淡化他的病情,开玩笑说他组建了一个虚构的名叫"心脏病患者支持切尼"的组织。民主党人批评切尼是个局外人,他只有在遇到了麻烦(在耶鲁大学)或者失了业(1976 年福特竞选失败后)的时候才会回到怀俄明。[①] 这种策略没有奏效。切尼还只有 37 岁,怀俄明州还记得他是本地高中的足球明星的人太多了。那年 11 月,共和党人在众院获得

12个席位,其中一个就是怀俄明的席位。

切尼回到华盛顿,他的地位显然没有做前一份工作的时候高。当白宫办公厅主任的时候,他指挥高级轿车和先遣组,决定哪位内阁成员可以见总统,负责"国情咨文讲话"的起草等等。在新的生活当中,切尼是新任少数党众议员。共和党已经24年没有控制过众院,也没有能很快控制众院的希望。1978年和切尼一起进入国会的36名新任共和党议员当中,有一位名叫纽特·金里奇的佐治亚州大学教师,后来成了切尼的好朋友。

切尼邀请格里本做他的行政助手。他们俩第一次想进切尼在国会的新办公室时,不得不在外面一个空荡荡、到处是洞的门厅里等候,因为他们找不到钥匙。到了办公室,他们看到的是成堆的怀俄明州选民寄来的邮件、未接通电源的打字机、没有椅子的办公桌和褪了色的沙发椅,一片乱糟糟的样子。② 然而,这些障碍很快便被克服了。切尼由于熟悉华盛顿、熟悉联邦政府和共和党全国领袖,在新任议员中显得很突出。他很快升了上来,只用了两年的时间,便成为共和党政策委员会的主席。

切尼从一开始就显示出使他的国会生涯有别于大多数人的特点。在这个立法机构里,国会议员靠着上标题新闻出名,切尼却更愿意主要在幕后运作。他的惯用手段不是能言善辩而是谨慎。他根本不屑雇用讲话撰稿人,他也许比其他任何一位地位显赫的国会议员都更少在议员席上发表讲话。在选择到各个委员会任职的时候,他表现出对抛头露面同样的轻视。可想而知,切尼首先拿到的是内政委员会的席位,这是来自西部各州的众议员为了影响联邦政府对土地、水和采矿等对他们代表的州有重要意义的问题的决策而经常寻求的职务。他后来被选入众院伦理委员会和众院情报委员会,这两个委员会的许多活动都是秘密进行的。只要国会山的共和党议员召开会议制定政策或者策略,切尼可能就在里面。

他是坚定的保守派并以此为荣。切尼有时被错误地描绘成共和党中间派,这也许是因为他在1976年曾经为福特对里根的竞选工作过,也许是因为他个人温和、避免冲突的风格,这与金里奇和一些其他共和党人的热情形成强烈反差。然而,切尼的投票纪录,以及他在内政和外交政策问题上的观点,证明他在政治上是彻头彻尾的右派。在第一年里,切尼投票反对了实施卡特政府谈判签订的《巴拿马运河条约》,这样实际上使自己站到了里根在1976年共和党初选中接受的、不同于福特的反条约的立场上。这些年来,他总是支持大幅度增加国防开支,支持发展MX导弹等新式武器系统。③

第六章 过 渡

的确,切尼的政治观点如果被人误解,他会感到恼火。一次,《华盛顿邮报》上的一篇文章称他是"温和派"(这是左派和右派的许多政治家都渴望获得的说法),切尼叫来他的助手格里本,要他做出更正。"请你打电话给《邮报》,告诉他们我是保守派行不行?"切尼嘟囔着,"他们怎么不核对一下我的投票纪录?我有投票的纪录,他们应该看看。"④ 这是典型的切尼,他要的是实质内容而不是体面,是政策而不是浮华,他总是比看上去更保守。

1979年末,在下届总统选举前一年,弗雷德·埃克雷打电话向五角大楼的沃尔福威茨发出警告。埃克雷在尼克松政府时期是沃尔福威茨的上司。现在,埃克雷正准备帮助罗纳德·里根竞选。沃尔福威茨仍在吉米·卡特的国防部长哈罗德·布朗手下工作。

"保罗,"埃克雷说,"你得离开那儿。我们想要你在新政府里工作。"⑤ 埃克雷的意思很清楚:沃尔福威茨选择他要跟谁干的时候到了。如果里根取得竞选胜利,将会进行内部清理。凡是与卡特政府有关系的人都不可能在里根的班子里得到工作,不论他的观点如何。

沃尔福威茨并不是在真空里做出这一选择的。新保守派中许多跟他性情相投的人,民主党内反对缓和、在70年代里支持了亨利·杰克逊参议员或者休伯特·汉弗莱参议员的人,在此时已经离卡特而去,基本上放弃了民主党。其中一些人正在被里根的竞选所吸引。

在1980年竞选的最初阶段,里根的顾问约翰·希尔斯和理查德·艾伦非常善于发现和利用将民主党的新保守派和更传统的共和党人相结合、组成一个新的政治联盟的可能性。里根本人参与了这一努力,他写了封短信给珍妮·柯克帕特里克,赞扬了她的文章《独裁与双重标准》。

"首先,我没有想到里根会看《评论》杂志;其次,我没想到他会读《独裁与双重标准》这篇文章;再次,就算他读了,也没想到他会感兴趣,"柯克帕特里克承认,"可他读了,然后他想法找到我的下落,并且给我打了电话;他给我打了两次电话。这是一种被追求的感觉……"⑥ 1980年春,柯克帕特里克会见了里根。多年来出席过一次又一次民主党全国代表大会的柯克帕特里克,向共和党迈出了第一步。她同意把她的名字列在为里根担任外交政策顾问的人的名单上。

柯克帕特里克的传奇经历仅仅是一场意义深远的政治重组的象征符号。民主党内的保守派正在解体。对于许多在罗斯福和杜鲁门政府时期成熟起来的老

一代民主党人来说,卡特政府已经被证明过于偏向自由派。此外,1980年与卡特竞争民主党总统提名的爱德华·肯尼迪参议员的立场比卡特更左。休伯特·汉弗莱在1978年去世了。亨利·杰克逊在1976年竞选总统失利之后,采取了越来越超脱的态度。1980年,杰克逊应付差事般地与卡特一起在一些竞选活动上露了面,但他最终对他在新保守派里的一些工作人员和同事说,如果他们想替里根干,他不会反对,也不会妨碍他们。⑦

在五角大楼,沃尔福威茨听了埃克雷的劝告。他对苏联或伊拉克有可能攻击波斯湾油田的问题提出了警告,但是没有得到什么反应,对此他感到沮丧。国防部副部长罗伯特·科默要他再坚持一段,卡特获得连任之后,五角大楼也许有更重要的工作在等着他。⑧但到了1980年初,沃尔福威茨悄悄地辞去了卡特政府里的职务,到约翰斯·霍普金斯大学高级国际研究学院担任客座助理教授。他离开的正是时候;沃尔福威茨为民主党总统工作的时间已经太久,以致一些共和党人后来对他总是存有戒心。

没有人敦促鲍威尔离开五角大楼。他的问题刚好相反。70年代末期,所有的人都希望他继续干下去。尽管鲍威尔是一位常规陆军军官,将来会在全国和全球从一个职务调往另一个职务,但是无论是军官们还是文职官员们,出于各自不同的原因,都不断地要他接受在华盛顿的任命。

鲍威尔开始了非常缓和的过渡。1969年一个星期六的早晨,在他第二次派往越南服役期间,他去岘港的一座用瓦楞铁预制构件搭成的半圆形活动房屋参加了GRE考试,这是报考研究生院的标准考试。他的成绩不错,被华盛顿的乔治·华盛顿大学商学院录取。当时,他希望学习计算机技术和管理,不仅是为了对自己的军旅生涯有所帮助,也希望将来对找工作有帮助。⑨

获得工商管理硕士学位后,鲍威尔到五角大楼报到,希望成为安装计算机系统的专家。然后,事情便不以他的意志为转移地发展了。鲍威尔先是被陆军副总参谋长召了去。尔后,在1972年的一天,一位陆军军官要他申请白宫的一个研究职位,这是为被看好具有领导潜能的美国青年设立的一个层次高、选择极严格的项目。鲍威尔当时根本不知道这个项目是怎么回事,但是在申请表上,他的回答像往常一样坦率、符合时宜。在回答他为什么希望参加这个项目时,鲍威尔回答说,国家在越战问题上出现了分歧,他希望让文职人员知道,军官们并不是好战分子。⑩

第六章 过 渡

在1 500名申请者中,鲍威尔成为17位获得这项研究职位的人之一。凭借他的商学院背景,他选择了到管理与预算办公室做一年的研究工作。当时,该机构的负责人是卡斯珀·温伯格和他的副手弗兰克·卡卢奇,他们最初参加的是尼克松政府,在唐纳德·拉姆斯菲尔德领导下帮着管理美国的反贫困项目。卡卢奇认为鲍威尔有前途,是一颗正在升起的新星;他吸收新事物快,勤奋,需要时很果断。⑪

1973年,鲍威尔返回亚洲,在一个驻韩国的步兵营担任营长。在国家战争学院学习了一年之后,他升任坎贝尔军营第101空降师的旅长。他似乎正在沿着传统陆军生涯的阶梯向上攀援。之后,卡特政府就职,华盛顿抓住了鲍威尔,并且再不放手。

到这个时候,鲍威尔已经有了一份非常吸引人的履历。他年轻,担任过军事指挥职务,参加过越战,在白宫当过研究员,就读过国家战争学院。1977年初,卡特的总统国家安全事务助理兹比格纽·布热津斯基把鲍威尔召到华盛顿,想让他到国家安全委员会担任军事助手,但是鲍威尔没有接受。在布热津斯基手下工作的威廉·奥多姆将军后来回忆说,鲍威尔曾表示过对自己的能力有所怀疑。"他说,'我知道我做不了那种分析工作',"奥多姆说。⑫鲍威尔也许是在故意贬低自己的能力,以便回避自己不想做的工作;当时,他盼着能在101空降师里得到晋升。

几个月后,布热津斯基做了第二次尝试。这次,鲍威尔也有了第二个选择,他得到邀请到五角大楼担任国防部长哈罗德·布朗的高级助手。在坎贝尔军营,鲍威尔的指挥官约翰·威克姆将军要他从这两份工作中做出选择。陆军的想法是,让一个自己人在华盛顿一位身居要职的文职官员手下工作,这是一个绝好机会。⑬

这就是推动着鲍威尔的职业生涯的各种动力。他是陆军和管理陆军的文职官员之间最好的中间人。陆军的领导人把鲍威尔推到华盛顿,因为他们看到,他能出色地代表陆军的利益,他是一位精明、和蔼和善于表达的非洲裔美国人,年近40岁,他会让文职领袖们感觉到,陆军正在发生变化,不再是威廉·威斯特莫兰将军代表的越战时代僵硬刻板的形象。与此同时,文职领袖们在鲍威尔身上看到的是一位随和、有教养、能够使用他们的语言、没有威胁或者不与他们为敌、能够向陆军准确转达他们的关切和利益的军官。

鲍威尔回绝了布热津斯基,选择了五角大楼的工作,先是给国防部长的特别

尼克松总统与参加白宫研究员项目的科林·鲍威尔中校握手。鲍威尔在管理与预算办公室的卡斯珀·温伯格和弗兰克·卡卢奇手下工作,这两人后来均出任罗纳德·里根的国防部长。照片中的赠言为:"赠科林·鲍威尔中校:谨致谢意和最良好的祝愿。——理查德·尼克松。"(选自美国陆军退休将军科林·鲍威尔的文件,美国国防大学图书馆)

助理约翰·凯斯特当助手。鲍威尔从上校晋升为准将后,为国防部副部长查尔斯·邓肯担任军事副官,然后,随邓肯到新成立的能源部干了几个月,担任邓肯的后任格雷厄姆·克莱特的军事助手。

在一届政府的4年里,他连续得到4次任命,侍奉了3位上司:鲍威尔变成

第六章 过 渡

了华盛顿的专业人士。他懂得了文件的流程以及为什么会搁置不动,了解了五角大楼的内部交易以及与国会山的交易是如何达成的,摸清了晋升的门道。他学会的不仅是官僚机构最高层而且是工作层面上运作的门道。他在华盛顿的军事和文职领导人之间谈判斡旋的技能如此显见,谁也不想让他重返战场。鲍威尔起初觉得这个时期是他陆军生涯的一个插曲,但事实上,他正在开拓一条新的职业道路。

唐纳德·拉姆斯菲尔德的处境不同于沃尔福威茨或鲍威尔。没有人需要提醒他离开五角大楼,也没有人请求他留任。作为福特政府的国防部长,1977年1月20日那天,他的时间到了。

拉姆斯菲尔德很快便开始了新的商海生涯。他先是花了几个月的时间在普林斯顿大学进行研究和思考,然后接受了出任美国一家最著名的制药公司G. D.瑟尔公司的邀请,担任了该公司的董事长和首席执行官,这家公司的产品包括治疗运动病的"德拉马明"、止泻药"罗莫提尔"和早期避孕药"安诺维德"等。近一个世纪,公司一直由瑟尔家族成员经营,总部设在芝加哥拉姆斯菲尔德过去的选区内;的确,瑟尔家族曾经为拉姆斯菲尔德参加第一次国会议员的竞选提供过经费。

1977年,瑟尔公司及瑟尔家族遇到了麻烦。一年前,股票价格从每股110美元跌到了12美元,收益下降了23%,食品和药品管理局正在调查公司是否没有准确上报新药品的试验结果。公司迟迟得不到食品和药品管理局对一种新的名叫"阿斯帕泰姆"的糖精的上市许可。[14]

拉姆斯菲尔德迅速显示出,他能够将他不妥协让步的管理风格从联邦政府移植到生意中来。不到9个月,他出售了瑟尔公司20个不盈利的企业。又用了比这稍长的时间,便将瑟尔公司的雇员人数从800减少到350名。人们纷纷传说,有的雇员在飞机场的广播里听到要他们回去的消息,一回去便被解雇了。一位管理人员在假期当中匆忙地赶回来向拉姆斯菲尔德汇报,令他吃惊的是,只说了几分钟,他就被打断了,然后向他连珠炮似的提了一串问题。一位前瑟尔公司的经理人员在描绘公司的气氛时说:"他要是沿着走廊走过来,你几乎可以听见大家的膝盖都在打哆嗦。"1980年,《财富》杂志发表文章介绍美国商界"10名最严厉的老板",拉姆斯菲尔德榜上有名。[15]

在这些大变动中,瑟尔的境遇开始好转。食品和药品管理局结束了对公司试

验程序的调查,经过一再拖延,终于为公司出售"阿斯帕泰姆"铺平了道路。瑟尔在聘用拉姆斯菲尔德之后的 5 年里,运营收益每年平均为 17%,股票价格上升到每股约 30 美元。公司的扭亏为盈,不仅对瑟尔家族也对拉姆斯菲尔德本人有利。1977 年他的起始工资是年薪 20 万美元,1982 年涨到了 50 万美元。他还获得了按照 1982 年的价格计算价值至少 400 万美元的股票期权。拉姆斯菲尔德在回顾从政府到经商给他的生活带来的变化时,对《财富》杂志的一位采访者说:"我在 47 岁时,宁愿让搬家公司来给我搬,也不愿意租搬家车自己搬。在我到瑟尔之前,每一次我都是租搬家车自己干。"⑯

不过,拉姆斯菲尔德从未完全满足于做公司经理,这一点是显而易见的。在白宫和五角大楼工作时,他参与了冷战,涉足了国家的未来。在瑟尔,讨论的话题是用老配方、还是用柠檬和橙子口味的 NutraSweet 新配方来销售公司最畅销的纤维轻泻药 Metamucil。

拉姆斯菲尔德在远离华盛顿的地方偶尔也会接触到国防问题。1979 年,卡特政府将一份新的限制战略武器谈判条约提交参院时,拉姆斯菲尔德作证反对了这项条约,并呼吁增加 400 亿美元的国防开支。"我国目前的形势,比自从内维尔·张伯伦离开慕尼黑、二战即将爆发以来的任何时候都更危险,"他说。⑰

他向所有人表示,他期望回到华盛顿。自打他加入瑟尔起,就有谣传说,他得到的授权是迅速扭转局面,以便将公司出手。"我期待着到了一定时候,形势会要求我重回政府,"拉姆斯菲尔德告诉《财富》杂志的来访者,"第一,我喜欢在政府里工作。第二,我自认为干得不错。第三,我对我们的国家和世界都有兴趣。"⑱

他说对了。他会回去的,虽然最初只是一些短期的工作任命。拉姆斯菲尔德当时并不知道,他开始了将近四分之一世纪的老百姓生活,远离白宫、国家安全委员会、内阁和其他那些他在年轻时便了如指掌的权力机构的日常运作。

现在在人们的记忆中,罗纳德·里根担任总统的年代是充满信心和胜利的年代。因此,现在很难使人们理解,在 1980 年竞选中,里根和他的保守势力准备与吉米·卡特一决高下时是多么没有把握。

里根是自巴里·戈德华特以来共和党提名的最保守的候选人,戈德华特在 1964 年大选中一败涂地。多年来,保守派已经认定,他们自己的观点太脱离大多

第六章 过渡

数美国选民的观点。1977年,老牌保守派理查德·艾伦对一位学者吐露了真言,表示他个人支持里根竞选总统,他认为里根应该当总统,但是保守派掌控白宫的可能性如此小,他根本不去考虑里根是否当选的问题。[19]

即便在里根击败了乔治·H. W. 布什和其他几位挑战者、轻取了1980年共和党内总统提名之后,里根的势力仍然对他们在大选中的命运毫无把握。因此,1980年在底特律召开的共和党全国代表大会上,里根和他的顾问们急于找到一位能够扩大里根对中间派选民和商界的吸引力的副总统候选人。那年7月,他们似乎找到了一位"理想选票"上的候选人——杰拉尔德·福特。还没有一位前总统后来竞选过副总统,但是,里根决定试试看福特肯不肯做他的竞选伙伴。

共和党代表大会批准里根作为总统提名人的那天晚上,里根的顾问们与以亨利·基辛格和艾伦·格林斯潘为首的部分福特政府主要官员举行了一系列紧张的谈判。福特的班子希望达成一个协议,根据协议,福特实际上将成为负责外交政策等问题的联合总统。在最初的谈判中,他们特别提出必须任命基辛格为国务卿。这一条要求后来被放弃了,但在后来的谈判中提出,福特作为副总统,必须担任国家安全委员会主席,要对总统的国务卿人选有否决权;副总统也要有权挑选总统国家安全事务助理,里根对此有否决权。基辛格要在副总统办公室的领导下处理美国的外交和国家安全事务。[20]

这是决定美国外交政策命运的时刻。根本问题在于,为了吸引共和党内的温和派、增加他们在秋季选举中获胜的机会,里根及其支持者们是否愿意放弃他们对亨利·基辛格和他的政策的挑战。里根在1976年初选中挑战福特时,里根派选择了缓和作为一个主要问题。在1980年的竞选中,他们一再指出,卡特政府在外交政策上太弱,他们声称,这主要是因为他支持缓和的时间太久了。即便在当时,当保守派在共和党内部取得胜利之际,里根的势力还是没有把握是否能够击败卡特,他们几乎将外交政策的控制权拱手交回给缓和的设计师、他们的眼中钉基辛格。里根的一些外交政策顾问感到恐惧。顾问之一的理查德·艾伦做大家的工作来反对和福特做的交易。

到了深夜,谈判终于破裂了。里根的顾问们开始对福特班子提出的分权要求犹豫起来,这些要求将在历史上第一次——有的人说这是违反宪法的——转移总统的权威。与此同时,对竞选副总统并不像他的顾问那样热情的福特得出结论,正在讨论的安排是个很糟糕的主意。最后,他去了里根住的饭店套间,对这位共

和党提名人说:"听我说,这肯定行不通。"㉑

谈判的突然破裂使里根的班子陷入危机。那是星期三晚上将近11点,共和党代表大会和全国都在等待着里根宣布他的副总统人选。"几天来,我一直期望福特能和我一起竞选,对于其他候选人我还没怎么考虑过,"里根后来承认。他必须迅速找到另外一个人。在这个举棋不定的时刻,几个小时以来一直在建议用布什来代替福特的艾伦,再次提到布什,并且找到了他的电话号码;布什和妻子芭芭拉就在附近一家旅馆里,他们一直在那边闷闷不乐地看着电视上对里根和福特谈判的报道。里根打了电话,喜出望外的布什接受了竞选副总统的邀请。㉒ 就在那几分钟里,几乎是纯属偶然,布什家庭王朝便开始发迹了。

里根对布什迟到的邀请,却让另一位认为非自己莫属的、有抱负的共和党人感到特别失望。唐纳德·拉姆斯菲尔德像以往一样在参加共和党代表大会。他是为数不多的被提出有可能成为副总统候选人的人,他在代表大会上发言表示支持里根。

后来,拉姆斯菲尔德问他多年的老友艾伦,里根的班子为什么决定找布什而不找他。"因为我恰巧手边没有你的而却有布什的电话号码,"艾伦答道。㉓ 这并不是故事的全部;艾伦一直在推布什,因为他似乎是最有希望挫败福特—基辛格交易的共和党人。

许多年后,艾伦在私下对朋友们谈了他的想法,他可能犯了一个错误,他不应该让里根给布什打电话,他应该推拉姆斯菲尔德才对,他认为,拉姆斯菲尔德本该成为副总统、然后成为一位伟大的总统的。

1980年秋季,里根正在全国各地到处竞选,他的竞选总部吸引了一位新的工作人员,这是一个高大笨重、声音粗哑的年轻人,这位年轻人在建立政治联系,希望像以前了解越南那样了解华盛顿,他就是理查德·阿米蒂奇。

在离开越南的5年里,阿米蒂奇一直在努力建立起新的生活。他曾在美国短暂地做越南难民的工作。他去过伊朗,希望最终能借他的上司埃里希·冯·马博德之手,从德黑兰的临时任务转到华盛顿某个永久性的政府工作。但是在1977年,即将上任的卡特政府冻结了人事。㉔ 在家里,他和妻子劳拉除了抚养自己的子女,还开始收容越南家庭和领养孩子。

将近一年的时间,阿米蒂奇搬回了东南亚,他相信,以前那些军队和情报工作

第六章 过 渡

的老关系可能会带给他商机。阿米蒂奇在曼谷定了居,与传奇式的空军突击队员哈利·C.(海因尼)阿德霍尔德准将发展起生意关系。阿德霍尔德和阿米蒂奇有点相似,他是与中情局秘密活动有长期联系的军官,所不同的是,阿德霍尔德年纪大得多,经验也丰富得多。他也像阿米蒂奇一样,是个爱玩爱闹、喜欢饮酒的东南亚夜生活的专家。

阿德霍尔德几十年来一直是美国空军执行许多秘密行动的核心人物。他在朝鲜战争中曾经向敌后空投过特务,50 年代末,在中情局支持西藏的叛乱中,指挥过空运行动。[25] 在越战期间,阿德霍尔德指挥了中情局在老挝的秘密战中的秘密空战,用从泰国起飞的二战时期的老式军用飞机,去攻击沿"胡志明小道"向南行驶的北越坦克和卡车。[26] 阿德霍尔德是阿米蒂奇的恩师冯·马博德的又一位朋友和仰慕者。在越战的最后日子里,阿米蒂奇协助了冯·马博德将船只和其他海军资产运出越南,阿德霍尔德同样在把美国军用飞机撤到泰国。正是阿德霍尔德,派飞机营救了身陷边和空军基地的阿米蒂奇。[27]

1976 年,阿德霍尔德退了休,之后,他留在曼谷,创建了一个名叫"东南亚旅行社"的公司。阿米蒂奇在空军的两位朋友理查德·西科德和拉里·洛普卡,都曾在德黑兰和他共事过,他们建议阿德霍尔德给阿米蒂奇一份工作。"西科德打来电话说,'帮那家伙一把吧',"许多年后阿德霍尔德回忆道。通过他在泰国军方的关系,阿德霍尔德得到一笔每月 1 500 美元的律师费,用于帮着拿到能给泰国军方带来好处的合同。阿米蒂奇依靠这笔律师费作为生活费,而阿德霍尔德则靠他自己的军队退休金生活。[28] 主要客户是只有一架波音 747、飞曼谷到洛杉矶的一家名叫暹罗航空的小航空公司。阿德霍尔德和阿米蒂奇设法帮助该航空公司获得扩大经营的许可证,但是他们难以同泰国国际航空公司竞争;阿米蒂奇后来承认,他得到的教训是,千万不要跟归政府所有的航空公司斗。[29] 1977 年,暹罗航空倒闭了,阿德霍尔德—阿米蒂奇合伙公司也没能逃过。"那是家小公司,我们破了产,"阿德霍尔德解释道,"我是唯一还有进项的人。阿米蒂奇是个好人,我喜欢和他一起喝酒,一起做事。"[30]

阿米蒂奇再次失了业,他返回美国,把家搬到华盛顿,决心在那里找到工作。他急切地想知道,是什么人做出了这么多年他在越南和伊朗执行的那些外交政策决定。"我厌倦了处在矛尖上的生活,我希望看看是谁在耍弄这根矛,"阿米蒂奇在多年后的一次采访中回忆道。[31] 很快,共和党的朋友给他引见了鲍勃·多尔参议员,后者同意聘用他做行政助手。"多尔特别欣赏有战争经历的人,"阿米蒂奇

的好友詹姆斯·凯利回忆道,"他用过不少有华盛顿工作经历的助手,但都不行,因此他想,让我们试一个没有华盛顿经历但有战争经历的人吧。"㉜ 1979年,阿米蒂奇离开多尔的办公室,为乔治·H.W.布什的竞选班子效力,布什曾任中情局局长,在美国情报界非常有人缘。

布什竞选失败后,阿米蒂奇去找艾伦,希望参加里根的班子。起初,艾伦比较谨慎,他问阿米蒂奇是否有学术背景。他是否写过什么东西出版?阿米蒂奇并没有被吓住,回到家,他就写了一篇评论员文章,不出几天时间,文章便在《基督教科学箴言报》上发表了。在这篇题为《河内正在土崩瓦解的政策》的文章中,阿米蒂奇得出结论:"出现了一个新亚洲,它亟待我们的帮助。"㉝ 文章一发表,阿米蒂奇就返回去找艾伦,向他证明他已经发表了文章。他被聘用了,负责组织撰写文件,联系媒体以及其他竞选工作。艾伦和埃克雷对他的组织技能印象深刻。

那年11月,里根的势力轻而易举地战胜了卡特。国家渴望变化,厌倦了高通胀,对卡特没能使在德黑兰的美国人质获释感到心灰意冷。柯克帕特里克和其他新保守派退出民主党之后,大量传统的民主党选民转而投了里根的票,其数量之多,令人吃惊。共和党拿下了白宫,还控制了参院。

几周后,阿米蒂奇开始敦促新政府给他一份做亚洲问题专家的工作。他的外表和讲话仍很粗鲁,仿佛他刚从战场被召回到华盛顿似的,岁数大一些的华盛顿老手们起初对他的举止和他的鲁莽感到吃惊。"我觉得他好像块头特大,他应该在体育场里给人递毛巾才对,"在乔治·布什手下的中情局北京站工作过的前情报官员李洁明回忆道。李洁明是早年控制了美国情报部门的"常春藤"精英的代表人物;阿米蒂奇则是另一类人。"他[阿米蒂奇]的声音粗哑。他会走到你跟前说,'喂,你要到国安会亚洲处去了。我去那里也行。也许咱们可以合计合计。你年纪比我大,你可以干高的那个职务,我反正无所谓。'"㉞

里根的国家安全事务委员会里负责亚洲问题的高级职务给了李洁明和中情局的另一位老人唐纳德·格雷格。阿米蒂奇什么都不怕。他曾与埃克雷一起负责里根班子的过渡,又得到一个临时任务,帮助新任国防部长卡斯珀·温伯格为五角大楼挑选一个新的共和党的班子。

温伯格恰好是阿米蒂奇知道如何取悦的那种人。从风格上讲,阿米蒂奇具备的正是温伯格所不具备的。这位国防部长身材瘦小,举止拘谨,教养有素,热衷浮华和排场;阿米蒂奇身材魁梧,散漫,唐突,外向,不拘礼节。从军事角度讲,国防部长完全可以认为阿米蒂奇代表着接班的一代人;在二战中,温伯格是步兵,在太平洋战区的道格拉斯·麦克阿瑟将军手下做过情报官。

温伯格在里根宣誓就职前视察了五角大楼,阿米蒂奇与他同行,帮助他给国防部挑选包括他自己在内的新人。"我不想要必须经过参院批准的重要职务,一个普通工作就行了,"他当时告诉其他人。㉟ 当阿米蒂奇向温伯格提交五角大楼各个职务的可能候选人名单时,他在自己的名字旁边写上负责亚洲事务的助理国防部长帮办。温伯格给了他这个职务。

里根总统国家安全事务助理的人选艾伦是挑选里根外交政策班子的小组负责人。艾伦最初在一张有可能任命人员的名单上看到保罗·沃尔福威茨的名字和资历时,很快就把他的名字从名单上划掉了。"我觉得这个人没有什么希望,"艾伦后来回忆道,"他刚刚离开五角大楼。他给卡特干过。我以为他是卡特的人。"很快,艾伦的朋友、在尼克松政府里和沃尔福威茨共过事的约翰·勒曼便请求艾伦重新考虑。为什么不先和沃尔福威茨谈谈?艾伦同意了。见过面之后,艾伦很快便意识到沃尔福威茨其实不是吉米·卡特那样的自由派。沃尔福威茨填补了国务院政策规划司司长的职务。

不过,沃尔福威茨的政治麻烦并没有完。虽然他的新职务不需要参院的批准,但是所有国务院新任命的官员都必须经过参院外交关系委员会里的共和党议员的首肯。他们中间最保守的杰西·霍尔姆斯参议员看到沃尔福威茨的名字时表示了反对意见。"他认为沃尔福威茨可能是民主党人或者是自由派,因为他在卡特政府里供过职,"时任霍尔姆斯助手的约翰·卡尔伯回忆道。

一个星期天的晚上,沃尔福威茨邀请卡尔伯来家里做客,他和家人一起,让对方相信了自己的保守派信念和资历。卡尔伯记得,沃尔福威茨在谈话中保证将任命卡尔伯一直提携的、美国为数不多的黑人保守派人士艾伦·凯斯参加沃尔福威茨在国务院的班子,这时,他最后确信了沃尔福威茨肯定没有问题。㊱

当然,现在回头看,整个过程非常荒唐。当时,沃尔福威茨已经是有名的鹰派,后来,他成为他那一代人中主要的保守派外交政策思想家。但是,他没能在里根政府里获得一份工作,因为他被错认为是自由派民主党人。不过,华盛顿的政治通常就是这样运作的:每当白宫易手,所有为前一届政府工作过的人都会受到怀疑。

科林·鲍威尔没有登记是哪个党的党员。1976 年,他投了吉米·卡特的票。但在卡特政府的五角大楼服务 4 年之后,他在纽约投了支持罗纳德·里根的缺席

选举票。鲍威尔认为,卡特政府对军队不够体谅,削减国防预算下手太狠,在与苏联打交道中经常太天真。㊲

几周后,里根任命了鲍威尔在白宫做研究员时的老板温伯格担任他的国防部长。就像在尼克松政府里一样,卡卢奇成了温伯格的副手。结果鲍威尔与新任政府的高层有了非常密切的关系,就像他与即将卸任的政府一样。

从美国外交政策的角度看,1980年选举的影响是惊人的。民主党内出现了裂痕。党内的鹰派活动分子脱党支持了里根,接着,数以百万计的普通温和派人士和保守的民主党人也跟着效法。其结果是,自由派的政治力量伤了元气,自越战起,他们一直敦促对美国的力量进行约束,减少美国在海外的军事承诺。

同时,在共和党内,亨利·基辛格及其盟友企图在共和党全国代表大会上东山再起,但没有得手。基辛格的现实主义外交政策和他对均势外交的信念从未得到过共和党普通党员的支持,但他们在党的机构里占据了支配地位。在70年代里,在共和党内部、在国会和行政部门中类似拉姆斯菲尔德和切尼这样的官员中间,反对势力相当强大,阻止了基辛格随心所欲,特别是在缓和问题上。然而,在过去的两届共和党政府里,外交政策主要掌握在基辛格及其盟友手中。里根当选后,保守的共和党人现在不仅有权妨碍政策并且可以制定政策。他们掌握了政府的行政部门。

60年代以来,国内有关美国外交政策的政治斗争是在自由派民主党人与共和党实用主义者之间展开的。现在,这两股势力都在衰落。一场新的运动正在崛起,它既不接受自由派提出的美国必须缩小其在海外的作用的理论,也不同意基辛格关于美国必须迁就其他主要大国的观点。保守派即将第一次有机会尝试一种对美国在世界中的作用的新的认识。

注　释

① Lou Cannon,"From the White House to the Hustings: Richard Cheney Wants to Work on Capitol Hill," *Washington Post*, October 16, 1978, p. B1.
② 2001年12月17日和2002年7月18日对戴夫·格里本的采访。
③ 见 Matthew Vita and Dan Morgan, "A Hard-line with a Soft Touch," *Washington Post*, August 5, 2000, p. A1。
④ 对格里本的采访。

⑤ 2001年12月10日对弗雷德·埃克雷的采访。
⑥ 2002年4月24日对珍妮·柯克帕特里克的采访。
⑦ 对杰克逊的一位参院助手的采访,此人后来在里根政府供职。
⑧ 2003年6月19日对保罗·沃尔福威茨的采访。
⑨ 见 Colin Powell, *My American Journey* (New York: Ballantine Books, 1995), pp.136-137。
⑩ Ibid., pp.156-157。
⑪ 2002年1月11日对弗兰克·卡卢奇的采访。
⑫ 2002年3月28日对威廉·奥多姆的采访。
⑬ Powell, op. cit., p.226.
⑭ Lynn Langway, "Unsnuffing Searle," *Newsweek* (June 6, 1977), p.36.
⑮ "Action at Searle Will Strengthen Position," *Chemical Week* (January 18, 1989), p.9; Hugh D. Menzies, "Ten Toughest Bosses," *Fortune* (April 21, 1980), p.62; Thomas M. Chesser, "It Was Tough Medicine, but G. D. Searle Breathes Easier Now," *New York Times*, January 31, 1982, section 3, p.6.
⑯ Chesser, op. cit., and Roy Rowan, "A Politician Turned Executive," *Fortune* (September 10, 1979), p.94.
⑰ Jim Adams, untitled article, Associated Press, November 26, 1979.
⑱ Rowan, op. cit.
⑲ A. James Reichley interview with Richard Allen, Gerald R. Ford Library.
⑳ 这些谈判最详细的版本,见 Richard Allen, "George Herbert Walker Bush: The Accidental Vice President," *New York Times Magazine*, July 30, 2000, p.36。
㉑ Ronald Reagan, *An American Life* (New York: Simon & Schuster, 1990), p.215.
㉒ Ibid., p.216; Allen, op. cit.
㉓ 2002年7月16日对理查德·艾伦的采访。
㉔ 2002年9月17日对詹姆斯·凯利的采访。
㉕ 关于这些行动以及阿德霍尔德的生平的详细介绍,见 Warren A. Trest, *Air Commando One* (Washington, D. C.: Smithsonian Institution Press, 2000)。
㉖ 2002年4月25日对李洁明的采访。
㉗ 2002年8月21日对理查德·阿米蒂奇的采访;Trest, op. cit., pp.251-252。
㉘ 2002年10月11日对海因尼·阿德霍尔德的采访。
㉙ 对阿米蒂奇的采访。
㉚ 对阿德霍尔德的采访。
㉛ 对阿米蒂奇的采访。
㉜ 对凯利的采访。
㉝ 对凯利的采访;Richard Armitage, "Hanoi's Crumbling Policy," *Christian Science Monitor*, August 21, 1980。
㉞ 对李洁明的采访。

㉟ 2003 年 2 月 12 日对劳伦斯·科布的采访。
㊱ 2001 年 12 月 21 日对约翰·卡尔伯的采访。
㊲ Powell, op. cit., pp. 242-243.

RISE OF THE VULCANS
The History of Bush's War Cabinet

第七章

保守派的大本营

第七章 保守派的大本营

1981 年初的一天,在费城做律师的斯库特·利比接到耶鲁大学校友档案办公室寄来的一张便条。一个名叫保罗·沃尔福威茨的人正在设法与他联系,询问利比是否同意耶鲁大学把他的电话号码告诉对方。利比表示了同意。利比 9 年前毕业于耶鲁,沃尔福威茨是他最崇拜的教授之一。几小时之后,沃尔福威茨打来电话,请利比到国务院来为他工作。当时,利比正在读威廉·史蒂文森写的《一个英勇无畏的人》,该书记述了二战之前和二战期间英、美两国的情报运作情况。书中描述了那些为了崇高的事业而从事秘密工作的人们,他们努力克服美国人的自鸣得意,并且企图与一个邪恶的独裁者作斗争;书中人物的生活似乎远比利比在费城的工作要激动人心,更有意义。他表示愿意做沃尔福威茨的一名新雇员。①

沃尔福威茨的工作当然无法与《一个英勇无畏的人》中所描写的故事相比;他负责的是备忘录,不是间谍。他被任命负责国务院的政策规划司。尽管他这个头衔听起来有些模糊并且官僚机构气息十足,但是这个职务往往在一届政府企图界定自己与世界其他国家之间的关系上起着核心作用。在国务院里,像俄国或者中国等国的国别专家处理的是本地区的特殊问题,应付的是日常事件,而政策规划司的工作人员需要制定更笼统、更长期的目标;乔治·凯南正是在政策规划司司长的位置上,于 40 年代末提出了他的遏制苏联的理论的。沃尔福威茨对理论、思想和政治意识形态饶有兴趣,因此他是这个工作的合适人选。

在里根政府就任后的头几个月里,沃尔福威茨撤换了政策规划司所有 25 名工作人员。沃尔福威茨任命了一班新人马来接替他们,其中一些人在后来 20 年当中,成为外交政策官僚机构中一个新保守派网络的核心人物。

在这群新雇员当中,很多人是沃尔福威茨的校友。沃尔福威茨从康奈尔大学请来了政治理论家和后来的著名论文《历史的终结》的作者弗朗西斯·福山,还有非洲裔美国人、保守派人士艾伦·凯斯。从芝加哥大学请来了(和沃尔福威茨一样)曾经师从核理论家艾伯特·沃尔斯泰特的扎尔梅·卡利尔扎德。他还从国防部挖来了后来在小布什政府内出任空军部长的詹姆斯·罗奇。

司里的工作人员并不都是保守派。沃尔福威茨的助手包括丹尼斯·罗斯，他是苏联和中东问题专家，曾在卡特时代与他在五角大楼共过事，还有斯蒂芬·塞斯塔诺维奇，他是俄罗斯问题专家，沃尔福威茨在康奈尔大学的校友。然而，事实是沃尔福威茨的政策规划司工作班子后来培养出新一代国家安全专家，他们中许多人与沃尔福威茨有着共同的思想、观点和兴趣。

没过多久，沃尔福威茨便开始挑战美国外交政策的一些核心思想。在中东问题上，他对向沙特阿拉伯出售美制机载预警控制系统飞机是否明智提出了疑问。他还试图减缓美国政府与巴解组织谈判和打交道日益积极的势头。② 在这两方面，沃尔福威茨证明了自己是里根政府中最坚决的以色列支持者之一。

沃尔福威茨在中国问题上向现有秩序提出了最大胆的挑战。自从理查德·尼克松和亨利·基辛格于1971年和1972年开拓性地访问了中国以来，美国的外交政策一直认为，中国理所当然具有特殊的战略重要性，美国需要北京在反苏冷战中的合作。于是，美国的决策者们便极力向中国的领导人让步。

在里根政府执政的前两年里，中国坚持要美国做出完全终止对台军售的承诺。在里根政府内部关于是否满足这些要求的讨论中，曾经在对北京开放期间担任基辛格副手的国务卿亚历山大·黑格，一如既往地提出了中国的战略重要性，他警告说，美国不能把中国惹翻了。

作为回应，沃尔福威茨不仅对是否有必要终止对台军售提出了质疑，并且对华盛顿有关中国的假想发起了更全面的攻击。沃尔福威茨指出，美国夸大了中国的战略重要性；虽然中国在东亚地区很重要，但美国的军事集结以及中国人民解放军自身明显的弱点意味着，一旦与苏联发生战争，中国对于美国不会有多大帮助。沃尔福威茨接着指出，事实上，中国有理由比美国更担心苏联的入侵，因此，中国需要美国的帮助，远比美国需要中国的帮助要大得多。③

在这个问题上，沃尔福威茨再次使美国的外交政策向前几步超越了当时盛行的冷战思维。70年代末，沃尔福威茨在研究波斯湾的时候，开始时他怀着冷战时期通常对苏联有可能突进中东油田的担心，但是，后来他将精力集中在了另一种可能性上：即伊拉克可能企图通过入侵邻国来控制油田的前景。沃尔福威茨的对华政策也是如此。在整个70年代末，包括新保守派的守护神亨利·杰克逊参议员在内的大多数华盛顿鹰派人士认为，为了对付苏联，美国需要尽可能地坚决支持中国。而现在，沃尔福威茨在敦促美国必须摆脱通常的反苏架构，开始用不同的方法来认识中国。在伊拉克和中国这两个问题上，沃尔福威茨开始思考的，是

10年后苏联解体之后将要出现的外交政策问题。沃尔福威茨实际上扮演了新保守派的先遣侦察员的角色;其他人都还忙着对付苏联,而沃尔福威茨已经开始研究即将在90年代里占用新保守派大量精力的问题。

首先,沃尔福威茨用发展的眼光看待中国非常重要,因为这种观点与他和其他新保守派人士70年代对同苏联缓和的观点很相似。其基本的假定是,美国不应该也不需要向世界任何其他大国让步。按照沃尔福威茨的观点,美国已经足够强大,不需要在冷战中借助中国的帮助。同样,他和其他人指出,不同苏联签订军控协议可能对美国更有利。在这两个问题上,沃尔福威茨都在抨击亨利·基辛格的外交政策的基础:缓和、向北京开放和追求稳定的均势。

毫不奇怪,沃尔福威茨很快便与里根的第一位国务卿、作为基辛格的副手在华盛顿得势的黑格发生了冲突。沃尔福威茨对中国的战略重要性提出质疑的备忘录激怒了黑格。这位国务卿还拒绝了沃尔福威茨的政策规划司工作人员提出的另外几项建议。在20年后的一次采访中,利比回忆道,还从来没有过像沃尔福威茨聚集在政策规划司里这么多的能人志士但似乎却办不成什么事情的先例。④

1982年3月30日,《纽约时报》夹杂在来自华盛顿的各式各样的消息中间,刊登了一则简短的消息。文章报道说,黑格国务卿"已经通知政策规划司司长保罗·D.沃尔福威茨,他将被撤换……同事们称,黑格先生认为沃尔福威茨过于注重理论"⑤。黑格否认了这个说法,这似乎表明两人之间的摩擦越来越大。不过,很快便证明了黑格与里根政府步调不一致的程度,超过了沃尔福威茨与国务卿之间的矛盾。让里根越来越不高兴的是,黑格围绕着他在外交政策上的权威问题,已经和白宫办公厅进行了一系列的斗争。6月25日,里根宣布黑格将辞职,其实,按照黑格的坦率说法,"总统接受的是一份我还没有递交的辞职报告"⑥。

里根任命乔治·舒尔茨接替黑格。这一变化标志着里根政府朝着远离尼克松—基辛格外交遗产迈出的又一步。即使里根在1980年共和党全国代表大会上没有接受让杰拉尔德·福特出任副总统、让基辛格官复原职的交易,他此时在外交政策问题上的地位仍不稳固,故任命基辛格的副手担任他的第一位国务卿。然而,黑格压根就没有对上里根及其助手的路子,这些人对世界有不同的看法。

沃尔福威茨差一点被解雇,之后反得重用。舒尔茨任命他担任了负责东亚和太平洋事务的助理国务卿。这是沃尔福威茨职业生涯中重要的一步,他头一次被任命负责了思想、理论和写备忘录以外的工作。舒尔茨亲自过问,确保他愿意接受这个变动。"保罗,这可是个行政工作,"舒尔茨告诉沃尔福威茨,"不仅仅是思

考。这是一个很大的地区。你必须到处转转,必须多见人。"⑦数年之后,舒尔茨回忆说他做对了,沃尔福威茨在负责亚洲问题的职位上干得极为出色。然而,舒尔茨最初的担心是能够说明问题的:在整个经历中,沃尔福威茨总是需要去改变别人认为他主要是理论家而不是经理或者行政管理人员的概念。

1983年,负责东亚与太平洋事务的助理国务卿保罗·沃尔福威茨(左)与国务卿舒尔茨在南、北朝鲜交界的非军事区合影。舒尔茨是沃尔福威茨最重要的导师和庇护人。(经保罗·沃尔福威茨同意使用)

对于沃尔福威茨来说,从事亚洲问题的工作代表着某种新的、令人耳目一新的东西。当时,东亚的许多国家正在经历经济快速增长。"当我从主要做中东问题的政策规划司转到东亚问题上的时候,就仿佛走出一个压抑和窒息的房间,走进了阳光和清新的空气中一样,"他在20年后接受采访时回忆道,"当时,我感觉从世界上一个人们只知道如何制造麻烦的地方,到了一个人们能够解决问题的地方。"⑧

舒尔茨随之接受了那些黑格曾拒绝接受的沃尔福威茨关于对华政策的观点。这位新任国务卿也认为华盛顿过高估计了中国的战略重要性,结果,美国毫无必要地削弱了自己与北京打交道时讨价还价的筹码。⑨舒尔茨开始调整美国对亚洲政策的方向,更突出同日本的关系。沃尔福威茨的观点先是被批判为左道邪说,然后再被捧到天上,这既不是第一次,也不是最后一次。

罗纳德·里根在象征意义上和实质意义上迅速采取行动来恢复军队的士气,希望能够克服越战留下来的影响。

第七章 保守派的大本营

负责东亚和太平洋事务的助理国务卿保罗·沃尔福威茨1983年春在泰国边界上会见柬埔寨难民。（经保罗·沃尔福威茨同意使用）

一年前，一位名叫罗伊·贝纳维德斯的退休陆军中士在事隔多年之后被授予国会荣誉奖章，以表彰他在越战中抢救8名别动队队员的事迹。这枚奖章实际上是一种追加的荣誉；贝纳维德斯在此之前已经由于相同的原因获得过一枚杰出服役十字奖章。在卡特总统任职的最后几个月里，五角大楼请求卡特向贝纳维德斯颁发这个奖章，但是，他拖了下来，直到最后离任时也没有这样做。1981年2月24日，里根在白宫为贝纳维德斯主持了精心设计的仪式，亲自宣读了嘉奖令，并且还说了一番尖锐的话，话的含义非常清楚。"应该"向参加过越战的人"表示我们的骄傲"，里根宣称，"……他们没有取胜就回到国内，这并不是因为他们被打败了，而是因为他们被剥夺了取胜的机会。"⑩

悄悄安排了这场活动的陆军军官，正是科林·鲍威尔准将。新任政府开始时，鲍威尔正在接连为第三位国防部副部长弗兰克·卡卢奇担任军事助理。卡特总统没有为贝纳维德斯举行仪式，"在我看来集中体现了当时不体察军队处境的现象，"鲍威尔后来写道。新政府就职后不久，鲍威尔找到卡卢奇说："让这位英雄得到他应该得到的荣誉，这对我们意义非同小可。"⑪鲍威尔展示了他的政治手腕，为里根和温伯格找到了一个对他们和任何其他人都没有害处的方法来表示对军队的支持。

结果是,新上任的里根政府在支持军队方面也很舍得花钱,并且是前所未有的巨额资金。宣誓就职几周后,温伯格便向卡特政府提出的1982年军费预算开了刀,要求增加260亿美元,即11%。温伯格提出立即给1981年下半年追加70亿美元经费。⑫ 这些是里根班子推行突出美国军事实力的重要性的外交政策的最初步骤。

经过一番周折,鲍威尔得到卡卢奇以及他在军方上司的批准,离开五角大楼,到卡尔森军营和利文沃斯军营工作了将近两年。他希望以后能担任陆军师长。然而,他的经历太丰富,对五角大楼的用处太大,他不可能被允许离开华盛顿太长时间。1983年初,温伯格的高级军事助手按照计划将离任。新任陆军参谋长约翰·威汉姆将军非常希望这个职务能由陆军自己的人而不是海军或者空军来的人担任,因此,他极力推动由鲍威尔来担任他的新任军事助手。国防部长也想要鲍威尔做他的助手。⑬ 鲍威尔再一次成为陆军挑选的能在高层文职领袖那里代表他们的人,同时又是文职官员喜欢的与军队高层将领沟通的中间人。在1977年至1986年期间,鲍威尔共在五角大楼里从事了5个不同的工作,为国防部长或者副部长担任军事助手。他是使五角大楼保持运转的人。"温伯格待人冷淡,不好说话,"在温伯格手下担任助理国防部长的劳伦斯·科布回忆道,"鲍威尔则是一个务实的人、一个有规律的人,他会把事情处理妥当。"⑭

正是当时担任温伯格的军事助手的鲍威尔,1983年10月23日深夜接到电话,转达了一辆载着炸弹的卡车炸了在贝鲁特的美国海军陆战队军营的消息。这次恐怖袭击炸死了241名美国海军陆战队员,他们是驻扎在黎巴嫩的一支多国部队的成员,在那里负责稳定这个正处在内战中的国家的局势。一年多来,温伯格和参联会一直反对派遣海军陆战队驻扎黎巴嫩。"这天晚上,我打的每一个电话都是对部长的一次打击,"鲍威尔后来写道,"找出了80具尸体。然后是100具、150具……"鲍威尔承认,他永远不会忘记那个夜晚。1991年,当其他人提议美国对波斯尼亚进行军事干预时,"我在建议谨慎行事时,贝鲁特机场被炸成碎片的海军陆战队员的样子始终就在我的脑海里"。⑮

对于美国的外交政策,黎巴嫩代表着越南的另外一部分影响,里根政府对此拿不出好的解答方案。里根和他的工作班子已经提供了经费、宣传和具有象征意义的事情来支持军队。政府成功地显示,军队正在恢复在美国受人尊敬的地位,正在消除越战时期军职人员和文职人员之间的紧张。但是,尤其是在越南之后,要想回答美国领导人在什么时候应该诉诸武力这个问题变得更加困难了。究竟

第七章 保守派的大本营

在什么情况下才值得让美国的士兵和水手们去冒生命危险？为积极的、进攻性的外交政策寻求尽可能多的选择的国务院和国家安全委员会，往往比对美国军人的生命和利益负有直接责任的五角大楼更热衷于在海外进行军事干预。五角大楼的领导人首先关心的是保持能够赢得二战那样的大规模和持久冲突的实力，在他们看来，在贝鲁特的那种任务似乎是一种牵制。

在五角大楼内部，越战最初被认为是必要的，因为它是美国反对苏联的冷战的一个组成部分，冷战本身又符合二战这个全世界反对一个主要军事大国的框架。但是，就像此前的朝鲜战争一样，越战是作为一场有限战争来实施的；美国不希望敌对行动升级成为与苏联或者中国的直接、全面的冲突。最后，许多军事领导人开始对有限战争所受的限制以及在更广泛的意义上在这些限制下对越南进行干预是否明智产生了怀疑。现在，在向黎巴嫩派遣了美国军队之后，美国士兵在执行与冷战没有直接联系的任务中阵亡了，这个任务的目标甚至都不是要打赢一场有限战争，而仅仅是维持秩序。

崇敬历史和二战传统的温伯格对贝鲁特的灾难感到尤其愤怒。他下令对美国关于贝鲁特的政策和目标进行审查，几个月之后，他从里根那里获准撤出了美国军队。接着，温伯格瞄准了美国的政策。他起草了一套确定美国作战部队在什么时候应该派往海外的详细规定和条件。

温伯格最初打算在贝鲁特被炸之后的那个夏天宣布这些新规定。但是，1984年的总统选举已经开始，里根的白宫顾问们不允许国防部长在公开场合讨论这些问题；如果在公开场合讨论这些问题，就会使选民们觉得里根当初派遣军队进驻贝鲁特是错误的。最后，在11月底，温伯格在国家新闻俱乐部所做的一次题为"军事力量的使用"的演讲中，公布了他制定的新原则。

温伯格提出，美国不应该派遣作战部队到海外去执行任务，除非这样做对美国的国家利益至关重要，而且美国必须有明确的取胜意图才行。此外，美国必须"明确界定"一项作战任务的"政治和军事目标"，必须定期重新评估局势，确保局势仍然符合这些目标。美国的领导人应该得到任务会获得美国公众的支持的合理保证。还有，动用美国作战部队，应该是在其他选择没有奏效之后的最后手段。[16]

当时，担任温伯格的军事助理的鲍威尔对是否有必要公布这些原则没有把握。"我担心，已公布的温伯格提出的这些检验标准太具体了，有可能使潜在的敌人钻空子，"他后来写道。[17]鲍威尔在后来几年里升任参谋长联席会议主席，他渐

渐变得完全支持这些原则,以至于它们不但被称为温伯格主义,也被称为鲍威尔主义。这些原则实际上是五角大楼在使用武力问题上非常谨慎的态度的概述;目的是用书面形式来明确如何避免另一场像越战那样长期的、不成功的和不受欢迎的战争。

在这个时期里,鲍威尔与温伯格的另一位高级助手理查德·阿米蒂奇配合默契。阿米蒂奇是作为地区专家加入本届政府的,担任负责东亚问题的助理国防部长帮办,1983年初,他被提升为负责国际安全事务的助理国防部长,这是五角大楼最重要的政策职务之一。温伯格任命了华盛顿反对缓和最坚决的理查德·珀尔担任负责同苏联和欧洲打交道的助理部长;阿米蒂奇实际上负责世界剩下的其他所有地区,包括中东和东亚这两个对美国的安全极为重要的地区。"阿米蒂奇和珀尔是历史上权力最大的两位助理国防部长,"在这个时期为珀尔工作过的多夫·扎赫姆回忆道,"温伯格喜欢他们,因此他们的影响力极大。"温伯格在贝鲁特爆炸事件之后力争对中东政策进行检讨的时候,指定由阿米蒂奇负责这项工作。里根政府在1986年决定为报复利比亚参与了对柏林一家迪厅的恐怖袭击而对利比亚进行轰炸的时候,阿米蒂奇也是温伯格的得力助手。⑱

鲍威尔和阿米蒂奇在里根政府最初的日子里就成了密友。当鲍威尔1983年被召回华盛顿担任温伯格的军事助手时,他和阿米蒂奇组成了一个负责国防部大部分日常工作的两人搭档。温伯格负责最重要的决策,对苏政策由珀尔负责,其他的均由阿米蒂奇和鲍威尔负责处理;此外,如果你要见五角大楼的人,那就必须见阿米蒂奇和鲍威尔,见其中的哪一位并不重要,因为这两个朋友之间每天交换几次笔记、信息和见闻。他们各有忠实于自己的朋友和助手网络。国防部里如果有谁得罪了这两个人中的任何一个,便会发现自己其实把两个人都得罪了;虽然他们俩都讨人喜欢,但是,阿米蒂奇和鲍威尔合作伙伴关系合在一起的权力,有的时候也会让五角大楼里的人反感。

鲍威尔和阿米蒂奇对事件和人物的看法相同。他们俩都曾参加过越战,都希望重振美国的军事实力。不过,更笼统地讲,在外交政策问题上,阿米蒂奇和鲍威尔都不信任观点或者意识形态过于激烈的人。他们从越战中得到的教训是,事件的发展常常会出人意料。而且,信奉某种意识形态可能会导致极力去推行一些想法或原则,并可能在此过程中树敌,影响升迁。

他们两个人都把自己看做穷孩子,在街道上长大,与普通美国人的共同语言比与教养良好的同事们更多一些（尽管阿米蒂奇娶了一位富有的企业老板的女儿，家境绝非贫寒）。两人都喜欢在华盛顿工作，都有在华盛顿工作的才能，而且都希望走仕途，尽管有时在口头上不承认。两人都没有在学术或法律界的第二职业作为一旦在政府里发不了迹时的退路。有一次，当前助理国防部长帮办罗伯特·埃尔斯沃思在五角大楼遇到阿米蒂奇时，阿米蒂奇告诉他："你总是鼓励我；你总是保证在我做了这摊臭事之后还会有活路。"但阿米蒂奇总是返回政府做更多的工作，鲍威尔也一样。[19]

在国内问题的看法上，特别在关于克服美国种族歧视的影响的重要性问题上，鲍威尔和阿米蒂奇是坚定的温和派和自由主义者。两人都把自己的孩子送到公立学校上学；阿米蒂奇和妻子劳拉领养了6个孩子，包括3个非洲裔美国孩子，并且还照顾着另外大约40个孩子。对在里根政府从事外交政策的其他人来说，美国的国内政策和社会政策无关紧要。例如，珍妮·柯克帕特里克就承认，她是在外交政策完全占据了她的思考和兴趣之后，才于1980年转而加入共和党的。[20]在这方面，鲍威尔和阿米蒂奇与他们在里根政府外交政策班子的许多同事不同。

由于负责第三世界和他本人从事秘密行动的经验，阿米蒂奇深深介入了所谓的里根主义。中央情报局长威廉·凯西是该学说背后的主要动力。根据里根主义，美国向反对苏联支持的政权的叛乱提供了大规模的资金和军事援助。最主要的战场是阿富汗、柬埔寨、尼加拉瓜和安哥拉。

里根在1985年的国情咨文讲话中宣称："支持自由斗士就是自卫。"选择"自由斗士"这个词是要有意把情况过于简单化，它掩饰了政策首先是建立在反苏基础之上的事实。实际上在阿富汗，美国支持了某些对自由持有古怪想法的伊斯兰原教旨主义者，在柬埔寨支持了一个反对派联盟，而其主要作战力量是红色高棉。然而，里根的新主张代表了越战后美国在重振军事实力方面跨出的又一大步。首先，美国在70年代后期已经开始发展在波斯湾作战的军队和基础设施；其次，里根政府前所未有地增加了国防预算；现在，它正在世界各地寻找代理人来打仗。"今天的美国已不再是10年前的美国，那个充满自我怀疑的美国了，"阿米蒂奇在国会的一次听证中说，"我们现在是一个完全不同的国家。"[21]

阿米蒂奇在全球旅行，组织支持各种反苏反共的叛乱。他大约每三个月要访问一次伊斯兰堡，与巴基斯坦联合情报局的负责人们交谈，该局是巴基斯坦强大的情报机构，是帮助美国支持阿富汗穆加哈丁叛乱分子与苏联作战的渠道。阿米蒂奇经常到巴基斯坦边境城镇白沙瓦去会见穆加哈丁的领导人。阿米蒂奇在80

年代中期定期见面的一个阿富汗人布尔汉丁·拉巴尼,90年代初成为阿富汗总统,后来在2001年反对塔利班的战争中,成为阿富汗北方联盟的政治领袖。㉒

然而,阿米蒂奇对里根主义的支持似乎受到现实中关心的事情的限制。"如果一个集团在与一个镇压人民的政权作斗争,那么,我们**别无选择**,只能支持他们,"他在国会的一次讲话中披露了政策制定的过程(着重系后加的),"对于我们来说,问题不在于自由斗士是否值得我们去支持;真正的问题在于应该提供什么样的援助。"㉓ 当一些共和党保守派人士向五角大楼施加压力,要求向阿富汗的叛军提供"毒刺"式地对空导弹时,阿米蒂奇没有出面,他的上司温伯格反对这个想法,他担心导弹有可能丢失,导弹技术有可能落到苏联手中,但他没有成功。里根主义有自身的局限性。

此外,阿米蒂奇的越战经历意味着,对中央情报局局长凯西提出的一些建议,他却没有兴趣。在理论上,阿米蒂奇负责的是拉丁美洲政策,但是他把尼加拉瓜和厄瓜多尔几乎完全留给了上司弗雷德·埃克雷来负责。在那期间,防务问题学者爱德华·勒特韦克正在五角大楼上班,阿米蒂奇询问他为什么在中美洲问题上花这么多时间。"他觉得那是一场游击战争,我们会打败的,"勒特韦克回忆道。㉔

在贝鲁特的海军陆战队遭受致命袭击两周之后,里根决定通过谈判来寻求解决黎巴嫩的内战。他宣布,他将任命瑟尔公司总裁唐纳德·拉姆斯菲尔德为新任特使,作为他在中东的私人代表。"我想不出一个能够委托他来协调我们在中东和平进程中的作用的更好人选,"里根在白宫的记者招待会上说。

拉姆斯菲尔德在里根政府的头两年里,基本上接触不到外交政策,尽管他在上一届共和党政府里曾经担任过国防部长。他跟黑格和温伯格都和不来,这两个人在尼克松政府里都不是他的盟友㉕;尤其是黑格往往不信任拉姆斯菲尔德。不过,乔治·舒尔茨成为国务卿之后,拉姆斯菲尔德的前进道路终于被扫清了。在尼克松年代,拉姆斯菲尔德和舒尔茨在生活费用委员会工作时成为了盟友。舒尔茨先是争取让拉姆斯菲尔德担任总统国家安全事务助理一职,但没有成功,之后,他争取任命他为中东特使。㉖ 拉姆斯菲尔德很快便开始从中东的一个首都飞往另一个首都,为新的美国外交寻找机会。

拉姆斯菲尔德尝试的一个不寻常的地方是伊拉克,自从1967年以色列与其阿拉伯邻国交战以来,美国与伊拉克一直没有外交关系。1983年12月19日和20日,拉姆斯菲尔德在巴格达进行了友好的对话,首先与副总理塔利克·阿齐兹谈了两个多小时,第二天,又与萨达姆·侯赛因总统进行了90分钟的谈话。会见侯赛因之后,他兴奋极了,打电报向华盛顿汇报说,会谈"标志着美伊关系中一个积极的里程碑,将证明会给美国在该地区的态势带来更广泛的益处"㉗。

　　伊拉克当时正在跟伊朗打仗,这场战争于1980年开始,前后持续了8年。伊朗国王倒台以来,美国在该地区的政策主要是遏制伊朗,防止伊朗在中东其他地方传播伊朗式的伊斯兰原教旨主义。拉姆斯菲尔德的巴格达之行代表着这一政策。许多年之后,当拉姆斯菲尔德因为在1983年与萨达姆·侯赛因的那次友好会见而受到国会的质询时,他强调说,他当时是一个平头百姓,他的目的是消除黎巴嫩的恐怖主义。㉘他的回答容易让人产生误解。他是作为里根总统的代表访问巴格达的,业已解密的电报显示,他不仅寻求在黎巴嫩问题上得到伊拉克的帮助,还希望美国和伊拉克进行更广泛的合作,以抵消伊朗和叙利亚在中东地区的势力。正像拉姆斯菲尔德在会见塔利克·阿齐兹时所解释的那样,美国对"受到伊朗革命危害的海湾地区的安全和稳定有兴趣"㉙。

1983年12月,里根总统的中东特使唐纳德·拉姆斯菲尔德会见伊拉克总统萨达姆·侯赛因。(Getty Images 提供)

萨达姆欢迎拉姆斯菲尔德时身着军装、腰佩手枪。拉姆斯菲尔德向伊拉克领导人递交了里根总统的问候函，然后开始谈正事，他说："我们[美国]对世界和地区性平衡的重要性的理解与伊拉克相似。"这是拉姆斯菲尔德对谈话的记述。前一天，拉姆斯菲尔德告诉塔利克·阿齐兹，如果"整整一代伊拉克人和美国人在相互不理解中长大的话"，那就太遗憾了。萨达姆·侯赛因也向拉姆斯菲尔德表达了同样的想法。㉚

侯赛因和阿齐兹不断把同拉姆斯菲尔德谈话的话题拉回到他们最主要的战事担心上：美国应该要它在世界各地的盟友和朋友停止向伊朗出售军火。阿齐兹甚至递给拉姆斯菲尔德一份向伊朗运送武器的国家的清单。拉姆斯菲尔德要伊拉克总统不必担心；美国已经在敦促其他国家不要向伊朗提供武器，并且还将继续这样做。拉姆斯菲尔德当时不可能知道，他正在向伊拉克作出的这个承诺很快就被美国违反了。18个月之后，里根政府里的其他人开始探讨向伊朗秘密运送武器的可能性。

拉姆斯菲尔德返回华盛顿之后走访了各个部门，他提出，五角大楼在中东没有起到应有的作用。他从不惧怕个人之间和官僚机构内部的斗争，他的进攻矛头直指温伯格和军队领导人。"在黎巴嫩的国防部官员所表现出的怯懦使他心烦意乱，"舒尔茨后来说道。拉姆斯菲尔德指出，黎巴嫩不过是一次附带事件。真正的危险在于，伊朗似乎在赢得对伊拉克的战争，有可能威胁科威特和沙特阿拉伯。"海湾地区有可能屈服于伊朗——可能会彻底崩溃，"拉姆斯菲尔德警告说。他指出，美军没有做好应付这种危机的准备。卡特政府曾宣布，波斯湾对美国的利益至关重要，但是五角大楼仍然没有做好支持这种承诺的准备。㉛通过对温伯格的批评，拉姆斯菲尔德也间接地使自己站到了国防部长的中东问题顾问阿米蒂奇和温伯格忠实的军事助手鲍威尔的对立面。这是在小布什政府里拉姆斯菲尔德与鲍威尔和阿米蒂奇的班子之间不和的先兆。

这些分歧不只是个人之间的分歧。分歧的关键在于，温伯格在派遣美军去黎巴嫩之行任务时表现出的谨慎态度。在随后的20年中，当美国考虑是否对波斯尼亚、海地、索马里、卢旺达、科索沃，尤其是对伊拉克进行军事干预时，越战后在使用武力问题上出现的紧张和对抗一再出现。温伯格的门徒鲍威尔在许多这样的辩论中成为核心人物。

拉姆斯菲尔德会见萨达姆·侯赛因时,美国政府已经得到情报信息,伊拉克正在对伊朗的战争中使用化学武器,拉姆斯菲尔德也获得了这些信息。舒尔茨在他的回忆录中断言,"伊拉克似乎正在发生一些邪恶的事情",有关伊拉克使用化学武器的报道可以追溯到"1983年底"。根据其他的说法,伊拉克早在1983年2月就开始使用神经毒气,企图阻止伊朗人发动一场大的攻势。[32]

将近20年后,伊拉克这次对伊朗使用化学武器事件,成为小布什政府里拉姆斯菲尔德和其他人在寻求推翻萨达姆·侯赛因时反复提出的理由之一。"他们用化学武器屠杀了数以千计的本国人,他们对伊朗人使用了化学武器,"拉姆斯菲尔德在2002年的一次采访中声称,"所以,我们知道,我们面对的是一个独裁者,他有计划,他随时会使用这些化学武器。"[33]

然而,拉姆斯菲尔德1983年会见萨达姆时,美国在中东地区有不同的利益,萨达姆·侯赛因使用化学武器并没有被视为与之打交道的障碍。拉姆斯菲尔德的中东之行,成为美国提升与伊拉克关系的一个突破性步骤。1984年11月26日,在拉姆斯菲尔德访问巴格达不到一年的时间,在白宫举行的正式仪式上,里根政府恢复了同伊拉克的正式外交关系。

到那时,拉姆斯菲尔德不再是里根的中东特使。他不是那种浪费时间或者愿意与一个没有获胜可能的事情联系在一起的人,而中东问题的谈判既耗时,又往往谈而无果。"他总是回来对我摇摇头说,'公正持久的和平?你在开玩笑吗?'"舒尔茨回忆道。[34] 1984年5月18日,刚刚就任6个月的拉姆斯菲尔德辞职回到了瑟尔公司。戏才演到中场,一个关键人物便退场了。

注　释

① 2002年5月7日对I.刘易斯·利比的采访。
② Chris Madison, "Haig's Planning Chief Finds Rewards, Risks in Helping Keep State Straight," *National Journal* (April 10, 1982), p.621.
③ 1996年10月31日对保罗·沃尔福威茨的采访;James Mann, *About Face* (New York: Alfred A. Knoph, 1998), pp.128-129.
④ 对利比的采访。
⑤ Francis X. Clines and Warren Weaver, "Briefing," *New York Times*, March 30, 1982, p.12.
⑥ Alexander M. Haig, *Caveat* (New York: Macmillan, 1984), p.314.
⑦ 2002年2月12日对乔治·舒尔茨的采访。

⑧ 2003年6月19日对保罗·沃尔福威茨的采访。

⑨ George P. Shultz, *Turmoil and Triumph* (New York: Scribner, 1993), pp. 381-383.

⑩ Daniel F. Gilmore, "Vietnam Veteran Awarded Medal of Honor," United Press International, February 25, 1981; Caspar Weinberger, *Fighting for Peace* (New York: Warner Books, 1990), pp. 52-56.

⑪ Colin Powell, *My American Journey* (New York: Ballantine Books, 1995), pp. 242, 248.

⑫ Weinberger, op. cit., p. 47.

⑬ Powell, op. cit., pp. 269-270.

⑭ 2003年2月12日对劳伦斯·科布的采访。

⑮ Powell, op. cit., pp. 280-281.

⑯ Weinberger, op. cit., pp. 433-445; Powell, op. cit., pp. 167, 175-201.

⑰ Powell, op. cit., p. 293.

⑱ 2002年6月28日对多夫·扎赫姆的采访; Weinberger, op. cit., pp. 167, 175-201.

⑲ 2001年12月13日对罗伯特·埃尔斯沃思的采访。

⑳ 2002年4月24日对珍妮·柯克帕特里克的采访。

㉑ Doyle McManus, "U. S. Shaping Assertive Policy for Third World," *Los Angeles Times*, June 16, 1985, p. 7.

㉒ 2001年11月30日对理查德·阿米蒂奇的采访。

㉓ McManus, op. cit.

㉔ 2001年12月10日对弗雷德·埃克雷的采访和2002年4月4日对爱德华·拉特沃克的采访。

㉕ 对埃克雷的采访。

㉖ 对舒尔茨的采访;"Rumsfeld Said to Take Job as Mideast Envoy," *New York Times*, November 3, 1983, p. A13。

㉗ Department of State cable, December 21, 1983, "Rumsfeld mission: Dec. 20 meeting with Iraqi President Saddam Hussein," National Security Archive.

㉘ 2002年9月19日参院军事委员会关于美国对伊拉克政策的听证会。

㉙ 1983年国务院电报,"Rumsfeld One-on-One Meeting with Iraqi Deputy Prime Minister and Foreign Minister Tariq Aziz," National Security Archive。

㉚ Department of State cable, December 21, 1983, of Rumsfeld meeting with Saddam Hussein, National Security Archive.

㉛ Shultz, op. cit., p. 235.

㉜ Ibid., p. 238; David B. Ottaway, "U. S. Says Iraq Used Gas Again in War with Iran," *Washington Post*, March 27, 1985, p. A25.

㉝ 2002年9月18日 *Newshour with Jim Lehrer* 对国防部长唐纳德·拉姆斯菲尔德的采访。

㉞ 对舒尔茨的采访。

RISE OF THE VULCANS
The History of Bush's War Cabinet

第八章

论独裁与民主

第八章 论独裁与民主

理查德·阿米蒂奇的五角大楼助手们知道要密切注意的线索,是他在每天的日程上偶尔标注的"理发"记号。阿米蒂奇基本秃顶,因此,他们知道他不怎么需要理发师。事实上,只要有"理发",就是说里根政府内部出现了部门间的斗争,而阿米蒂奇要去参加与保罗·沃尔福威茨和加斯顿·西古尔悄悄举行的未经宣布的会议,看看能否把情况弄清楚。

在整个80年代期间,沃尔福威茨、阿米蒂奇和西古尔组成了关系密切的"三驾马车",负责里根政府的亚洲政策。沃尔福威茨代表国务院,阿米蒂奇代表五角大楼,西古尔代表国家安全委员会。他们每周一下午在国务院沃尔福威茨的办公室里碰一次面。这些会面并不是秘密的。但是,每当出现棘手的问题,比如建议美国向中国大陆或者台湾出售武器,"三驾马车"便以更加隐秘的方式会面。①

西古尔在三人当中年纪最长。这位面色白净、气色极佳的二战老兵,长得有点像W.C.菲尔茨,他先后在亚洲基金会做过半学术性工作,担任过乔治·华盛顿大学中苏问题研究所所长,然后加入里根政府。较为鲜有人知的是,西古尔也曾在美国的情报部门工作过。就像早年在亚洲基金会工作的其他一些官员一样,他曾与中央情报局签订合同在海外工作过;在派驻阿富汗期间,他协助过招收谍报人员的工作,报告过与外国政府官员会见的情况,做过其他这样那样的情报工作。他也派驻过日本。②

多年后,华盛顿的许多人回想起来,对沃尔福威茨和阿米蒂奇早在里根时期就有如此密切和友好的合作而感到吃惊。没有比他们两人的风格差异更大的了。沃尔福威茨是位思想家和理论家,阿米蒂奇则是位实干家;沃尔福威茨充满保守主义的激情,阿米蒂奇则对意识形态毫无兴趣;沃尔福威茨成长的摇篮是学术界,而阿米蒂奇则成长于越南的沼泽地。多年后,当乔治·W.布什政府发动反恐战争时,两人经常发生冲突。(一次,在2001年,阿米蒂奇被五角大楼的保守派对科林·鲍威尔的某些指责所激怒,他对沃尔福威茨说:"你跟我的朋友过不去,就是跟我过不去。"③)现在回头看,华盛顿许多人开始相信,他们中间的第三个人也就是西古尔,起着弥合阿米蒂奇与沃尔福威茨之间鸿沟的作用,并一度使两人走到了一起。

这个三人组合的工作情况,代表着华盛顿官僚机构的下层和中层消除了高层分歧的罕见实例。阿米蒂奇和沃尔福威茨各自的上司、国防部长卡斯珀·温伯格和国务卿舒尔茨经常发生争执;这两个人都不喜欢对方,他们在从对苏政策到使用军事力量、恐怖主义和黎巴嫩等一系列问题上都存在分歧。里根的总统国家安全事务助理都没有干多久便辞去了职务;在里根执政的8年里,总共有6个人担任过总统国家安全事务助理。西古尔的"三驾马车"之所以能够运转,其道理在于,如果让一个问题到了内阁这个层面,那么,温伯格和舒尔茨之间的摩擦和总统国家安全事务助理的软弱,意味着有可能发生不必要的政策争斗,因此,何不在较低的层面上设法把问题解决了呢?

阿米蒂奇、沃尔福威茨和西古尔三人在许多方面是里根政府外交政策最令人吃惊的变化中的核心人物,这个变化就是1986年做出的鼓励菲律宾总统费迪南·马科斯放弃权力的决定。政府在菲律宾的行动有悖于里根就职时发表的论点。阿米蒂奇鼓励菲律宾实行民主的做法,很快也影响到其他亚洲国家和地区的事件——特别是韩国,还有缅甸,但结果不太令人愉快。

从长远看,里根政府在菲律宾的所作所为,为美国的保守派和新保守派迎来了一个新时代。直到80年代末期,在海外推动民主和自决事业的主要是自由派和民主党人士;美国理想主义外交政策最热情的拥护者伍德罗·威尔逊是自由民主党人。在菲律宾事件之后,在海外推动民主逐渐成为政治右派而不是左派的事业。2002年和2003年,乔治·W.布什政府开始要求巴勒斯坦、以色列和中东其他地方建立民主政府时,采取的就是里根政府处理菲律宾问题时确立下来的政策和主张。

里根宣誓就职时,推动第三世界国家实行民主的问题并不在他的考虑之中。里根的班子相信,卡特政府在伊朗国王统治下的伊朗和阿纳斯塔西奥·索摩查统治下的尼加拉瓜推动政治自由化是错误的,为危害美国利益的革命铺平了道路。人权一直主要是民主党人关注的问题,众议员唐纳德·弗雷泽和参议员爱德华·肯尼迪等国会议员一直在致力于推动人权问题。曾一度担任里根政府负责人权事务的助理国务卿埃利奥特·艾布拉姆斯多年后坦白地说,共和党人在1981年就职时,没有自己的人权政策,只有对民主党人的批评。④

在里根的白宫迎来的首批外国领导人当中,有在1980年一次政变中夺取政权的军事领袖、韩国总统全斗焕。由于全斗焕在韩国实行了戒严令,卡特政府便冻结了美国与韩国的关系。里根政府迅速恢复了与韩国的关系。

在全斗焕来访之前,里根的新任外交政策班子与即将离任的卡特班子一起,让全斗焕做出了不处死监禁的持不同政见者金大中的保证。尽管取得了这一重大胜利,里根对全斗焕的邀请还是成为新政府的立场的一个象征:它不会像卡特那样去批评同美国结盟的独裁者。《旗帜周刊》的编辑威廉·克里斯托尔在回顾里根时代初期时这样说道:"我不认为新保守派在当时是民主的坚定支持者。"⑤

副总统乔治·H. W. 布什在1981年的夏季访问了马尼拉,他在一次宴会上对马科斯说:"我们赞赏你坚持民主的原则和民主的程序。"对那些证明马科斯政权并非民主政权的明显证据,布什不予理会。第二年,马科斯和夫人伊梅尔达16年来第一次获准访问了华盛顿。里根政府给了他们皇室贵族般的礼遇,为他们在白宫举行了盛大欢迎仪式和国宴。马科斯夫妇的到访,代表着里根人权政策的最低点;当时,班子里的一些成员正在开始对支持独裁者是否明智、是否道德进行重新思考。⑥

东欧是变革的一个重要动力。1980年和1981年间,突然爆发了列夫·瓦文萨的团结工会运动,对波兰的共产党政权形成挑战。该运动取得了令人震惊的成功,这似乎在显示:东欧有可能发生政策变革,有可能出现非共产党机构。1970年期间,在讨论苏联问题的时候,美国的保守派主要强调的是安全问题;他们指出,苏联对美国构成了威胁,美国应该扩充自己的军力。但是,1981年波兰的剧变,把政治自由的问题再次提到了保守派日程表的最重要位置上。

在1982年对英国下院发表的演讲中,里根宣称,美国外交政策的一个核心目标是促进民主,尤其是在东欧和苏联。他说,他反对"一旦一个国家拥有了核能力,就必须允许它对本国人民实行恐怖统治"的观点。他建议做出新的努力来建立"民主的基础设施",包括自由的媒体、工会、政党和学术自由。在里根讲话后,很快成立了全国民主基金,该基金用美国资金帮助在海外建立民主机构。⑦

起初,拥护民主似乎与里根班子的反共立场有内在的联系。不过,偶尔也有迹象显示,对民主的这种新的信念有可能超越共产党国家的边界。在国务院,国务卿舒尔茨和艾布拉姆斯开始迫使智利的奥古斯托·皮诺切特将军开放他的独裁统治、实行民主变革,于是引起了右翼参议员杰西·赫尔姆斯的愤怒。但是,他们的行动似乎并不能代表里根的白宫。"我跟总统和他的许多顾问看法不同,"舒尔茨后来承认,"在他们看来,皮诺切特是美国的朋友,是反对共产主义的堡垒。皮诺切特让所有的人都感到不舒服,但他是站在我们一边的。"⑧

推动菲律宾政策变化的原动力并不是对民主的抽象承诺,而是由于美国政府希望保持在菲律宾的两个大型军事基地克拉克空军基地和苏比克海军基地,这两个基地是维持美国在亚洲驻军战略的核心。1965 年就任总统、自 1972 年实行戒严令以来享有绝对权力的马科斯,正面临共产党即新人民军起义越来越严峻的挑战。美国官员们担心,菲律宾一旦发生革命,有可能影响美国继续使用这两个军事设施。

起初,里根的做法仅是支持和加强马科斯政府。1983 年反对党领袖贝尼尼奥·阿基诺结束流放、在马尼拉机场降落时遇刺,此后,这一做法受到越来越多的怀疑;马科斯的高级军事指挥官费比恩·维尔将军很快被确定与这次暗杀行动有联系。

第二年,美国政府批准了一项旨在刺激马科斯进行改革的新政策。美国开始敦促马科斯为公平选举和新闻自由开辟道路,结束马科斯给自己的亲朋好友的垄断地位,任命新的军队领导人。政府并没有放弃马科斯,相反,却认为必须在他的领导下进行改革。虽然马科斯是"问题的一部分,但也是解决问题的一个必要部分",政府的新政策对此特地做了说明。⑨

沃尔福威茨和阿米蒂奇分别访问了菲律宾,他们传递的信息是,已经到了马科斯必须改变独裁政权的时候了。1985 年 1 月间,沃尔福威茨和他的助手斯库特·利比直截了当地选择了在马尼拉会见一些马科斯的主要反对派人士。⑩ 与此同时,在华盛顿,阿米蒂奇和沃尔福威茨一起在国会为敦促马科斯实行开放的新政策作证。人们认为他们两人的配合很默契。"我记得,沃尔福威茨和阿米蒂奇在菲律宾问题上联手对付我们,"时任众院外交事务委员会亚洲小组委员会主席斯蒂芬·索拉兹助手的斯坦利·O.罗思回忆道。⑪

他们一方面促使马科斯进行改革,另一方面努力防止被急于向菲律宾领导人施加压力的民主党控制的国会冻结给马科斯的所有军事援助。在一次会议上,阿米蒂奇在索拉兹的办公室里一边来回踱步、一边情绪激动地说,如果终止美国的军事援助,就有可能导致菲律宾发生动乱,最终导致独裁政权。

尤其是对于阿米蒂奇,菲律宾呈现了美国可能陷入另一个越南、陷入另一个他曾经在其中战斗过的反暴乱行动的可怕前景。阿米蒂奇警告国会,共产党在菲律宾的势力越来越强,"三四年后有可能出现战略僵局"⑫。他极力推动有助于菲律宾政府赢得公众支持的、具有深远影响的改革,同时,他也在试图完成美国在南越未竟的事业。

阿米蒂奇和沃尔福威茨不是工作在真空当中。国务院其他几位官员和军官们也在积极推动马科斯进行改革。他们中有副国务卿迈克尔·阿马科斯特和驻马尼拉的美国大使斯蒂芬·博斯沃斯。然而,马科斯却没有做出反应,这主要是因为他认为无论这些下级官员说什么,里根都会支持他。在1984年的总统选举中,里根明确表示,他认为美国除了支持马科斯外别无选择。"有别的选择吗?"里根在一次电视辩论中提出以上问题。总统接着说,在马科斯之外的唯一选择,是由"一场庞大的共产主义运动接管菲律宾"。里根的回答似乎完全无视反对马科斯的许多非共产主义人士的存在。

1985年末,菲律宾开始出现危机的迹象。企图抵消美国压力的马科斯下令立即举行选举,以为自己能够控制选举的结果。反对势力和罗马天主教会支持被暗杀的领袖的遗孀科拉松·阿基诺。选举结果似乎显示阿基诺获胜;但马科斯却宣布他自己获胜,在马尼拉的美国使馆报告说,马科斯的盟友故意压着选票不报。[13]

在华盛顿,这些事件导致里根与舒尔茨进行了一系列火药味十足的对话。他们的对话不仅对美国的外交政策而且对美国的保守派都具有历史性的意义。舒尔茨认为,美国必须与马科斯决裂。里根则犹豫不决。总统援引传统的反共观点予以反击:美国必须支持朋友和盟友,即便他们是独裁者,因为一旦取消对他们的支持,就有可能削弱美国反苏斗争的基础。但是,舒尔茨却以另一种反共公式予以回击,舒尔茨的论点是:如果继续支持马科斯的独裁政权,美国可能会加强反对马科斯政权的暴乱,并且因此为共产党在菲律宾的胜利开辟道路。

国务卿渐渐把总统给说动了。一次,里根提出,马科斯和阿基诺的势力可能都在选举中有舞弊,舒尔茨反驳道,并没有实际证据显示阿基诺阵营舞弊。里根开始让步了。在阿基诺的支持者上街游行、马科斯威胁对他们使用武力之后,舒尔茨说服了总统向马科斯发出两份私人口信,第一个口信威胁要中止对菲律宾的军事援助,第二个则敦促马科斯放弃权力。

最终,菲律宾总统同意下台。他搭乘一架美国空军飞机离开了菲律宾。随后,舒尔茨立即力促发表声明表示美国正式承认阿基诺的政府。里根还在举棋不定。"总统反对……我们争了起来,"舒尔茨在他的回忆录里写道。国务卿告诫说,美国的任何推诿都会"把民主的胜利变成一场灾难"。里根最后终于同意了,但是他是如此不情愿,以至于舒尔茨都说,他与总统的关系因此而变得极为紧张。[14] 有了美国的支持,在舒尔茨的坚持下,菲律宾得以从独裁统治转变为民主制度。

总的来看,里根政府支持菲律宾建立民主政府的决定是犹豫不决、混乱无章的,它被危机所驱动,为千方百计保护美军设施的愿望而左右。不过,该决定的影响是深刻的。里根政府(尤其向它自己)表明,美国能够从支持独裁者转而支持民主变革,同时不会导致另一个伊朗或者尼加拉瓜的出现。一旦有了先例,里根

政府发现如法炮制就比较容易了。在下一年里,当韩国人举行反对全斗焕政府的大规模示威游行时,里根政府派遣加斯顿·西古尔前往汉城去通报韩国总统,他也必须为民主选举和广泛的政治变革开辟道路。

在评估菲律宾形势的过程中,亨利·基辛格和沃尔福威茨成为两个针锋相对的外交政策学派的代表人物。基辛格像以往一样,潜心于稳定和现有的均势,而沃尔福威茨则希望放弃现状去追求民主的理想。

基辛格在他通过报业辛迪加在多家报纸上发表文章的专栏里,谴责里根政府撤销了对马科斯的支持和政府新近对促进民主的重视。"难道除此之外就没有其他压倒一切的美国利益了吗?"基辛格哀叹道,"……无论对马科斯政权有其他这样那样的说法,它毕竟对美国的安全作出过重大贡献,近20年来,一直受到美国历届总统的肯定。"基辛格说,他对里根的菲律宾政策造成的长远影响,特别是对周边的韩国、泰国和印度尼西亚等专制政权的影响表示"严重关切"。"他们会不会成为美国新战略的下一个目标?"⑮ 对于海外的民主变革从长远看有利于促进稳定从而有利于美国利益的说法,基辛格是不能接受的。

沃尔福威茨则认为,里根政府放弃马科斯,是其此前决定在东欧推动民主、支持全球反对共产主义或者苏联傀儡政权、争取自由的符合逻辑的结果。"你不应该利用民主来反对苏联,然后反过来在轮到你处理民主问题的时候变得极为虚伪,"沃尔福威茨解释道。⑯

他们两人的观点在逻辑上是连贯的。事实上,基辛格也没有支持过反对苏联的民主运动;相反,他在与莫斯科打交道时,主要关心地缘政治和均势。在70年代,基辛格发现,新保守派拒绝对他试图在越南、柬埔寨和安哥拉等国家为美国争取战略优势的努力给予更多的支持,因为新保守派认为,在这些第三世界国家开展的运动牵制了最重要的反对苏联的道德斗争,这使他感到苦恼。⑰ 在基辛格看来,马科斯首先是美国在全球争取地缘战略优势的盟友;在沃尔福威茨看来,马科斯则是美国在全球争取民主理想的斗争中的不利因素。

柯克帕特里克提出的不要削弱独裁者势力的告诫结果如何呢?她在《评论》杂志中发表的《独裁与双重标准》一文曾经在里根政府就职伊始对政府的思考起了指导性作用,但此时她的文章是否遭到了公开否定呢?没有。马科斯被废黜之后很久,沃尔福威茨一直坚持说柯克帕特里克的思想仍然有效。他拒绝承认他本人和新保守派在70年代末到80年代末期间曾经转变过立场和观点。

第八章 论独裁与民主

沃尔福威茨的一个观点是,里根政府在菲律宾对时机的把握比卡特政府在伊朗要好得多。他认为,里根的班子对柯克帕特里克提出的一旦独裁政权发生动荡会造成巨大危险的警告是重视的,因此他们对菲律宾的等待是耐心的。在几年时间里,政府一直鼓励马科斯进行改革,避免采取有可能削弱他的政府的重大措施,直到最后他们有了非共产党政权的选择。"假如我们说,'我们是马科斯政权的敌人,我们希望看到这个政权垮台而不是进行改革',我们就会失去在马尼拉的所有影响,就会出现两极分化的局面,一方面是顽固不化、为了生存而不择手段的政权,另一方面是毫无约束的人民,"沃尔福威茨在许多年后辩解道。⑱

这种关于时机的论点提出的问题比它解答的问题更多。美国如何判断推动民主的时机已到?早在马科斯提出举行选举之前,里根政府的一些人就已经准备倒向马科斯一边,另外一些人到了马科斯在选举中表现欠佳时,仍然想抓住他不放。卡特政府在伊朗推动民主变革也许太迟,太缩手缩脚——而并不像柯克帕特里克提出的那样要下手早、力度大。可想而知,如果美国推动伊朗国王进行改革的力度更大一些,时间更长一些,伊朗也有可能不会发生伊斯兰革命。

沃尔福威茨还主张,马科斯统治的菲律宾与伊朗国王统治的伊朗之间存在着根本的不同,这种差异证明,支持菲律宾的民主而不支持伊朗的做法是正确的。沃尔福威茨指出,与伊朗相比,菲律宾实际上在1972年马科斯宣布戒严令之前,就有了相当健全的民主机构体制。"我们在做马科斯的工作的时候,目的不是为了摧毁菲律宾的机构体制;事实上,我们是要阻止他自己把这些机构体制给毁掉,"沃尔福威茨辩解道,"军事改革,经济改革,放弃任人唯亲的资本主义,依靠教会,政治改革:这[里根政府的政策]在很大程度上是以机构体制为导向的。"⑲

这是一种深奥微妙的论点。然而,它的意义要比沃尔福威茨或者新保守派所希望的具有更多的局限性。在亚洲、非洲或者中东,其他国家很少有能与菲律宾相比的民主历史。在小布什政府里,沃尔福威茨和其他新保守派人士建议在中东实行民主变革。但在以色列(在某种程度上在伊朗)之外,中东没有一个国家拥有健全的民主机构制度或者传统。

简言之,你很难将里根政府的菲律宾政策,与柯克帕特里克的文章这个新保守主义理论的指导性宣言统一起来。80年代后期变化中的新保守主义观点,与70年代的情况恰好相反。

"火神"派逐渐形成了一套思想,他们后来将这些思想用到了一个苏联已经不复存在的世界上。唐纳德·拉姆斯菲尔德、迪克·切尼和沃尔福威茨在反对缓和的同时,展望着美国不再需要对其他大国妥协的时代的到来。沃尔福威茨在告诫说波斯湾的油田不仅有可能受到苏联而且有可能受到伊拉克的威胁时,便勾画了后冷战时期美国中东政策的蓝图。沃尔福威茨在质疑基辛格的对华政策的同时,便预见到美国总有一天会把中国不仅仅看做是反苏战略盟友。在卡斯珀·温伯格的五角大楼里,科林·鲍威尔和理查德·阿米蒂奇在越战的影响下,致力于扩大美国的军事力量。在贝鲁特轰炸之后,他们还帮助制定了明确派遣美军到海外执行战斗任务的条件的新规定。在菲律宾,沃尔福威茨和阿米蒂奇让大家接受了这样一个观点:美国在与敌手和盟友打交道时,都应该支持民主。

在所有这些事件中,在冷战的最后 20 年里,"火神"派为自己在新时代、即后冷战时代即将实施的外交政策奠定着基础。

注　释

① 2001 年 11 月 19 日对卡尔·杰克逊的采访。
② 2002 年 11 月 8 日对李洁明的采访。
③ 2001 年 11 月 8 日对理查德·阿米蒂奇的采访。
④ 2002 年 2 月 1 日对埃利奥特·艾布拉姆斯的采访。
⑤ 2001 年 12 月 7 日对威廉·克里斯托尔的采访。
⑥ 对艾布拉姆斯的采访。
⑦ 1982 年 6 月 8 日罗纳德·里根对英国国会议员的讲话;Barton Reppert, "Political Parties Urge Democracy Group," Associated Press, April 18, 1983。
⑧ George P. Shultz, *Turmoil and Triumph* (New York: Scribner's, 1993), p.970.
⑨ Raymond Bonner, *Waltzing with A Dictator* (New York: Times Books, 1987), pp. 362-363.
⑩ State Department cable, "Assistant Secretary Wolfowitz Meetings with Opposition Figures," National Security Archive.
⑪ 2002 年 11 月 26 日对斯坦利·O. 罗思的采访。
⑫ Lena H. Sun, "Philippine Crisis Grows, Top U.S. Officials Warn," *Washington Post*, March 13, 1985, p. A19.
⑬ Shultz, op. cit., p. 603.
⑭ Ibid., pp. 627-642.
⑮ Henry A. Kissinger, "What Next When U.S. Intervenes," *Los Angeles Times*, March 9, 1986.
⑯ 2002 年 3 月 12 日对保罗·沃尔福威茨的采访。
⑰ Henry Kissinger, *Years of Renewal* (New York: Simon & Schuster, 1999), p. 108.
⑱ Paul Wolfowitz, "Asian Democracy and American Interests," B. C. Lee Lecture, Heritage Foundation, September 23, 2000.
⑲ 对沃尔福威茨的采访。

RISE OF THE VULCANS
The History of Bush's War Cabinet

第九章

在善与恶的大决战中

第九章 在善与恶的大决战中

在80年代里,迪克·切尼和唐纳德·拉姆斯菲尔德每年至少会有一次消失得无影无踪。切尼仍然在国会山上勤奋工作,拉姆斯菲尔德仍然是芝加哥的一位对雇员要求苛刻的公司总经理。不过,有时一连三四天,国会的人谁也不知道切尼的下落,拉姆斯菲尔德办公室的人也找不到他。就连他们的夫人都被蒙在鼓里;她们只得到一个华盛顿的神秘电话号码,以便有急事时通过这个号码传话。①

完成了白天的工作之后,切尼和拉姆斯菲尔德通常前往华盛顿郊外的安德鲁斯空军基地。从那里,趁着夜色,他们各自与由40到60名联邦政府官员组成的班子外加罗纳德·里根的一名内阁成员,分别悄悄来到美国某个偏僻的地方,比如一个废弃的军事基地,或者一个地下掩体。一个由运载着先进通讯设备和其他装置、四周涂了铅的卡车组成的车队,也会驶往同一个地点。

拉姆斯菲尔德和切尼是里根政府一项绝密计划的主要成员。根据计划,政府秘密实施着具体的计划演习,在美国宪法的具体规定之外,委任一位新的美国"总统"和他的工作班子,以便在同苏联发生核战争期间和之后,能够维持美国政府的运转。多年来,有关里根政府这项计划的一些细节已经被披露出来,但是计划如何运行、切尼和拉姆斯菲尔德在其中起的主要作用却仍然不为世人所知。

80年代的这项秘密计划,为我们了解2001年9月11日世界贸易中心和五角大楼遭到恐怖袭击之后的数小时、数日以及数月中小布什政府的运作,提供了神秘的背景。那一天,当副总统切尼督促布什总统不要回华盛顿,国防部长唐纳德·拉姆斯菲尔德命令副部长保罗·沃尔福威茨离开华盛顿,后来为了一旦发生新的袭击时保证"政府的连续性"而将其他联邦政府官员送到首都以外去工作的时候,这些行动的根源都是里根政府的那项秘密计划。当切尼本人在"9·11"之后从一个"未经披露的地点"转移到另一个"未经披露的地点"的时候,他从未承认他在80年代里也经常到未经披露的地点躲藏起来。

在里根政府任期的最初几年里,美国政府比自从1962年古巴导弹危机以来的任何时候都更认真地考虑了与苏联进行核战争的可能性。里根在1980年的竞选中曾经谈到,需要建立平民防务计划来帮助美国在核交战之后能够生存下来。

上任之后,里根政府不但着手推动平民防务,还批准了一份包括了与苏联进行"持久"核战争计划在内的新的防务政策文件。② 切尼和拉姆斯菲尔德参与的保持政府延续性的演习,成为这些公开的核备战工作的秘密组成部分。

基本的前提是,美国必须迅速行动,防止被"斩首",即一旦华盛顿遭受核打击而文职领导出现中断的局面。实际上,里根政府进行核战争的新战略的一个核心内容,是通过打击政治和军事高层领导及其通讯线路,对苏联领导层实施"斩首"。③ 里根的班子希望确保苏联无法效法美国核战略家的计划。

在杜鲁门和艾森豪威尔政府期间,美国政府在弗吉尼亚州蓝岭山脉的威瑟尔山和沿宾夕法尼亚—马里兰州州界的戴维营附近修建了庞大的地下设施,一旦发生战争,这些设施可以用作美国总统的军事指挥所。然而,这些设施的修建,并没有解决如果美国总统没能及时躲进地下掩体会发生什么情况这个关键性问题。假如核打击同时击毙了**总统和副总统**怎么办?哪一位文职官员可以向美国的军事指挥官们下达反击的命令?这位领导人如何与军队联系?一旦发生连续的核交火,谁有权与苏联签订停战协议?

里根政府的秘密政府延续计划正是为了解决这些问题而设计的。这个概念很简单:一旦美国受到(或者认为自己受到了)核打击的威胁,三个不同的小组将被派往华盛顿之外分布在美国全国的三个不同地点。每个小组必须随时准备宣布由一位新任美国"总统"来接替国家的指挥权。假如苏联以某种方式发现了其中的一个小组并且对其进行核打击的话,第二个小组将接手,必要时第三个小组再接手。

这不是抽象的、教科书中的计划,而是具体、详细和周密地进行过演练的计划。里根政府指派专人参加这三个小组,每组以一种颜色命名,如红色和蓝色等。每组有一名经验丰富的领导,他可以充当新白宫办公厅主任的角色。显然,选择的都是在行政部门高层特别是在国家安全部门有工作经历的人。切尼和拉姆斯菲尔德就是这样参与进来的,他俩都曾在福特政府担任过白宫办公厅主任。除了经常参加的切尼和拉姆斯菲尔德之外,多年来其他担任过组长的人还有后来出任中情局局长的詹姆斯·伍尔西,以及一度实际担任过里根的白宫办公厅主任的肯尼思·杜伯斯坦。

每次一个小组离开华盛顿,都会带上里根内阁的某位成员,他被指定为下届美国"总统"。这些阁员中,有的人毫无国家安全方面的经验;比如,在不同的时候,参与秘密演习的人包括里根政府的第一任农业部长约翰·布洛克和商务部长马尔科姆·鲍德里奇。重要的不是外交政策的经验,而仅仅是因为这位内阁成员有时间跟这个小组一起飞离华盛顿。一些这样的美国"总统"给像切尼或拉姆斯菲尔德这样更有经验的办公厅主任装点门面,似乎是合理的。不过,内阁成员是将要发号施令的人(或者是以他们的名义发号施令的人)。

该计划超越了法律,超越了宪法——它建立了在美国宪法或者联邦法律里没有授权的指定新美国总统的程序——这个问题远非一位法律教授或者里根政府的反对派杜撰出来的批评。相反,这是里根时代的这项计划中内在的问题,是整个演习的部分理论基础。

这些演习研究的一个问题是小组采取什么样的具体措施来建立自己的"可信度"。应该采取什么行动向美国公众、美国的盟国和苏联领导人表明,现在领导美国的是"约翰·布洛克总统"或"马尔科姆·鲍德里奇总统",他应该被视为美国合法的领袖?这些小组研究过的一个选择,是由这位内阁部长下令让一艘美国潜艇从大洋深处上潜,因为能调动潜艇上潜,就能证明像布洛克或鲍德里奇这些此前被认为仅仅是农业部长或者商务部长的人,现在已经完全控制了美国的军队。(是否控制着军队,也是美国政府用来判断一个外国政府在发生政变之后是否应与某位外国领导人打交道的相同的标准。)

美国宪法及其第25条修正案规定,一旦总统死亡或者失去工作能力,由副总统接任,但都没有对一旦副总统死亡或者失去工作能力的继任顺序做出规定。联邦法律,特别是最近的1947年《总统继任法案》,做了更具体的规定:如果副总统死亡或者无法工作,由众院议长担任总统。按照继任顺序,在他之后是参院临时议长(一般由多数党内任职时间最长的参议员担任),然后是内阁成员按照他们的内阁职务设立时间的先后来排序,排在最前面的是国务卿,然后是财政部长和国防部长。

在某些情况下,里根的秘密计划将这些宪法和法令的规定搁置一旁;它越过法律规定的总统继任的层级结构,建立起自己一套产生新任美国总统的过程。总的想法是将注意力集中在速度和政府的延续性上,尽量避免冗长繁琐的程序。

"我们面临的一个棘手问题是,在遭受核攻击之后,是否应该重组国会,"一位参与者解释道,"最后的决定是不重组国会,没有国会运作起来更容易些。"(这位参与者指的是设计该计划的官员们的讨论内容;没有迹象显示拉姆斯菲尔德、切尼或者其他的组长在这些讨论中起过作用。)首先,大家认为重组国会需要的时间过长。此外还有一个问题:如果国会真的复会,就有可能选举一位新的众议长,这个人就会比按照里根的秘密计划指定为"总统"的农业部长或者商务部长更具有合法性,可想而知,他很可能对总统的职位提出挑战。选举新的众议长不仅需要时间,而且会造成潜在的混乱。

艾森豪威尔政府在西弗吉尼亚州白色硫磺泉的格林布莱尔休养胜地修建了一个庞大的地下设施,以便在遭受核打击期间和之后,给国会议员提供藏身之地。④虽然里根政府没有弃置这个为国会建立的设施,但它决定集中研究制定一旦出现核危机,在国会议员、甚至包括众议长和参院临时议长的作用大大削弱的情况下,如何产生新任美国总统的计划。

里根是根据一项秘密行政令设立他的政府延续计划的。根据曾经一度担任里根总统国家安全事务助理的罗伯特·麦克法兰的说法,是总统本人最终决定由谁来担任每个特别小组的组长,比如切尼和拉姆斯菲尔德。在里根的国安会里,该项秘密计划的"行动官"是后来在伊朗反政府武装丑闻中的核心人物奥利弗·诺斯。⑤乔治·H.W.布什副总统被授权负责其中部分行动,负责具体管理计划的是名为国家计划办公室的新政府机构。该办公室在华盛顿地区有自己的办公楼,受一位二星将军的领导,每年还有一笔高达数亿美元的秘密预算。其中大部分经费被用来购置先进的通讯设备,供这些新成立的小组与美国军事指挥官们安全地进行对话。实际上,关于这些秘密计划的零星细节之所以被披露出来,是因为有人指控由于这些通讯设备合同给了私营公司因而造成了浪费和舞弊,另外,设备也出现过故障。⑥

演习的时间通常选在国会休会期间,这样三个小组组长之一的切尼就可以尽可能少地耽误国会的工作。虽然切尼、拉姆斯菲尔德和其他的组长们参加了每一场演习,但是,扮演新"总统"的里根内阁成员却根据他们在某个特定时间是否能抽出身来而变换。一次,司法部长埃德·米斯参加了演习,那是在1986年6月18日的凌晨,他们从安德鲁斯空军基地出发,那是最高法院首席大法官沃伦·伯格辞职的第二天早晨。一位官员记得当时看着米斯,心想:"先是最高法院有人辞职,现在是美国打起了核战争——真够倒霉的。"

除了指定的白宫办公厅主任和他的"总统",每个小组还包括国务院、国防部、中情局以及各个国内政策部门的代表。这是为了演习在核战争中如何运行整个联邦政府。一度曾考虑过让弗吉尼亚州和马里兰州州长以及华盛顿哥伦比亚特区市长也参与进来,但是,这个想法被放弃了,因为这些官员没有必要的安全许可。

演习有意设计得非常紧张,因为处在核战争边缘的美国可想而知不会是一片宁静。参与者们匆忙集合,在凌晨时分工作和活动,居住在军事基地,吃的是部队那种大批量生产的干方便食品。整个一次政府延续性演习要持续两个星期左右,但事实上每个小组参与的时间仅为三四天。一个小组离开华盛顿,完成演习,然后与第二组进行交接,按照设计,就仿佛他们真的处在"核战争"一触即发的状态。然后,第一组的成员退出演习,他们可以健康地、不受放射性污染地回家了,第二组接着进行他们管理美国的演习。

演习是在精心设计的掩护措施下进行的,目的是确保苏联的侦察卫星无法发现这三个小组在美国的去向。正是为了这个缘故,三个小组都是在深夜派出,每次演习都使用一个不同的设施。除了运送通讯装置的真车队外,有时会派遣假车队去不同的地点,以蒙混苏联的卫星。其中的基本逻辑是,一旦发生核战争,苏联可能以火箭攻击威瑟尔山和戴维营附近的永久性掩体,但是它无法瞄准散布在美国各个临时地点的这几个里根小组。

所有其他保持机动性的设计中,最主要的是一架特殊的飞机,即国家紧急事件空中指挥所,这架波音747的基地是安德鲁斯空军基地,机上特别装备了一间会议室,还有特殊的通讯装置。一旦发生核摊牌,总统可以在这架飞机上滞留在空中指挥国家。在里根政府实施的一次演习中,一组官员乘坐这架飞机一连在空中停留了三天,靠着定期在空中加油,做纵横穿越美国大陆的巡航。

1988年,乔治·H. W. 布什当选总统,着实让里根这项秘密计划的成员感到欢欣鼓舞,因为老布什从一开始就密切参与了计划,无需再向他介绍错综复杂的计划,可能也不需要对计划进行重新评估。事实上,尽管美苏关系的大气候大有改善,但布什继续了这些政府延续性演习,只是做了一些小改动。切尼被任命为国防部长之后,不再担任组长。柏林墙被推倒、苏联解体之后,演习的理由和基本前提发生了变化。苏联似乎不再可能发动核攻击,但是演习按照另一种噩梦式的想定继续进行着:如果携带核武器的恐怖分子攻击了美国、打死了美国总统和副总统怎么办?最终,在克林顿政府初期,这种想定被认为似乎过于牵强,因此,官员们决定放弃这项作为冷战时期过时的遗产的计划。⑦ 世界上似乎已不再有能够攻击华盛顿并且对美国领导层实施"斩首"行动的敌人。

这种局面一直持续到2001年9月11日,乔治·W.布什政府在震惊当中,开始重新检讨对撤销该计划起了关键作用的、以为安全已有保证的假定。切尼和拉姆斯菲尔德熟知里根时期那些善与恶大决战的演习,他们本人参加过以前所有的演习。

必须强调的是,这项秘密政府延续计划的灵感来自里根政府内部,而不是来自切尼、拉姆斯菲尔德或者伍尔西、杜伯斯坦等其他协助执行计划的小组长们。这些组长们都不是超越宪法或联邦法律的设计去指定美国"总统"这个新奇想法的设计者。实际上,拉姆斯菲尔德除了曾经短暂担任过中东特使之外,他和切尼

都没有在里根政府里任过职。然而,作为组长,切尼和拉姆斯菲尔德在该计划中扮演了重要的角色。

此外,切尼和拉姆斯菲尔德参加里根时期这些演习这件事本身,证实了关于他们的一个更基本的事实:在过去30年当中,从福特政府开始,即便在他们离开政府的行政部门时,也从未远离过它;他们与政府的国防部、军队和情报官员保持着联系,这些官员也经常拜访他们。在某种意义上,切尼和拉姆斯菲尔德是美国秘密和永久的国家安全部门的一部分,在他们生活的世界当中,总统会交替更换,但美国始终在孜孜不倦地斗争着。

在为核战争做这些秘密准备的同时,里根展开了一场公开谴责和诋毁苏联的运动,这场运动使用的语言远远超出了他的任何一位前任。里根最著名的谴责即他关于"邪恶帝国"的讲话,是1983年3月8日他对福音教派全国联合会发表的演讲。当时,总统是在对美国的大学校园里正在萌芽的要求冻结核武器的运动做出反应。里根敦促他的听众不要受诱惑去"宣布自己超越这一切之上,采取对双方各打五十大板的立场,无视历史事实,置一个邪恶帝国的侵略冲动于不顾,将军备竞赛称为巨大的误解,从而把自己置身于正确与错误、善与恶的斗争之外"⑧。里根反复使用"邪恶"一词,成为后来的乔治·W.布什总统效法的榜样。

许多美国著名苏联问题专家认为,里根似乎过度使用了华丽的词藻。他们认为,苏联理所当然是国际舞台上一个不幸的但是将永久存在的东西。在这些头脑冷静的专家中,有一位斯坦福大学的教授,一位年轻有为的苏联军事问题专家,在里根政府中期曾来到五角大楼,在参谋长联席会议作了一年核战略规划技术方面的工作。她的名字叫康多莉扎·赖斯。

她对苏联的看法并不特别与众不同。她的观点与美国的主要大学和美国政府内不计其数的苏联问题专家的观点相似。她在一部著作中指出,苏联在维持对东欧的控制中所冒的风险,正在超过从中得到的好处,假如苏联是一个企业,它的领导人有可能会决定降低亏损、抽身退出。不过,她接着说:"谁也不会说苏联会这样干的,无论东欧变得多么昂贵。国家,特别是大国,不是以这种方式表现的。"这番话发表的时间是1986年,仅仅三年之后,苏联领导人米哈伊尔·戈尔巴乔夫便让人拆掉了柏林墙,结束了苏联对东欧的统治。⑨

如果说赖斯的观点并没有与众不同之处的话,她本人的背景、个性,她的贵族风度以及她的才干,都使她成为佼佼者。在苏联问题学者的学术精英聚会上,或者是华盛顿的军控官僚机构中,她通常是唯一的黑人,或者是唯一的女性,并且始终是唯一一位黑人女性。她和别的专家一样知识渊博,并且往往更善于表达。她性格活跃、外向,但生性又极有控制力和训练有素。对于有权势的人,对于那些身居美国外交政策最高领导层的人来说,赖斯令人耳目一新,与众不同,她的潜力似乎是无限的。

"1985年的某个时间,我到了利弗莫尔(旧金山东南部的国家实验室),然后我到斯坦福那边去吃晚饭,见到了他们搞军控的那帮人,"曾经担任过基辛格的副手和福特总统国家安全事务助理的布伦特·斯考克罗夫特回忆道,"他们大约有50个人。其中一个看上去像是个本科生,那就是康迪·赖斯。在这群军控迷当中,她会就军控这个深奥的话题大胆发表意见。她富有思想,有教养,不惧威吓,我想,这个人我一定要认识认识。"⑩

赖斯在亚拉巴马州的伯明翰长大,是教导顾问约翰·赖斯牧师和小学教师安杰丽娜·赖斯的独生女。赖斯夫妇是该市黑人中产阶级自豪的、受过教育的成员;他们在女儿3岁时就让她开始学习钢琴,还让她上舞蹈、长笛、小提琴和法语课。

伯明翰本身并不像赖斯一家那么优雅。在著名的火神雕像下,该市实行着种族隔离,白人社团里的一些人不惜使用暴力来维护现状。1963年,在该市的种族骚乱高潮中,一座浸礼教教堂被炸,在4个被炸死的孩子当中,有赖斯上小学时的一个朋友。1964年《民权法案》通过时,赖斯和她的父母第一次走进了伯明翰一家考究的餐馆,并在那里用了餐,这是他们此前被拒之门外的地方。⑪

康多莉扎11岁时,和全家一起先是搬到图斯卡鲁萨,在那里,她的父亲当上一所大学的校长,两年后,又搬到科罗拉多,在那里,约翰·赖斯开始在丹佛大学担任行政管理人员。康多莉扎进了私立天主教学校圣玛丽学院,这是她上的第一所白人和黑人混校的学校。一位教导顾问想跟她说,她不是上大学的材料,但是赖斯对他的忠告不予理睬。⑫ 她进了丹佛大学,攻读音乐专业,希望成为能在音乐会上演奏的钢琴家。大学第二年,她断定自己不如其他一些音乐天才那么出色,如果坚持下去,她将来的命运很可能是"教13岁大小的孩子去亵渎贝多芬的作品"。

赖斯在考虑转换专业时,恰巧遇到了约瑟夫·科贝尔教授,一位移居国外的捷克外交官。科贝尔,未来的国务卿马德琳·奥尔布赖特的父亲,劝说赖斯改学国际关系,特别是苏联问题研究。"我深为苏联政治的拜占庭式的本质所吸引,为权力、权力如何运行和如何被利用着迷,"赖斯后来解释道。⑬

她19岁大学毕业,接着到圣母大学攻读硕士学位,然后返回丹佛大学攻读博士学位,她的论文论述了捷克斯洛伐克军队及其与苏联的关系,以及苏联扶持的

1983年时任斯坦福大学政治学教授的赖斯,在她面前的是一幅苏联地图。她起初支持吉米·卡特总统,但因他对苏联态度过于软弱转而支持共和党。(Chuck Painter/Stanford News Service)

捷克斯洛伐克文职领袖。学业一结束,她便开始在斯坦福大学任教。

在当时,斯坦福是现实主义鼓吹者的天下,这个学派认为,支配国家间关系的是对权力而不是对道德的考虑。赖斯接受了该学派的许多信念和假设,后来一直自认为是现实主义者。"她信奉现实政治,认为国际关系的主要推动力是均势政治,一个国家内部发生的事情,不应该成为外交关系的一部分,"斯坦福的教员中一位研究俄国问题的同事迈克尔·麦克福尔解释道。⑭

她在1976年投票赞成卡特担任总统,但是在1980年,赖斯在认定卡特的对苏政策过于软弱之后,离开民主党的队伍,投了里根的票。"康迪一直比较保守,"赖斯在学术界年纪最长、关系最密切的朋友、另一位斯坦福大学同事科伊特·布莱克评论道,"她对卡特处理阿富汗问题的反应,使她意识到自己不是一个民主党人。从这时起,她便开始自认为是共和党人。"赖斯的父亲是共和党人,这部分是由于对南部各州中与本党持不同政见的民主党人的反感造成的,这些白人民主党人统治着南方,并且竭力阻止黑人投票。⑮

在丹佛大学就读的年轻大学生康多莉扎·赖斯。(丹佛大学特别收藏与档案)

但赖斯并不是意识形态上的保守派。她信奉现实主义,这使她有别于她在政府里的一位未来的同事保罗·沃尔福威茨,后者认为理想和价值是国际关系中的重要组成部分。她的观点更接近亨利·基辛格和斯考克罗夫特,而不是共和党内的里根右派人士。

的确,赖斯在当时并不为里根所擅长的对苏联的谴责所动。"像大多数美国人一样,我对冷战时期所谓的美国是一座'民主的灯塔'的说法总有些怀疑,"赖斯后来解释道,"美国总统这么说的时候,我就把它归咎于讲稿写得太糟糕,太夸张。有的时候,我感到非常尴尬,因为美国充其量是个并不完美的民主国家……我的祖先曾经是属于别人的财产——都不算是一个完整的人。在那些涉及人民有权在'人类事务的发展过程中'选择统治者的不朽的宪章名句里,是不包括妇女的。"但是,赖斯承认,她在1989年和1990年在东欧和苏联旅行时得出的结论是,这些在她看来曾经像是陈腐的话,都变成了真理:尽管美国有这样那样的不足,但它一直起着民主的灯塔的作用。⑯

她受过无数次演奏会的训练,并擅长花样滑冰,因此她无论在哪里都会引起人们的注意。"我在80年代初第一次见到她的时候,她已经具备了形成个人魅力的全部要素,"麦克福尔说,"她有这种素质。就像比尔·克林顿走进一间屋子时的那种魅力。"此外,她似乎愿意并且能够承担大量的工作。在80年代中期,赖斯的一位研究生基伦·斯金纳,对赖斯承担了这么多耗时的工作和责任感到吃惊。赖斯同时兼任着她那个系的研究生办主任,斯坦福大学军控项目的助理主任,还要讲课和著书,同时她仍然在为母亲新近过世而哀伤。⑰

对于那些曾与她共事的同时代人来说,即便是在她职业生涯的这些最初阶段里,人们对她的前途毫不怀疑。曾经得到共和党任命的政治学家弗朗西斯·福山,在 80 年代初结识了赖斯,他对一位同事说:"要知道,我们大家总有一天会在康迪手下工作的。"⑱ 当赖斯来到华盛顿在里根政府的五角大楼任职的时候,这不过是外交关系委员会的一个为期一年的研究职务。但是所有的人都知道,那一年仅仅是第一步。

注 释

① 这段关于里根的计划以及切尼和拉姆斯菲尔德在其中扮演了主角的描述,是由参与了这些秘密行动的三位知情者提供的。这些采访的时间是 2002 年。
② Robert Scheer, *With Enough Shovels* (New York: Random House, 1982), pp. 232-234, 250-251; Richard Halloran, "Pentagon Draws Up First Strategy for Fighting a Long Nuclear War," *New York Times*, May 30, 1982, p. A1.
③ Halloran, op. cit.
④ Ted Gup, "The Ultimate Congressional Hideaway," *Washington Post Magazine*, May 31, 1992, p. W11.
⑤ 2002 年 12 月 17 日对罗伯特·麦克法兰的采访。
⑥ 见 1991 年 11 月 17 日和 19 日 CNN 特别报道节目的整理稿。
⑦ Tim Weiner, "Pentagon Book for Doomsday to Be Closed," *New York Times*, April 18, 1994, p. A1.
⑧ 1983 年 3 月 8 日里根总统对福音教派全国联合会发表的演讲。
⑨ Condoleezza Rice, "The Soviet Alliance System," 见 Alexander Dallin and Condoleezza Rice, eds., *The Gorbachev Era* (Stanford, CA: Stanford Alumni Association, 1986), p. 158。
⑩ 2002 年 1 月 3 日对布伦特·斯考克罗夫特的采访。
⑪ Dale Russakoff, "Lessons of Might and Right: While Others Marched for Civil Rights," *Washington Post Magazine*, September 9, 2001, p. W23.
⑫ "From Not College Material to Stanford's No. 2 Job," *New York Times*, June 23, 1993, p. B7.
⑬ Jay Nordlinger, "Star-in-Waiting: Meet George W.'s Foreign-Policy Czarina," *National Review*, vol. 50, no. 16 (August 30, 1999), p. 35.
⑭ 2002 年 2 月 14 日对迈克尔·麦克福尔的采访。
⑮ 2002 年 2 月 14 日对科伊特·布莱克的采访。
⑯ Condoleezza Rice, "Small Steps, Giant Leaps," 见 *A Voice of Our Own*, ed. Nancy M. Newman (San Francisco: Jossey-Bass, 1996), p. 226。
⑰ 对麦克福尔的采访;2002 年 2 月 11 日对基伦·斯金纳的采访。
⑱ 2002 年 7 月 19 日对弗朗西斯·福山的采访。

RISE OF THE VULCANS
The History of Bush's War Cabinet

第十章

丑闻及其后果

第十章 丑闻及其后果

到了里根政府中期,理查德·阿米蒂奇不仅设法爬到五角大楼的高层职务,当上了助理国防部长,而且还使这个难以对付和不具人格的联邦官僚机构屈服于他那种随心所欲的风格。他总是雇用他的私交,那些会忠实于他、成为他班子的一员的长期共过事的人。在他需要日本问题助手的时候,便找回老朋友、从前在五角大楼的同事詹姆斯·凯利,凯利的专长是伊朗而不是日本。在旅途中,在官方会议之外,人们有时会发现阿米蒂奇悠闲自得地穿着夏威夷衬衫,吸着雪茄。他经常去海外旅行,只要旅行,他常常不住大饭店或者美国大使的官邸,而住到军事基地或者他的某位喜欢热闹的朋友家中,他们中很多人是武官,他可以和他们一起享受当地的夜生活。他不仅努力发展与约旦的侯赛因国王这样的领导人的关系,也愿意与那些虽然不算太体面但可能对美国的军事关系具有重要性的人。

在华盛顿的正常工作日里,阿米蒂奇早上5点到达五角大楼,然后走到电报室去取那些积了半尺高的海外情况电报。早上6点,他便开始打电话给朋友、给情报来源、给世界各地的武官,了解信息、小道消息和想法,然后在7点到五角大楼的健身房去锻炼。1986年以后,他与海外经常通话的对象之一是保罗·沃尔福威茨,后者在菲律宾危机之后离开了华盛顿,出任美国驻印度尼西亚大使。阿米蒂奇总是在清晨通话的另一个人是科林·鲍威尔,无论对方在什么地方。鲍威尔在1986年初之前一直担任温伯格国防部长的高级军事助手,之后返回部队,担任驻扎在联邦德国、由7 500名美军组成的V军团指挥官。①

鲍威尔和阿米蒂奇当时并没有意识到这一点,但是他们很快发现80年代中期的这段时间,其实是"失去的天堂"。他们即将面临一系列长时间的调查,使他们在接下去的6年中,不得不用部分精力去回答调查者和联邦调查局的问题,写证词,在国会听证会上作证等等。

1986年底,"伊朗门"事件曝光。尽管鲍威尔和阿米蒂奇不是调查对象,并且实际上对里根政府秘密发展与伊朗的关系持反对态度,但他们也是知道这项秘密行动的为数不多的知情者之一。他们的名字在这一事件中被挖了出来,阿米蒂奇的前途还间接地受到严重影响。

1986年3月25日,助理国防部长理查德·阿米蒂奇(左)和理查德·珀尔在为科林·鲍威尔举行的晚宴上。(选自美国陆军退休将军科林·鲍威尔的文件,美国国防大学图书馆)

"伊朗门"事件不仅给鲍威尔和阿米蒂奇个人,而且在更广泛的意义上给外交政策圈里正在崛起的一代"火神",都上了重要的一课。事件的教益经久不衰。美国与现代国际恐怖主义第一次交手,里根总统便采取了进行秘密交易和实际上支付赎金的做法。法国等其他国家尝试了类似的方法。但是,"伊朗门"事件表明,这种做法是无效的,至少对美国无效。

秘密交易掩盖着更重要的现实:美国仍然没有从越战的失败中彻底恢复元气,因此不愿意在第三世界国家使用武力。里根政府在格林纳达进行过较小规模的干预,动用空中力量打击了利比亚,但是,美国对实施1989至1991年对巴拿马和伊拉克进行的大规模军事行动准备不足。后来,随着美国对军队信心的增强,开始越来越多地使用武力来对付恐怖主义。

"伊朗门"事件也是研究为何不要跟国会打交道的实例。几位主要人物,包括总统国家安全事务助理罗伯特·麦克法兰和约翰·波因德克斯特以及他们的助手奥利弗·诺斯,都曾经参加过越战。[2]"伊朗门"事件的逻辑似乎是,白宫完全可以通过对行政部门正在做的事情封锁消息的方法,来解决越战时期国会对外交政策的抵触。这无异于与恐怖分子谈判的主张,两者都被证明会造成灾难性的后果。"伊朗门"事件的教训是,你可以说服国会,威胁国会,或者争取国会赋予总统巨大的权力,就像乔治·W.布什总统后来在2001年之后对恐怖主义发动战争时那样——但是,完全无视国会在政治上是危险的,更不用说是违法的。就连为里根政府在"伊朗门"事件上做了很多辩解的众议员迪克·切尼,后来都得出这样的结论:"任何一项政策,如果没有国会和美国人民全心全意的支持,从长远看都是不会有效的。"③

作为"伊朗门"事件的目击者和配角,鲍威尔和阿米蒂奇尤其变得对大规模秘密行动越发不信任了。在这一事件的影响下,他们似乎总是担心,有朝一日,他们要接受80年代末期那样的调查,别人会如何看待自己做的事。

1985年6月,总统国家安全事务助理罗伯特·麦克法兰及其工作班子起草了一份关于对伊新政策的总统指示,并将草稿送交国务卿舒尔茨和国防部长温伯格,里根政府开始了与德黑兰的秘密接触。这份备忘录建议与伊朗领导层内的温和派交往,以防苏联在当地获得影响;备忘录特别提出要为美国的盟国和朋友向伊朗提供"有选择的军事装备"开辟道路。

在任何问题上都极难意见一致的舒尔茨和温伯格都不赞成这个想法。麦克法兰提出的政策是对"忠诚行动"的讽刺,根据"忠诚行动"的政策,美国一再要求其他国家不向伊朗提供武器(这是唐纳德·拉姆斯菲尔德向萨达姆·侯赛因保证将严格执行的政策)。鲍威尔给温伯格看了国安会有关向伊朗提供武器的绝密备忘录之后,国防部长在上面潦草批示,

> 简直荒唐到无法评论的地步。无论如何,请转交里奇(阿米蒂奇),这里的假定是:1. 伊朗倒台在即;2. 我们可以以国家为基础来应对这个局面。这就像是请卡扎菲到华盛顿来攀谈一样。④

不过,关于伊朗的建议却得到中情局局长威廉·凯西,并最终得到了急于争取被亲伊朗的什叶派组织在黎巴嫩绑架的7名美国人质获释的里根总统的支持。那年夏季,里根批准了向伊朗出售武器的第一笔交易,根据交易,美国允许以色列向伊朗转售500枚美制"陶式"(管式发射、光学瞄准、有线制导的)反坦克导弹。他们希望在黎巴嫩的所有美国人质全部获释;事实上,对方仅释放了一名人质。

这第一笔交易成为后来一系列交易的模式。国安会接着向伊朗进行了一系列军售,最初是由以色列充当中间人。舒尔茨和温伯格反对军售和整个政策。在国防部内部,温伯格的两名助手鲍威尔和阿米蒂奇是内部反对势力的组成部分。鲍威尔要一位助手草拟了一份备忘录送交白宫,强调按照法律,必须通知国会美国售出武器的最终目的地。阿米蒂奇与国务院的一位官员一起试

图阻止军售。

他们的部分动机与他们所在的官僚机构有关:这是同里根的国家安全委员会在波斯湾政策控制权上的内部斗争,鲍威尔和阿米蒂奇作为国防部的助手,在尽量保护他们的上司。诺斯曾一度把国防部长的名字从呈报国家安全局截获的关于伊朗的秘密情报的名单上删掉;鲍威尔则保证他的上司能获得秘密情报的副本。另一次,阿米蒂奇邀请国安会的诺斯到五角大楼来吃午饭,并且告诉他:"我认为我的上司对此一无所知。我怀疑国务卿舒尔茨知道(此事)。我觉得你的处境有些危险,你最好把大头头们都找来议议此事。"⑤

不过,鲍威尔和阿米蒂奇偶尔也会沾伊朗行动的边。1986年初,当里根命令温伯格协助安排再向伊朗出售4 000枚"陶式"导弹时,这位国防部长请鲍威尔负责找到这些导弹并且将它们转给中央情报局,通过这项合法交易,国防部可不必直接与伊朗打交道。⑥

1986年11月1日,由于贝鲁特的一家杂志披露了里根政府进行秘密军售的消息,伊朗计划突然瓦解了。那个月的晚些时候,波因德克斯特和诺斯向伊朗出售武器索价过高,用多收的钱为试图推翻桑地诺民族解放阵线政府的尼加拉瓜反政府武装提供经费的消息又被披露出来。在后面这项行动中,里根的国家安全委员会绕过了国会通过的禁止向反政府武装提供经费的法律。

在随后引起的狂怒和喧嚣中,国会和一位特别检察官开始对这些交易进行调查,温伯格、鲍威尔和阿米蒂奇发现自己处在一个非常荒谬的处境,他们因为一项此前他们曾经批评为不明智和有可能违法的政策接受着调查。但是,尽管"伊朗门"不是他们制定的政策,他们仍不得不向调查员交代他们了解的情况。阿米蒂奇指派他的高级助手林肯·布鲁姆菲尔德一方面跟踪国会的听证会,另一方面为温伯格准备回应的口径。这些努力并不足以免去温伯格的麻烦。在为期6年的调查结束时,特别检察官劳伦斯·沃尔什的结论是,温伯格向调查员撒了谎,企图掩盖他掌握的对伊朗军售的情况。他指责温伯格藏匿了日记,而他的日记可以成为重要证据,证明政府做了什么,五角大楼的班子在里根于1986年1月给他们正式合法授权之前便参与了武器转让。温伯格被指控妨碍调查和做伪证。1992年12月24日,在竞选失败几周之后和告别白宫前的一个月,乔治·H. W. 布什总统完全赦免了温伯格。

特别检察官的裁决对鲍威尔比较有利。"鲍威尔关于伊朗计划最初的陈述大

第十章 丑闻及其后果

都是直率的,前后一致的,"沃尔什在他撰写的《最后报告》中写道,鲍威尔时任参谋长联席会议主席,"但有些说法不可信,总的看似乎是为了保护温伯格。"特别检察官对阿米蒂奇批评得更多一些,阿米蒂奇被认为做了伪证,并且没有交出关于早期一些武器运送情况的文件。阿米蒂奇没有被指控。沃尔什报告的结论是:"独立辩护人无法令人信服地证明,不提交文件和阿米蒂奇做的伪证是有意的。"⑦

对于鲍威尔和阿米蒂奇来说,"伊朗门"事件是一个转折点。虽然这两个朋友的职业生涯在沿着不同的轨道发展,在里根政府早期,阿米蒂奇至少可以说是两者中职务较高的一位。身为助理国防部长的阿米蒂奇实际上在制定政策;鲍威尔则主要是执行上司制定的政策的助手。

但是,在"伊朗门"事件之后,鲍威尔开始崛起,而阿米蒂奇却停滞不前。而这在某种程度上是他们两人70年代初所走的不同道路的结果。鲍威尔一直在军队,因此有着军官的尊严和可信度。阿米蒂奇离开了正规部队,一直跟特别行动、情报和为外国军队充当顾问这个更神秘的世界联系在一起,这种环境在华盛顿受到人们的猜疑。

1986年11月,"伊朗门"丑闻东窗事发,里根解雇了他的总统国家安全事务助理波因德克斯特,任命前国防部副部长弗兰克·卡卢奇接任。卡卢奇立即打电话给他从前的军事副官鲍威尔,在里根的协助下,说服鲍威尔从德国回来担任了总统国家安全事务副助理。

鲍威尔后来称,他本不想接受这份在华盛顿的新工作而继续留在陆军里,他对卡卢奇说:"弗兰克,你会毁掉我的前途的。"⑧ 这个预言被证明大错特错。1987年秋季,温伯格辞去国防部长职务。卡卢奇被任命接替他担任国防部长,鲍威尔接任了总统国家安全事务助理。也就是说,在11个月的时间里,鲍威尔攀升到里根政府的最高层。

对于阿米蒂奇来说,问题不在于他曾经支持过"伊朗门"事件,而在于那些认为其中有阴谋的人认为,他好像**一定**是这一事件的支持者。他在越南服役和在里根政府供职期间,曾与美国外交政策隐蔽的那一面有着密切联系。他似乎还与卷入了"伊朗门"事件的一些人有关系。在向伊朗运送武器和向反政府武装提供补给中起过重要作用的退休空军军官理查德·西科德将军,曾经在德黑兰与阿米蒂

奇共过事。与伊朗军火商最早签订合同的美国人之一、退休谍报人员泰德·沙克利,在阿米蒂奇派驻越南期间是中央情报局工作站站长。⑨一个名叫克利斯蒂克研究所的组织提起诉讼,编织了一个复杂的阴谋理论,称一个由与军队和情报机构有关系、包括阿米蒂奇在内的美国人组成的"秘密小组"在东南亚、伊朗和中美洲执行过任务。没有具体的证据来证实这些指控;最后,一位联邦法官以诉讼不够严肃为由不予受理,并且命令克利斯蒂克研究所缴纳95.5万美元的罚金,该组织因此而破了产。⑩但克利斯蒂克研究所的指控曾一度成为全国媒体报道的中心。

"伊朗门"事件对阿米蒂奇造成的不良影响并不是直接的。在里根政府剩下的时间里,他继续担任助理国防部长,他的权力并没有削弱。不过,阿米蒂奇有更宏大的抱负。"他想在[老]布什政府内搞到一份重要的工作,"他在国防部的助手罗普卡回忆道。⑪"伊朗门"事件的暗流使他处于一种弱势,进一步的指控或者强大的对手,都有可能改变他的前途。结果,阿米蒂奇很快就必须面对这两种局面。

根据大家的说法,鲍威尔使里根担任总统前6年中一直处于混乱状态,并且在"伊朗门"事件中达到登峰造极地步的国家安全委员会工作班子,变成了一个纪律严、效率高的机构。鲍威尔走马上任之初,弗里茨·厄尔马斯时任国安会首席苏联事务专家。一个星期六,厄尔马斯接到一则令人惊恐的消息。一位名叫列夫·阿尔伯特的苏联持不同政见者为了获得去以色列的移民签证,正在进行绝食,厄尔马斯得知,阿尔伯特已经非常虚弱,有生命危险。

那是一个宁静的周末。厄尔马斯考虑,如果他开始推动庞大笨重的华盛顿官僚机构决定在阿尔伯特问题上如何行动的话,几天之内他是不会得到回应的。即便到那时,美国的反应可能也是无关痛痒的。于是,厄尔马斯决定采取不同的方法。他用一条公开的而不是通常的保密电话线,给美国驻莫斯科使馆拨通了电话。接着,明知克格勃很可能在监听电话的厄尔马斯,若有所思地对使馆一位高级官员说,假如阿尔伯特死了,对美苏关系、对苏联领导人米哈伊·戈尔巴乔夫来说,都将是一场灾难。厄尔马斯接着说,毕竟舒尔茨国务卿一直在强调人权问题的重要性,美国也已经向苏联官员提出过阿尔伯特的案子。

星期一,厄尔马斯接到来自莫斯科的消息,莫斯科官员已经决定向阿尔伯特发放签证,因此,阿尔伯特将停止绝食。为自己的成功感到欣喜的厄尔马斯给鲍威尔送去一张短笺,解释了所发生的事情。鲍威尔回了一张短笺。短笺写道:"很高兴你的小花招起了作用。不过我要提醒你,[国安会成员个人]自由行事到奥利·诺斯就已经打住了。"⑫

这件事很能代表鲍威尔在白宫任职的情况,他先是给卡卢奇当副手,然后担任总统国家安全事务助理。在鲍威尔手下,文件运转了,决定做出了,国安会一改前貌,同国务院和国防部的合作比较和谐了。鲍威尔的国安会按部就班地运行着。"大家都知道开会的时间是整整一个小时,"鲍威尔后来回忆道。只有鲍威尔一个人可以在会议开始的5分钟(由他谈他对手头问题的看法)或者最后10分钟(由他作总结)里发言。谁也不允许涉及日程上没有的内容。⑬ 几年之后,在克林顿政府内,鲍威尔不得不在永无止境、随意召开的会议中担任参谋长联席会议主席的职务,对此他极为不满和厌恶。

除了热衷于秩序之外,鲍威尔还把他出色的政治技巧带到里根的白宫。他有了密切的盟友,特别是国务院的舒尔茨和里根的最后一位白宫办公厅主任肯尼思·杜伯斯坦。只要在华盛顿,每天早晨,里根总统总是在9点钟与白宫办公厅主任碰头,然后在9点半见总统国家安全事务助理。鲍威尔和杜伯斯坦开始事先碰头,计划如何向里根陈述问题。有时,杜伯斯坦会向总统提出一项外交政策并且阐述该政策为国内政治带来的好处,从而助鲍威尔一臂之力。还有的时候,鲍威尔则会提及美国的盟友将对杜伯斯坦知道已经得到美国企业界支持的自由贸易计划表示欢迎,以此给杜伯斯坦以回报。⑭

鲍威尔在里根的国安会的表现,清楚地显示出他并不是自由派人士。他支持里根的战略防御计划。他赞成国会继续向尼加拉瓜反政府武装提供资金。的确,用他自己的话说,他成为在国会里就向反政府武装提供补给问题"为政府宣传鼓动的第一人"。当民主党人犹豫不决时,他用个人在越战期间服役的回忆来争取选票。"我有过与反政府武装相同的经历,唯一的差别是,那是1963年在越南,"他对他们说。在热带丛林里,他和他的部队近乎绝望地等待着直升机每隔两个星期运送来新的补给,那是他们的生命线。"今天反政府武装的情形正是如此,"他说。这样的比喻有可能引起质疑,但是这种策略是有效的;国会决定继续向反政府武装提供补给。⑮

1987年11月,总统国家安全事务助理科林·鲍威尔与里根总统在其加州圣塔巴巴拉的农场。(经罗纳德·里根图书馆同意使用)

然而,鲍威尔在国安会任职期间值得注意的,与其说是他提出了美国外交政策的新思想,倒不如说是他的管理才能。鲍威尔并不将自己标榜为思想家甚至是政府内部的主要声音。1987至1988年鲍威尔在国安会任职期间,舒尔茨脱颖而出,显然成为里根外交政策班子的主要人物,这是自亨利·基辛格1976年离任以来,第一位起到这种作用的国务卿。鲍威尔的角色是辅助舒尔茨。

里根仍然让美国人明白,他对共产主义或者"邪恶帝国"的基本看法没有改变。1987年6月到访欧洲期间,他发表了最著名的一次演讲,他站在柏林墙前,高声说:"戈尔巴乔夫先生,打开这扇门吧!戈尔巴乔夫先生,拆掉这堵墙吧!"讲稿的起草在里根政府内部引起了一场争论,国务院认为讲稿的语言煽动性太强,有可能影响到与戈尔巴乔夫发展关系。里根开始欧洲之行时,舒尔茨和鲍威尔两人都卷入了争论,企图把"拆掉这堵墙"这段话删掉。但是时任白宫办公厅主任的杜伯斯坦注意到,国务卿自己的感觉并不那么强烈,否则他完全可以要求和总统单独谈上5分钟。当里根得知这场内部争论时,他最后低声说道:"我想还是保留那段话吧。"他发表了那次讲话。⑯

在修辞上做的这类文章具有重要的象征意义,但是并不妨碍总统同莫斯科打交道。由舒尔茨牵头和鲍威尔支持,里根在任期的最后两年里与戈尔巴乔夫举行了三次峰会,签订了一项重要的军控协议《中导条约》,该协议对中程导弹的发展加以限制。对于里根这位从前缓和的主要反对者来说,这些旨在缓和冷战紧张关系的步骤,代表着他的行政当局早期制订的政策发生了重大转变。"最终,里根在与苏联打交道中取得的成就,与理查德·尼克松和亨利·基辛格相比,肯定是有过之而无不及,"长期担任苏联驻华盛顿大使的阿纳托利·多勃雷宁写道。[17]

结果,里根在民调中的得分直线上升。在"伊朗门"事件之后,里根的支持率下降了 15 个多百分点,跌到了约 50%,对他处理外交政策的支持率下降到 33%。1987 年 12 月里根与戈尔巴乔夫在华盛顿举行峰会之后,这两个数字立即大幅度上升。到他离任时,里根的支持率一直保持在 68%,是二战结束以来历届总统任期结束时最高的。[18]

里根时代后期的经验教训对鲍威尔起了作用。事实上,1987、1988 年成为鲍威尔在乔治·W.布什手下担任国务卿时工作风格的重要先例。作为里根的总统国家安全事务助理,鲍威尔得出的结论是,美国的总统是不会落入意识形态俗套的。只要政策正确,当海外局势发生变化时,总统可以迅速彻底地改变自己的外交政策。

作为总统,乔治·W.布什总是被人们拿来同里根进行比较。[19] 从表面上看,原因是显而易见的。他们两人都是在共和党右翼的大力支持下就任总统的;在这个意义上,他们都不同于布什的父亲,后者从未得到过共和党右翼的支持。因此,里根和布什两人都可以回避那些复杂的概念,把问题归结为简单化的术语:善与恶。

鲍威尔在反省自己担任总统国家安全事务助理的工作时,直率地谈论了里根的弱点。鲍威尔和舒尔茨在各自的自传中都承认,里根与戈尔巴乔夫在华盛顿的峰会一开始,这位苏联领导人便就军控问题做了详细的发言,而美国总统却只讲了一则关于出租车司机的笑话,这令他们二人大为尴尬。不过,鲍威尔也很钦佩里根。"此人因为了解美国人民的所思所想而两次当选总统,更难能可贵的是,他给了美国人他们想要的东西,"鲍威尔得出结论说。[20]

如果说乔治·W.布什与里根有相似之处,那么,按照鲍威尔的观点,就可以认为布什的观点有可能像里根在 1987、1988 年间那样最终发生转变。作为总统国家安全事务助理,鲍威尔目睹了一位立场保守的总统转变立场,总统的立场转

变得如此彻底，以致持批评态度的人抱怨说他变得太温和了。这样，在乔治·W.布什执政期间，鲍威尔有时显得像是在期待着另一位保守派总统最终会像罗纳德·里根那样转变立场，这也就不足为奇了。

1987年底，随着里根政府进入执政的最后一年，耶鲁大学一位名叫保罗·肯尼迪的历史学家出版了一部名为《大国的兴衰》的大部头论文。这部著作本身、它出人意料地畅销并且引起知识界的辩论，对"火神派"产生了持续的影响——不是因为他们赞同而是因为他们强烈反对书中的论点。

肯尼迪警告说，美国在世界上的实力已处在衰落的边缘。他追溯了前500年的历史，研究了其他一些国家如西班牙、荷兰、法国和英国是如何首先获得大国地位、最终走向衰落的。肯尼迪写道，其中每一个国家都患了他所谓的帝国战线过长综合症。这些国家在海外做出的军事承诺均超出本国的经济承受能力。现在，似乎该轮到美国了。美国"像1600年前后的西班牙或1900年前后的大英帝国一样，继承了几十年前当美国影响世界事务的政治、经济和军事能力似乎更有保证时做出的大量的战略承诺"，肯尼迪写道。[21]

《大国的兴衰》问世的时候，日报上的头条新闻似乎使人对书中的论点感到信服。在里根政府时期，美国的预算和贸易赤字达到前所未有的高度，美元对日元和西德马克的汇率降到了几十年来的最低水平。1987年10月19日，美国投资者被一场股市地震所震撼，道琼斯工业平均指数陡跌508点即22%，是自1929年股市暴跌以来一天内最大的跌幅。

美国的经济步履蹒跚。与此同时，面临自身更为严峻的经济问题的苏联，似乎迫切希望结束冷战。面临这两方面的发展，《大国的兴衰》提出这样的问题：为什么美国还在继续斥巨资维持海外的基地和驻军？在美国经济衰退的同时，军费开支数额小得多却依赖美军提供安全保护的日本，却是一片惊人的繁荣景象。

肯尼迪的著作在美国公众中引起了共鸣。该书出版不久，便开始跃身畅销书排行榜，并且持续了一年的时间。出版商兰登书屋在1987年底首印了9 000册；不到一年，就已经售出22.5万册。[22] 该书成为美国一个学术思想潮流的焦点；它的支持者被称为"衰落派"，即那些认为美国的实力和在世界中的地位正在衰落的人。

这些"衰落派"观点的流行，直接对里根政府的外交政策机构、尤其是五角大楼的利益构成威胁。如果美国人民认为他们的经济问题像肯尼迪所说的那样,是过于张扬的外交和军事政策的结果,那么,按照逻辑就应该削减国防开支,让日本等其他国家更多地承担本国安全的费用和责任。

随着肯尼迪的著作越来越畅销,里根政府开始了一场公开批判运动。在演讲中,在国会作证和接受采访中,有几位高层官员谈到肯尼迪著作的主题,试图反驳他的论点。在这场论战中,最活跃的人阿米蒂奇,作为助理国防部长,他主要负责维持美国在整个亚洲和中东地区的基地和军事承诺,他也是里根政府里负责维持与日本的密切同盟关系的人。"保罗·肯尼迪关于美国的说法是错误的,"阿米蒂奇在一次国会听证会上断言。不过,阿米蒂奇接下去说,肯尼迪的著作被"许多希望削减我们在世界各地的防务承诺的人"利用了。[23]

重要的是,必须注意围绕肯尼迪的著作的辩论从根本上说并不是意识形态的辩论。《大国的兴衰》一书并没有说美国以不道德的手段在海外发挥影响,也没有说美国的外交政策是错误的或者有害的。该书仅仅提出美国无法负担其正在实施的外交政策。这个观点至少在理论上既符合政治左派、也符合右派的观点。的确,肯尼迪的论点颇受自由派的欢迎,同时,一些保守派人士也开始附和他的观点。

根本的分歧在于,与其他国家相比,美国究竟有多大的实力。肯尼迪认为,根据趋势看,美国正在走下坡路。"这个……美国是否能够维持现有地位的问题的唯一答案是'不能',"肯尼迪写道,"……即便在军事领域里,也出现了某种重新分配均势、从一极向多极体系转变的迹象。"[24] 阿米蒂奇等官员反驳说,美国远比"衰落派"相信的要强大得多。

现在回顾起来,肯尼迪的分析似乎存在明显的问题。他忽视了美国经济与其他国家相比有一些长期的优势,比如源源不断地进入美国的移民等等。他没有看到计算机技术革命的影响,在他的著作问世之时,这场革命还处在初期阶段。他还过分强调了预算赤字,而这后来被证明是可以改变的。"造成赤字的原因不是美国经济的弱点,而是里根经济学的弱点,"哈佛大学的政治学家塞缪尔·亨廷顿在批驳肯尼迪的文章中写道。[25]

在《大国的兴衰》出版后的15年里,美国经济复兴了,日本经济进入了长时期的滞胀。在军事领域里,肯尼迪预言的权力的重新分配和多极体系并未实现;相反,美国的力量与其他国家的力量之间的差距拉大了。到 2002 年,美国每年近

4 000 亿美元的国防预算超过了在它之后的 25 个国家国防预算之和。[26] 同时,美国能否承受如此高水平的军事开支问题实际上从美国政治里消失了(直到 2003 年伊拉克战争和一系列新的预算赤字有可能使这个问题再度被提出来)。

这场关于美国衰落的辩论,标志着"火神派"世界观演变的另一个重要时刻。冷战已经开始偃旗息鼓。就像越战之后那样,美国又一次试图重新明确自己的国际作用。"火神派"又一次选择以最富扩张性和最自信的方式看待美国的能力和美国的实力。

70 年代中期,唐纳德·拉姆斯菲尔德(还有迪克·切尼和保罗·沃尔福威茨等其他人)驳斥了基辛格提出的美国的军事力量正在削弱、美国因而必须寻求与苏联缓和的观点。80 年代末期,阿米蒂奇驳斥了关于美国的经济实力正在下降、美国必须削减海外的基地网和海外驻军人数的论点。在每一个关键时刻,"火神派"都拒绝接受所谓的美国衰落论,并制定出将使美国在全球的实力最大化的外交政策。他们正在努力逐渐建立一个美国在其中没有军事对手的世界。

美国在这个过渡期内的决定并不是必然的。还有其他的选择,其他的战略。美国广泛的基地和驻军网络是为了防范苏联而建立的,但是苏联的威胁正在迅速削弱。美国至少在理论上可以像一次大战后那样开始减少参与海外事务。美国的官员们本来可以选择加强联合国的力量,或者建立美国可以在其中与其他国家在更大程度上分担国际安全义务的新的多边组织。美国本可以选择将大量资金从国防预算上转到医疗、教育和扶贫等国内必须优先解决的问题上。这里的关键不是说美国的领导人本应选择其中的这个或者那个,而仅仅是提出存在其他的选择。

衰落论者的判断是错误的。后来的情况是,尽管里根时期存在种种经济问题,阿米蒂奇等美国实力的鼓吹者们更准确地把握了 80 年代结束时美国的实力究竟有多大。按照"火神派"的观点,肯尼迪的著作和 18 世纪 80 年代关于英国因为失去了在美国的殖民地而即将衰落的预言是一样的。最终,将近两百年之后,那些预言的情况发生了——但那是在英国上升到新的高度、在整个 19 世纪一直是世界占统治地位的大国之后发生的。"火神派"期望着有朝一日美国在世界的统治地位能超过当年的英国。

注 释

① 2002年10月22日对拉里·洛普卡的采访。

② 关于越战对"伊朗门"事件这些主要人物的影响，见 Robert Timberg, *The Nightingale's Song* (New York: Touchstone, 1995)。

③ Karen Tumulty and Sara Fritz, "President, Panel Agree on Covert Action Rules," *Los Angeles Times*, August 8, 1987, p.1.

④ Theodore Draper, *A Very Thin Line*, (New York: Hill and Wang, 1991), pp.148-150.

⑤ 2002年3月28日对威廉·奥多姆的采访；Lawrence Walsh, *Final Report of the Independent Counsel for Iran/Contra Matters*, August 4, 1993, vol.I, part VIII, Officers of the Department of Defense (*U.S. vs. Caspar Weinberger and Related Investigations*), p.432, fn.223。

⑥ Colin Powell, *My American Journey* (New York: Ballatine Books, 1995), pp.299-301.

⑦ Walsh, op. cit., p.432.

⑧ Powell, op. cit., p.318.

⑨ David Corn, *Blond Ghosts* (New York: Simon & Schuster, 1994), pp.376-380.

⑩ Ibid., pp.382-398.

⑪ 对洛普卡的采访。

⑫ 2002年3月14日对弗里茨·厄尔马斯的采访。

⑬ Powell, op. cit., p.332.

⑭ 2002年7月11日对肯尼思·杜伯斯坦的采访。

⑮ Powell, op. cit., pp.328-329.

⑯ 对杜伯斯坦的采访。

⑰ Anatoly Dobrynin, *In Confidence* (New York: Times Books, 1995), p.612.

⑱ David S. Broder and Thomas Edsall, "Arms Agreement Improves GOP's Chances in 1988," *Washington Post*, September 20, 1987, p.A20; Richard Morin, "Post-Summit Poll Shows Reagan Gains," *Washington Post*, December 15, 1987, p.A1; Steven V. Roberts, "Reagan's Final Rating Is Best of Any President Since 40's," *New York Times*, January 18, 1989, p.1.

⑲ 如参见 Bill Keller, "The Radical Presidency of George W. Bush," *New York Times Magazine*, January 26, 2003, p.26。

⑳ Powell, Op. cit., pp.350-351; George Shultz, *Turmoil and Trimph* (New York: Scribner, 1993), p.1011.

㉑ Paul Kennedy, *The Rise and Fall of the Great Powers* (New York: Random House, 1987), p.515.

㉒ William H. Honan, "The Lessons of War Sell in Peacetime," *New York Times*, December 19, 1988, p.D12.

㉓ Jim Mann, "Officials Upset by Books Saying U. S. Is Courting Decline," *Los Angeles Times*, May 31, 1988, part I, p. 15.

㉔ Kennedy, op. cit., pp. 533-534.

㉕ Samuel Huntington, "The U. S.: Decline or Renewal?," *Foreign Affairs* (Winter 1988—1989), p. 76.

㉖ Glenn Kessler, "Diplomatic Gap Between U. S., Its Allies Widens," *Washington Post*, September 1, 2002, p. A1.

RISE OF THE VULCANS
The History of Bush's War Cabinet

第十一章

新总统，新班子

第十一章 新总统，新班子

1985 年,年轻的新保守派人士威廉·克里斯托尔来到华盛顿,担任教育部长威廉·贝内特的助手。在里根时代右翼的骚动中,克里斯托尔成为在联邦政府官僚机构中就职的哲学家列奥·施特劳斯的追随者中的一员,每天都在与国内的相对主义和海外的专制体制作斗争。

第二年的一天,克里斯托尔接到他几乎不认识的唐纳德·拉姆斯菲尔德的邀请,到华盛顿的麦迪逊饭店共进早餐。信息很简单:拉姆斯菲尔德正在考虑与副总统乔治·H. W. 布什竞争1988年的共和党总统提名,他正在找一位能帮助他竞选的人。克里斯托尔后来回忆,拉姆斯菲尔德把自己描绘成一个"头脑冷静,保守型的人……我觉得,他对布什的评价并不高"①。

唐纳德·拉姆斯菲尔德从未劝阻别人去揣摩他将来有可能会成为美国总统。他的简历和他的勃勃野心是他的本钱。共和党的领袖们,其中包括拉姆斯菲尔德的老上司理查德·尼克松,确保了拉姆斯菲尔德的名字始终列在共和党未来的总统候选人名单上。

最后,在80年代中期,拉姆斯菲尔德断定,无论从政治还是个人的角度看,竞选总统的时机都似乎已经成熟。拉姆斯菲尔德担任了八年的G. D. 瑟尔公司的首席执行官,在此期间,他把漫长的工作日用在了诸如NutraSweet、Equal和Metamucil等商业性产品的前景上;当百事可乐和可口可乐开始在它们的无糖型可乐饮料中只使用NutraSweet、当瑟尔在1984年推出无糖型Metamucil时,他感到欣喜若狂。② 这些对于瑟尔公司来说是重要的商业冒险,不过,拉姆斯菲尔迫切希望在更大的公共舞台上表演。1985年中期,瑟尔的股票被美国第四大化学品公司孟山都公司收购。拉姆斯菲尔德结束了在瑟尔的工作。他可以自由地重返政坛了。

当时,虽然布什副总统是里根明确的继承人,但布什在1988年获得共和党总统提名似乎仍有可能受到挑战,其原因既是由于人们无法确定他的竞选能力,也是由于他在党内右派中名声不佳。③ 拉姆斯菲尔德咨询了政治领袖、公司总裁与曾在尼克松和福特政府里任职的弗兰克·卡卢奇和乔治·舒尔茨等旧友。舒尔

茨当时在里根和布什手下担任国务卿,但他暗中支持了拉姆斯菲尔德。"我一直都是拉姆斯菲尔德的支持者,"舒尔茨后来解释道。④

拉姆斯菲尔德于1985年底开始竞选。在接下去的18个月里,他按照惯例到新罕布什尔和衣阿华州去"朝圣",在全国各地发表演讲,接受政治记者和编辑部的采访,组建了自己的政治行动委员会进行筹资,并且开始参加为有可能成为共和党候选人的那些人搞的专题讨论会。

他试图从右面挑战他的老政治对手布什。"在1988年的初选中,拉姆斯菲尔德很可能作为强硬的保守派崭露头角,从而取代乔治·布什副总统,"《芝加哥论坛》的政治记者史蒂夫·尼尔写道。拉姆斯菲尔德特地把自己描绘成外交政策领域的鹰派人物。当苏联官员以从事间谍活动的指控扣押了美国记者尼古拉斯·达尼洛夫时,拉姆斯菲尔德举行了记者招待会,表示如果以释放美国关押的一名苏联官员来换取达尼洛夫获释,这样做将"大错而特错",等于"认可苏联的勒索"(里根政府最终就是这样做的)。"这将鼓励苏联和其他国家扣押美国公民,把他们当成人质来迫使美国让步,"拉姆斯菲尔德争辩道。⑤

然而,从一开始,拉姆斯菲尔德的保守策略就遇到了麻烦。虽然里根成功地团结了共和党内的右翼,但到80年代末,共和党右翼已经开始分裂,以至于1988年没有一位保守派人士出来挑战布什。供应学派经济学的拥护者们支持杰克·肯普,克里斯托尔这样的保守派也不例外;基督教联盟的帕特·罗伯逊则得到社会保守派的支持。人们认为拉姆斯菲尔德与共和党内老牌的尼克松—福特派有一些松散的联系,而与更新、更推崇民粹主义的里根派则没有什么联系,这增大了他争取作为保守派候选人出线的难度。

问题还不止这些。尽管拉姆斯菲尔德有令人印象深刻的履历,但是,自从1968年他参加了最后一次国会竞选之后,便再也没有竞选过政治职位。"他的竞选风格差不多就像某位首席执行官的衣橱那样让人眼花缭乱,"一位记者评论道。⑥ 拉姆斯菲尔德在瑟尔公司的工作已经使他太长时间脱离了公共生活;民意调查显示,没有多少人知道他的名字。作为副总统,布什所处的地位使他能够施恩于人,并且可以在总统竞选时得到回报。拉姆斯菲尔德发现,他无法筹集到他希望数额的经费。

1987年4月1日,在第一次初选前将近一年,拉姆斯菲尔德突然退出了竞选。"我看不到任何实现目标的可能,"他在给捐款者和支持者的一份备忘录中写道。在公开场合和与他有权势的朋友的私人谈话中,拉姆斯菲尔德称他退出的原因是因为筹资的强度太大。"你为什么不干了?"舒尔茨问他。"因为我得出了结论,我可以筹资,也可以竞选总统。但是我无法二者兼顾,"拉姆斯菲尔德答道。⑦"他对我说,筹资超出了他的忍受程度,"时任总统国家安全事务助理的卡卢奇回忆道。⑧

然而,拉姆斯菲尔德在筹资方面表现无能,可能既说明了他竞选的不成功,又反映出他的观点得不到支持。他没能在共和党内培养起一批强有力的支持者或基础。他没有抓住任何有吸引力的、能够使自己有别于其他候选人的问题。拉姆斯菲尔德的竞选很奇特。到1987年初,他挑战在任副总统布什的努力,得到了国务卿(舒尔茨)和总统国家安全事务助理(卡卢奇)的暗中支持,但是在新罕布什尔却没有得到足够的地方党组织的主席的支持。假如共和党总统提名人是由国家安全委员会来选择,拉姆斯菲尔德倒是很有可能获胜。

在最终放弃了竞选之后,有人询问拉姆斯菲尔德下一步的打算。他表示不知道。"这就像是让一艘战舰调转航向一样,"他告诉一位记者,"你不可能朝着一个方向已经走了一年半,然后说转向就转向了。"⑨ 对于那些曾经为意志坚强的拉姆斯菲尔德工作过或者与之打过官僚机构仗的人来说,关于"战舰"的比喻是极罕见的自我剖析。

———

乔治·布什击败了所有挑战他在共和党内获得提名的对手,然后在秋季的选举中击败了民主党提名人迈克尔·杜卡基斯。唯一一个涉及外交政策的问题只是象征性的。杜卡基斯身穿跳伞服,头戴一顶大好几号的钢盔,乘坐M1A1坦克兜风,在此之后,布什的竞选班子利用这件事给自己做竞选广告,他们警告说杜卡基斯想当三军总司令,而"美国不能冒这个险"。布什的策略似乎起了作用。尽管在里根政府后期,冷战已经有所缓和,但是,美国的选民们似乎仍然希望有一位能够得心应手地运用军事力量的总统。

从外交政策角度讲,1988年最重要的变化并不是选举,而是从里根政府向老布什总统政府的过渡。一般讲,如果一位在任的副总统升为总统,强调的重点就是和谐和延续性,但是新的布什政府一开始的变化倒更像是接管对立面似的。不少里根的保守派追随者立即被解除了职务。

突然间,基辛格和他的现实主义哲学又重新流行起来。布什选择了长期担任基辛格副手的布伦特·斯考克罗夫特出任他的总统国家安全事务助理,斯考克罗夫特在福特政府最后一年中担任过相同职务。宣誓就职11天前,布什召集他的

新班子开了一个很长的战略研讨会,研究如何对付苏联,与会者包括斯考克罗夫特、候任国务卿詹姆斯·贝克三世、新任白宫办公厅主任约翰·苏努努和唯一一位局外人——亨利·基辛格。会上,基辛格敦促新政府设立一个与苏联领导人米哈伊·戈尔巴乔夫联络的非正式渠道,并恭谦地毛遂自荐,作为可以考虑的中间人。布什的班子并不愿意给基辛格这么重要的角色。⑩

从里根到布什政府的过渡,经常被描绘成从鹰派到鸽派、从保守派到温和派的转变。但是现实要复杂得多。首先,与这些形象不同的是,在1988年和1989年,即将卸任的里根政府的官员们其实是鸽派,新的布什班子倒是鹰派。里根在任的最后两年里,迅速采取行动缓和了与莫斯科的紧张局势,抱怀疑态度的人声称,他的政府对苏联正在变化的想法寄予了太多的希望。候任的布什政府反映了这种谨慎态度;现实主义者们强调,尽管戈尔巴乔夫上了台,但冷战尚未结束。斯考克罗夫特任命了苏联问题专家、在里根政府最后几年里因为强调苏联仍然执意与美国为敌而惹怒了舒尔茨的罗伯特·M.盖茨担任总统国家安全事务副助理。

第二,每一届政府,无论是共和党还是民主党,都会超越意识形态的界限,吸收一些相互间有个人联系的人。斯考克罗夫特和布什的国务卿詹姆斯·贝克三世组建新外交班子时,旧时的友情至少和一个人是保守派还是温和派同样重要。布什的国防部长首要人选是约翰·托尔,但是,当参院在1989年3月因一系列有关个人行为不端的指控而拒绝批准托尔的提名时,布什的班子需要一个迅速能够替补的人选,于是,他们立即转向一个熟悉的面孔、众议员迪克·切尼。

在整个80年代,切尼在众院领导层里地位不断上升。他担任过情报委员会成员,这个职位完全符合他对政策细节的兴趣,也符合他的习惯,特别是他对保守秘密的尊重。他还在限制国会对"伊朗门"事件的反应规模上在共和党众议员中起了主导作用。1988年,国会开始讨论一项要求白宫在任何秘密行动开始前48小时通知国会的提案,切尼据理力争,反对限制总统的权力。"如果我们衡量一下其中的危险,我们更有理由为剥夺总统采取行动的能力,而不是国会所谓的没有能力做出反应的问题而担忧,"他在一篇社论中写道。该法案未能通过。⑪

在1988年大选中,众议员特伦特·洛特获胜进入了参院,而后,切尼成为众院共和党督导,在共和党众议员中位居第二。他也是众院少数党领袖罗伯特·米切尔已确定的继承人。然而在当时,共和党似乎无望打破民主党对众院连续三十

第十一章 新总统，新班子

1987年5月5日，众院"伊朗门"事件特别调查委员会主席李·汉密尔顿众议员（左，民主党—印第安纳州），与该委员会副主席迪克·切尼众议员（共和党，怀俄明州），在公开听证会上交换意见。(ⓒ Bettmann/CORBIS)

年的控制。切尼进入布什政府，则为纽特·金里奇升任切尼空出来的众院共和党领导职务扫清了道路。

斯考克罗夫特在启用切尼的问题上起了主导作用。这两个人在福特政府里曾经密切合作过。拉姆斯菲尔德出任国防部长，切尼则从拉姆斯菲尔德的副手升任白宫办公厅主任，斯考克罗夫特在同一次人事变动中，从基辛格的副手升任总统国家安全事务助理。在福特的白宫里，斯考克罗夫特和切尼都是不爱抛头露面的工作人员，他们努力保证机构的运转，尽量缓和他们的两位更锋芒毕露的恩师基辛格和拉姆斯菲尔德之间的冲突。切尼在那几年里还与在福特竞选连任班子里工作的贝克有很好的合作。

"我们亟需一位国防部长。现在已是（1989年）3月，有那么重要的职务空缺在那里，我们根本无法制定政策，"斯考克罗夫特在一次采访中回忆道，"因此，我们需要立即确定人选。这也就是说必须是某位国会议员，否则，我们还得经过漫长的听证。然后，我自然就去找了切尼，"⑫ 即使在很多年之后，在乔治·W.布什政府里，切尼开始推动对伊拉克开战，而斯考克罗夫特则反对打伊拉克，就是在这

个时候,斯考克罗夫特仍然拒不承认切尼的外交政策观点与自己的不同。"他这个人在我的脑子里并不是一个强调意识形态的人,"斯考克罗夫特这样评论切尼。"……他非常保守,但是我和他之间从来没有什么麻烦。我认为(乔治·W.布什政府的)问题出在第二梯队。"⑬ 数十年后,切尼运用他善于回避冲突的风格,再次使斯考克罗夫特等政府的知情人相信,他是他们班子的成员之一,尽管他的观点极为保守。

托尔选择了沃尔福威茨担任国防部负责政策的副部长,这是五角大楼的高级决策职位。在里根政府晚期出任美国驻印度尼西亚大使之后,沃尔福威茨拿不定主意是否要重温在华盛顿做官僚的生活。"他犹豫了很久,下不了决心。他谈到了重返学术界,"他在尼克松政府时期的老上司弗雷德·埃克雷说。⑭ 沃尔福威茨的朋友们最终说服他接受了这个职位。这意味着,在专门从事亚洲问题研究六年之后,沃尔福威茨将再次负责军控、中东和波斯湾,这是他早年职业生涯倾心研究的领域。

切尼有权选择自己的五角大楼助手,但是他支持了托尔选择的沃尔福威茨。切尼没有立即作决定;助手们回忆,在短暂的时间里,他举棋不定,沃尔福威茨不得不让参议员理查德·卢加尔为他引荐,在费迪南·马科斯在菲律宾最后的日子里,沃尔福威茨曾经与卢加尔有过密切合作。切尼与沃尔福威茨作了详谈,发现他们的想法是一致的,于是便提了他的名。他们后来结成长期的合作伙伴关系。切尼和沃尔福威茨经常连手用自己的鹰派观点来平衡贝克和斯考克罗夫特这两位布什政府中的鸽派人士。有切尼和沃尔福威茨在五角大楼,就很难说从里根政府到老布什政府的过渡,代表的是从保守的外交政策向温和的外交政策的某种简单的、单一方向的变化。

布什是在一个星期五宣誓就职的。在接下去的星期一,布什的白宫经历了它的第一次内部危机。一辆没有标志的灰色面包车停在白宫西北大门的门口。驾车人称,他来给新任总统送一个苏联航空公司寄来的大包裹。箱子既没有说明,也没有卡片。紧张的特勤局官员调来排爆小组,赶紧把包裹弄到该局在华盛顿一个临时地段的办公室里。当他们最后打开箱子时,发现里面装的是一个 5 磅重的大蛋糕。⑮

这个蛋糕来自何处?苏联使馆说不知道。斯考克罗夫特和盖茨把这个小小的侦察任务交给了他们的新任国安会负责苏联事务的助手、会讲俄语的康多莉扎·赖斯。她最终搞清楚了,原来蛋糕是苏联境内一个小镇上的蛋糕合作社送

第十一章 新总统，新班子

的。这个礼物在特勤局办公室里被老鼠啃了几周之后，布什向那家合作社发了一封感谢信，还附上了一张布什全家的合影。

自老布什政府一上任，34岁的康多莉扎·赖斯便在政府内部发挥着作用。在某种意义上，她是两位布什总统政府的元老。斯考克罗夫特三年前在斯坦福大学第一次遇见她之后，一直与她保持着联系，确保她进入了阿斯平战略小组等培养未来领袖人物的精英组织。在组建国安会工作班子时，他很快把赖斯从斯坦福教员队伍中挖了过来——和他一样动作迅速的还大有人在，因为国务院政策规划司的新任司长丹尼斯·罗斯也想请她出山。[16]

总统宣誓就职后的几周里，赖斯为斯考克罗夫特撰写了那份备忘录，陈述了布什对苏联谨慎的新政策的主要内容。其中重点是加强与北约盟国的关系，集中精力实现军控，争取发展与东欧的关系，然后才是寻求与戈尔巴乔夫更广泛的妥协。赖斯曾师从捷克移民约瑟夫·科贝尔，撰写了关于捷克斯洛伐克的博士论文，因此，她对华沙条约组织国家有着特殊的兴趣。布什班子开始召开会议，为各种突发事件制订计划，盖茨负责关于苏联的会议，而赖斯则主持有关东欧的会议。[17] 国安会的工作不仅激动人心，而且给了赖斯展示她在抽象的国际关系研究领域里无法施展的才能的机遇：她务实，具有政治手腕；投入，但也坚定，果断。她在斯坦福的朋友科伊特·布莱克观察了她是如何向政府工作过渡的，他的评论是："她真像是如鱼得水。"[18]

此外，她似乎与布什政府和布什一家发展起比其他任何一位白宫工作人员都更紧密的个人关系。布什宣誓就职一个月后，赖斯和一群苏联问题专家一起被派去向新总统介绍苏联情况，到布什家族在缅因州的大本营肯尼邦克伯特做客；她后来多次回到那里。[19] 作为在几乎完全由白人男性垄断着的苏联事务领域中的一位非洲裔美国女性，赖斯通常与众不同，代表着倔强和独立的次文化。"她不是跟着一帮人来到华盛顿的，"斯坦福大学政治学家迈克尔·麦克福尔评论道，"她不属于那帮小伙子，不属于那帮姑娘，不属于学术界，不属于军人，不属于布鲁金斯学会（智库）那帮人，也不属于罗兹奖学金那帮学者。"[20] 然而，她却是布什班子的创始成员。

赖斯并不是新上任的布什政府中在1989年春季试图制定新的对苏政策的唯一一位官员。在五角大楼，在前国务院他的两位助手斯库特·利比和詹姆斯·罗奇的帮助下，沃尔福威茨对美国的对苏防务政策进行了审查。这份五角大楼研究

报告还得出结论说,美国在与戈尔巴乔夫打交道时必须谨慎,因为搞清楚苏联实际变化的程度尚需时日。[21]

然而,沃尔福威茨显然急于扭转五角大楼对苏联的过分关注。1989年秋季,他命令对美国的波斯湾政策进行审查,重点是如何保卫沙特阿拉伯的油田。这是70年代末他在五角大楼内进行的研究的延续。不过,这次研究的出发前提不是保卫波斯湾不受苏联的入侵,而是如何保卫油田,使之不被波斯湾内部的某个国家——比如说伊拉克——占领。

新政府就任初期被任命担任高层外交政策工作的共和党人里缺少一个人,这是值得注意的。理查德·阿米蒂奇没有得到任命。主要原因在于一位有权势的名叫罗斯·佩罗的商人坚决反对,佩罗在1989年前3年的时间里,一直在推动一场奇特的反阿米蒂奇的运动,并且一直持续到1989年之后的几年时间里。

佩罗对阿米蒂奇的深仇大恨,起因于越战中的美国战俘问题。越战结束以来,佩罗相信,大量被认为在作战中失踪的美国人在战斗中并没有阵亡,他们仍然健在,就在东南亚。他还相信,美国政府企图掩盖这些战俘可能还健在的事实,没有竭尽全力营救他们回国。[22]

到了1986年,佩罗在试图推动里根政府制订关于战俘的新计划。国会里有人在议论设立一个新的越战委员会,由佩罗担任主席。佩罗开始自己与越南政府进行谈判,并在1987年初访问了河内。返回华盛顿后,他提出了改善美国与越南的经济关系的建议,该建议将成为一笔含蓄的交易的组成部分,将导致河内在战俘问题上的合作。里根政府一直坚持,在美国取消对越南的经济制裁之前,河内必须首先从柬埔寨撤军。佩罗的计划激怒了里根在国安会的助手们;他们认为,越南政府在利用他来削弱政府的谈判立场。此外,在"伊朗门"事件愈演愈烈的情况下,他们还认为,佩罗的建议听起来让人感觉像是要他们再次为人质支付赎金(关于这次人质的死活不过是道听途说而已)。[23]

"我觉得越南人就像小孩子的玩具钢琴一样耍弄了他,"时任里根政府国安会工作人员的詹姆斯·凯利回忆道。凯利随时准备着,一旦总统接受了佩罗的建议,他就将辞去政府的职务。政府与佩罗之间的不和非常棘手,因为当时佩罗承诺向新建的里根总统图书馆捐赠250万美元。最终,里根在与佩罗当面摊牌之后,站在了自己的助手一边,没有理会佩罗想充当美国与越南的中间人的企图。佩罗因为遭到政府的拒绝而十分恼火,他撤回了先前说要捐赠给里根图书馆的

200万美元。㉔

　　随着这些围绕着越南政策的辩论的进行，佩罗逐渐开始将阿米蒂奇作为攻击的目标。他为什么要这样做仍然不清楚。作为助理国防部长和五角大楼最高级别的亚洲问题官员，阿米蒂奇从总的方面负责越南，他帮助揭穿了一些在越南还有活着的战俘的轰动说法的真相。㉕ 不过，在佩罗和阿米蒂奇之间没有发生过具体的冲突；的确，佩罗开始攻击阿米蒂奇的时候，他们两人根本未曾谋面。

　　有一个因素很可能是，在有关战俘的五花八门、无从考证的谣言当中，佩罗认为，他在阿米蒂奇身上却发现了某些确定的信息。一位负责调查华盛顿的弗吉尼亚郊区亚裔有组织犯罪情况的本地侦探交给佩罗一份档案，档案显示，阿米蒂奇曾经代表一位正在等待判决的越南妇女，用五角大楼的信笺给一位地方法官写了一封亲笔信。那位妇女已经承认从事了非法赌博经营活动，警察称她的经营每天通过对足球比赛下赌，收入达5万美元。警察的卷宗里有一张阿米蒂奇与那位妇女的合影，他是在战争期间在南越第一次见到她的。㉖ 阿米蒂奇承认，他不该使用五角大楼的信笺。佩罗以这份警察卷宗为出发点，接着编造出一套关于阿米蒂奇、腐败、有组织犯罪、贩毒和越南的阴谋理论。至于其他那些猜测，他既没有照片，也拿不出任何证据。㉗

　　佩罗不断走访五角大楼，搜寻着能够诋毁阿米蒂奇的信息。"他请我吃饭，向我打听阿米蒂奇的情况，他的私生活，他为什么在曼谷呆了很长时间而他的太太和孩子却在家里，"时任国防部官员的一位亚洲问题专家回忆道。㉘ 一天，阿米蒂奇发现佩罗又到了五角大楼，他做了自我介绍，然后问道："你为什么跟我过不去？"佩罗说，他认为阿米蒂奇由于和那位越南妇女的关系而名声不佳。阿米蒂奇答道："我已经结婚多年。我的行为是否检点，我的太太有数，不幸的是，这是我跟她的事，当然跟你没关系。"㉙ 佩罗不同意。他要让阿米蒂奇丢掉饭碗，他向卡卢奇和布什副总统反映了他那些指控和猜测。他的努力没有成功；阿米蒂奇保住了饭碗。

　　布什在1988年竞选中获胜之后，切尼请阿米蒂奇留任陆军部长。佩罗重新开始了他对阿米蒂奇的讨伐运动，向正在为阿米蒂奇的提名做背景调查的联邦调查局和国会提出了他对阿米蒂奇的指控。这一次，佩罗有了进展。联邦调查局汇总了一份几百页的报告，但是并没有找到能够证明阿米蒂奇参与了毒品走私、有组织犯罪、掩盖战俘幸存的消息、他与那位越南妇女的关系以及其他泛泛的指控

的证据。佩罗发现国会山的人更愿意接受他的说法,这不仅包括了在战俘问题上支持他的人,还有参议员杰西·霍尔姆斯办公室的工作人员,在里根时期,阿米蒂奇主张美国与日本发展密切的合作伙伴关系,引起了这些人的不满。看来,为了使阿米蒂奇担任陆军部长的任命获得批准,在没能获得参院对托尔的任命的批准之后仅仅两个月,布什政府必须经历另一场艰难的任命战。

1989年5月,随着对他的任命进行投票的日子渐渐接近,阿米蒂奇去见切尼。根据阿米蒂奇的记述,他问这位新任国防部长:"我们能赢吗?你有准备争一争吗?"令阿米蒂奇吃惊的是,他得到的是一个冷淡的、不明朗的回答。"我不知道,"切尼答道。

许多年之后,阿米蒂奇回忆道:"这是我听到的最奇怪的事情。我的背景,我跟(国防部长卡斯珀·)温伯格和鲍威尔的经历告诉我,如果你成为这个班子的一员,大家就会帮助你。我只需要他说,'当然,我们会想方设法去做。'可他却只是说,'我不知道。'我当时就意识到,迪克·切尼有点不同。我不是他的政治资产或资本。所以切尼不愿意为他的任命去做过多的努力。如果他在国防部任职一开始就参与一场麻烦的、闹得沸沸扬扬的辩论,他的日子就会不好过。"㉚

这次紧张的谈话显示了这两个人风格上的差异。阿米蒂奇的风格非常个性化。他经常把他在华盛顿的政府工作看做小部队作战的副产品:你替你的好友望风,你的好友替你望风,大家一起走进夜色。而切尼则是冷淡的、不受个人感情影响的、富有心计的:你把成本和收益相加起来,然后进行计算。

切尼的似乎缺乏热情使阿米蒂奇受到刺激,他因而拒绝了对他的任命。在布什政府任期余下的时间里,阿米蒂奇担任过一些无须经过参院批准的特殊的外交政策使命(如负责美国在菲律宾基地的前途的谈判等)。他在私下对华盛顿的朋友说,他认为切尼为他的任命争得不够。一位朋友后来承认,阿米蒂奇的一些怨言可能传到了切尼那里。俩人的关系一直不错,互相之间没有积怨,但是总是保持着距离。㉛

科林·鲍威尔与切尼的关系要好得多。在担任了里根的国家安全事务助理之后,鲍威尔于1989年初重返军旅生活,担任位于亚特兰大的美军司令部的司令,该司令部负责包括国民警卫队在内的、驻扎在美国境内的近一百万名美军。

第十一章 新总统,新班子

这个职务意味着鲍威尔成了四星将军。

他担任这个职务只有6个月多一点。夏初,威廉·克劳海军上将宣布,他打算在9月份任期届满时退休,不再寻求被重新任命为参谋长联席会议主席。切尼很快做出决定将鲍威尔作为下一届主席的人选。切尼担任国会议员、鲍威尔担任驻德国的美军司令官时,他们曾经有过非正式的接触;鲍威尔担任总统国家安全事务助理、切尼担任众院共和党领袖期间,他们打过交道,后来,切尼成为国防部长、鲍威尔担任了美军司令的时候,他们又有过简短的交谈。[32]

总统对切尼的选择有所保留。布什喜欢鲍威尔,但是他不知道,如果他越过所有其他年纪更大的参联会主席候选人,会不会跟军队惹什么麻烦。鲍威尔时年52岁,是具备接任克劳的15名四星上将中年纪最轻的。"他[鲍威尔]年纪还轻,可以以后再担任参联会主席",布什在回忆录中写道。然而,他说:"切尼非常坚决——而且很有说服力。"鲍威尔得到了这份工作。[33]

媒体关于鲍威尔任命的报道集中在他是第一位黑人参联会主席并且年纪较轻的事实上。报道往往忽略了另外两个同样重要的因素。鲍威尔是第一位已经担任过内阁级别职务的参联会主席。在担任总统国家安全事务助理期间,他比大多数参谋长联席会议的将军们获得了更广泛的美国外交政策方面的经验。在开始新的工作之前,鲍威尔参加国家安全委员会会议的次数超过了切尼,甚至可以证明超过了贝克国务卿(贝克曾任里根的财政部长)。

更重要的是,鲍威尔将成为第一位在完整的任期内享受1986年通过的《戈德华特—尼科尔斯法案》赋予的权力的参联会主席。二战后刚设立这个职务的时候,参联会主席只有权向总统和国防部长提出陆军、海军、空军和海军陆战队指挥官的一致意见。1986年的法案第一次允许参联会主席无须在军种负责人之间寻找共识,相反,授权参联会主席可以自行代表个人和代表整个军队发表意

1989年8月10日,国防部长迪克·切尼在布什总统宣布任命科林·鲍威尔为参联会主席的仪式上。(经乔治·H.W.布什总统图书馆同意使用)

见。法案还规定,由参联会主席一人负责为参联会工作的一千五百多名工作人员,这些人员此前不是为参联会主席,而是为所有五个军种负责人集体工作的。

于是,鲍威尔以在军队内部和相对文职领袖比任何一位前任更强的地位,就任参联会主席。切尼明白这一点。他在与军队的关系上非常谨慎,而且的确有的时候非常恼火。切尼刚到五角大楼走马上任时,曾公开斥责过未经切尼批准擅自与国会谈判的一位空军参谋长。但是,这位国防部长对鲍威尔非常敬重。两人都在华盛顿的日子里,每天下午5点,他们都在切尼的办公室里开会。切尼的助手们发现,无论国防部长在见别的什么人,无论有什么其他事情等着处理,差两分钟5点时,他就会说:"咱们就到这里吧。我不想让主席等。"切尼的老朋友和长期的助手戴夫·格里本这样对自己说:"鲍威尔是给切尼干,而不是切尼给鲍威尔干。"但是,他和其他助手都意识到,这是切尼向军队表示尊重的方式。(1993年,切尼的后任莱斯·阿斯平有时会忘记看表而让鲍威尔等候,这可不是无关紧要的疏忽。)㉞

切尼和鲍威尔与华盛顿里所有其他的人一样,并不知道他们两人即将面临的史无前例的挑战。1989年11月10日,在经过了数星期的动乱之后,东德拆掉了柏林墙。在接下去的6个星期里,在戈尔巴乔夫和苏联领导人的默许下,民主革命席卷整个东欧。

这一次,就连华盛顿最怀疑的人都不能不承认这个事实,苏联正在发生变革。现在,切尼和鲍威尔面临的任务是决定国防预算怎么办,派驻海外防范苏联的部队怎么办。他们必须一起界定新时代里美国的作用,决定五角大楼需要保持多少军力,应该怎样和何时使用这种力量。

注　释

① 2001年11月12日和12月7日对威廉·克里斯托尔的采访。
② 拉姆斯菲尔德在股东年会上的讲话,G. D. Searle & Co., Business Wire, May 23, 1985。
③ 见 Jack W. Germond and Jules Witcover, "Doubts About Bush Prompt Search for New Facts," *National Journal*, vol.18, no.7 (February 15, 1986), p.402。
④ 2002年2月12日对乔治·舒尔茨的采访。
⑤ Steve Neal, "Rumsfeld Almost Off and Running," *Chicago Tribune*, April 4, 1985, p.19;

"Rumsfeld Frowns on Spy Sweo," *United Press International*, September 23, 1986.

⑥ Stephen Chapman, "Can Rumsfeld Add Another Line to a Strong Resume?" *Chicago Tribune*, February 15, 1987, perspective section, p. 3.

⑦ 对舒尔茨的采访。

⑧ 2002年1月11日对弗兰克·卡卢奇的采访。

⑨ Raymond Coffey, "Rumsfeld Decides He's Not Running; Rules on Campaign Finances Cited," *Chicago Tribune*, April 3, 1987, p. 7.

⑩ George Bush and Brent Scowcroft, *A World Transformed* (New York: Alfred A. Knopf, 1998), p. 26.

⑪ Dick Cheney, "Covert Operations: Who's in Charge?" *Wall Street Journal*, May 3, 1988, p. A30.

⑫ 2002年1月3日对布伦特·斯考克罗夫特的采访。

⑬ 2002年6月6日对布伦特·斯考克罗夫特的采访。

⑭ 2001年12月1日对弗雷德·埃克雷的采访。

⑮ Robert M. Gates, *From the Shadows* (New York: Simon & Schuster, 1996), pp. 472-473; Bush and Scowcroft, op. cit., p. 36.

⑯ 对斯考克罗夫特的采访;2002年4月18日对丹尼斯·罗斯的采访。

⑰ 2002年3月14日对弗里茨·厄马斯的采访。

⑱ 2002年2月13日对科伊特·布莱克的采访。

⑲ Philip Zelikow and Condoleezza Rice, *Germany United and Europe Transformed* (Cambridge, Mass.: Harvard University Press, 1995), p. 379, fn. 57.

⑳ 2002年2月14日对迈克尔·麦克福尔的采访。

㉑ 2002年5月7日对I.刘易斯(·斯库特)·利比的采访,及对厄马斯的采访。

㉒ 这段关于佩罗在越战战俘问题上的行动,引自 Gerald Posner, *Citizen Perot* (New York: Random House, 1996), pp. 190-217。

㉓ 对卡卢奇的采访。

㉔ 2002年9月17日对詹姆斯·凯利的采访。

㉕ Posner, op. cit., p. 197.

㉖ John Mintz, "Va. Police Raid Vietnamese Businesses, Homes," *Washington Post*, October 30, 1984, p. B 2; Posner, op. cit., pp. 202-203.

㉗ 作者担任《洛杉矶时报》记者期间,曾经目睹过佩罗攻击阿米蒂奇,其中包括毫无证据地指控阿米蒂奇腐败,并且暗指有秘密警察档案。1987年至1992年的总统竞选期间,佩罗继续向不同的记者提供这样的指控。如见 Morton M. Kondracke, "Perot vs. Armitage," *Roll Call*, June 29, 1992, p. 6, and Sidney Blumenthal, "Perotmania," *New Republic*, vol. 206, no. 24 (June 15, 1992), p. 23。

㉘ 对一位不愿透露姓名的前五角大楼官员的采访。

㉙ 2002年8月21日对理查德·阿米蒂奇的采访。

㉚ 对阿米蒂奇的采访。

㉛ 对阿米蒂奇的一位老友的采访。

㉜ 参见 Powell, *My American Journey* (New York: Ballatine Boks, 1995), pp. 316-317, 355, 393。

㉝ Bush and Scowcroft, op. cit., p. 23.

㉞ 2001年12月7日对戴夫·格里本的采访。

RISE OF THE VULCANS
The History of Bush's War Cabinet

第十二章

动 用 武 力

第十二章 动用武力

在前总统乔治·H. W. 布什和他的总统国家安全事务助理布伦特·斯考克罗夫特合著的老布什政府回忆录里,巴拿马没有被作为一个章节或者次章节,只是顺带提了一下。在某种意义上,这种忽略是可以理解的。一部记述这四年的历史不可能涵盖一切,布什和斯考克罗夫特更关心的是对苏联、欧洲和中东的政策。而且,纵观美国的历史,1989 年 12 月推翻并抓获巴拿马的独裁者曼努尔·诺列加也不是什么特别不寻常的事。美国从 19 世纪以来,早在派兵参加欧洲、亚洲和中东的地面战争之前,一直在西半球采取军事行动和推翻政府。

然而,对五角大楼而言,布什政府对巴拿马的干涉确有着深刻的重要性。这是美国从越战结束到那时为止最大的一次军事行动。共有 2 万多名美军参加了对巴拿马国防军的战斗,比在格林纳达或美国在 80 年代任何一次行动的参战人数都多。五角大楼开始使用一些最新式的高技术武器,特别是 F-117A 隐型战斗机。柏林墙倒塌和东欧革命后还不到两个月,五角大楼就开始展示其新的军事技术,尽管是在自己这半球相对安全的范围内。

巴拿马也是按照后冷战时期的理论基础进行的第一场军事行动。美国 6 年前入侵格林纳达时宣称的目的是防止共产主义的扩散,与朝鲜战争以来其他军事行动的理由相同。而对巴拿马,原则是不同的:美国出兵的目的,是恢复民主和推翻一个罪大恶极的领导人。在这方面,巴拿马是美国后来出兵打击伊拉克的萨达姆·侯赛因行动的先驱。

美国人对诺列加的愤怒情绪在持续上升。二十多年里,他一直在中央情报局和美国国防部的工资单上,但到 80 年代中期,他被发现参与了毒品走私,并残忍地谋杀过一位政敌。1987 年 12 月,里根政府派国防部的阿米蒂奇去劝诺列加下台,阿米蒂奇有时作为美国的非正式大使专跟这类恶棍打交道。这位巴拿马领导人拒绝了。几周后,佛罗里达两个联邦大陪审团以毒品罪起诉了诺列加。诺列加毫不畏惧,他的军队和党徒迫害反对派,选举舞弊,并开始骚扰在巴拿马的美国人。1989 年 10 月,由其下属发动的反对诺列加的政变失败,激起国会指责布什政府未能给予政变以更大的支持的批评浪潮。两个月后,当巴拿马军队开枪打死

一名美国兵并关押了另一名美国兵及其妻子后,布什的班子最终决定发动入侵。

巴拿马干涉的主要遗产就是干预成功了,可以用这次干涉来恢复美国公众对五角大楼能力的信心。布什外交政策班子中最有政治头脑的成员国务卿詹姆斯·贝克三世后来解释说:"巴拿马打破了美国公众越战后在使用武力问题上的心态,确立了一种情绪,使我们能够在大约13个月之后,建立起对于'沙漠风暴'行动的成功至关重要的公众支持。"① 80年代初,五角大楼组织的解救伊朗人质行动遭到惨败;但却以巴拿马这次协调周密并完成了使命的行动结束了这个10年。

巴拿马事件的影响不仅限于美国公众,也帮助克服了五角大楼内部对动用武力的抵制。在里根政府最后一年和布什政府上任最初的几个月里,国务院曾建议过用军事行动推翻诺列加的可能性。但在弗兰克·卡卢奇和参联会主席威廉·克劳领导下的五角大楼反对这个主意。②

随着国防部长迪克·切尼和参联会主席科林·鲍威尔接替了卡卢奇和克劳,五角大楼的抵制缓和了。在巴拿马问题上,切尼和鲍威尔是强有力的合作者,各自都以自己的方式对改变关于美国派兵参与军事冲突的意愿的大气候作出了贡献。鲍威尔运用《戈德华特—尼科尔斯法案》赋予他的新权力,赢得了参谋长联席会议对入侵的支持。他直截了当地说,他不再需要共识,无论他在参联会的同僚们同意与否,他都准备自己直接向总统提出军事行动的建议。与此同时,切尼则充当了军事领导人和总统及国会之间沟通的桥梁。

私下里,这两人都在提防着对方。1989年秋,切尼对鲍威尔说,他在新职务上"头开得不错",但是扣压了太多本应转给国防部长的信息。鲍威尔则发现,切尼"在本性上和政治上都是保守派,他不合群,可能会听取你的忠告,但更愿意自己拿主意"。③

在公开场合,这种不顺的关系一点都没表露出来,两人是一个团队。入侵巴拿马的第二天,国防部长和参联会主席一同出现在五角大楼的记者招待会。简短介绍之后,切尼就退到一边,让鲍威尔主导了这场活动。鲍威尔非常擅长介绍情况,能同时既保持低调,又声势逼人。当被问及诺列加是否逃脱并在丛林中幸存下来时,鲍威尔回答道:"他已经习惯了另一种生活方式,我不太敢肯定他会适应在乡下被陆军特种兵追着跑。……他已经丧失了指挥权,因为他8个小时以前拥有的所有基地现在都在我们手上。"④ 诺列加最终被捕获并递解到美国,被宣判犯有诈骗钱财和毒品走私的罪行,并被判处40年徒刑。

第十二章 动用武力

鲍威尔在巴拿马事件上的表现引来了注意和赞扬。美联社记者报道说:"据大家说,鲍威尔赢得了他五角大楼同僚的欢呼。"《新闻日》杂志在洋洋洒洒的长篇赞扬文章中说:"显然,他在主事……通过虽然粗野但富有才华的一手,鲍威尔已经证明了他的军事勇气。"⑤当鲍威尔作为里根总统国家安全事务助理出现在公众面前时,他曾一直是个少言寡语、身着深色西装、不显山露水的助手。现在,他扮演着新的角色。畅所欲言,言之凿凿,加上绿军装的辉映,他成了重振雄威、新近获胜的美军的象征和代言人。巴拿马把他变成了名人。

入侵巴拿马后的年代里,鲍威尔被认为是比美国任何其他领导人都更不愿意派兵去打仗的人。然而,值得注意的是,现实没那么简单。在参联会主席任上的第一次危机即巴拿马事件证明,鲍威尔要比其前任更倾向于支持军事干预,只要美国愿意按其以前的上司卡斯珀·温伯格确定的同样条件,使用占压倒优势的兵力去实现严格界定的目标。

鲍威尔愿意向巴拿马派兵的举动,藐视了关于他和美军的预言。入侵巴拿马前不到三个月,纽约时报记者R.W.阿普在一篇新闻分析中过早地说:"显然并且无可争议的是,在行政当局里几乎没有几位高级官员愿意再派美军去参加任何小规模的战争。就像其前任参联会主席威廉·克劳海军上将一样,科林·鲍威尔上将也不例外。一位高级将领说,越战'已经让我们对巴拿马和哥伦比亚这样的地方小心翼翼'。"⑥

巴拿马证明事情恰好相反。鲍威尔在其生涯中的这个阶段里,不仅支持了军事干涉,而且还带头这样做。随着冷战的缓和,而且在适当的条件下,美国对能打赢的战争的胃口正在恢复。

1990年7月20日,以色列国防部长阿伦斯飞抵华盛顿执行一项秘密使命,随行的有摩萨德(以色列情报局)局长沙布塔伊·沙维特和以色列军事情报局的局长阿姆农·沙阿克。他们被护送去分别秘密会见切尼和中央情报局局长威廉·韦伯斯特。在会见中,以色列人发出了警告:你们最好更密切地注意伊拉克。它的特务一直在设法购买核武器技术。萨达姆·侯赛因不仅对以色列,而且对沙特和科威特构成了威胁。⑦

警告没有引起注意,在华盛顿被当作以色列人的又一次危言耸听被搁置了。自唐纳德·拉姆斯菲尔德1983年与萨达姆·侯赛因进行了突破性的会见之后,美国一直在试图与伊拉克加强关系。1988年两伊战争结束后,美国一直假定,萨

达姆·侯赛因会开始遣散军队,并更加注重其本国经济问题。在上台最初的18个月里,布什政府一直致力于东欧、中国和拉丁美洲的变化,对伊拉克很少注意。按国务卿贝克后来承认的说法是,对伊拉克的政策"脱离不了对国内经济的考虑"。在美国商品信贷公司的贷款帮助下,伊拉克每年购买10亿多美元的美国粮食,贝克说:"这些项目极受国会山和农业州政客的欢迎。"⑧

1990年7月下旬,中央情报局和五角大楼的美国情报官员开始发出他们自己关于伊拉克的警告,伊拉克正在向与科威特的边界地区调动部队、坦克和其他装备。最后,布什政府开始辩论是否要采取措施制止萨达姆·侯赛因。五角大楼和国务院有些官员建议派遣"独立号"航空母舰或者战斗机联队,但这些建议没有被采纳。⑨沙特和埃及官员则要布什政府不要反应过度;他们认为伊拉克不会入侵科威特,外交斡旋会起作用。

8月1日,鲍威尔命令美国中央司令部司令诺曼·施瓦茨科普夫将军向切尼和参谋长联席会议汇报情况。"你认为他们要干什么?"切尼问道。施瓦茨科普夫预计伊拉克将发动一次有限的进攻,夺取科威特的一个岛屿和一个油田,但不会入侵整个科威特。⑩次日,伊拉克军队入侵并控制了科威特全境。结果,美国关于萨达姆·侯赛因的判断一直都错了。

美国人现在往往认为,老布什政府用武力来对付伊拉克入侵科威特是天经地义的事。重要的是要记住,当时美国的军事干预搞的是突然袭击。至少在中东,美国还从来没有采取过这样的行动。关于萨答姆·侯赛因,人人都接受的老说法是他总是打错算盘,当他假定布什政府不会派兵保卫科威特时又做出了错误的判断。然而,相当多知情的美国人也作出了同样的错误判断,鲍威尔就是其中之一。伊拉克入侵次日,鲍威尔和施瓦茨科普夫正在为布什政府的第一次关于危机的国家安全委员会会议做准备,这位参联会主席正在向施瓦茨科普夫介绍情况。他说:"我认为我们会为沙特阿拉伯打一仗,但我觉得不会为科威特作战。"⑪

鲍威尔、切尼和沃尔福威茨在海湾战争之前、期间和之后,都参加了布什政府的讨论。尽管布什政府极其善于维持团结的外表,但在这期间,实际上内部还是存在分歧,有些还很激烈。围绕海湾战争的这些讨论的影响,以及鲍威尔、切尼和沃尔福威茨之间的互动一直持续了多年。海湾战争的这份遗产——思想上的分化,以及切尼和沃尔福威茨与鲍威尔之间残存的互不信任,当乔治·W.布什政府在十年之后上台时仍然存在,没有人承认它,但是它又是不容否认的。

事实上,在老布什政府内由于海湾战争造成的潜在的紧张关系可以归结为四个问题:美国应该开战吗？战争计划应该是什么？美国应该何时结束战争？以及,(一旦战争结束)美国应当防止萨达姆·侯赛因用武力重新控制他的国家吗？切尼、鲍威尔和沃尔福威茨在这些问题上采取了不同的立场。

在布什政府召开的决定如何应对伊拉克入侵的第一次会议上,鲍威尔问总统及其内阁成员,用战争方式解放科威特是否值得。后来,他回忆道:"我感觉到房间里掠过一阵寒意。"会后,切尼责备鲍威尔超过了他的权限。"科林,"他说,"你是参联会主席,不是国务卿,不是国家安全事务助理,也不是国防部长。所以,请你只谈军事问题。"⑫

参联会主席科林·鲍威尔向媒体介绍"沙漠风暴"行动。(选自美国陆军退休将军科林·鲍威尔的文件,美国国防大学图书馆)

在开战的问题上,鲍威尔和大家的看法都不一样。他的反对使他与切尼发生了直接冲突。就在鲍威尔提问战争是否值得的那次会议上,切尼坚持说如果听任伊拉克吞并科威特,伊拉克会一夜之间成为石油大国。切尼认为,对伊拉克实施经济制裁不起作用,因为世界上其他国家不会坚持制裁;他们需要石油,最终会迁就伊拉克。⑬

总统和斯考克罗夫特同意切尼的意见。斯考克罗夫特在石油和中东以外更广泛的意义上谈论了伊拉克入侵引起的问题;他说,他担心"入侵对正在形成的后

冷战世界产生的影响"。三天之后,总统明确了他的立场,在电视上宣布:"这是不能容忍的,不能容忍伊拉克对科威特的侵略。"

然而,在接下来的几周里,鲍威尔在政府的高层悄悄地组织反对动武的力量。"他一度试图把贝克也拉过去,"当时担任国务卿首席政策顾问的丹尼斯·罗斯回忆道,"贝克并不热衷于战争,但对布什绝对忠诚,……他觉得布什(通过发誓要回击伊拉克的侵略)使自己处于困境,但那毕竟是总统做出的决策,已经定下来了,因此,贝克的任务是执行。"⑭ 鲍威尔仍然坚持己见,直到最后直接向总统面陈,美国可以通过经济制裁和遏制策略,不用动武便可实现他的目标。总统拒绝了这个意见。

这一次,与在他生涯中的其他场合一样,鲍威尔在反思越战的遗产。此刻,他试图表现他认为美军领导人在越战中本应显示的独立性。后来,鲍威尔在解释他为什么在入侵科威特后这么容易对动武持怀疑态度时说:"作为一名中级职业军官,我曾经对参联会主席的惟命是从感到吃惊,在越南打仗,竟然不要求政治领导人规定明确的目标。"⑮

切尼做事的动力是效忠总统。作为国防部长,他认为其基本职责就是提供布什需要的军事能力。而且,切尼的首席文职顾问沃尔福威茨一再告诫切尼及政府的其他人不要使用遏制对策。

沃尔福威茨也是依据自己职业和思想发展历史的背景来看待伊拉克侵略科威特的。然而,鲍威尔主要考虑的是越战的教训,而沃尔福威茨从其职业生涯一开始就一直关注着中东和波斯湾地区的力量平衡。他的博士论文写的就是防止核武器在中东扩散的问题,而到了1990年,伊拉克正在试图购买技术,以成为核大国。沃尔福威茨在70年代后期就开始警告,伊拉克可能对沙特和科威特的油田构成威胁,而现在萨达姆·侯赛因对科威特的侵略已经证实了他的担心。对沃尔福威茨来说,很清楚,美国不仅需要把伊拉克从它入侵的科威特赶出去,而且要削弱伊拉克的实力,使它不能对其邻国构成威胁。

"保罗认为,遏制将是个彻底的灾难,"罗斯说,"因为有这支庞大的伊拉克军队在沙特边界上大军压境。即使你把他们赶出科威特,他们仍然会在沙特边界上,仍然能用武力来恫吓……所以,保罗从一开始就决心要说,我们不能只要萨达姆撤出科威特、其他什么都维持原样的结果。他的观点是,我们必须应对这一威胁,而且现在,我们有了对付这一威胁的机会。"⑯

10月,这场内部争论结束了。总统并不为鲍威尔赞成遏制战略的主张所动。

第十二章 动用武力

布什政府在走向战争。

关于美国对伊战争的具体军事战略问题上,切尼和沃尔福威茨私下里也与鲍威尔意见不和。在这个问题上,五角大楼的最高文职官员也从白宫得到了有限的支持。

在理论上,制定作战计划的工作应由战场上的军事指挥官施瓦茨科普夫负责。起初,他和助手们主要考虑的是必须保卫沙特阿拉伯不受伊拉克的攻击。但到了10月份,他们开始受到压力,要他们制订出把伊拉克军队赶出科威特的进攻计划。施瓦茨科普夫最初的计划要求对伊拉克军队实施直接正面进攻。尽管中央司令部的指挥官们抱怨该计划是匆忙制定出来的,尚未定稿,但鲍威尔和施瓦茨科普夫的一位助手还是在10月11日的白宫会议上将它呈交给了布什、斯考克罗夫特和其他人。

他们不喜欢这个计划。斯考克罗夫特回忆说:"这计划很糟糕,要正面进攻,正对着伊拉克的实力强攻。"它有可能造成美军重大伤亡。"说实话,我不知道鲍威尔起了什么作用。他说那不是他的计划,但却是他代表施瓦茨科普夫交来的。"[17] 在五角大楼,切尼和沃尔福威茨对施瓦茨科普夫最初的作战计划也有类似的反应。

同时,切尼和沃尔福威茨也开始背着鲍威尔和参谋长联席会议的其他人秘密制订他们自己的作战计划。这是亨利·S.罗文的想法,他当时从斯坦福商学院和胡佛研究所请假,正在沃尔福威茨手下担任负责国际安全事务的助理国防部长。

9月,罗文带着一大沓子关于中东战争的阅读资料去了他在法国南部的度假别墅。他对二战中伊拉克反对英国占领的起义这段历史产生了特别的兴趣。英国派遣增援部队走陆路从现在的约旦向东穿过沙漠迅速打到巴格达,平息了起义。罗文的推理是,既然1941年英军能对阿拉伯军团完成这一壮举,那么,装备更加精良且有空中力量支持的美军,也可以同样从西面入侵伊拉克,通过该国空旷的沙漠地区直捣幼发拉底河。回到华盛顿后,罗文先向沃尔福威茨,又向切尼陈述了他的想法。切尼对他说:"你组一个小组,别告诉鲍威尔或者其他任何人。"[18]

沃尔福威茨和其负责突发事件计划的文职助手斯库特·利比建立了一个秘密小组来探讨罗文的想法。该小组包括了一些与参谋长联席会议没有关系的退休的和现役的军官。研究结果被称为"蝎子行动"。美军将从沙特进入伊拉克西

部沙漠并在离巴格达仅60英里的地方建立一个基地。按照该理论,到那时,萨达姆·侯赛因为了保卫巴格达可能不得不从科威特撤军,而这些部队可能成为空中打击的目标。如果他不调动部队,伊拉克境内的联军便可以威胁首都,从而可以有利条件迫和。[19]

罗文的想法还有一个明显的目的:帮助保护以色列不受飞毛腿导弹的攻击。甚至在计划如此早的阶段,美国就已经在担心伊拉克可能通过攻击以色列并把它拉进战争而成功地打破美国的海湾联盟了。伊拉克的飞毛腿导弹只有从伊拉克西部发射,才能打到以色列的城市。如果美军在伊拉克西部沙漠上有地面轻型部队,还可在空中力量的支援下搜寻飞毛腿导弹。[20]

罗文后来回忆说:"很长时间切尼一直热衷于此(这个替代作战计划)。"当鲍威尔出访沙特阿拉伯不在城里时,切尼——再次背着鲍威尔——把这份由文官起草的计划"蝎子行动"拿到白宫,呈递给总统和国家安全事务助理。

我们值得在此暂停一下,来强调一下在布什政府高层的这种玩弄手腕是多么的不寻常。在美国公众及世界其他国家看来,布什政府似乎是团结的。但在幕后,在伊拉克入侵科威特后的三个月里,参联会主席在悄悄地寻求对国防部长所反对的遏制战略的支持。而国防部长则为与参联会主席所提交的不同的一份作战计划在悄悄地活动。

最后,切尼—沃尔福威茨—罗文作战计划被搁置一边。施瓦茨科普夫认为,向伊拉克西部距友军数百英里之外的部队提供补给是不可能的。施瓦茨科普夫对国防部长大发雷霆,他后来写道:"不知切尼是否也受到我在一些陆军部长中观察到的现象的影响。让文官管职业军人,没过多久,他就不满足于只制定政策了,还想凌驾于将军之上。"[21]

不仅如此,切尼的计划在白宫也被认为过于冒险、在政治上会造成分裂。所担心的是如果该计划成功,结果可能是伊拉克内部出现混乱。[22] 进入伊拉克西部可能引起联军要进攻巴格达的恐慌,甚至造成伊拉克解体,而这恰恰是美国在中东包括沙特和土耳其在内的最密切的合作伙伴最担心的。

然而,白宫和国防部长对施瓦茨科普夫最初计划的强烈反对,迫使军方探讨不同的方案。在鲍威尔的督促下,参联会和施瓦茨科普夫在沙特司令部的军事计划人员决定接受原来反对过的一个想法。美国及盟国将不对伊拉克军队正面进攻,而是实施侧翼包抄,从西面绕过伊拉克部队。这就是最终对伊拉克军队成功运用的所谓左勾拳战略。它至少代表了对切尼鼓吹的计划的赞许。

科林·鲍威尔将军（左）与负责政策的国防部副部长保罗·沃尔福威茨（右）以及中央司令部总司令诺曼·施瓦茨科普夫1991年在"沙漠风暴"行动中。(© CORBIS)

这个新的作战计划要求的部队、装备、飞机和军舰的数量远远超过原先的计划。但总统愿意支持一场大规模作战，而且这计划合乎鲍威尔的胃口。这个修改后的伊拉克作战行动完全符合参联会主席运用压倒优势兵力、在短期内取胜并撤出的总体战略。鲍威尔开始把他源于越战的失败和巴拿马的成功的想法，转变成美国陆军原则的一篇总宣言："我们已经从巴拿马学到了一课。大兵团进入，迅速结束战斗。我们不能让美国经历另一个越南。我们可以大量使用资源，因为世界已经发生变化。我们现在可以把几个师调出德国。过去四十年来，他们在那里是为了抵挡苏联的进攻，而这种进攻是不会再发生了。"[23]

因而，按鲍威尔的看法，冷战的缓和使美国可以更容易地按照鲍威尔及其前上司卡斯珀·温伯格确定的标准进行战争了，这些想法最终被称为鲍威尔主义。1991年初的海湾战争的实施，成为展示这些原则的示范项目。

布什得到了国会授权动用武力的决议。此前，早在伊朗危机时就主张总统在外交事务上拥有总权威的切尼，曾劝告布什不经国会批准就开战，不然政府可能在国会山受挫。布什拒绝了切尼的建议，并赢得了投票。[24] 美国及其盟国大规模集结军队，以猛烈的空中打击揭开了战幕，实现了左翼迂回包抄，短短几天之内就打败了伊拉克军队。然后，他们急急忙忙地撤了出来。

多年来,关于海湾战争的结束及其与鲍威尔的关系成了一个谜:在战争的最后几天里,身为参谋长联席会议主席的鲍威尔,在阻止美国及其盟国继续调动部队打进巴格达、推翻萨达姆·侯赛因的事情上起了带头作用。有的说法是,沃尔福威茨等更强硬的官员倾向于攻打伊拉克首都,但被鲍威尔阻止了。

没有证据能证明这些说法。的确,迄今为止能证实的是,在海湾战争时,布什政府中没有一位高级官员建议过攻打巴格达。鲍威尔不赞成这么干,但白宫的布什和斯考克罗夫特也不主张这么干,五角大楼鹰派色彩更浓的切尼和沃尔福威茨也不主张。"包括保罗[·沃尔福威茨]在内,没有人坚持说'让咱们打到巴格达去',"当时与沃尔福威茨密切合作的国务院官员丹尼斯·罗斯说。㉕

所有这些官员都反映出那个时代美国外交政策的谨慎和保守。在老布什政府中,没有一个人寻求重建中东的政治机构。仅仅派出美国军队回击伊拉克对科威特的侵略就已经被认为是任何人愿意冒的最大的险了。当时,向巴格达进军被认为在军事上是冒险的,在政治上是不明智的,因为它将超过最初把伊拉克赶出科威特的作战目的。

沃尔福威茨本人对老布什政府不愿进军巴格达做了最有力的解释。在1997年发表的一篇文章中,沃尔福威茨声称,"[伊拉克的]新政权会成为美国的责任"。可以想象,这可能导致美国对一个无法治理自己的国家进行差不多是永久的占领,但是,外国占领者在那里的统治会引起越来越多的憎恨。

"……布什政府的官员们对朝鲜战争中麦克阿瑟将军在仁川获得惊人的成功后,冒险北上向鸭绿江追击从而把这个国家带进血腥的僵局记忆犹新。"㉖

最重要的是,攻击巴格达还被认为是不必要的,因为华盛顿的大多数官员错误地相信,战败后的萨达姆·侯赛因会被推翻。即使是设计了更为雄心勃勃的计划、要把美军部署到离巴格达60英里的地方的罗文,也没有建议过夺取伊拉克的首都。

沃尔福威茨在战后写的另一篇文章中,实际上赞许了1991年不攻打巴格达的决定。"除非对伊拉克进行全面占领,否则,任何事情也不能保证把萨达姆·侯赛因赶下台,"他声称,"……即使开始容易,也不清楚何时和怎样收场。"㉗

当时,在1991年初,沃尔福威茨及五角大楼的其他一些人在为另外一件事而不快:老布什政府决定停火和结束地面作战的时间。在这个决定上,鲍威尔确实牵了头,因而,可以对他的行为提出质疑。

参联会主席曾寻求在老布什政府里创造一种迅速结束冲突的气候。他读过

第十二章 动用武力

一本名为《战争必有终结》的书,作者是尼克松和里根政府外交政策老手弗雷德·埃克雷写的。埃克雷提出,作为将军,不仅要思考军事行动和战术,还必须思考最后如何结束冲突的问题。例如,日本军队制定了绝妙的袭击珍珠港计划,但并不清楚日本如何才能结束与美国的战争。鲍威尔非常喜欢这本书,以至于在"沙漠风暴"行动之前和行动中,把该书的片段印发给斯考克罗夫特、切尼和参联会的其他人。"我们是在有限的授权下,为一个必须迅速实现的有限目的,打一场有限战争,"他在自传中解释道,"我认为负责的人应该开始思考怎样结束它。"[28]

到战争的第四天,盟军已经抓了数万名伊拉克战俘,伊拉克军队在美军的毁灭性打击下,正沿着"死亡高速公路"逃出科威特。鲍威尔开始压施瓦茨科普夫考虑停火。在白宫的一次会议上,鲍威尔引用战士中流行的禁止毫无意义的屠杀的规则,对总统和政府其他官员说,他认为战争可以在几个小时内结束。贝克在回忆录中写道,"我记得科林·鲍威尔有点动感情地说,'我们实际上正在屠杀数以千计的人,'"[29] 结果,地面战争在整整一百个小时后结束了,当时,美军和盟军已处在可对伊拉克军队造成更大损失的位置上。

时任沃尔福威茨助手的斯库特·利比,回忆当时被告知结束战争的决定后,他和沃尔福威茨都极为失望。"我们反对这个决定,"利比说,"我被这个决定打倒了。我们俩都不喜欢这个决定。"[30] 然而,即使沃尔福威茨曾准备执行说服老布什政府里的其他人继续打下去这个艰巨的任务,但在他还没有来得及提出挑战,关于停火的决定就已经做出并执行了。

做出结束战争的决定时,切尼与鲍威尔都在场,他没有提出异议。他和布什政府的其他人一样,迫切希望尽快并以能取悦伊拉克的邻国的方式结束海湾战争。"当战争快要结束时,我去对切尼说,'你知道,我们可以改变这个政府,扶持民主体制'。"罗文回忆道。"他给我的回答是沙特人不会高兴的。"[31]

几天后,美国情报部门报告,许多共和国卫队的部队,即萨达姆·侯赛因最骁勇善战的部队,在停火之后携带着装备逃出了科威特。盟军尚未完成对伊拉克撤退路线的封锁,战事便结束了。根据中央情报局的分析,至少有365辆共和国卫队的苏制T-72式坦克即近总数的一半,以及哈默拉比师一个整师都跑掉了。[32] 鲍威尔成功地达到了他迅速结束战争的目标,但美军的仓促停火却使萨达姆·侯赛因政权在最后的时刻保存了部分伊拉克军队最好的部队和装备。

90年代后期,沃尔福威茨曾反思,布什政府应该推迟宣布海湾战争的结束,以便鼓励伊拉克人政变。"只要推迟停火协议——无须再多消灭伊拉克部队,或

摧毁更多伊拉克军事装备——美国可能就给萨达姆的反对派带来了足够的时间来聚集力量并对他采取行动,"他写道。然而,他多少有点悔恨地承认,这么说有点事后诸葛亮。㉝

几天之后,布什政府出人意料地发现自己面对着另一项重大决策,这一回,需要决定的是伊拉克军队战后的实力问题。萨达姆·侯赛因是否能够控制他的国家就取决于此。这一次,布什政府内爆发了一场严肃的公开辩论。沃尔福威茨试图挑战布什政府和鲍威尔的政策,但他输了。

停火时,伊拉克军官要求施瓦茨科普夫允许在他们的领空飞行直升机,声称他们需要能够把伊拉克官员从一个地点运送到另一个地点。美国指挥官天真地同意了。接下来的几天,伊拉克人用其武装直升机攻击了谋求反叛萨达姆·侯赛因的什叶派和库尔德武装力量。这些库尔德人和什叶派很可能是受到布什战前建议伊拉克人民应推翻萨达姆·侯赛因的鼓励而反叛的。

在华盛顿,沃尔福威茨和国务院的丹尼斯·罗斯对这一事态发展勃然大怒。他们提出美国应该动用武力制止伊拉克直升机的攻击。"在一次会上,我们俩想尽办法说服贝克和切尼,"罗斯说,"但我们俩谁都没能说服各自的老板。"斯考克罗夫特后来写道,他也就取消直升机飞行许可的事与切尼谈过;但是,切尼和鲍威尔坚持说,这么做有损于先前授权直升机飞行的施瓦茨科普夫的权威。㉞

实际上,施瓦茨科普夫的权威不是主要的问题。布什政府的官员们是在战略、军事和感情上许多因素的推动下,才拒绝阻止萨达姆·侯赛因打击什叶派和库尔德人的。这些因素加在一起,便使沃尔福威茨和罗斯提出进行一场新的军事干涉的恳求没能被采纳。

总之,布什政府的官员担心,对什叶派和库尔德人的任何支持可能会导致伊拉克解体,这是沙特和其他中东国家竭力要防止的结局。他们也错误地以为,伊拉克南部的什叶派是伊朗的盟友,尽管在长达八年的两伊战争中,伊拉克什叶派从未企图站在伊朗一边。

对布什的政府基本战略最简明、最马基雅弗利式的描述出自鲍威尔。他后来承认,美国不仅仅是中立的,实际上,美国宁愿要萨达姆·侯赛因的军队,而不愿支持什叶派和库尔德人。鲍威尔承认,"我们实际的意图是给巴格达留下足够的实力生存下去,形成对敌视美国的伊朗的威胁。"㉟

同时,施瓦茨科普夫和他的军官们一直在催促布什政府尽快撤出美军部队。

战后一周,施瓦茨科普夫坚持说他的士兵在战场的条件非常艰苦,包括雷区。在华盛顿,布什政府的高官们在战争似乎已胜利结束后,对再次干涉伊拉克的胃口也并不比施瓦茨科普夫大多少。"请记住,总统、贝克、切尼、斯考克罗夫特、盖茨(总统国家安全事务副助理)和鲍威尔在六七个月里几乎天天开会,已经有了一种从众心理,"罗斯解释说,"他们已经渡过了一段难以想象的情感压力时期。专家预计美国会死五万人。这群人经过了(战前的)高度焦虑期和后来的欣喜若狂期。"㊱

最后,伊拉克军队在没有美国干预的情况下镇压了叛乱。虽然在海湾战争前,布什曾将萨达姆·侯赛因比作希特勒,但这位伊拉克领导人仍被允许在冲突后重新控制了伊拉克。结果,在接下来的十年里,美国不得不在中东大量驻军并不时参与冲突,以保证对萨达姆·侯赛因的力量的遏制。

海湾战争时,乔治·H.W.布什总统曾宣布,进行这场战争为的是他所谓的世界新秩序。他模棱两可的措辞带有几重含义。首先,美国正起着世界最杰出的领袖的作用。其次,美国愿意在世界上的那些在冷战期间因担心对抗而不敢干预的地区动用武力。再次,美国将采取行动,并在必要时使用武力,来防止侵略并维持现有的均势。最后,也是最重要的,美国将与其西欧和东亚的老盟友,以及新的合作伙伴苏联协作。布什在国会两院联席会议上,对这个新概念解释道:"波斯湾的这场危机……提供了一个走向合作的历史时期的难得的机遇。"他说,美苏之间新的伙伴关系为联合国安理会按照其创始人设想的那样运作"打开了大门"。㊲布什的意思是他正在建立一个持久的国际事务新框架。

对"火神派"和他们那一代人而言,海湾战争和世界新秩序只代表了历史的一瞬间,而不是什么永久的东西。世界新秩序的某些因素在1991年后的年代里证明比其他因素更有持久性。美国继续强调其领导作用及其(在不久就在卢旺达等地显现的限制范围之内)使用武力的意愿。然而,海湾战争中结成的广泛联盟很快就四分五裂了。其他国家有与美国不同的利益,并不愿意追随美国。在克林顿执政后期,美国还能够与其欧洲盟国,但不包括俄罗斯,一同对塞尔维亚的米洛舍维奇采取军事行动。克林顿在90年代后期的伊拉克政策得到英国的支持,但法国、俄国和中国则不支持。

2001年的恐怖袭击之后,乔治·W.布什政府的"火神派"选定仅在英国的支持下在阿富汗作战,而回绝了那些军事能力远远落后于美国的欧洲盟国的帮助。

到2003年美国要打第二次伊拉克战争时,只有英国和澳大利亚愿意派出数量可观的部队与美国并肩战斗。乔治·W.布什政府声称它组建了"志愿者联盟",但无可否认的事实是,至少按1991年的标准,该联盟的多数成员并没打算有多少作为。

除了对美国在世界上的作用的更广泛的含义,海湾战争对鲍威尔、切尼和沃尔福威茨个人也很重要。这些事件影响了他们的职业生涯及彼此之间的关系。

在海湾战争中崭露头角的鲍威尔和切尼获得了比他们在巴拿马事件后享有的更高的威望。切尼发现自己被描绘成潜在的总统候选人。《洛杉矶时报》的一篇头版文章就以"总统的材料?"为题。鲍威尔尽管私下里反对这场战争,在记者招待会上再次以职业军人的男子汉气概发表了讲话。"我们对付这支[伊拉克]军队的战略非常简单,"他一度说,"首先,我们切断它,然后,我们消灭它。"㊳

切尼、鲍威尔、施瓦茨科普夫和他们的妻子们在纽约市百老汇大街上的抛彩带凯旋检阅中,受到了荣耀的待遇。这三位领导人乘车走在来自17个参战国家的部队前面,在军乐队的伴奏下,得到了曾给予查尔斯·林德伯格和麦克阿瑟将军的待遇。戴维·丁金斯市长向他们赠送了该市的钥匙。鲍威尔宣称:"这真是重返纽约故里的伟大的日子。"㊴

沃尔福威茨,作为一名下级官员,并不是这类吹捧逢迎的对象,但也在职业上有所受益。他在为期九个月的危机中,两次受任最敏感的外交使命,起到了关键作用。1990年8月,沃尔福威茨与切尼一起飞到沙特阿拉伯,成功地说服法赫德国王接受在他的国家部署美军部队。1991年1月,他与常务副国务卿劳伦斯·伊格尔伯格一同到耶路撒冷,去劝说以色列总理伊萨克·沙米尔不要参与任何与伊拉克的战争,而让美国代表以色列对伊拉克的飞毛腿导弹对以色列领土的任何打击做出反应。通过这些外交活动及许多战前和海湾战争过程中的政策考虑,沃尔福威茨设法与切尼建立了长期的关系。

在胜利检阅中被人们暂时忘却的是伊拉克危机造成的分歧。在思想上,切尼和沃尔福威茨与鲍威尔在军事干预的必要性等许多关键的战略和外交政策问题上存在分歧。作为国防部长,切尼发现自己不得不尊重身为参联会主席的鲍威尔的不同寻常的权威。他对鲍威尔行使权力也感到恼火,警告他不要做本应由文职官员领导做的决策。

对切尼和沃尔福威茨而言,对未来的教益是明确的:对将军们必须严加控制。

十年后,在乔治·W.布什政府里,沃尔福威茨又一次来到五角大楼工作,这一回是在切尼原先的导师唐纳德·拉姆斯菲尔德手下。拉姆斯菲尔德十分小心地防止军队的任何人获得鲍威尔曾有的权力。当拉姆斯菲尔德与参联会主席一起出现在记者招待会上时,这位国防部长经常占据着讲台,而让参联会主席默不作声地并排或站在他身后。这与切尼—鲍威尔召开的通气会的形式恰好相反。

2002和2003年正在酝酿与伊拉克新的军事危机时,乔治·W.布什政府中自总统以下的文职官员们,突然开始手捧一本由一位名为埃利奥特·A.科恩写的书在公开场合出现。这本题为《最高司令部》的书提出,在战争时期,文职官员应该做军事战略的关键决策,而不应对将军们过于言听计从。很少有人认识到把科恩的书带在手边的象征意义和潜台词,即,决心不让美国的军队领导人像鲍威尔在第一次美伊战争中那样有力地发挥政治作用。切尼和沃尔福威茨肯定明白这一点。

注　释

① James A. Baker III, *The Politics of Diplomacy*(New York: G. P. Putman's, 1995), p. 194.
② George Shultz, *Turmoil and Triumph* (New York: Scribner, 1993), pp. 1051-1079.
③ Colin Powell, *My American Journey* (New York: Ballantine Books, 1995), p. 412.
④ 1989年12月20日国防部关于巴拿马局势的情况介绍会录音整理稿。
⑤ Sussane M. Schafer, "Powell Steps into New Leadership Role," *Associate Press*, December 23, 1989; Saul Friedman, "Four Star Warrior," *Newsday Magazine*, February 11, 1990, p. 10.
⑥ R. W. Apple, "Washington Talk: Instincts to Be Cautious With Panama Prevail," *New York Times*, October 10, 1989, p. 22.
⑦ Yossi Melman and Dan Raviv, *Friends in Deed: Inside the U. S. -Israel Alliance* (New York: Hyperion, 1994).
⑧ Baker, op. cit., p. 263.
⑨ 本段对入侵伊拉克前夕所发生事件的描述,是根据Michael Gordon和Bernard E. Trainor将军合著的《将军的战争》(*The General's War*, Boston: Little Brown, 1995, pp. 4-30)一书撰写的。
⑩ Powell, op. cit., pp. 448-449.
⑪ General H. Norman Schwarzkopf, *It Doesn't Take a Hero*(New York: Bantam Books, 1992), p. 297.
⑫ Powell, op. cit., pp. 451-452.
⑬ George Bush and Brent Scowcroft, "*A World Transformed*" (New York: Alfred A. Knopf, 1998),

pp.316-317.

⑭ 2002年4月18日对丹尼斯·罗斯的采访。

⑮ Powell, op. cit., p.451.

⑯ 对罗斯的采访。

⑰ 2001年1月3日对布伦特·斯考克罗夫特的采访。

⑱ 2002年2月11日对亨利·罗文的采访。

⑲ 对罗文的采访。另见 Gordon and Trainor, op. cit., pp.142-158, 对这份备选作战计划的详细描述。

⑳ 对罗文的采访及2002年9月16日对 I. 刘易斯·利比的采访。

㉑ Schwarzkopf, op. cit., p.368.

㉒ 对罗文的采访。

㉓ Powell, op. cit., p.474.

㉔ 保罗·沃尔福威茨在众议院国家安全委员会的证词, 1998年9月16日。

㉕ 对罗斯的采访。

㉖ Paul Wolfowitz, "The United States and Iraq", in *The Future of Iraq*, ed. John Calabrese (Middle East Institute, 1997), pp.107-113.

㉗ Paul Wolfowitz, "Victory Came Too Easy", *National Interest*, no.35 (Spring 1994), p.87.

㉘ Powell, op. cit., p.505.

㉙ Baker, op. cit., p.410.

㉚ 对利比的采访。

㉛ 对罗文的采访。

㉜ Gordon 和 Trianor, op. cit., p.429。

㉝ Paul Wolfowitz, in *The Future of Iraq*, loc. cit., pp.108-109; 也可参见 Wolfowitz, "Victory Came Too Easy," loc. cit., p.87。

㉞ 对罗斯的采访; Bush 和 Scowcroft, op. cit., p.490。

㉟ Powell, op. cit., p.516.

㊱ 对罗斯的采访。

㊲ Bush and Scowcroft, op. cit., pp.370,400.

㊳ "Quotes from Defense Secretary Richard Cheney and Gen. Colin Powell," *Associated Press*, account of military briefing, January 23, 1991; John Broder, "Presidential Timber? Cheney Lets Chips Fall as He Gains Stature," *Los Angeles Times*, October 30, 1990, p.H3.

㊴ Robert D. McFadden, "In a Ticker-Tape Blizzard, New York Honors the Troops," *New York Times*, June 11, 1991, p.A1.

RISE OF THE VULCANS
The History of Bush's War Cabinet

第十三章

一个帝国的消亡,一种远见的诞生

第十三章 一个帝国的消亡，一种远见的诞生

1991 年秋,五角大楼面临抉择的重要关头。几个月之前,党的领袖和苏联的保安机构试图对米哈伊·戈尔巴乔夫总统发动政变,但是把事情给弄糟了。政变失败后,苏联共产党随即下台,乌克兰等一些苏联的共和国很快走向独立。到了秋季,苏联已经处于解体的过程中。四十多年来,美国的军事战略和计划一直将苏联的威胁作为前提。既然这种威胁业已消失,五角大楼需要制定在新时代里指导美国军事思想的新战略。

草拟新战略的主要责任落在了负责防务政策的副国防部长保罗·沃尔福威茨身上。那年秋季,沃尔福威茨在公开场合出现时,对美国历史上的教训进行了反思。"我们过去从来就没有做对过,"沃尔福威茨在一次讲话时告诉听众。他宣称,美国遣散部队的速度过快。一战后,西方民主国家把部队调回国内,并且大幅度削减了军费预算;从长远看,这次遣散军队为希特勒的崛起铺平了道路。沃尔福威茨接下去说,1945 年后,美国重复了这个错误:"仅在短短的五年时间里,我们便从世界上最强大的、没有对手能够挑战的军队,变成了在朝鲜半岛上勉强应付来自一个四流国家的进攻的军队。"① 这两次世界大战之后,美国都面临遣散部队的压力,因为美军是由应征入伍者组成的,他们都急于解甲归田。沃尔福威茨指出,这次美国拥有的是志愿兵,士兵们希望以军旅为自己的职业。这支队伍应该削减多少呢?

沃尔福威茨指出,保存美国的军事实力是重要的。朝鲜似乎执意要发展核武器。还有中东石油储备问题。"……波斯湾极为丰富的资源,与那些资源所代表的力量相结合——这就是实力。问题不仅仅是我们的汽车需要汽油,而是只要控制住那些资源,便拥有扩充军队的巨大的能力。"沃尔福威茨说,危险既可能来自伊朗,也可能来自重建后的伊拉克,可能就在十年后。②

几个月之后,为美国军事力量寻找冷战后的新理论基础的努力,终于产生出一份半个世纪以来最重要的外交政策文件。文件论述了一种全新的观点:作为唯一的超级大国,美国将控制世界,采取积极措施以防止任何一位或者若干位对手的出现。这份由沃尔福威茨的助手扎尔梅·卡利尔扎德执笔的草稿被泄漏出五角大楼。文

1991年6月20日,负责政策的国防部副部长保罗·沃尔福威茨与俄罗斯总统鲍里斯·叶利钦在五角大楼。沃尔福威茨旁边站立的是他的副手路易斯(·斯库特)·利比。(经保罗·沃尔福威茨同意使用)

件公之于众之后,行政当局在难堪之余,下令修改文件。然而,这份文件无论是最初的版本,还是最后得到批准的经过删改的版本,都产生了持久的影响。它概述了"火神派"重返政坛、在乔治·W.布什政府任职后推行的许多具体的思想和政策。在更广泛的意义上,文件提出了一些论点,90年代里甚至被"火神派"在民主党内的反对者们所借鉴。它是指导美国外交政策方向的独一无二的指南。

在这份五角大楼文件设想的未来里,"世界秩序最终要由美国支撑"。美国在冷战期间一直依赖的集体安全概念不再是美国战略思考的核心。联合国被认为即将寿终正寝。文件称,北约等联盟的重要性已经减弱。美国在未来将较少与永久和正式的盟友,而更多地通过"临时性的联盟"或者"仅针对所面临的危机而成立的特别结合"来对付这个世界。③(这种想法,后来演绎为乔治·W.布什总统谈论美国必须通过领导"志同道合者的联盟"来应对危机时所说的思想。)

提出的这项新战略,主要针对的是大规模杀伤性武器的扩散对美国构成的威胁。文件指出,美国在应对这种威胁时,不仅需要依靠对付苏联时行之有效的威慑和遏制战略,而且必须对进攻性军事行动的可能性有所防范。文件的草稿说,有可能需要"对即将发生的使用核武器、化学武器或者生物武器的攻击,进行先发制人的打击"④。在这个方面,五角大楼1992年的战略,也预示了2001年"9·11"之后乔治·W.布什政府的政策走向。

第十三章 一个帝国的消亡，一种远见的诞生

　　五角大楼的这项新战略，成为使"火神派"以及他们那一代人从70年代和80年代过渡到苏联倒台后的世界的桥梁。其根本的假定再一次基本相同：美国不需要也不应该向任何其他国家妥协。不过，美国现在对付的不是单一的已知对手，如苏联或者中国，而是要确保未来不再出现任何一位需要与之搞缓和的敌手。这种远见的确是惊人的。

　　关于美国在冷战后世界中的作用的思考，是在1989至1992年三年时间内逐渐形成的。在这一时期，随着东欧和苏联各种事件的发展，随着过去的冷战理论的过时，五角大楼逐渐做出反应，一步步地推演着美国为什么必须保持其军事实力的解释。这出戏的核心人物是通常在一起联手表演的迪克·切尼、科林·鲍威尔和保罗·沃尔福威茨。

国防部长迪克·切尼和参联会主席科林·鲍威尔将军1991年2月12日参观在沙特阿拉伯的一个美国空军基地。（David Hume Kennerly/Getty Images）

　　他们都在摸索指导美军规划的新原则和新逻辑。起草五角大楼新战略的过程，必然与年度国防预算联系在一起，切尼、鲍威尔和沃尔福威茨都不得不在国会山为国防预算做解释工作。不说明美国为什么需要保持军事实力，要想请国会继

续维持庞大的军费开支是不可能的。

身为国防部长的切尼对变革的抵触尤其强烈。尽管沃尔福威茨作为鹰派的名声在外,但切尼有时会更强硬。一位助手回忆了包括沃尔福威茨在内的几位国防部官员,是如何劝说切尼考虑用不同的方法对待朝鲜的。他们先是以书面形式提出了这种想法,然后到国防部长的办公室去讨论。他的脸上已经挂着饶有兴味的笑容。"我倒想看看你们怎么说,"他说道。整个会谈过程中,他始终带着笑,表明他没有生他们的气,不过,他们也得明白,这不过是一场游戏,一场抽象的辩论演练。他决不会改变美国对朝鲜的一贯政策。⑤

一次,切尼自嘲地说,在国会时,他是个"自我标榜、自鸣得意的鹰派……只要是武器系统,他没有不投赞成票的"。⑥ 1989年在五角大楼,当布什政府在权衡应该如何应对戈尔巴乔夫的改革时,他寸步不让。"切尼是最持怀疑态度的人,他认为,[莫斯科的]改革主要是在做表面文章,我们应该基本上不采取行动,"总统国家安全事务助理布伦特·斯考克罗夫特后来写道。⑦

相比之下,在担任里根的总统国家安全事务助理期间就已经与戈尔巴乔夫打过交道的鲍威尔,却相信苏联正在发生变化,其变化的意义,将对美国的国防预算产生深远影响。在1989年10月担任了参谋长联席会议主席之后几个星期,鲍威尔便着手考虑大幅度削减,例如,将陆军的现役部队从76万人减少到52.5万人。不过,鲍威尔承认:"这样的水平恐怕让切尼难以接受。"⑧

尽管存在这些表面分歧,切尼和鲍威尔很快就成了合作者。在对付国会的问题上,他俩同样的精明,有很相似的知觉。1989年11月和12月初,柏林墙被推倒,为东欧的民主革命铺平了道路。华沙条约组织即将解体;苏联军队正在逐渐撤回苏联领土。到那年底,形势已经明了,如果五角大楼不设计出新的战略,不主动提出削减部分军费的话,国会将采取更激烈的方式来自己做这件事。

美国的主要报纸连日连篇累牍地刊登关于"和平的红利"的文章。的确,当时辩论的中心,不是冷战之后从国防预算中是否能够节省出钱来,而是钱应该如何使用的问题。应该把它用于国内的项目上,还是用于减税或者减少联邦预算赤字上?在国会山,参院预算委员会主席、民主党参议员詹姆斯·萨塞宣称"国内经济为主导的黎明已经到来"。联合经济委员会主席李·汉密尔顿众议员就冷战后美国经济调整问题召集了听证会。前国防部长罗伯特·麦克纳马拉、里根政府的助理国防部长劳伦斯·科布在听证时说,当时3 000亿美元的年度国防预算,2000年时可以削减一半,减少至1 500亿美元(按不变美元价格计算)。⑨

第十三章 一个帝国的消亡,一种远见的诞生

切尼一度试图嘲讽和蔑视他在国会的老同事们。他严厉斥责了那些提出"现在可以兑现某种和平带来的大笔红利,可以用来购买国会山所有的人能够想到要买的东西"的"不负责任的"批评者们。⑩但是,没过多久,他便和鲍威尔一样认识到必须在国会之前采取动作。1990年1月,切尼宣布,他将请沃尔福威茨重新评估美国的总体国防战略。

鲍威尔和沃尔福威茨开始了密切合作。在后来和在其他问题上,他们两人成了对手;但这次,在寻求小幅度削减国防预算并先发制人地阻止国会更大幅度地削减军费的问题上,他们的意见是一致的。1990年上半年,他们和他们的工作班子起草了冷战后第一份军事战略文件。切尼在春季里披露了其中的部分内容,全文于1990年8月2日在科罗拉多州的阿斯平呈交给布什总统。

在这项经过修改的战略里,五角大楼首次承认东欧业已发生永久性变化,同意美国因而也可以进行裁军。布什宣布,美国的现役部队在五年内将削减25%,从210万减少到160万。不过,他告诫说苏联仍然可能构成威胁。"苏联仍然是世界级军事强国,"总统说。⑪切尼则进一步说,由于苏联与西方新的友好关系,它有可能获得增加其危险性的先进军事技术。"从现在起十年或者十五年后,我们很有可能发现面对着一个规模缩小但实际上能力更强、就其现代化能力而言比今天具备更强大的致命打击能力的苏联军队,"这位国防部长警告说。⑫

与此同时,布什和切尼都开始重新集中精力来论证,为什么即使没有苏联的威胁,美国同样需要保持强大的军事力量。他们指出存在不同的危险。"恐怖主义,扣押人质,变节的政权,行为不可预测的统治者,不稳定的新源泉——所有这些,都需要一个强大的、投入的美国,"总统说。他说,最重要的是,存在着核武器、生物和化学武器扩散造成的危险。切尼对于有人竟然认为美国的军队和武器装备是为了反对共产主义表示震惊。"我不认为对美国的利益构成军事威胁这个概念是苏联共产党的发明,我认为,在苏联共产党不再能够像从前那样运用自己的利益之后很长时间,这种危险仍将存在,"切尼断言。⑬

不到一年之后,国防部长再次改变了他的理论基础。到1991年2月,他在就来自苏联的相反的威胁发出警告:威胁不在于将来苏联可能恢复其军事实力,而在于苏联有可能削弱或者解体。在说明一份新的国防预算时,他对国会说,他担心"苏联会没有能力来控制苏联内部发生的事件"。⑭

在这期间,鲍威尔也在提出维持美国军事实力的新论点。鲍威尔和沃尔福威茨一起开始论证所谓的基础军力,也就是说即便在没有任何迫在眉睫的威胁的情

况下美国需要保持的最低水平的军事实力。"我们也许不会面临来自苏联的那种老式威胁……但是我们必须保持一定的基本能力,"鲍威尔解释道。⑮

事实上,到了1991年春季,在海湾战争结束后,鲍威尔已经开始提出,美国不再面临严重的军事威胁。"我已经找不到恶魔了。我已经找不到坏蛋了。我只剩下卡斯特罗和金日成了,"他在接受《陆军时报》采访时打趣地说。这位参联会主席说,我们已经打败了萨达姆·侯赛因,"要是再冒出个伊拉克来,我会感到非常吃惊的"。⑯

不过,鲍威尔主张美国必须建立和保持自己的军事力量,即便其他的超级大国不存在了。"我们不再有根据某种威胁做计划的奢侈,"他在那个春季接受另一次采访中说。"我们要做的计划是,我们是超级大国,我们是世界舞台上的主角,在世界各地肩负着责任,在世界各地都有着利益。"⑰

在1991年的预算听证会上,约翰·格伦参议员曾不经意地向鲍威尔提了一个问题——问的不是关于他和切尼说过的话,而是他们没有提及的东西。"我不知道这是不是由于疏忽,"格伦说道。"我觉得,在他[切尼]的整个陈述或者你的陈述中,似乎都没有强调联合国,"这位参议员告诉鲍威尔,"……在我们的未来规划中将联合国排除在外,这难道是疏忽吗?因为我觉得,这应该是这个新的世界秩序的一个主要内容……"

鲍威尔换了个角度回答了他的质问。"我认为,此刻对新的安全安排的内容做判断未免有些不成熟,"他告诉格伦。⑱ 实际上,联合国并不是美国的新思考的主要内容。

从1989年至1991年,切尼、鲍威尔和沃尔福威茨在重新制定战略和国防预算,布什政府里的其他人在努力对付戈尔巴乔夫和苏联发生的政治变革。在此过程中,康多莉扎·赖斯作为中心人物崭露头角。她赢得了布什和斯考克罗夫特的信任,她代表他们处理华盛顿官僚机构中围绕苏联政策的种种争议,为他们会见苏联领导人做准备。

起初,赖斯在国家安全事务委员会工作班子的最底层,在负责欧洲和苏联事务的高级主任罗伯特·布莱克威尔手下工作。没过多久,随着苏联政策成为布什政府关注的首要问题,"我把她抽了出来,让她更独立一些,"斯考克罗夫特回忆道。她于1990年5月被授予高级主任的头衔,接着在三个月之后,又被提升为总统的特别助理。⑲

第十三章 一个帝国的消亡,一种远见的诞生

鲍里斯·叶利钦 1989 年 9 月要求访问白宫时,被指定负责对付叶利钦这个费力不讨好的工作的正好是赖斯。当时,叶利钦这位莫斯科前党委书记已经成了戈尔巴乔夫的主要批评者;他抱怨说,戈尔巴乔夫的改革过于束手束脚,说他应该把保守派领袖从政治局清除出去。布什和斯考克罗夫特不想因为热情接待了叶利钦而得罪戈尔巴乔夫,但是他们也不想拒绝叶利钦造访白宫。斯考克罗夫特还清楚地记得福特总统拒绝会见持不同政见者亚历山大·索尔仁尼琴引起的轩然大波。

总统和他的国家安全事务助理决定不在椭圆形办公室里会见叶利钦,但是同意由斯考克罗夫特和他会谈(会谈当中,布什将好像是碰巧随便"进来打个招呼")。叶利钦到达白宫西厢时,赖斯在那里迎接他。叶利钦要求保证他能见到总统。赖斯冷冰冰地告诉他,他约见的是斯考克罗夫特。叶利钦反驳道,如果不保证他见总统,他就拒绝向前迈一步。[20]

回想起来,这次赖斯和叶利钦之间的冲突几乎是喜剧性的;很难想象在风格和个性方面更大的差别了。叶利钦喜欢贪杯;头一天晚上,他喝了一夸脱多的杰克·丹尼尔牌威士忌。[21] 赖斯对精英的态度恭敬(并且总能得到精英们的奖赏)。叶利钦则津津乐道于挑战苏联的精英。叶利钦在莫斯科提出要求到白宫会见时,他肯定没有料到见他的是一位非洲裔美国女性。当赖斯应邀离开斯坦福大学去为白宫协调苏联政策时,她想象不到她会与一位粗壮的、说话震耳欲聋的俄罗斯民粹主义者打交道。

最后,赖斯带着威胁的口吻结束了他们之间的对局。她对叶利钦说,如果他不想如约去见总统国家安全事务助理的话,他可以回旅馆去。叶利钦让了步。赖斯几乎是推搡着他上了楼梯,到斯考克罗夫特的办公室去会见,布什后来进来见了他一面。

"他[叶利钦]那次访问给康迪留下了恶劣印象,我觉得这对后来也有影响,"长期与赖斯共事的斯坦福大学俄国问题学者迈克尔·麦克福尔说。90 年代里,当克林顿政府给予身为俄国总统的叶利钦以强有力的支持时,赖斯成为该政策的主要批评者。直到叶利钦卸任、自我控制力极强的弗拉基米尔·普京总统接任之后,赖斯才又支持美国与俄国总统建立密切的联系。

在这个时期里,布什政府内部围绕对苏政策的争执不断。最初在 1989 年,争论的问题是是否应该与戈尔巴乔夫密切合作,这时里根政府已经进入执政的最后

一年。起初政府的态度比较谨慎,随后决定继续合作。到1991年,争论的问题成了是否应该疏远戈尔巴乔夫,转而开始给予叶利钦和共产主义的反对派以更多的支持。在这些辩论当中,国务卿詹姆斯·A.贝克通常站在支持戈尔巴乔夫那一边;持怀疑态度的是切尼、总统国家安全事务副助理罗伯特·M.盖茨和中央情报局的苏联问题专家。

赖斯没有提出什么深刻的见解。"她不是善于抽象思维的人,"中央情报局的苏联问题专家之一弗里茨·厄尔马斯说。相反,她设法让所有的参与者相信,她与他们的观点相同。即便在许多年之后,无论鹰派还是鸽派,都相信在这些关于苏联政策的辩论中,赖斯是支持他们的。"我觉得她的立场更接近我们,而不是盖茨,"贝克的首席苏联政策顾问丹尼斯·罗斯断言。但是,属于鹰派的盖茨在回忆录中一再把赖斯描绘成这些政府内部争论中的主要同盟和支持者。㉒ 在这些对立的派别中周旋,使赖斯练就了十多年后她出任乔治·W.布什政府的总统国家安全事务助理时,不得不处理科林·鲍威尔的国务院和唐纳德·拉姆斯菲尔德的五角大楼之间更加激烈的争斗所需要的官僚技能。

美国的对苏军事战略,在很大程度上依赖于设在世界各地盟国境内的基地网络,美国可以通过这些基地调动部队、舰只和军用飞机。其中最大的设施当数菲律宾的苏比克湾海军基地和克拉克空军基地。1990年4月10日,布什总统任命理查德·阿米蒂奇就允许美国继续使用这些基地的问题,与菲律宾总统科拉松·阿基诺领导的菲律宾政府进行了谈判。

阿米蒂奇的任命有几方面的意义。他非常了解菲律宾。越战结束时,他曾经带领运载着两万名南越难民的船队驶入苏比克湾。在80年代,他密切参与了里根政府所做的不再支持费迪南·马科斯总统的决定。阿米蒂奇也了解五角大楼,这是个关键条件,因为美国的谈判者将设计出一整套对菲律宾的援助计划,以此作为保留基地的回报。"他知道国防部所有的计划和经费情况,知道它们藏在什么地方,"谈判小组里的一位国务院官员马特·戴利回忆道。阿米蒂奇与军方有非常密切的关系,包括他与参联会主席鲍威尔的友谊。

很快,阿米蒂奇经历了菲律宾人要求把美军从基地赶出去的感情的宣泄。苏比克湾和克拉克被描绘成美西战争之后,美国对菲律宾进行殖民占领的残留的象征。包括外交部长劳尔·芒格拉普斯在内的高层菲律宾官员从民族主义的立场出发,反对续租美军基地。芒格拉普斯一度告诉记者,菲律宾要想成为一个主权

国家,就必须"消除美国人的家长形象"。㉓

在谈判中,阿米蒂奇像以往一样直率。表面上看,主要问题是美国人应该支付多少钱。阿基诺及其政府提出以每年 8.25 亿美元为条件,续租基地 7 年,这个数字大大超出了美国人愿意支付的数额。谈判伊始,阿米蒂奇便宣称,他到菲律宾不是为了搞"收银机外交"而来的。这番话在马尼拉引起了强烈反应。马尼拉的报纸开始刊登漫画,把阿米蒂奇描绘成一个肌肉发达、企图恫吓身材瘦长且架着眼镜的芒格拉普斯的恶霸。然而,在坚持说谈判不是为了金钱之后,阿米蒂奇提出每年支付 3.6 亿美元、续租基地 10 年的一揽子建议。

谈判的结果最终是由人们始料所不及的一场自然灾害决定的。1991 年 6 月 9 日,菲律宾的皮纳图博火山喷发了,克拉克被火山灰覆盖,美国空军很快决定不想继续保留该基地了。此后,阿米蒂奇很快便与阿基诺政府合作起草了一份建议性协议,根据协议,美国将继续驻扎在苏比克湾 10 年,但将把克拉克归还菲律宾;美国的一揽子援助计划被削减至每年 2.03 亿美元,远低于美国早些时候提出的 3.6 亿美元。1991 年 9 月 16 日,菲律宾议会以 12 比 11 票的投票结果否决了该协议。

不到一年,美军就完全撤出了菲律宾。就苏比克湾而言,美国海军放弃了在美国之外最好、最大的舰船维修设施,放弃了自从乔治·杜威海军准将 1898 年在马尼拉湾全歼西班牙舰队以来美国一直占领着的深水港。从表面上看,这似乎是五角大楼的一次惨败。

然而从长远看,撤离菲律宾又反映了美国不断发展和变化中的军事实力。美国的军事计划者们正在适应一种新环境,在这个新环境里,他们不再需要担心苏联。20 年前,美国一直主要担心共产主义在整个东南亚的扩张;到 1991 年,那些担心已经不复存在。从军事意义上讲,美国已经不像从前那样需要克拉克和苏比克了。海军可以找其他国家来承担苏比克湾的一些功能;的确,在很短的时间里,海军便将苏比克湾的部分舰船维修任务转到了新加坡和日本。随着美国军用飞机航程的增加和美国研发了空中加油的能力,克拉克就更变得不那么必要了。到 1991 年,美国也不再需要苏比克湾和克拉克来充当美国继续在亚洲驻军的有形象征了。到那个时候,美国已经成为该地区没有对手的军事强国,有没有菲律宾的基地都没有关系。

作为国防部长,切尼在谈判进行过程中便告诫说,美国关于菲律宾基地的看法在改变。这位国防部长在 1991 年夏季说,假如菲律宾不想为基地签订新的协议,"我们可以打点行装撤离。就这样"。最终,美国兑现了这些要挟。美国海军

从苏比克湾撤出时,没有留下什么设备。在接下去的几年里,美国对菲律宾的军事援助终止了。总统和其他高层美国官员访问亚洲时,马尼拉不再是必经之地。美国成功地表明,美国的军事力量如此强大,它已经无须依赖任何一个国家或者军事基地了。㉔

在1991年底,苏联解体,不复存在了。这让五角大楼的计划者们再次回到制图版面前。他们在过去两年里提出的战略和预算都假定苏联将继续存在下去,虽然来自苏联的威胁将大大减弱。现在,苏联的解体再次改变了计算的结果。

在国会,要求兑现巨额和平红利的呼声更高了。爱德华·M.肯尼迪参议员提议在7年里从国防预算中拿出2 100亿美元,将这笔钱用于全民医疗保险、教育和就业项目。㉕面对新的不确定因素,就连迄今为止一直告诫不要夸大苏联变革的程度的沃尔福威茨,都对未来俄国政府能够给美国的帮助一反常态地表现出乐观态度。他提出了俄国军队在未来与美国人并肩作战的可能性。"我们甚至希望……如果我们在10年后面临着像波斯湾那样的危机,一个民主的俄国将不仅仅是某种被动的政治合作伙伴,而是加入了联盟的积极的军事参与者,如果我们需要组成这样的联盟的话,"沃尔福威茨断言。㉖

沃尔福威茨的办公室在集中精力撰写新版的《国防计划指南》。这份秘密文件每两年修改一次,它描述了美国的总体军事战略,是未来国防预算的基础。1992年的《国防计划指南》将是苏联垮台后的第一次修订本。1992年3月透露给媒体的是这份文件最初的草稿,它向世人公布了作为世界唯一的超级大国的美国将积极防止出现潜在对手的远见。

自从这份文件首次曝光起,它便与沃尔福威茨的名字联系在了一起。文件给他带来的是毁誉参半。这种判断从根本上说是公正的,因为《国防计划指南》是由沃尔福威茨的办公室起草的,从整体上看,反映了他本人的许多思想。不过,认为该文件全部出自沃尔福威茨一人之手却又有三个方面的讽刺意味。第一,这份现在已经颇有名气的文件的最高支持者和负主要责任的人是国防部长切尼。第二,沃尔福威茨本人并没有撰写这份文件,在文件被公开之前,他从来没有看过。第三,沃尔福威茨和他的高级助手斯库特·利比认为,在虽然细微但却非常重要的一些方面,透露给媒体的最初版本存在着问题,原因不是它过于激进,而是它在某些方面走得不够远。

在五角大楼内部,沃尔福威茨将撰写《国防计划指南》的工作交给了他的门徒和高级助手、负责战略和资源的国防部副部长首席帮办利比。文件应该在 1992 年初完成,作为从 1994 财政年度开始的未来国防预算的基础。利比则把撰写新战略的任务交给了手下的工作人员、另一位长期担任沃尔福威茨助手的卡利尔扎德。

卡利尔扎德开始就这份新《国防计划指南》应该包括什么内容召集会议。有时候,沃尔福威茨和利比以及五角大楼内部智库"净评估办公室"的主任安德鲁·马歇尔等国防部知情人会出席会议。也邀请部外人员参加,提供思想,这包括理查德·珀尔,以及沃尔福威茨在芝加哥大学的导师艾伯特·沃尔斯泰特。㉗

卡利尔扎德开始制定对未来的新规划,并且在 3 月初完成了初稿。他请求利比准许他给五角大楼内的其他官员传阅,以便征求意见。利比没有阅读初稿便同意了。不出三天,卡利尔扎德传出去的初稿便被人透露给了《纽约时报》,该报称此人是"认为这场冷战后的战略讨论应该在公开场合进行的一位官员"。㉘

卡利尔扎德的初稿包含了沃尔福威茨在讲话当中一直在提出的一些思想。"在中东和西南亚,我们的总目标是继续成为在该地区保持占据优势的外部力量,保护美国和西方在该地区的石油通道,"文件这样写道。在西欧和东亚以及中东地区,美国政策的目标应该是"防止任何敌对势力控制某个其资源如果被集中控制则将足以产生在全球的影响力的地区"。初稿提出吸收中、东欧的新兴国家加入欧盟并且由美国对它们做出保护它们不受俄国进攻的安全承诺的可能性。

卡利尔扎德初稿中最吸引人们注意的,是提出美国必须主动阻止出现任何对美国力量的潜在挑战者的建议。尽管比较含糊,但是这段话似乎可以指日本、德国或者联合起来的欧洲,也可以指中国和俄罗斯。初稿指出,美国应该不鼓励"发达的工业国家"挑战美国的领导地位,在某种程度上可以通过照顾这些国家的利益或者通过绝对的军事力量来实现。㉙

当时,有人猜测,美国未来的竞争对手可能是德国和日本。德国刚刚实现了统一,日本经过数十年的快速增长,正处在经济实力的巅峰。1992 年大选年最早的初选当中,民主党候选人保罗·聪格斯告诉选民,冷战的结果是"日本获得了胜利"。亨利·基辛格认为,不断发展的"德国对欧洲的统治"正在削弱美国在欧洲大陆的影响。1992 年美国书店销售的新书里,包括了莱斯特·瑟罗的《角逐:即将到来的日欧美经济战》。在白宫内部,斯考克罗夫特承认,他越来越担心美国、日本和德国之间"西方对西方"的日益激烈的冲突。㉚ 卡利尔扎德的初稿提出,与日本和德国的竞争必须限制在经济领域;美国应该确保自己没有军事上的对手。

关于五角大楼提出的战略的最初新闻报道引起美国国内和海外纷至沓来的批评。民主党处于领先地位的候选人比尔·克林顿,通过他的竞选发言人乔治·斯特凡诺普洛斯发表声明说,该文件证明,五角大楼的官员"又一次企图""找到理由来维持庞大的军费预算而不是削减预算"。聪格斯呼吁成立"真正有实力的联合国安全部队"和"真正建立在集体防务原则基础上的新的国际主义"。在德国,一位主要官员称五角大楼的初稿是"灾难的处方"。作为回应,专栏作家查尔斯·克洛萨马为五角大楼的新思想进行了辩护。"别的选择是什么?"他问道,"是日本的航空母舰在马六甲海峡巡逻,拥有核武器的德国控制欧洲。"[31]

布什的白宫迅速采取行动平息了愤怒的情绪。一个迫切希望使自己的盟友处于弱势的美国的形象,是不可能为美国在海外赢得朋友的。政府亦不希望在大选年公开进行关于美国军事战略的辩论。白宫与披露出来的五角大楼文件保持着一定距离。沃尔福威茨也是一样。

初稿的作者卡利尔扎德发现,沃尔福威茨对文件引起的争议感到不快。"在文件泄漏后,他[沃尔福威茨]希望摆脱与这件事的干系,"卡利尔扎德解释道。有几天,卡利尔扎德感到有点受到了侮辱和孤立。接着,气氛发生了转变——因为切尼看到了这份文件,并且表示了赞赏。"他对我说,'你为我们在世界的作用找到了一个新的理论基础',"卡利尔扎德在一次访谈当中回忆道。[32]

利比认为,卡利尔扎德对美国战略的提法忽略了一个关键问题。[33]在一个微妙的意义上,文件走得还不够远。初稿提出,美国军事实力的主要目的,是维持美国作为超级大国的作用,阻止诸如日本和德国等国家与美国平起平坐。这听起来像是一个挑衅性的主张,但是在现实意义上,它并没有多少内容。在世界范围内美国是没有对手的。利比承认,美国凭借现有的武器和技术,在10年或者20年里,可以轻而易举地保持世界最强大的国家的地位。甚至没有必要研发新的武器系统。

利比想巧妙地把重点转移一下。关键问题不应该是防止出现对立的大国,而是美国应该具备压倒优势的强大的军事实力,使任何国家都不会梦想成为美国的对手。美国应该建立自己的军事领导地位,使其他国家望而却步,甚至不会**开始**与美国竞争。代价将是昂贵的;美国的军事技术将如此先进,其国防预算如此庞大,没有任何一个国家能够承受得起长期军备所需要的巨额经费,并且即便成功了,也不可能在30年或者更多的时间里赶上美国。因此,美国不仅今天,或者10年之后,而且将永远是世界上唯一的超级大国。

第十三章 一个帝国的消亡,一种远见的诞生

利比着手重新撰写被泄漏的文件。目的有两重:缓和卡利尔扎德使用的部分引起争议的语言,即让白宫感到不悦的"压制盟国"的观点,同时,强调美国持久的军事优势这个更笼统的思想。

两个月后,五角大楼的官员通知记者,文件已经进行了大幅度改动,跟原稿已很不相同。官员们提示记者们,原稿中的说法已经缓和了。一位五角大楼记者报道,五角大楼已经"放弃"了美国的战略必须防止出现对美国的军事霸权地位提出挑战的对手的主张。[34]

不过,经过修改的美国战略思想包括了原稿中的大部分相同的思想。利比的修改稿提出一些委婉的说法,以便使措辞听起来不那么咄咄逼人。最后一稿没有提到防止盟国变成对手的问题。但是,文件说,美国应该"防止任何敌对大国控制对我们的利益有重要意义的地区"。其中的假设是,任何一个成为美国实力的对手的国家,都有可能被视为潜在的"敌人",如果其政策与美国的政策不一致的话。[35]

利比修改的战略没有明确提到美国作为唯一的超级大国的问题,而是强调了必须保持听起来干巴巴的所谓美国的战略深度,以及美国在军事和技术能力方面大大领先于其他国家的地位。利比的新文件回避了美国将积极努力保持其主导地位的问题,而是笼统地讲要"塑造未来的安全环境"。换言之,美国不会坐等威胁或者敌手的出现。[36] 这些关于保持美国的战略深度和塑造美国的安全环境的思想,成为沃尔福威茨等"火神派"人物在后来的年代里援引使用的主要概念。

新版本的美国战略和卡利尔扎德的版本一样,为美国采取单边行动留下了广泛的空间。利比的版本(不同于原稿)多处提到美国的联盟的重要性和集体安全的必要性。不过,文件也反复提出了集体行动是否有效的问题,保留了美国单独采取行动的可能性。"因此,我们不会忽略时刻保护我们的关键利益以及在有限的额外帮助下甚至在需要时单独维护我们的承诺的必要性,"定稿的文件指出,"未来的总统需要允许他承担领导责任并且在国际上的反应缓慢或不足时为了保卫我们的关键利益而独立行动的选择。"[37]

利比相信,与媒体报道不同的是,从总体上看,经他修改的版本比原稿的语言更强硬了而不是更缓和了。最后定稿的五角大楼《国防计划指南》分为两部分:一部分是对美国战略的总体陈述,另一部分论述了其近期意义,详细说明了五角大楼需要发展的军事能力,以及它在今后若干年内需要考虑的突发事件。第二部分仍然是保密的,但是总体战略的陈述部分——主要是利比对卡利尔扎德的初稿的修改部分——于1993年总统大选后、布什政府卸任前不久被解密并被公布。

这份五角大楼制定的永久保持美国军事优势的战略是以切尼的名义发表的，切尼在公开该文件中起了关键作用。"他希望表明他是支持这种思想的，"卡利尔扎德说，"他把自己和文件联系在了一起。"㊳

许多年之后，在回忆这件事的时候，保罗·沃尔福威茨坚持说，他一直不明白，人们为什么如此关注1992年的《国防计划指南》。"为什么引起了这么多的大惊小怪？"他在一次访谈中问道。沃尔福威茨说，该文件的目的是要说明，即便美国正在大幅度削减驻军人数，它仍然需要保持海外军队部署的核心部分。"我们担心的是那些人会说……'让我们把所有的部队都撤回国，让我们放弃在欧洲的阵地吧'，"他强调说，"你很难想象冷战结束后的世界看上去有多么不确定。"㊴ 在90年代末写的一篇文章中，沃尔福威茨提出，1992年他的办公室提出的思想已经成为了共识，成为美国冷战后国防战略的主流认识。㊵

这种提法未免有些夸大，但是夸大的成分并不多。在接下去8年的克林顿政府执政期间，民主党并没有明确接受美国做事情必须像一个世界唯一的超级大国或者必须努力阻止其他国家成为美国的对手的观点。然而，民主党人的言论和政策，在许多方面是同沃尔福威茨的工作班子于1992年提出的思想是一致的。

克林顿的国务卿马德琳·奥尔布赖特总是把美国称作"必不可少的国家"，她所信奉的关于美国在世界中的作用的观点，与美国是唯一的超级大国的思想并没有实质上的不同。克林顿政府在1993年索马里灾难性的军事行动之后，开始疏远与联合国的关系，并且不再推崇集体安全的概念。它未经联合国的批准，在科索沃发动了一场大规模军事干预。（的确，当乔治·W.布什政府2003年初试图决定在发动对伊拉克的战争之前是否争取联合国批准的时候，克林顿任命的前驻联合国大使理查德·霍尔布鲁克提出，科索沃的先例表明，没有必要向联合国提出请求。）简言之，民主党的领袖往往批评共和党人搞单边主义，而事实是，克林顿政府也是一样，远不如40年代至80年代的美国领导人重视集体安全的原则。

克林顿1993年就职之后，曾对国防问题作过初步检讨，此后，他的政府维持了由切尼、鲍威尔和沃尔福威茨制定的冷战后军队结构的总方针和架构。1992年五角大楼的战略笼统地提到向东欧的新民主国家推行新安全承诺问题；克林顿政府的确这样做了，他们把北约扩展到了波兰、匈牙利和捷克共和国。两党都没有大幅度削减国防预算；1992年《国防计划指南》出台后的10年里，美国的国防预算超过了紧随其后15个国家国防预算的总和，从而使其战略深度的思想具有了实际的意义。

第十三章 一个帝国的消亡,一种远见的诞生

　　总体上看,民主党没能设计出一个新的明确的美国战略思想去替代 1992 年关于美国作为唯一超级大国的主张。克林顿政府试图阐明自己关于美国在世界上的作用的观点时,强调的是全球化、开放市场和民主的重要性。这些主张并不违背 1992 年的战略,相反,却描述了美国打算控制的新国际体系的经济和政治基础是什么。共和党人并不反对克林顿的全球化经济观,民主党人并不挑战共和党认为美国应该成为唯一超级大国的军事观。有的时候,美国的两大政党似乎在播放同一段录音。民主党入主白宫期间,对经济问题叫得很响。共和党人接手之后,则开始炒军事问题。

注　释

① 国防部副部长保罗·沃尔福威茨 1991 年 11 月 21 日在美国律师协会发表的演讲,联邦新闻署。
② Ibid.
③ Patrick E. Tyler, "U. S. Strategy Plan Calls for Insuring No Rivals Develop," *New York Times*, March 8, 1992, p. I1.
④ Ibid.
⑤ 对切尼一位前助手的采访。
⑥ Dick Cheney address to the American Enterprise Institute Forum, February 21, 1991.
⑦ George Bush and Brent Scowcroft, *A World Transformed* (New York: Alfred A. Knopf, 1998), p.44.
⑧ Colin Powell, *An American Journey* (New York: Ballatine Books, 1995), p.423.
⑨ David Rosenbaum, "From Guns to Butter," *New York Times*, December 14, 1989, p. A1.
⑩ John M. Broder and Melissa Healy, "Cheney Labels as 'Hogwash' Complaints About His Defense Budget Cuts Strategy," *Los Angeles Times*, December 16, 1989, A29.
⑪ 乔治·布什 1990 年 8 月 2 日在阿斯平研究所研讨会上的讲话。
⑫ 迪克·切尼 1990 年 6 月 8 日在华盛顿哥伦比亚特区世界事务委员会 10 周年庆祝大会上的讲话。
⑬ Ibid.
⑭ Testimony of Dick Cheney, Hearing of the House Armed Services Committee, Subject: Fiscal Year 1992—1993 Defense Authorization, February 7, 1991.
⑮ Powell, op. cit., p.438.
⑯ Jim Wolffe, "Powell: I'm Running Out of Demons," *Army Times*, April 5, 1991.
⑰ Don Oberdorfer, "Strategy for Solo Superpower: Pentagon Looks to 'Regional Contingencies'," *Washington Post*, May 19, 1991, p. A1.
⑱ 1991 年 2 月 21 日参院军事委员会的听证。

⑲ 2002年6月6日对布伦特·斯考克罗夫特的采访；Public Papers of the Presidents, Presidential Document 1230, August 10, 1990。

⑳ 这段叙述根据 Bush and Scowcroft, op. cit., pp. 131-133, 以及 Robert M. Gates, *From the Shadows* (New York: Simon & Schuster, 1996), pp. 478-479。

㉑ Paul Hendrickson, "Yeltsin's Smashing Day," *Washington Post*, September 13, 1989, p. D1.

㉒ 2002年3月14日对弗里茨·厄尔马斯的采访，和2002年4月18日对丹尼斯·罗斯的采访；Gates, op. cit., pp. 495, 499, 501, 528。

㉓ Seth Mydans, "U.S. 'Father Image' Is Blamed for Low Filipino Self-Esteem," *New York Times*, December 28, 1987, p. A6.

㉔ 2001年9月11日之后，菲律宾被重新纳入美国的战略考量，被认为是美国反恐战争的一个重要战场。

㉕ Michael Putzel, "Battle Joined on 'Peace Dividend,'" *Boston Globe*, January 12, 1992, p. 1.

㉖ Remarks by Paul Wolfowitz to the Defense Writers Group, March 5, 1992, Federal News Service.

㉗ 2003年5月28日对扎尔梅·卡利尔扎德的采访。

㉘ Tyler, op. cit.

㉙ Barton Gellman, "Keeping the U.S. First: Pentagon Would Preclude a Rival Superpower," *Washington Post*, March 11, 1992, p. A1; Patrick E. Tyler, "Pentagon Drops Goal of Blocking New Superpowers," *New York Times*, May 24, 1992, p. A1.

㉚ Doyle McManus, "U.S. Role Abroad Splits Presidential Candidates," *Los Angeles Times*, March 13, 1992, p. A4; Jim Mann and Doyle McManus, "Longtime Allies—the U.S., Germany and Japan—Are Drifting Apart," *Los Angeles Times*, June 7, 1992, p. A1; Doyle McManus and Jim Mann, "Big 3 Tested: Will Economic Rivalry Break up the Allies," *Los Angeles Times*, June 9, 1992, p. A1; Lester Thurow, *Head to Head* (New York: William Morrow, 1992).

㉛ McManus and Mann, op. cit., Patrick E, Tyler, "Lone Superpower Plan: Ammunition for Critics," *New York Times*, March 10, 1992, p. A12; Charles Krauthammer, "What's Wrong with the Pentagon Paper?" *Washington Post*, March 13, 1992, p. A25.

㉜ 对卡利尔扎德的采访。

㉝ 此部分根据2003年4月24日和6月16日对I.刘易斯·利比的采访。

㉞ Barton Gellman, "Pentagon Abandons Goal of Thwarting U.S. Rivals," *Washington Post*, May 24, 1992, p. A1.

㉟ Secretary of Defense Richard Cheney, "Defense Strategy for the 1990s: The Regional Defense Strategy," Pentagon document, January 1993, p. 3.

㊱ Ibid., pp. 6-7.

㊲ Ibid., p. 9.

㊳ 对卡利尔扎德的采访。

㊴ 2002年3月12日对沃尔福威茨的采访。

㊵ Paul Wolfowitz, "Remembering the Future," *National Interest*, no. 59 (Spring 2000), pp. 35-37.

RISE OF THE VULCANS
The History of Bush's War Cabinet

第十四章

在野的"火神派"

第十四章 在野的"火神派"

1992 年春末,詹姆斯·贝克国务卿的首席顾问丹尼斯·罗斯,开始在下面提议布什总统对政府进行高层人事变动,这是战略上精心策划的一着。他认为,总统应该提名参谋长联席会议主席科林·鲍威尔为他的副总统竞选伙伴,从而改变 1992 年大选的局面。①

布什的连选连任越来越没有把握。美国的经济刚刚经历了 1990 和 1991 年连续两年的衰退,失业率达 7.8%。民意调查显示,布什的公众支持率在下降。许多美国人认为,总统过于关注外交政策,而对国内问题不够重视。在华盛顿,作为政府内独立而又受宠的精英的布什外交政策班子,在思考着全国的不安情绪。"负责内政的班子什么时候能有点作为?"一位外交政策官员向一位记者发问。

总统竭力想扭转他的政治滑坡,他对政府的人事变动有自己的打算。布什在考虑让贝克改任白宫办公厅主任,在这个位置上,贝克可以负责总统的竞选。贝克曾先后负责过杰拉尔德·福特和布什的总统竞选,他不希望再因为一次政治竞选运动而被调离国务院。"是我提出放弃[副总统丹·]奎尔、让鲍威尔出任副总统的,"罗斯回忆道,"贝克说,'嘿,你得想点办法,让我不用去白宫。'这是我能想出的唯一的办法。"

与此同时,民主党内在比尔·克林顿获得总统候选人提名之后,便开始物色能够提高克林顿吸引力的副总统竞选伙伴。一些顾问开始在私下探讨起用出人意料的人选的可能:科林·鲍威尔。5 月,克林顿的顾问和朋友、与鲍威尔关系也很密切的弗农·乔丹找到这位参联会主席。"你的民调得分高得不能再高了,"他说,"你对跟克林顿搭档竞选总统有没有兴趣?"② 自从艾森豪威尔之后,还没有任何一位军事领袖被选为主要政党的总统或者副总统候选人。像艾森豪威尔一样,此时鲍威尔受到两个政党的青睐。

这两种组合都没有成为现实。在共和党方面,布什强烈的个人忠诚感致使他拒绝了任何关于替换奎尔的建议。"他说,'他忠实地为我服务过,没有他,我就不竞选了。如果这意味着我将在大选中失败,那我也认了',"罗斯回忆道。鲍威尔拒绝了民主党的提议。他作为参联会主席的第二个任期还有一年半才届满,他

使这个职务发生了巨大的变化,使它变得似乎比副总统的权力都要大得多。此外,鲍威尔钦佩布什;站在任命他担任参联会主席的总统的对立面竞选的想法不符合鲍威尔的公平观念。

对于鲍威尔来说,1992年的总统选举仅仅是个开端。整个90年代里,他一直没有成为候选人。可以说每当美国最高层的文职或者外交政策职务出现空缺,鲍威尔的名字总是会被提出来。在1992—1993年的过渡期中,弗农·乔丹问鲍威尔是否有兴趣出任克林顿的国务卿,他回绝了。1994年国会选举之后,乔丹和克林顿先后再次试探鲍威尔是否愿意出任国务卿,鲍威尔再次回绝了。③ 1995年,民主党向他做了一次最公开的表示,鲍威尔仔细研究了竞选总统的可能性,最后还是决定放弃。但是,他的名字仍然在1996年被作为可能的副总统提名人而被提出来。

在此期间,有两个重要事实凸显出来。第一个是,鲍威尔永远不会得到共和党保守派的支持。他对国内社会问题的看法很明确,他赞成积极保护少数民族权益的政策,赞成枪支管制;这些观点更符合民主党而不是共和党的立场。第二,鲍威尔并不会因此加入民主党,可以说原因完全在于外交政策。他曾在里根和布什手下的国家安全机构里担任过高级职务。他自认为是共和党人,不仅是出于对某个人的忠诚,也是由于他对处理世界事务的认识更接近共和党而不是民主党。

重要的是要注意到,鲍威尔支持共和党的外交政策,这反映了他个人的观点和个人的背景,而并非整个美国军事领导层的观点。在鲍威尔之前担任参谋长联席会议主席的威廉·克劳1992年表态支持了克林顿,后来被克林顿派驻伦敦担任大使。鲍威尔看问题的观点不同。他与切尼和沃尔福威茨等更保守的共和党人之间始终存在着分歧,但是,他分享着他们对美国实力的信念,对强大军队的信念,以及安全问题在美国外交政策中比经济问题更重要的信念。他还认为,共和党人比民主党人更擅长处理外交政策,这是由于他在卡特、里根和布什政府里的经历以及民主党使越战升级的记忆造成的。

8月间,贝克按照布什的要求辞去了国务卿的职务,改任白宫办公厅主任。他向身边的助手表示了不悦。"他们要我从解决阿以问题改为去决定在一次集会上应该有鸭子还是气球,"他抱怨道。④ 那年秋天,贝克很少随竞选班子旅行;他呆在白宫里,神情沮丧。布什似乎希望贝克能够帮助他克服他本人对国内政策缺乏热情的问题;相反,贝克却增加了总统的厌倦感。1992年的竞选遗留下来一些不信任,当然这不是指布什与贝克之间,他们仍然是朋友,而是指贝克与布什家族的其他成员之间。8年后,乔治·W.布什当选总统,高层外交政策职务主要给了老布什政府内布伦特·斯考克罗夫特和迪克·切尼的门徒们,而贝克的老人马却仍然处在边缘地带。

切尼避免了贝克的命运。他没有正式参与1992年的竞选活动。然而,他却以国防部长的身份做了一些工作。那年夏天,切尼询问五角大楼怎么能够帮助总统的连任。9月间,正当总统选举的竞选活动拉开帷幕,布什政府宣布了两笔突破性的军售,首先是批准了向中国台湾出售150架F-16喷气式战斗机,这笔交易估计价值60亿美元,接着在几天之后,批准了向沙特阿拉伯出售72架F-15战斗机,交易额价值约90亿美元。F-16的产地是得克萨斯州,F-15的产地是密苏里州和加利福尼亚州,这几个州对布什的连任非常重要。一个月之后,科威特同意购买236辆密歇根州和俄亥俄州制造的M1型主战坦克,在此之前,切尼曾向科威特首相发去个人信件,要求他购买美国的而不是英国的坦克。在几年后接受采访时,切尼坚持说,这些军售是合法的,他使五角大楼没有与1992年的总统选举政策发生任何关系。但是,他承认,布什的竞选班子出于政治原因,也许在宣布五角大楼的军售时进行了"包装"。⑤

无论有没有切尼正在安排的军售,布什都败局已定。11月,克林顿赢得43%的公众选票,布什赢得38%,罗斯·佩罗19%。12年来,共和党第一次失去了对白宫和政府行政当局的控制权。

克林顿获胜依靠的并不是外交政策问题。他提出对国防预算进行一些小幅度削减(他设计的目标最后并没有实现)。不过,他也保证要让"美国拥有世界上最强大的国防,当需要的时候,随时准备并且愿意使用武力"⑥。他批评布什不愿意在波斯尼亚使用武力,暗示他可能比这位共和党总统更愿意派遣美国军队去海外执行任务。克林顿并没有提出不同的观点来代替"火神派"提出的美国是世界上唯一超级大国的观点。

的确,克林顿获胜的主要原因之一是,冷战结束后,美国的选民们有了足够的安全感,使他们转而支持民主党人,而民主党的外交政策纪录自越战以来一直在总统选举中受到批评。克林顿在民主党全国代表大会上发表接受提名的讲话中宣称:"就在我们在海外赢得冷战胜利的同时,我们却在国内争取经济机会和社会公平的战斗中败下阵来。"⑦克林顿的顾问詹姆斯·卡维尔就这个主题讲了一番更精辟、更著名的话:"说的是经济,笨蛋。"对于布什政府,特别是对于在布什政

府里供职的那些"火神派"来说,外交政策是至高无上的。1992年,他们与美国人的情绪格格不入。

五角大楼大多数由共和党任命的官员,包括切尼、沃尔福威茨和利比,都随着布什而离了任。科林·鲍威尔是为数不多留任的官员之一;他的参联会主席的任期一直要到1993年9月才届满。

克林顿宣誓就职几周前,前五角大楼官员、主张大幅度削减国防预算的劳伦斯·科布,在吃早餐时与已经被任命为新国防部长的莱斯·阿斯平进行了交谈。科布提出一个大胆建议:克林顿为什么不撤换掉科林·鲍威尔,或者至少立即宣布他有意这样做?

科布的逻辑很简单:新政府在设法实施自己的政策时,鲍威尔将被置于一个非常尴尬的处境。克林顿和阿斯平提出,要把国防预算削减到低于布什政府制定的最低或者基本的人员水平。但是,克林顿承诺要削减的预算是经过鲍威尔认可的;他是预算的主要倡议者,过去三年里,他一直在向国会解释为什么不能进一步削减预算了。军事领导人应该执行文职领袖的指示,但是,人们不可能指望鲍威尔会协助削减预算,他一直认为这是不明智的做法。他将成为障碍。⑧

克林顿和阿斯平拒绝了科布的建议,他肯定知道他们会这样做的。鲍威尔此时已经成为地位显赫、备受欢迎的全国知名人物,克林顿本人没有服过兵役,这在竞选中成为一个问题。新任总统不想向军界提出这么直接的挑战。

接下去的9个月是鲍威尔军旅生涯中最难受的日子。在风格上以及在具体的问题上,他都与克林顿的班子格格不入。由于鲍威尔热衷于做事有序和准时,在他看来,就连布什政府的外交政策会议都未免有些过于不拘结构,夸夸其谈;克林顿政府的外交政策会议是有过之而不及。鲍威尔不赞成新政府为削减国防预算所做的笨拙的努力。他反对政府解除军营里对歧视同性恋的禁令的尝试。最重要的是,鲍威尔发现,自己再一次竭力为自己在严格限定的条件和情况之外不愿派遣美军参战而进行辩解。

1992年夏季以来,美国官员一直在讨论为了帮助保护被围困的穆斯林免遭塞族人的暴行而对波斯尼亚实施空中打击的可能性。那年秋季,鲍威尔再次使用了自己作为参谋长联席会议主席掌握的前所未有的权力,站出来坚决反对军事干预。在《纽约时报》上发表的一篇评论文章中,鲍威尔仿佛正置身于一场政治运动之中,炫耀了在他的领导下美军在巴拿马和波斯湾取胜的纪录。"没有发生猪湾事件,没有夭折的沙漠袭击,没有贝鲁特轰炸,也没有越南,"鲍威尔说。他指出,其原因在于,军队仅仅是被用来实现具体的、严格明确的政治目标。"……当所谓的专家提出,我们只需要进行一点外科手术式的轰炸或者有限攻击时,我准保会神经质。如果得不到预期的结果,新的一班子专家就会提出要升点级。"⑨

克林顿政府宣誓就职后不久,关于波斯尼亚的讨论就又开始了。这一次,鲍威尔反对军事干预的辩论对手不仅仅是文职官员,而且是民主党的文职官员,他对这个党曾经派遣数十万美军到越南参战仍然记忆犹新。关于波斯尼亚政策的争吵最激烈的一次,是鲍威尔与当时克林顿的驻联合国大使马德琳·奥尔布赖特之间那次动了真格的交火。"如果我们不能使用这支你总在谈论的杰出军队,那要它还有什么意义?"奥尔布赖特问道。鲍威尔在他的回忆录中详细描述了这件事,他说:"我觉得我要患血管瘤了。"⑩

又过了两年,克林顿政府最终决定使用空中打击来帮助解决波斯尼亚的冲突,那时,鲍威尔已经退休了。即便在那时,鲍威尔仍然明确告诉那些愿意听他的话的人,他反对美国对巴尔干地区进行干预。鲍威尔在最早一次表明他对使用武力的看法时,是在 1995 年一次采访中告诉非洲裔美国学者小亨利·路易斯·盖茨:"我信奉打仗要来硬的。'我站在街角上,拔出枪,亮出匕首,说**我要杀了你这个王八蛋**。'"对波斯尼亚发动空袭不符合鲍威尔的标准。⑪

在布什政府时期,关于波斯尼亚问题最初的激烈争论有一个几乎没有被人注意到的结果。它为美国决定派兵去索马里执行一项完全不同的任务奠定了基础。1992 年底,为了协助联合国向索马里运送食品,美国被要求向那个非洲国家派遣军队。布什在鲍威尔的默许下答应了这一请求。

美国在索马里的卷入,经常被解释为是对电视画面上饥饿的非洲儿童的一种反应。然而,个中原因要比这复杂得多。如果脱离了当时围绕着波斯尼亚问题和削减美国国防预算问题的辩论的背景,就不可能理解美国政府为什么会如此愿意向索马里派兵。布什政府和鲍威尔在否决了在波斯尼亚使用武力之后,不想驳回要求派遣美国军队去索马里执行人道主义使命的第二次请求。新一届民主党政府即将宣誓就职,它有着不同的需要优先处理的问题,代表着不同的政治集团;鲍威尔必须向新一任文职领导表明,美国的军队仍然是外交政策的宝贵工具。如果五角大楼拒绝在波斯尼亚和索马里进行军事干预,民主党政府和民主党控制的国会肯定会发问:美国在国防上耗费如此庞大,所得到的回报是什么? 美国军队难

道在坐等着同苏联那样的敌人再打一场大战,即便这样的敌人也许根本不会出现吗?

于是,鲍威尔一方面坚决反对向波斯尼亚派遣美国部队,另一方面同意了向索马里派兵。在布什任期内的最后几个星期里,他同意了派遣美国部队的最初决定。随后,在克林顿政府手下,当美军的使命从保护食品运输扩展到支持联合国建立国家的工作,然后再扩大到协助追捕索马里的部落头领穆罕默德·法拉赫·艾迪德时,鲍威尔也许是极不情愿地默许了。在参联会主席4年任期的最后几个星期里,鲍威尔批准了派遣美国别动队员和特种部队去追捕艾迪德。

等到索马里的行动逐渐升级,最后以18名美国士兵在交火中丧生而灾难性地结束时,鲍威尔早已退了休。克林顿政府的官员说,早在1993年初,鲍威尔便开始开脱自己和索马里行动的干系,他回避高层会议,让他的副手戴维·杰里迈亚将军负责处理具体问题。"鲍威尔在索马里问题上开了小差,"一位克林顿政府的高级官员这样回忆。⑫然而,身为做出关键决定时的参联会主席,鲍威尔对这次惨败负有一定的责任。

索马里成为鲍威尔军旅生涯具有讽刺意味的结束符号。它实际上违背了他所获得的所有教训,即鲍威尔主义的原则。军事和政治目标都没有进行严格的界定。美国公众的支持没有保证。此次行动对美国的国家利益并非至关重要。美国并不是以压倒优势的兵力进行干预的,撤出的速度也不够迅速。的确,派遣美军的时候,没有任何关于军事行动将如何以及怎样结束的明确策略。

鲍威尔漫长的军旅生涯也许过长了,没等他退休,他的主张的实用性就已经发生了变化。他使用武力的规则是在越战造成的影响中形成的。这些规则被证明不适用于90年代不确定的世界,这个时代,是巡航导弹和人道主义使命的时代,是美国有时会出于不同的原因派遣军队到海外去执行任务的时代,是使用与过去不同的武器装备的时代,是有的时候很难明确战争究竟是什么、战争何时开始或者终止的时代。然而,这些都是鲍威尔的后任们要应付的问题。1993年9月20日,他作为参联会主席的任期结束了,他退出了现役,和其他共和党任命担任政府职务的人一起过上了老百姓的生活。

除了鲍威尔以外,只有一位"火神派"人士即理查德·阿米蒂奇在克林顿政府内留任,不到一个月,他便遇上了预料之中的命运。

1992年1月,关于菲律宾基地的谈判结束不久,阿米蒂奇被任命为布什政府的前苏联援助顾问,负责组织运送食品、医疗品和其他救援物资给俄罗斯和其他前苏联共和国。阿米蒂奇再次被放到一个无需经过参院批准的职务上,因此他用不着出席批准任命的听证会或者遭受罗斯·佩罗的攻击。"要他在那里,是因为他能帮着让空军参与运送食品的工作,"前国务院官员罗伯特·福弗说,"国务院里没有多少能与国防部合作的人。"没过多久,阿米蒂奇便与贝克的高级助手罗伯特·佐立克副国务卿发生了争执。为了加强前苏联共和国的市场力量,佐立克不断想给援助增加附加条件;而阿米蒂奇只考虑运送食品。⑬

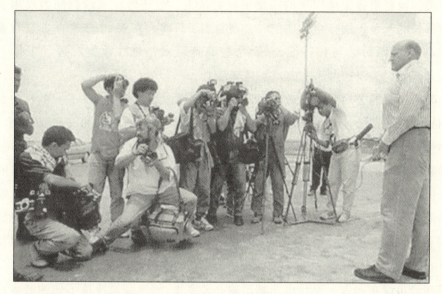

负责保留美国在菲律宾的军事基地谈判小组的理查德·阿米蒂奇,在克拉克空军基地被皮纳图博火山喷发严重毁坏后,在该基地与记者谈话。美国最终撤出了在东南亚最大的两个军事设施——克拉克空军基地和苏比克海军基地。(美国国防部照片,技术中士瓦尔·甘皮斯拍摄,克拉克空军基地,菲律宾,1991年)

不过,阿米蒂奇与佐立克之间的分歧,与他和即将上任的克林顿班子之间的分歧相比,就算不了什么了。援助俄国的工作并没有随着新政府的交替而自动易手,阿米蒂奇在克林顿就职仪式后的头几个星期里继续他的工作。他的坦率以及他与共和党的联系,很快就导致了他的离任。1993年2月中旬,阿米蒂奇在范德比尔特大学发表演讲时说,他认为俄国总统鲍里斯·叶利钦缺乏"远见",他的日子"可能没有多久了……我认为,他已经没有多大用处,别的什么人将站出来"。⑭

阿米蒂奇后来解释说,他只不过是在发表个人意见,并不代表美国政府。几

个月来,包括即将卸任的国防部长切尼在内的更高层的美国官员,一直在公开提醒说叶利钦有可能被罢免。然而,那些解释并不能使刚刚就任克林顿总统俄国政策顾问的斯特罗伯·塔尔博特感到满意。布什政府的官员如康多莉扎·赖斯等人,都瞧不上叶利钦,但克林顿和塔尔博特打算同他打交道并且支持他;事实上,他们在长达八年的时间里,使叶利钦成为美国对俄政策的依托。阿米蒂奇在他的讲话被报道之后不到一天便被撤换了。

很快,他便成立了自己的咨询公司——阿米蒂奇合伙人公司——并吸收了几位在美国政府里曾跟他同事的前助手做合伙人。他还曾在一段时间内雇用了前国防部长的千金伊丽莎白·切尼。公司吸引了许多在东亚、中东和前苏联有业务的客户,包括国防公司和石油公司,这些都是阿米蒂奇在政府时曾经工作过的地区。

阿米蒂奇的公司有一项政策,即不直接游说国会。但是,它在一系列外交政策问题上向私营公司提供其他类型的帮助和咨询:中东地区水的权利、国防合同、石油管道以及电信。例如,据报道,1993年12月阿米蒂奇代表一家美国公司,给美国驻前苏联的格鲁吉亚共和国大使写了一封信,希望能恢复该公司在那里的电话合同。90年代后期,阿米蒂奇代表德士古公司拜访了阿塞拜疆总统盖达尔·阿利耶夫。阿米蒂奇合伙人公司的客户单子,包括了像波音、高盛、尤尼科、布朗和鲁特等美国大公司,还有SAIC和MPRI等接受国防部合同的公司,以及诸如日本使馆、东芝、三菱和日本国家石油公司等外国利益集团。⑮

在公司设在弗吉尼亚州洛斯林市的办公室里,阿米蒂奇接待了他的老客户和其他各式各样的到访者。有前来讨教如何与克林顿政府或者国会打交道的外国政府代表,有来交换信息或者小道消息的中情局站长和记者。在平民生活中,阿米蒂奇甚至偶尔为一些民主党人私下里支点招:在克林顿政府任期的大多数时间内担任五角大楼负责亚洲事务的官员库尔特·坎贝尔就是他的密友。不过,最重要的是,阿米蒂奇一直活跃在热切地追忆上届政府,并且为下届政府作计划的由前外交政策官员组成的共和党关系网内。

康多莉扎·赖斯早在布什政府最后的日子到来之前便离开了。1991年初,在国家安全委员会任职两年之后,她通知斯考克罗夫特她想离任。起初,在加州州长皮特·威尔逊于1990年当选州长后,有人提出要任命她去填补威尔逊空出的加州参院的席位。⑯但是,威尔逊选择了一位名叫约翰·塞莫尔的共和党州参议员来接替自己,而塞莫尔后来在1992年选举中败北。斯考克罗夫特相信,如果威尔逊选择了赖斯,她一定会取胜。

相反,赖斯于1991年返回斯坦福大学执教。不过,她明确表示,她并不打算回到一位普通教职员日常的学术生活中去。她很快结识了前国务卿乔治·舒尔茨,当时他在斯坦福大学的胡佛研究所。"我想多了解一些美国商界的情况,了解它是如何运作的,"赖斯告诉舒尔茨。赖斯也许意识到,这位前国务卿当时是雪佛龙公司董事会成员。"你觉得到一家臭名昭著的大石油公司去干怎么样?"舒尔茨问赖斯。几个月之后,赖斯被任命为雪佛龙董事会董事。该公司后来将自己的一艘油船命名为"康多莉扎·赖斯号";这艘油船的油罐能够装100万桶原油,从西非、印度尼西亚和中东向美国运送石油。90年代末期,赖斯报告她已拥有价值25万多美元的雪佛龙公司的股票,外加担任董事每年6万美元的酬金。雪佛龙不是她唯一的公司;在接下去的几年里,赖斯还加入了全美、惠普和嘉信理财等公司的董事会,还有J.P.摩根公司的顾问委员会。⑰

1993年,斯坦福大学校长格哈特·卡斯珀在寻找新的教务长。他向舒尔茨和斯坦福的其他资深人士讨教。舒尔茨力荐赖斯,赖斯早先曾经担任过挑选了卡斯珀担任校长的人事推荐委员会成员,她很快得到了任命。时年38岁的她,成为斯坦福大学的第二把手;她负责管理1万多名雇员和近15亿美元的预算。

斯坦福的许多教务长担任这个职务都只有两三年的时间。赖斯干了六年,承担了多种行政任务;她的决定曾引起奇卡诺学生的抗议浪潮和绝食,他们对一位奇卡诺助理院长被解雇感到震惊。她负责管理研究生宿舍和理科工程综合大楼等新项目。她支持主动保护黑人权益的措施,但是,她也因为没有吸收更多的女性加入斯坦福教工队伍而受到批评。"她学到很多管理一个综合体或组织的知识,"她的朋友、斯坦福大学教授科伊特·布莱克说,"我认为这使她对自己的能力深感自信。"⑱

赖斯设法挤出时间来做其他一些不那么紧张的工作。在担任教务长期间,赖斯讲授了一门关于冷战结束后欧洲的变化的国际关系课程。那个班有大约15名学生,赖斯每周布置一篇5页长的论文。为她担任助教的国际关系学者科隆·斯金纳吃惊地发现,赖斯竟亲自阅读和批改每一篇论文。在闲暇时间里,赖斯与父亲合作,成立了一个名叫"新一代中心"的组织,这是一个旨在帮助东帕罗奥托贫困学校学生的课后项目。斯金纳这位非洲裔美国女性、斯坦福大学的研究生、赖斯的门生,完成了一篇600多页的博士论文。赖斯在担任斯坦福教务长期间,参

加了斯金纳的论文答辩委员会,阅读了她的论文,通过电话参加了她的口试,并且给与她职业方面的帮助。

一次,有人对斯金纳很不友善。赖斯对她说:"人们会反对你,但是,当他们意识到你会伤害他们的时候,他们就会站到你这一边。"这是一个开始了解权力并且利用权力的人的忠告。[19]

在布什政府结束时离开五角大楼之后不到三个月,保罗·沃尔福威茨被任命为约翰·霍普金斯大学高级国际研究学院的院长,这是华盛顿一家最著名的研究机构,设有外交政策研究生课程。他在90年代剩下的时间里一直担任霍普金斯大学的这份职务,实际上这是沃尔福威茨自20年前加入尼克松政府以来,在美国政府以外的第一份工作。从那时起,他唯一的几段平民生活,不过是从国务院或者国防部的一个工作转到另一个工作之间一年或者不到一年的短暂的过渡期。

沃尔福威茨全力投入了学校的筹措资金和学术研究工作,不过,他也从来没有远离过他为之奉献了一生精力的公共问题。他撰写了大量的文章和评论,他经常就从波斯尼亚、朝鲜到印度尼西亚的各种问题到国会作证。他经常发表讲话,谈论美国在世界中的显赫作用,继续研究着他的工作班子在1992年国防部的战略文件当中提出的那些论点。他一般并不谈论美国是唯一超级大国的问题,而是谈论保持美国的"战略深度"这个表达着相同思想的委婉说法。"美国的主导地位,给了我们在下个世纪里领导全世界在新兴的大国间建立和平关系的机遇,这将给我们的子孙后代带来安全,"他对众院国家安全委员会说,"如果我们现在不愿意负担这个代价,就会像是没有买保险一样——以后将会付出高得多的代价。"[20]

最重要的是沃尔福威茨以极大的热情撰文和谈论伊拉克。他离开五角大楼不到一年,便在《国家利益》杂志上发表的一篇长篇论文中提出,即使伊拉克由于海湾战争在军事上已经丧失了战斗力,"萨达姆·侯赛因继续执政就是一个问题"。沃尔福威茨预言,无限期地维持对萨达姆·侯赛因的压力是困难的,因为美国在海湾战争中的部分合作伙伴对"伊拉克的合同垂涎欲滴",急于解除禁运。"波斯湾的安全对美国和整个工业化世界至关重要,这主要不是为了每加仑汽油节省几美元,而是因为一个控制着那些资源的敌对政权有可能对世界经济造成前所未有的危害,有可能用这笔财富为有可能危及和平和安全的目的服务,"沃尔福威茨得出结论。[21]

第十四章 在野的"火神派"

迪克·切尼仅比沃尔福威茨稍早一点离开政府。从他加入福特政府以来,总共只有一次在 1977 年和 1978 年有过两年的赋闲生活,切尼在那两年期间主要在竞选国会议员。

布什政府结束时,切尼到了美国企业研究所,这是华盛顿一家有大公司背景、倾向共和党的智库。他立即表示有可能对 1996 年共和党总统提名有兴趣。1993 年 1 月 27 日,克林顿宣誓就职整整一个星期之后,切尼接受了"拉里·金现场直播"节目的采访,并被问及他是否参加竞选。"显然了,我会考虑这件事的,"他说,他的声音带着往常的凝重,"……大家都知道,我在三位总统手下工作过,又在近处观察过另外两位总统,因此我有过这种念头。"[22] 没过多久,切尼便开始在全国各地的共和党集会上发表演讲,在私下会见党的官员和筹资者,并且成立了政治行动委员会。他要表达的信息是,克林顿 1996 年可能会在外交政策上受到挑战。"美国人民需要敢于与世界其他国家打交道和不怯懦的领导人,"他宣称。[23]

他得到的反应彬彬有礼,但缺乏热情。1995 年 1 月 3 日,正当地方官员、政治学教授和筹资者开始表示他们有意支持谁做共和党总统提名人的时候,切尼宣布他决定不参加竞选。就像他的导师唐纳德·拉姆斯菲尔德在 80 年代里一样,切尼发现他很难得到足够的支持去获得总统提名。力量的彼此消长与拉姆斯菲尔德当年的情况一样:切尼担任过国会议员、国防部长和白宫办公厅主任,这些都成为在华盛顿的丰富经历。但是,这样的经历却吸引不到资金,也吸引不了总统政治获得成功所需要的承认和核心支持者的基础。

那年的夏天,切尼接受了一份新工作,担任经营油田服务和施工业务的哈利伯顿公司的总裁兼首席执行官。1995 年 8 月 10 日,在达拉斯举行的宣布任命的记者招待会上,切尼的讲话听起来就像是要永远告别公共生活似的。"我在今年早些时候做出不参加总统竞选、不争取入主白宫的决定时,其实这是在决定结束我的政治生涯,另起炉灶,"他解释道。[24]

科林·鲍威尔退休之后两年内,撰写他的自传,进入了半隐退状态。1995 年 9 月,他的著作已经出版,这时,他突然再次在公开场合亮相,接受了一系列的电视采访,并在美国各地推销他的新书。他的自传出版的时机把握得很好,恰逢 1996 年总统竞选的初期阶段。对于他一手推动的关于他的自传的大量报道,以及对他基本在一旁观望的关于他是否参加总统竞选的种种揣测,鲍威尔表现得好像很吃惊。

外交政策的鹰派人物对鲍威尔参加竞选表现出非常复杂的心情。一方面,鲍威尔是美国军事实力和强大国防的象征;对于鹰派来说,他肯定比克林顿强。另一方面,鲍威尔也有无法否认的温和派特点。一天,前里根政府官员、由于激烈的反苏观点而成为政治领域的极右派人物的弗兰克·加夫尼同意出席关于鲍威尔的外交政策和国家安全纪录的脱口秀节目;加夫尼同意扮演反对鲍威尔的一方。他事先忘记了询问支持鲍威尔的一方是谁。第二天早上,加夫尼到达演播室,才发现他以前的导师理查德·珀尔在凝视着他。珀尔本人显然是鹰派人物,他是来为鲍威尔的纪录辩护的。㉕

科林·鲍威尔携夫人阿尔玛,在他从参联会主席职务上退休时与克林顿夫妇合影。(选自美国陆军退休将军科林·鲍威尔的文件,美国国防大学图书馆)

鲍威尔推销自传的旅行结束时,公众对他参选的兴趣达到了顶峰,这时,他用了三周时间来决定是否参加竞选。他的两位密友,理查德·阿米蒂奇和肯尼思·杜伯斯坦,和他一起对他参选的前景进行了评估。但是,政治力量的彼此消长并没有变化。鲍威尔几乎没有获得两个主要政党中任何一个政党提名的可能性。民主党的提名几乎不值得考虑;克林顿显然没有打算给任何人让位,更不用说给前两届共和党政府的忠实成员。共和党的提名竞争的余地更大;但是,为了获得提名,鲍威尔必须通过预选,在预选中,获得党的保守派支持者的支持是关键,鲍威尔并不比以前更能让党内的右翼所接受。

这就有了作为独立派候选人参选的可能性。有人提出,鲍威尔可以与罗斯·佩罗达成某种交易,从佩罗手中接过1992年他作为候选人组建的第三党的机构。然而,那些提出这项交易的人并不明白,佩罗与里根和布什政府,尤其是与鲍威尔的盟友理查德·阿米蒂奇以前的过节留下了很坏的影响。

更根本的问题是,鲍威尔不具备第三党候选人的个性或者形象。他是知情者中的知情者,一个在现有秩序中逐级攀升上去的人,而不是挑战这个秩序的人。

第十四章 在野的"火神派"

他是一个务实的人,而不是空想家。即便鲍威尔能够以独立党人的身份赢得选举,他和他的顾问们想不出,如果没有一个政党的支持,他怎么能管理国家。"没有国会的基础你怎么治理国家?"杜伯斯坦问道,"要想有效地管理国家,你的确必须作为两党体制的一部分来参选。"那是一个严肃的问题,那些冥思苦想地考虑这个问题的人,本身就不是辅佐第三党候选人的料。[26]

他的夫人坚决反对他参加总统选举,鲍威尔断定,他本人对此也缺乏足够的热情。"没有足够的动力,"他后来写道。[27] 1995 年 11 月 8 日,鲍威尔最终宣布他将不会竞选总统。

对于鲍威尔在美国生活中的作用来说,这是一个关键时刻。从那以后,他发现自己处在一个尴尬的境地。他已经升到一个有身份的、独立的地位,他的名望和在公众心目中的地位,是很少政治家能够达到的。然而,假如他想在政府里继续干,就不得不为别的什么人工作,而不会出现科林·鲍威尔政府。

1996 年底,前参院多数党领袖、8 年前曾经败在乔治·H. W. 布什手下的鲍勃·多尔获得了共和党的提名。克林顿轻取了第二个任期。多尔的竞选毫无生气,大选之后,很快便被人忘却了。

然而,由于他倡导的外交政策和他启用的主要外交政策顾问们,多尔的竞选却又是值得注意的。最初,多尔依靠的是他在参院时的助手,而把更知名的共和党人撇在一边。到 1996 年夏季,一个熟悉的老面孔出现在多尔组织的最高层:唐纳德·拉姆斯菲尔德。

1988 年没能获得共和党的总统提名之后,拉姆斯菲尔德决定去经营另一番事业。1990 年,他被任命为一家电缆和通信公司——通用仪器公司的首席执行官。他把公司的总部从纽约市搬到他的故乡芝加哥,并且经营了这家公司大约三年时间。在那期间,公司上了市。通过以 15 美元一股的上市价格买入公司的股份,后来再以高出此价两三倍的价格抛售出去,拉姆斯菲尔德获利 2 400 万美元。此外还有股票期权。根据 2001 年填写的一份财政报表,到 90 年代末,拉姆斯菲尔德已经积聚了至少 5 500 万美元的资产,也可能高达 2 亿美元。[28]

拉姆斯菲尔德曾在国会里与多尔共事,两人在国会山的办公室曾一度紧挨着。他在 1996 年春季同意帮助竞选,每周做两天的政治顾问。不到两个月,拉姆斯菲尔德便成为多尔的全国竞选主席,每周工作 6 天,实际上负责着竞选的组织。他在外交政策问题上的主要副手是保罗·沃尔福威茨。两人以前并未密切合作

过;沃尔福威茨在里根和布什的政府里升到显赫地位,而拉姆斯菲尔德却不在华盛顿。他俩发现在许多方面都有相同之处;他们在外交政策上都持保守观点,都支持强大的国防。多尔的竞选于是成为拉姆斯菲尔德和沃尔福威茨搭班的第一次尝试,后来在2001年,他们共同接管了五角大楼的文职领导班子。

在整个1996年间,多尔采取的外交政策立场,明显比老布什政府更为保守。多尔支持导弹防御系统,对联合国采取直接对立的态度。在整个竞选期间,他最受欢迎的台词是用讽刺的口吻提及联合国秘书长的埃及姓名"布特罗斯·布特罗斯—加利"。"如果没有胜利的可能,我决不会派美国的一兵一卒去冒任何风险,"多尔在共和党全国代表大会上发表接受提名的演讲时说,"如果我当选总统,我们武装部队中的每一位男军人和女军人都将知道,总统是他们的总司令——而不是布特罗斯·布特罗斯—加利或者任何其他一位联合国秘书长。"

当多尔在竞选初期决定就美国的亚洲政策发表讲话时,共和党内部潜藏的冲突表面化了。起初,多尔的工作人员安排他在加州约尔巴林达的尼克松图书馆举行的仪式上做这次关于亚洲的演讲,在这次仪式上,亨利·基辛格将被授予"美国最杰出的政治家"奖。多尔的到场,会把他同与中国保持密切战略关系的概念紧紧连在一起,在更广泛的意义上,会把他同尼克松—基辛格的外交政策现实主义学派连在一起。这样的计划使国会里的共和党人和70年代以来一直反对基辛格的沃尔福威茨等新保守派难以接受。"很多人对他[多尔]说,他把他的亚洲政策具有象征意义地跟基辛格联系在一起是错误的,"多尔的顾问之一、前美国驻华大使李洁明这样说。多尔出席尼克松图书馆的活动被取消,换到华盛顿一个不太敏感的地方参加活动。㉙

当多尔最终发表他的亚洲问题演讲时,讲话的调子比基辛格、斯考克罗夫特或者乔治·H. W. 布什可能批准的要强硬得多。多尔的主要建议是与美国的盟国日本和韩国合作,在亚洲建立弹道导弹防御系统,他把这个想法称作"太平洋民主防务计划"。㉚

在许多方面,多尔关于亚洲的讲话和他在1996年的竞选,实际上是乔治·W. 布什2001年入主白宫后所采取的立场的预演。多尔敦促美国对台湾地区的防务做出明确的承诺。他说,美国的政策应该是"如果对台湾动武,美国将做出反应"。他的话预示着乔治·W. 布什2001年关于美国将"采取一切措施"保卫台湾的承诺。多尔还建议美国扩大向台湾军售的范围,尤其是潜艇,而布什5年之后授权向台湾出售潜艇。关于朝鲜,多尔指出,在金正日敞开与韩国直接对话的大门之前,美国不应该与平壤的金正日政权保持联系。5年后,在这位朝鲜领导人与韩国的金大中举行峰会之后(也是在他秘密重新启动了朝鲜的核武器计划之后),乔治·W.布什总统的立场成为多尔立场的最新版本:如果朝鲜不同意就核计划举行多边会谈,就不与其直接对话。

沃尔福威茨对多尔的外交政策立场观点的形成起了极其重要的作用,这些立场和观点说明了更广泛的基本现实:到1996年,共和党内部的引力中心正在移动。老布什政府的谨慎——它对均势的重视,对现状的尊重——正在逐渐被更冒险、对抗性更强的政策所取代。对于共和党的政治候选人而言,布什在1992年竞选中失利的教训既简单,又明确:布什没能讨好或者说没能让党内的保守基础兴奋起来。

几年后,这个国家和世界吃惊地发现,乔治·W.布什的政府似乎不同于他父亲的政府。然而,在外交政策问题上,小布什紧紧追随的是多尔竞选中的立场,所不同的只是推出的是一张更年轻的面孔,以及把沃尔福威茨这样的顾问们1996年在多尔身上尝试过的基本相同的政策叫得更响而已。共和党在乔治·W.布什上台之前,早已改变了自己的调门。

注　释

① 本段及下一段中的引语,根据2002年4月18日对丹尼斯·罗斯的采访。
② Colin Powell, *My American Journey* (New York: Ballatine Books, 1995), p.539.
③ Ibid., pp.586-587.
④ 对罗斯的采访。
⑤ James Mann, *About Face* (New York: Alfred A. Knopf, 1999), p.268; 1996年12月6日对理查德·切尼的采访; Eric Schmitt, "Kuwaitis Will Buy Tanks Made in U.S.," *New York Times*, October 13, 1992, p.A1.
⑥ 克林顿1992年7月16日在民主党全国代表大会上接受提名的讲话。
⑦ Ibid.
⑧ 2003年2月12日对劳伦斯·科布的采访。
⑨ Colin Powell, "Why Generals Get Nervous," *New York Times*, October 8, 1992, p.A35.
⑩ Powell, *My American Journey*, lo. Cit., p.562.
⑪ Henry Louis Gates, Jr., "Powell and the Black Elite," *New Yorker* (September 25, 1995), p.73.
⑫ 对一位要求不透露姓名的克林顿政府高级官员的采访。
⑬ 2001年12月18日对罗伯特·福弗的采访。

⑭ Art Pine, "Clinton Replacing Aid Official Armitage," *Los Angeles Times*, February 23, 1993, p. A13.

⑮ Barry Meier and Raymond Bonner, "A Deal Done in the U. S. Style Dazes an Ex-Soviet State," *NewYork Times*, December 7, 1993, p. A1; Peter H. Stone, "Caspian Wells Come In for K Street," *National Journal* (March 13, 1999); 理查德·L. 阿米蒂奇的财政情况公布报告, 2001 年 2 月 2 日。

⑯ 2002 年 6 月 6 日对布伦特·斯考克罗夫特的采访。

⑰ 2002 年 2 月 12 日对乔治·舒尔茨的采访; Chevron Corp., "Chevron Christens New Tanker, the *Kondoleezza Rice*, in Brazil," PR Newswire, August 23, 1993; Condoleezza Rice public financial disclosure report, January 20, 2001。

⑱ 2002 年 2 月 13 日对科伊特·布莱克的采访; Ed Guzman and Adam Kemezis, "Budget Cuts, Student Relations Highlighting Six Outstanding Years as Provost," *Stanford Daily*, January 4, 1999。

⑲ 2002 年 2 月 11 日对科隆·斯金纳的采访。

⑳ Paul Wolfowitz, "National Security Interests in the Post Cold War World," testimony to House National Security Committee, June 6, 1996.

㉑ Paul Wolfowitz, "Victory Came Too Easily," *National Interest*, no. 35 (Spring 1993—1994), p. 87.

㉒ CNN Transcript, No.750, "Dick Cheney Comments on the Military Scene," *Larry King Live*, January 27, 1993.

㉓ Richard L. Berke, "Presidential Hopefuls at a Republican Forum Jab at Clinton's Foreign Policy," *New York Times*, July 28, 1994, p. A10.

㉔ Allen R. Meyerson, "Halliburton Picks Cheney to Be Chief," *New York Times*, August 11, 1995, p. D3.

㉕ 2002 年 2 月 28 日对弗兰克·加夫尼的采访。

㉖ 2002 年 7 月 11 日对肯尼思·杜伯斯坦的采访。

㉗ Powell, *My American Journey*, loc. Cit., p.600.

㉘ Frederick H. Lowe, "Rumsfeld Resigns at General Instrument," *Chicago Sun-Times*, August 12, 1993, p.58; William Gruber, "Rumsfeld Reflects on Politics, Business," *Chicago Tribune*, October 20, 1993, business section p.3; 2003 年 1 月 18 日唐纳德·拉姆斯菲尔德的公开财务报告。

㉙ Jim Mann, "Dole Struggling to Shape His Stand on China," *Los Angeles Times*, April 12, 1996, p. A18; Elaine Sciolino, "Facing Split over China, Dole Delays Asia Policy Speech," *New York Times*, April 13, 1996, p. A9。

㉚ Bob Dole, "American and Asia: Restoring U. S. Leadership in the Pacific," 1996 年 5 月 9 日在战略与国际研究中心的政治家论坛上的讲话。

RISE OF THE VULCANS
The History of Bush's War Cabinet

第十五章

"火神派"的日程表

第十五章 "火神派"的日程表

认识保罗·沃尔福威茨的人,对他有的时候被描绘成一个鲁莽的狂热分子,都感到很有趣。他在本性上可能是他从中崛起的新保守运动中最缺乏冒险精神的成员。他的右派朋友和盟友们经常要求沃尔福威茨立场更强硬些,更敢于面对冲突些,他们经常发现他不愿这样做。沃尔福威茨一方面从不放弃自己的原则,另一方面总是在意在政治上必须谨慎。

即使在那些公众认为他一定会支持的问题上,沃尔福威茨有的时候也会迟迟不表态。1986年菲律宾发生废黜了费迪南·马科斯的民主革命之后的许多年里,沃尔福威茨一直恰如其分地对自己在那些事件当中所起的作用引以为傲。然而纪录显示,当时沃尔福威茨其实行动迟缓,小心谨慎。他并不是里根政府内部领头废黜马科斯的人,事实上,面对国会民主党人的批评,他曾一度为马科斯政权辩护过。

他慎重地选择自己的理由,措辞严谨。在90年代的一次记者招待会上,沃尔福威茨和其他官员对中央情报局的假设和结论表示了疑虑,一名记者问沃尔福威茨,他的意思是不是说美国情报机构有失误。沃尔福威茨的回答立刻起了戒心。"我认为用'失误'这个词是不对的,"他说道。[①]

这种出于直觉的谨慎,正是使沃尔福威茨能够获得那些掌权者信任并且得到一届又一届政府任命的原因。他的朋友理查德·珀尔可以自由地采取好斗的立场,爱挑衅并且贬低他的对手,但是珀尔通常是行政部门决策圈的局外人,而这恰好是沃尔福威茨施展身手的天地。

美国著名的亚洲问题专家莫顿·阿布拉莫维茨在90年代末领导了一系列研究项目,他有时去请沃尔福威茨给予支持。沃尔福威茨总是瞻前顾后,直到他知道其他人在做些什么。"保罗总是问我,'里奇表示支持了吗?'"阿布拉莫维茨回忆道。[②]"里奇"就是理查德·阿米蒂奇,沃尔福威茨在共和党外交政策精英圈内在亚洲政策上的合作伙伴和有时候的对手。

当沃尔福威茨的确采取强硬立场时,他的观点是渐进式形成的,总是从一些

模糊的见解开始,然后随着时间的推移,逐渐得出更具体的结论和政策建议。他推动美国对萨达姆·侯赛因进行军事干预的立场也是这样形成的。

90年代上半期,沃尔福威茨没有提出把伊拉克的政权更迭作为美国的政策。他指出,回想起来,美国在海湾战争之后错过了搞掉萨达姆·侯赛因的机会,因此犯了错误。不过,他总是接着解释说,老布什政府让侯赛因继续执政的政策是由多方面的原因决定的。

随着克林顿政府开始对付萨达姆·侯赛因,沃尔福威茨则开始批评民主党人对伊拉克无视联合国武器核查员的做法反应不够强烈,遏制伊拉克领导人的措施不够有效。"美国实际上放弃了自己做出的保护人民不受嗜血成性的独裁者压迫的承诺,"他在1996年总统竞选期间撰文道。③

1997年,沃尔福威茨关于伊拉克的观点开始强硬起来。在为一部论述伊拉克未来的著作撰写的题为"美国与伊拉克"的长篇论文中,他概述了美国的三项可能的政策选择:遏制,接触,或者用新的伊拉克政权替代萨达姆·侯赛因。他得出结论,现有的遏制政策是无效的。他说:"遏制不是一项静态的政策:中东的政治变化往往会使制裁随着时间推移而失效。"④ 他指出,制裁对伊拉克人民造成的伤害至少与对政府同样多。同时,美国的反伊拉克联盟不断受到削弱,法国、俄国和中国都支持取消制裁。

沃尔福威茨坚持认为,接触或者与萨达姆·侯赛因实现关系正常化也不会奏效,因为这样做将加强这位伊拉克领导人的权力,使中东局势不稳定。如果恢复他们使用重要石油资源的权力,其结果肯定是使伊拉克军队得到加强,可能还会恢复核武器、化学和生物武器计划。萨达姆·侯赛因将拥有更多的资源和机会,去企图通过恐怖主义和其他手段,使海湾地区较弱的政权不稳定。最后,萨达姆的复兴,会对业已深陷困境的阿以和平过程造成令人寒心的影响。⑤

于是便剩下了第三个选择:一个新伊拉克政权。在文章中,沃尔福威茨的结论是,这是最佳选择,但是,仍然没有明确美国除了"时刻准备抓住机遇"外应该采取什么行动。

到1997年底,沃尔福威茨终于为这些思想得出了符合逻辑的结论。他直接、明确地提出使用武力废黜萨达姆·侯赛因的权力。"推翻他,"他在与扎尔梅·卡利尔扎德为《旗帜周刊》合写的一篇文章中敦促,后者曾长期担任他的助手,并曾在1992年为沃尔福威茨起草了美国作为世界唯一超级大国的战略思考。"[对伊拉克使用]军事力量是不够的,"卡利尔扎德和沃尔福威茨指出,"这必须成为一项总体政治战略的一部分,它不仅必须将遏制萨达姆,而且必须将伊拉克从他的暴政下解放出来作为目标。"⑥

从那一刻起,"推翻他"便成为沃尔福威茨每逢谈到伊拉克必定使用的词,成为他在杂志上发表的大量文章中、在国会露面时和在报刊上发表的评论文章中反复强调的主题(沃尔福威茨到国会山作证时,通常在作证几天之后将他的书面证词以评论文章的形式再次使用,发表在《华尔街日报》上)。

作为这个战略的组成部分,沃尔福威茨敦促美国支持伊拉克的反对派领袖,鼓励建立流亡政府,将萨达姆·侯赛因作为战犯起诉。他还建议在伊拉克南部建立一个与1991年在伊拉克北部建立的保护区相似的解放区。"在南方运作起来比较容易,这其中有很多政治原因,"沃尔福威茨在1998年的一次国会听证会上说,"科威特比土耳其容易做工作。什叶派阿拉伯人比北方的库尔德人破坏性小一些。"⑦

在陈述他对伊拉克的看法的过程中,沃尔福威茨提出了一套关于美国与欧洲和中东盟国及朋友的关系的值得注意的论点。沃尔福威茨希望应付一个两难的局面。许多这些国家,从法国和俄国,到沙特阿拉伯、埃及和土耳其,都曾帮助美国击退过萨达姆·侯赛因对科威特的入侵;即便是回想起来,沃尔福威茨对当时海湾战争联盟的极端重要性也没有异议。但是,到90年代末,正当沃尔福威茨在敦促对萨达姆·侯赛因采取更强硬的行动的同时,联盟却似乎削弱了。从表面看,沃尔福威茨1991年是在要求美国在朋友和盟友减少的情况下对伊拉克采取更进一步的行动。

为了解决这个难题,他提出了两个论点。这两个论点的言外之意是,美国的朋友和盟友的反对是虚伪的、暂时的,它们最终都会站到美国一边。第一个论点是,其他国家之所以在伊拉克问题上不支持美国,是因为它们认为克林顿政府太软弱,因此会失败。"他们不希望与无效的、会让它们独自面对伊拉克的美国军事行动联系在一起,"他解释道。因此,沃尔福威茨是在暗示,如果有更强硬、更坚决的美国外交政策,1991年的老联盟就会恢复。⑧

与此相联系的第二个论点是,美国的朋友和盟友从本质上是追随者。只要美国采取行动,联盟就会再次联合行动。"采取单边行动的意愿也许是保证有效集体行动的最有效的方式,"沃尔福威茨在1997年解释道。⑨ 他在国会作证说:"我认为,只要法国和俄国看到——请原谅我混用这些比喻——石油之风刮向何处,它们的商业鼻子就会牵着它们往那里走。"⑩

2002 至 2003 年，当乔治·W.布什政府要其他国家同意对伊拉克采取军事行动时，沃尔福威茨的这两个关于美国的朋友和盟友的预言被证明是错误的。更强硬的美国政策引起了更强烈的反对。如果像沃尔福威茨在 90 年代末指出的那样，其他政府之所以不愿意和美国采取联合行动，是因为它们认为克林顿政府太软弱，太胆怯，不可能完成任务的话，那么，乔治·W.布什政府搞掉萨达姆·侯赛因的决心是不容置疑的。然而，当美国带头采取行动的时候，1991 年的联盟却没有跟着干。

沃尔福威茨在这些写于 90 年代后期的文章中提出的观点，有助于说服其他重要的共和党人支持推翻萨达姆·侯赛因，同时不用太担心在海湾战争中曾经助过一臂之力的盟友和朋友。1998 年初，新保守派运动的政治组织"美国新世纪计划"向克林顿政府发表了一封由 18 名以往历届共和党政府官员的联名公开信。公开信呼吁制定"废黜萨达姆·侯赛因"的美国新政策。该信严格遵循了沃尔福威茨提出的论点：遏制政策并不起作用，萨达姆·侯赛因继续掌权将造成中东的不稳定。那封信的联署人包括唐纳德·拉姆斯菲尔德、理查德·阿米蒂奇、沃尔福威茨、卡利尔扎德，还有其他几位最终在小布什政府内担任了高层职务的人，其中包括埃利奥特·艾布拉姆斯、约翰·博尔顿、波拉·多布里昂基斯和罗伯特·佐立克。⑪

马丁·安德森是共和党首屈一指的保守派学者。他曾为理查德·阿米蒂奇担任过 1968 年竞选班子的研究主任，在尼克松的白宫工作过，10 年后再度出山，成为罗纳德·里根更狂热的支持者。他从斯坦福大学胡佛研究所的办公室里，不断推动着被他视为里根的遗产的各种各样的保守派事业，特别是减税和导弹防御。他主要通过走高层政客的关系并且说服他们接受他的思想，他用强有力的声音，成功地把这些思想转换成政策。

1996 年鲍勃·多尔竞选失败后，安德森很快决定，由于共和党没有夺回白宫，党需要一个新的机构，通过这个机构，主要的专家学者们可以与国会的共和党领导层交换思想。安德森开始与众院共和党政策委员会主席、加州众议员克里斯·考克斯见面。在众院议长纽特·金里奇的支持下，安德森和考克斯创建了一个名为"国会政策顾问委员会"的新组织。该委员会聚集了尼克松、里根和老布什政府的前内阁成员和其他共和党内的主要官员，还有胡佛研究所、美国企业研究所和遗产基金会等主要保守派智库的负责人，以及共和党国会议员。

第十五章 "火神派"的日程表

该组织从 1998 年初开始召集会议,在 2001 年之前,差不多每隔三个月开一次会。在雷伯恩众院办公大楼里召开的这些会议有几方面的目的,帮助国会中的共和党人思考可能的立法、听证会的主题和调查的对象。通过选择问题和攻击的方式,会议使共和党的领袖们逐渐设计出如何抨击克林顿政府,从而为下届总统竞选打下基础。该委员会还成为那些在下一届共和党政府内有可能担任要职的人的集会地点。

在外交政策问题上,参加会议的主要成员包括了后来回到乔治·W.布什政府里任职的三个人:唐纳德·拉姆斯菲尔德、迪克·切尼和保罗·沃尔福威茨。拉姆斯菲尔德已经有了能够使他独立的经济基础,不再经营任何会消耗他的时间和精力的私营公司,因此成为最积极的参与者。在两次季度会议之间的时间里,他总是在电话上与国会议员助手们交谈。除了这三个人,还有其他几位前内阁成员,包括前国务卿乔治·舒尔茨、前国防部长卡斯珀·温伯格。后来又加入一位新成员康多莉扎·赖斯。⑫

能够说明问题的,不仅是注意谁参加了并且要注意谁没有参加这些会议。科林·鲍威尔没有参加会议。没有人邀请他出席这些共和党高层战略会议,即便他曾经担任过里根政府的总统国家安全事务助理,在布什政府内担任过参谋长联席会议主席,又被多尔的班子提为一旦多尔当选的国务卿人选。当有人问为什么不邀请鲍威尔参加该委员会时,安德森答道:"也许他的地位太高了吧。"⑬ 这是非常有趣的说法,因为安德森邀请了几位前国务卿和国防部长;他的话准确地表达了尊重的意思,但是也表达了保守派知识分子对鲍威尔的不信任和戒心。理查德·阿米蒂奇也没有接到参加这些共和党政策讨论会的邀请。阿米蒂奇总是出现在出席涉及亚洲政策的会议的名单上,但是他与保守派知识分子以及智库的关系并不密切。

就算鲍威尔接到邀请,他也有可能不会出席。他在回避外交政策研究团体。在从军队退休后的百姓生活中,他把精力用于几个青年组织,其中包括美国男女童俱乐部、霍华德大学和联合黑人大学基金等。他感到自豪的是,他喜欢关注孩子们,而不是智库。如果让他在到美国企业研究所去演讲和男女童俱乐部之间进行选择,他会选择后者。

就这样,90 年代后期在国会山召开的这些会议,使人们提前对下一届政府的外交政策班子的政治组合有所了解。切尼、拉姆斯菲尔德和沃尔福威茨与保守派

知识分子和智库一起,合作非常密切,赖斯是后来加入他们队伍的成员。鲍威尔和阿米蒂奇不属于这个内部圈子。

在这些会上讨论的问题中,导弹防御排在首位。自从 1979 年陪同里根参观了位于科罗拉多州的北美防空司令部之后,安德森便成为导弹防御系统特别热情的支持者。⑭ 朝鲜是经常讨论的另外一个主题。大多数共和党人不喜欢克林顿政府 1994 年与朝鲜签订的协议;在那份协议里,朝鲜领导人金正日同意冻结核武器项目,以此交换食品和能源供应,但是,他一直不愿意放弃他的国家对已经生产出来的、可用于未来武器上的燃料棒的控制。"我关于朝鲜的很多想法,就是在那个顾问委员会里形成的,"在 90 年代后期提出了一系列旨在挑战克林顿的朝鲜政策的立法建议的考克斯这样说道。

他们在一起还讨论了中国、俄国和伊朗。在讨论这些国家时,这些共和党人抱怨说,克林顿政府的政策过于求调和,过于迁就;他们设想了在新一届共和党政府里应该采取更强硬的政策。

1998 年初,拉姆斯菲尔德挑头向克林顿政府的世界观提出了更有针对性的挑战。前一年,国会成立了一个新的委员会来审查所有涉及弹道导弹对美国的威胁的可获得的情报,拉姆斯菲尔德被任命为主席。在委员会的 9 位委员中,有沃尔福威茨。正像他们为多尔竞选时一样,拉姆斯菲尔德和沃尔福威茨再次合作。

导弹委员会把 70 年代研究苏联的军力时使用的 B 组做法当成了样板。在 70 年代的那次研究中,一个外请的专家小组对可获得的情报进行审查,并且得出结论:中央情报局对苏联行为的解释可能过于温和。沃尔福威茨是 B 组的成员之一。拉姆斯菲尔德也曾间接参与过;在担任国防部长期间,他曾经于 1975 和 1976 年在福特政府内带头反对缓和,B 组的研究结果支持了他的观点。

1995 年,美国的情报机构在一项正式的《国家情报评估报告》中断定,在未来 15 年里,只有那些宣布拥有核武器的国家才具备使用弹道导弹攻击美洲大陆上的美国本土的能力。这项情报研究支持了克林顿政府关于不必很快建立国家导弹防御系统的立场。国会中包括金里奇在内的支持导弹防御的共和党人任命成立了拉姆斯菲尔德委员会,因为他们对该情报评估感到不快,他们认为,这项评估报告被人利用来帮助克林顿政府。1998 年头 6 个月里,拉姆斯菲尔德委员会仔细研究了有关其他国家导弹计划的情报资料,并且进行了一系列访谈。结果与 B 组得出的结果相同:拉姆斯菲尔德委员会警告说,美国遭受导弹攻击的危险,超出了中央情报局和其他美国情报机构的报告。该委员会在1998年7月发表的报告中断言:"若干明里或暗里敌视美国的国家联手发展能够携带生物或者有效核负载的弹道导弹,正在对美国、美国部署的军队以及它的朋友和盟国构成越来越大的威胁。"报告称,至少有一些国家将在做出这样的决定5年之后,便能够对美国"实施大规模的毁灭性打击"。⑮

由两党成员组成的委员会得出的结论是一致的。通过紧紧抓住关于其他国家的导弹计划非常具体的调查结果,拉姆斯菲尔德成功地赢得了该委员会三名民主党成员的支持——包括导弹防御的主要反对者理查德·加尔文博士。该报告并没有直接提出支持导弹防御系统,加尔文仍然对此表示反对。(加尔文后来写道,他对拉姆斯菲尔德的印象不错,他称拉姆斯菲尔德"非常公正,精力充沛"。)然而,报告出台一天之后,众院的共和党人便援引了报告中的调查结果,认为它证明了导弹防御的必要性;金里奇称拉姆斯菲尔德委员会的报告"是冷战结束以来对我们的国防体系敲响的最重要的警钟"。⑯

该委员会报告中尤其值得注意的是,它决定点了三个最可能给美国造成麻烦的国家的名:朝鲜、伊朗和伊拉克。拉姆斯菲尔德委员会告诫需警惕来自这三个国家的"更新的、正在形成的威胁"。最终,正是这三个国家被乔治·W.布什总统在他2002年发表的《国情咨文》讲话中专门提出来称为"邪恶轴心"的成员。

美国付出了最大的努力来阻止伊拉克、伊朗和朝鲜这三个国家的导弹和核武器计划。这绝不仅仅是共和党提出的问题,而是美国制止核武器和导弹扩散的总政策的内在组成部分。90年代中期,克林顿政府的官员也经常把伊拉克、伊朗和朝鲜归为一类——只是提法不是"邪恶轴心",而是美国在阻止核武器和导弹扩散方面面临的三个最严峻的挑战。⑰ 拉姆斯菲尔德委员会的报告明确显示,早在乔治·W.布什入主白宫之前,华盛顿的外交政策和情报机构就已经越来越多地把这三个国家归为一类了。

正当拉姆斯菲尔德委员会的工作收尾的时候,考克斯和众院的共和党人开始了由国会对克林顿政府的对华政策的调查。1998年春季,就在克林顿即将进行9年来美国总统对中国的首次访问之际,《纽约时报》披露,两家美国公司休斯电子公司和劳拉空间通讯公司向中国转让了有助于提高其弹道导弹精确度的技术。⑱ 国会对此做出反应,任命了一个特别委员会,由考克斯负责,调查美国向中国转让技术的问题。

按照考克斯的说法，拉姆斯菲尔德在该委员会开始运转上起了重要的幕后作用。他提供了一系列关于如何着手调查的有帮助的建议。比如，拉姆斯菲尔德建议考克斯要尽量获得两党对委员会的结论的支持。此外，拉姆斯菲尔德还鼓励一些即将从导弹委员会离任的工作人员去考克斯委员会工作。[19]

考克斯委员会只不过是共和党对克林顿政府的对华政策提出了多方面的批评的一部分。当年晚些时候，遗产基金和"美国新世纪计划"（这是修改的部分）组织了一份联合声明，呼吁结束美国对台湾地区的"战略模糊"政策。根据这项根源可以追溯到50年代的政策，美国始终没有明确过是否会使用武力来解决中国海峡两岸发生的军事冲突。1999年保守派的公开声明要求美国"明确无误地宣布，一旦台湾遭受攻击或者封锁，美国将保卫台湾"。

在这份关于台湾的声明上签字的23个人当中，有沃尔福威茨和阿米蒂奇这两位共和党的主要亚洲问题专家。他俩在签名之前互相沟通过。"保罗给我打了电话，要不就是我给他打了电话，我们告诉对方，'这有点太黑白分明了'，"阿米蒂奇几年之后说道，"但是我们断定，我们无法改变声明的措辞，我们必须决定是支持还是反对。"两个人都签了名。[20]

克林顿当选之后不久，他的朋友和与他关系最密切的俄国政策顾问斯特罗伯·塔尔博特提议，任命康多莉扎·赖斯出任驻莫斯科大使。作为研究苏联问题的同行，塔尔博特与赖斯已打过多年的交道。沃伦·克里斯托弗国务卿反对这个想法，他的意见是，政府应该派一名职业外交官到俄国。[21]

在克林顿的第一个任期里，赖斯专心致志于她的斯坦福大学教务长的新工作，这时，她很少谈论美国的俄国政策。她曾经在白宫里针锋相对与之较量过的性情暴躁的鲍里斯·叶利钦当上了俄罗斯总统。就像其他曾在老布什政府任过职的人一样，赖斯在90年代初期并不太关注时事或者叶利钦政府的表现如何，而更专注于1989年至1991年冷战结束的这段时期。赖斯与布伦特·斯考克罗夫特的国家安全委员会的另一位成员菲利普·泽利科合作撰写了一部著作，论述了导致德国统一的西方对苏外交。他们的结论讨得所有掌权者的喜欢；他们写道，布什、玛格丽特·撒切尔、弗朗索瓦·密特朗和赫尔穆特·科尔所采取的行动"巧妙、迅速，又不失对苏联尊严的尊重"，他们的表现"证明了他们的治国艺术"。[22]

随着新俄罗斯政府更黑暗的一面变得越来越明显，赖斯关注的重点以及她的措辞在90年代末期开始发生变化。她越来越多地批评叶利钦的政府和克林顿一塔尔博特的对俄政策。俄国的经济已经对私营化开放,但是私营化的方式是原始的,致使一些有关系的资本家中饱私囊,而国家其他大多数人却陷于贫困,怨声载道,腐败现象盛行。失业率和死亡率不断上升,而经济产出却在下降。在基层,市场经济的概念甚至比90年代初期更像是一个虚构的故事。㉓

1998年8月,就在赖斯与得克萨斯州州长乔治·W.布什在缅因州的坎尼本克波特初次见面商谈参加总统竞选的当月,俄罗斯的经济事实上崩溃了。卢布贬值了40%以上,外国资本外逃,俄罗斯无力偿还它的部分债务。叶利钦政府内的经济改革派辞职。俄罗斯的经济政策和外交政策走上更保守、民族主义色彩更浓的道路。

在这些剧变之后,美国围绕着"谁失去了俄罗斯"的问题发生了一场辩论。辩论带有很强的政治色彩。当时正在准备2000年竞选总统的副总统阿尔·戈尔,再加上克林顿和塔尔博特,他们三人是政府对俄政策的主要设计师。

此时,赖斯跃身成为共和党内对克林顿政府对俄政策的主要批评者。她的论点是,克林顿的班子过于集中地把宝押在了叶利钦一个人身上,而不够重视更广泛的经济改革的情况;政府不断提供援助,其中包括国际货币基金组织的贷款,却没有坚持要求俄罗斯改革或者关注资金的用途。"对民主和经济改革的支持,变成了对叶利钦的支持。他的日程表变成了美国的日程表,"赖斯写道。㉔ 克林顿的政策"对叶利钦的反复无常视而不见",赖斯在当时的另一次访谈中争辩道。"克林顿的政策对于大量资金被侵吞的事实毫无反应。这便使俄国人有一种错误的安全感。他们以为,无论他们怎样绕过改革,他们都会从国际货币基金组织拿到钱。无论他们的表现如何,他们都会得到友谊。"㉕

赖斯提出的对策是,美国必须着手把自己和俄罗斯分开,或者至少和俄罗斯的高层政治领导人分开。"我认为现在需要的,是与俄罗斯的国内政策划清界限,"她说。㉖ 她还敦促采取更强硬的措施,制止俄罗斯对车臣采取军事行动。"我认为,俄国人超出了界限,我认为国际社会必须表态,我也同意国际金融援助应该受到影响,"她在一次电视采访中说。㉗ 赖斯研究俄罗斯问题的一些同行认为,她的话听起来像是在建议对俄罗斯采取一种新形式的遏制。"我感到十分震惊,"斯坦福大学学者迈克尔·麦克福尔回忆道。㉘

现在回想起来,人们很容易得出结论:赖斯在这个时期对俄罗斯的观点受到了政治因素的影响——也就是说,希望帮助共和党人为2000年大选设计出一个议题来。赖斯对克林顿的对俄政策的批评过于针对个人,过分信赖叶利钦在当时

的行为还具有一定的连续性,然而,几个月后,当赖斯于2001年重返白宫时,她帮着指点了新任总统布什与叶利钦的继任者弗拉基米尔·普京发展起个人关系。("我正视这个人。我能够感受到他的心灵,"布什在2001年首次会见普京之后告诉记者。㉙)赖斯原本要求在车臣问题上对俄罗斯采取更强硬的立场,而当她和共和党人重返白宫之后也一样采取了更缓和的立场。

就这样,"火神派"在克林顿政府当政时期在野的那段时间里,越来越多地把注意力集中在那些他们认为是对美国的安全的新威胁上。他们不断地对导弹、对伊拉克和朝鲜、对中国日益增长的实力和俄罗斯日益不稳定的局势发出警告。(具有讽刺意味的是,尽管"火神派"非常关注这些新危险,但是,他们却没有仔细考虑其中一个最终将改变他们的以及其他美国人的生活的危险,即恐怖主义。)"火神派"并没有积极建立新的机构、开展外交活动或者采取其他方式来应对这些危险。相反,在大多数情况下,"火神派"更愿意使用的解决方法是沿用过去的一个办法:不断增强美国的军事实力。

如果像一些民主党人和其他批评者那样,认为"火神派"在夸大这些可见的威胁,是不公正的。在有些情况下,包括伊拉克和朝鲜,在野的"火神派"关注的是克林顿政府试图通过采取拖延策略来解决的严重和长期存在的问题。此外,即便"火神派"过高地估计了威胁的实质,这也并非没有先例;民主党人1961年就是因为就美国与苏联存在莫须有的导弹差距而批评了艾森豪威尔政府而上的台。

而最严重的失误在于,共和党人关注的东西是倒退性的。他们实际上要求的是恢复老布什政府时期的光辉年代。他们在公开的讲话和非公开的研讨会上,经常会回到这段不久前的过去。"我在一个特殊的时期,在冷战结束时,能够作为布什政府的一个成员,我感到很幸运,"赖斯在对洛杉矶世界事务委员会的一次讲话中宣称。她说,她在1989年差一点就拒绝了斯考克罗夫特要她到华盛顿工作的邀请。如果她拒绝了的话,"我就会错过德国的统一、东欧的剧变、苏联的解体。这是多么不同寻常啊!"这的确不同寻常,但是这又不能作为未来的路标,不能作为赖斯在同一次讲话中承认的那个"不再仅仅只有苏联威胁这一个主题"的世界的路标。㉚

自相矛盾的是,"火神派"在呼吁重振老布什政府的精神的同时,也开始接受了那些会使复兴成为不可能的思想和主张。这些不断变化的思想和主张意味着,新一届共和党政府的表现将与其前任很不相同。这些变化中最大的是,美国对自己的朋友和盟友的本质的认识。在老布什政府时期,这些盟友被当作是合作伙伴。按照沃尔福威茨详细论述的关于伊拉克的观点,盟友被看做是最终会跟在它们的美国鸭妈妈屁股后面的小鸭。不过,90年代期间,"火神派"继续谈论美国盟友的重要性,就仿佛虽然他们的主张在变化,但是这些盟友却会毫无麻烦、永无休止地继续下去。

注　　释

① 1998年7月15日评估弹道导弹威胁委员会举行的记者招待会上的讲话,联邦新闻署根据记录整理。
② 2001年12月12日对莫顿·阿布拉莫维茨的采访。
③ Paul Wolfowitz, "Clinton's Bay of Pigs", *Wall Street Journal*, September 27, 1996, p. A18.
④ Paul Wolfowitz, "The United States and Iraq", in *The Future of Iraq*, ed. John Calabrese (Washington, D.C.: Middle East Institute, 1997), p. 111.
⑤ Ibid., p. 112.
⑥ Zalmay Khalilzad and Paul Wolfowitz, "Overthrow Him", *Weekly Standard* (December 1, 1997), p. 14.
⑦ 保罗·沃尔福威茨在众院国家安全委员会关于美国的伊拉克政策的听证会上的证词,1998年9月16日。
⑧ Paul Wolfowitz, "Rebuilding the Anti-Saddam Coalition", *Wall Street Journal*, November 18, 1997, p. A22.
⑨ Ibid.
⑩ 保罗·沃尔福威茨在众院国家安全委员会关于美国的伊拉克政策的听证会上的证词,1998年9月16日。
⑪ "美国新世纪计划"致克林顿总统的公开信,1998年1月26日。
⑫ 2003年3月3日对克里斯·考克斯的采访。
⑬ 2002年2月12日和2003年3月3日对马丁·安德森的采访。
⑭ 关于里根的参观和安德森的作用的详细情况,见 Frances FitzGerald, *Way Out There in the Blue* (New York, Touchstone, 2000), pp.19-28。
⑮ "Executive Summary of the Report of the Commission to Assess the Ballistic Missile Threat to the United States,"July 15, 1998.
⑯ Richard L. Garwin,"What We Did," *Bulletin of the Atomic Scientists*, vol. 54, no. 6 (November—December 1998), pp. 40-45; Michael Killian,"Panel Disputes CIA Assessment, Fears Attacks by Rogue States," *Chicago Tribune*, July 16, 1998, p. 8.
⑰ 2003年3月6日对罗伯特·艾因霍恩的采访。有关克林顿政府把朝鲜、伊朗和伊拉克归为一类的实例,请参见威廉·佩里1996年2月23日在加州共同体俱乐部的讲话;马德琳·奥

尔布赖特1998年6月16日在参院拨款委员会的证词;桑迪·伯格关于克林顿总统《国情咨文》讲话的情况介绍,2000年1月27日,及威廉·科恩2000年7月13日在北京的记者招待会上的讲话,联邦新闻署。

⑱ Jeff Gerth with Raymond Bonner, "Companies Are Investigated for Aid to China on Rockets," *New York Times*, April 4, 1998, p. A1.

⑲ 对考克斯的采访。

⑳ "美国新世纪计划"关于保卫台湾的声明,1999年8月20日;2001年11月30日对理查德·阿米蒂奇的采访。

㉑ Strobe Talbot, *The Russia Hand* (New York: Random House, 2002), pp. 39-40.

㉒ Philip Zelikow and Condoleezza Rice, *Germany Unified and Europe Transformed* (Cambridge, Mass.: Harvard University Press, 1995), p. 370.

㉓ Clifford G. Gaddy and Barry W. Ickes, "Russia's Virtual Economy," *Foreign Affairs* vol. 77, no. 5 (September—October 1998), pp. 53-63.

㉔ Condoleezza Rice, "Promoting the National Interest," *Foreign Affairs*, vol. 79, no. 1 (January—February 2000), p. 58.

㉕ John Lloyd, "The Russian Devolution," *New York Times Magazine*, August 15, 1999, p. 34.

㉖ Ibid.

㉗ 美国广播公司 *This Week* 节目1999年11月28日对康多莉扎·赖斯的采访。

㉘ 2002年对迈克尔·麦克福尔的采访。受到赖斯批评的民主党对俄政策的设计者塔尔博特,在自己的著作中批评赖斯在90年代末期主张孤立俄罗斯。Talbott, op. cit., pp. 292, 403.

㉙ Frank Bruni, "Putin Urges Bush Not to Act Alone on Missile Shield," *New York Times*, June 17, 2001, p. A1.

㉚ 康多莉扎·赖斯1999年1月15日在洛杉矶世界事务委员会的讲话。

RISE OF THE VULCANS

The History of Bush's War Cabinet

第十六章

竞 选

第十六章 竞 选

1998 年春天乔治·W.布什(他是这样说的)还在为连任得克萨斯州州长而奔波。然而,他和他的政治顾问卡尔·罗夫已经着手注册冠名为 www.Bush2000.org 的网址。其时,民意调查显示(非常准确,正如后来选举结果所证实的),如果布什竞选 2000 年总统的对手是当时在任的副总统阿尔·戈尔的话,那么两人在竞选中将几乎难分伯仲。布什已经在全国范围内开始了为竞选募捐的征程。旧金山是其中的一站,他 4 月下旬要在那里的一个共和党举办的晚餐会上发言。

那晚,乔治·舒尔茨,这个脾气乖戾、个性沉着的前劳工问题谈判老手,一个担任过罗纳德·里根政府国务卿的老共和党人,询问布什是否愿意第二天同斯坦福大学胡佛研究所的一些学者进行交谈。布什欣然接受了这个提议。第二天他的计划行程要在斯坦福校园附近的硅谷停留,在那儿他安排有一顿早餐、午餐和下午稍晚时的一场招待会,恰好这几次活动期间他有几个小时的空闲。

于是次日上午和下午,布什在其加州基金筹措人布拉德·弗里曼的陪同下,与胡佛研究所的六位名人坐而论道了几个小时。这次晤谈是在舒尔茨位于斯坦福校园内的寓所客厅进行的。除舒尔茨外,其他五位学者是担任过理查德·尼克松和罗纳德·里根两位总统的顾问的马丁·安德森;舒尔茨的前助手亚伯拉罕·索法尔;两位经济学教授约翰·科根和约翰·泰勒;和斯坦福大学教务长康多莉扎·赖斯。①

而那周在斯坦福以外的地方,联合国安理会正纠缠于伊拉克副总理塔里克·阿齐兹就取消对伊拉克的经济制裁所提的新要求,因为成员国对经济制裁的前景意见不一。在华盛顿,克林顿政府任命的一个跨部门特别工作组已经发现了政府在对付恐怖主义和美国境内的"小股恐怖主义者"逐渐增强的活动的能力方面存在着大范围的各种各样的漏洞。②

但是在帕洛阿尔托的那个凉气袭人、雾霭重重的上午,这一切都显得那么遥远。舒尔茨家客厅中的谈话从一个话题转到另一个话题,是典型的一位政治家和一群学者的聚会谈话,在这种聚会中,彼此都急于给对方留下深刻的印象。没有对任何特别的事情做出决定,但胡佛学者们已经决定支持小布什。"他非常放松,有着某类人特有的内心安宁感,这是另一类人所不具备的,"舒尔茨这样回忆说。

其中的几个晤谈者感觉,这种谈话不是没有先例可循。马丁·安德森在倾听布什谈话时,脑海中浮现出 1979 年的一个类似场景:那时安德森正积极试图在知识分子中间为罗纳德·里根的总统竞选寻求支持。正是他安德森陪伴里根来到斯坦福校园,同样也是在舒尔茨的寓所,前加州州长同几个胡佛学者进行了交谈。安德森追忆道,还是当年那座房子、那间客厅,甚至坐的椅子都没有任何改变,参加会谈的人中有几位也是当年会谈的亲历者,改变的只是总统候选人。

乔治·W.布什是否应该追随里根的足迹还难以预料。他的父亲,美国第 41 届总统,在 1989 年入主白宫后,把里根的忠实追随者从关键的位置上驱赶下来,从而招致了他们的愤怒,在 1992 年他父亲竞选连任时,未能得到这些保守主义者的热心支持,也未能如愿以偿。现在小布什正全力以赴赢得里根老团队的支持。

接下来在奥斯汀的 7 月会议中,布什邀请了包括舒尔茨、赖斯和安德森在内的胡佛学者。参加会议的还有前国防部长迪克·切尼,其时掌管着哈里伯顿公司;切尼的前五角大楼助理保罗·沃尔福威茨,时任约翰·霍普金斯大学高级国际研究学院院长。这次布什不再装作谈话仅仅是抽象地探讨一些感兴趣的思想。他告诉来访者,他正考虑竞选总统,他需要他们的帮助。

在参加布什和胡佛学者的晤谈前,康多莉扎·赖斯的职业生涯受到布伦特·斯考克罗夫特的指导已经十年有余,她主要是在后者引导下,逐渐赢得小布什父亲的注意。即使在她和老布什政府离开华盛顿后,斯考克罗夫特依旧对赖斯关怀有加。当他与老布什合写《转变了的世界》(对老布什执政时外交政策的回顾)一书时,他们召回了前助理们,帮助他们共同回顾他们计划写进书里的重要事件和主题。"我总是确保她(赖斯)能被算入这些人中,"斯考克罗夫特回忆起往事,"最终他(老布什)开始赏识她。"③

1998 年 8 月,前总统邀请赖斯到布什家族在缅因州的肯尼邦克伯特别墅庄园做客。赖斯曾到过那里两次:一次是她作为国家安全委员会工作人员向总统做简要陈述,一次是她作为前助理到那儿帮助完成布什—斯考克罗夫特的共同回忆录。但是,这次有一桩完全不同的事需要处理:乔治·W.布什也在肯尼邦克伯特,他正计划着他的总统竞选。

在别墅庄园的日子里,前总统之子与前国家安全事务助理的被保护人在互相考验对方。他们一同在庄园钓鱼,在跑步机、自行车、划艇器上锻炼。他们后来都声称当时一起探讨了美国与世界的关系,或许他们有过一定的探讨。他们有许多东西要谈论,比如,那个夏天,亚洲和俄罗斯的金融发生混乱;萨达姆·侯赛因终

第十六章 竞 选

止了伊拉克与联合国武器核查人员的合作；以及奥萨马·本·拉登的基地组织在肯尼亚和坦桑尼亚两处美国使馆制造的爆炸。但布什和赖斯的话题同样触及无关宏旨的事情。得克萨斯护林队，布什曾经作为所有人和合伙经理人管理过的一个棒球队，正奋力作战以保持住在本区的靠前排名。那个夏天整个美国的棒球迷都在观看马克·麦克格怀尔和萨米·索萨两人之间的较量，看谁最终能打破一个赛季61个本垒打的记录。而克里夫兰·布朗斯足球队，一个赖斯从小就为其加油的队伍，就要被卡门·波利斯所接管，这位足球经理人曾是赖斯在斯坦福时结识的朋友，当时他正经营着旧金山49人队。无论布什还是赖斯都不必像政治家或学者有时所做的那样，装出对这些与体育相关的事件的兴趣。

"他们在肯尼邦克伯特就签约了，"科伊特·布莱克评论说，"她是一名运动狂热者，他也一样。……康迪曾经跟我说起，她发现乔治·W.布什最让她倍感亲切的是他爱拿体育运动打比方，康迪也爱拿体育运动打比方。"④

或许就在1998年或者随后不久，布什就已决定：应该让康多莉扎·赖斯负责他总统竞选时的外交政策。

那年秋季，布什挑好了他的第二个外交政策顾问——保罗·沃尔福威茨。这是一次精心的选择。沃尔福威茨曾经分别当过舒尔茨和切尼两人的高级助理，这两个人物对布什早期竞选的外交政策影响非常大。从某种意义上，沃尔福威茨不过是从他离任的职务上重操旧业而已，因为早在1996年他就做过鲍勃·多尔竞选总统时的外交顾问。

接下来两年的漫长总统竞选活动中，赖斯和沃尔福威茨作为布什的两个重要国际事务顾问，协调日常事务，准备表态文件，与布什定期举行电话会议。赖斯作用更显著些，因为她与布什关系更密切。但更睿智的沃尔福威茨似乎显得难以克服布什在耶鲁读大学时就已形成的对知识分子的那种深度不信任感。在竞选期间，在一次情报通气会之后，布什与他们在其得克萨斯州的克劳福德农场拍了一张照片，照片上总统候选人和他的两个助手站在一起，布什和赖斯彼此相隔不到6英寸，两人都很放松，他身着牛仔服，脚登长筒靴；她则着卡其布纯棉服和跑鞋。而沃尔福威茨的站位离布什明显较远，还穿着西装衬衫和上班穿的鞋子，看起来很不自在。⑤

1999年之初，赖斯和沃尔福威茨就开始为布什的竞选活动着手组建一个由外交政策顾问们组成的正式班子。这显得太早了，距离克林顿政府到期还有近两年的时间。但是，前共和党政府的官员们对近6年的时间在野非常不习惯，他们

已经在为能被提名进入布什的核心圈子而暗中使劲。而赖斯和沃尔福威茨已经想方设法赶在任何其他的共和党候选人下手之前锁定最佳人选。"给我打电话的是保罗（沃尔福威茨），"多夫·扎赫姆，一名曾在里根政府执政时的五角大楼任职的国防预算专家回忆说，"他说，'你想干这个吗？你必须明白，一旦你同意干，你就得干了。'"扎赫姆接受了任命。⑥

这个班子有8人，所有的人都曾在前两届共和党政府任职过。除了赖斯和沃尔福威茨外，还有里根时代在五角大楼任职的理查德·阿米蒂奇、理查德·珀尔和扎赫姆；老布什执政时在五角大楼担任沃尔福威茨助手的斯蒂芬·哈德利；以及曾与赖斯同在国家安全委员会任职过的罗伯特·布莱克威尔和曾做过国务卿詹姆斯·贝克高级帮办的罗伯特·佐立克。

这些顾问在奥斯汀举行了第一次会议，切尼和舒尔茨也到场。他们再次开会时是在斯坦福校园的赖斯家里，延续了整整一个周末的时间。扎赫姆，一个正统的犹太教徒，在周六不驾车，被细致的赖斯特别安排住在校园里一个能够步行到赖斯寓所的地方，而其他人则都住在宾馆里。从那时起，在整个布什竞选总统期间，这8个人都定期晤谈，有时是通过电话会议进行。正是这个团体决定称自己为"火神"，借用的是一尊俯瞰赖斯家乡伯明翰的巨大雕像之名。⑦无独有偶，阿米蒂奇的妻子也在伯明翰长大，而里根政府和老布什政府中最显要的人物科林·鲍威尔的妻子竟然同样如此。

布什竞选总统活动向前推进时，在外交政策上向布什提供建议的除了这些"火神派"之外，还有几个显要人物。他们不是赖斯助选阵营的正式成员，但各自都以其不同的方式发挥着作用。其中最有影响的莫过于迪克·切尼。在竞选活动最初的阶段里，随处可见他的身影。"火神派"在奥斯汀第一次开会时他在场。布什1999年9月第一次就国防政策发表演讲时，赖斯和阿米蒂奇向媒体介绍了他的思想；切尼专程飞到南卡罗来纳，为他们的吹风会担任司仪。

2000年春季下旬，布什让切尼负责挑选他的竞选搭档。在花费了几个星期的时间对包括几名共和党州长和参议员在内的人选进行考察后，切尼告诉布什他已经改变了想法，自己愿意竞选副总统。其时布什对此深信不疑；他几个月前就向切尼提出了这种想法。在仔细考虑了那些几周以来被考察的人选后，布什对记者们说："逐渐地，我意识到最适合做我的副总统竞选伙伴的那个人其实就在我身边。"⑧

切尼被选择做总统竞选伙伴对外交政策的未来动向有着超乎寻常的重要性。这个决定对于布什可能领导的未来政府的性质和政策的重要性远远胜过布什所做的其他任何一个决定。切尼能把他对政府内部工作机制的充分了解与在外交政策和国防上所持的强硬的保守派的观点相结合。他担任过国会议员、白宫办公厅主任和国防部长。除了切尼从前的导师唐纳德·拉姆斯菲尔德同切尼有过相同的经历外,这种在行政和立法两方面都有着丰富经验的人在美国并不多见。

20 年来,拉姆斯菲尔德没有担任过任何一个政府常设职务。但他同样也是布什竞选活动中一个非常重要的幕后人物。1999—2000 年期间,在"火神派"频频开会讨论布什的总体外交政策时,拉姆斯菲尔德则管理着一个独立的,也更为秘密的竞选班子。成立这个班子的主意是来自胡佛研究所的马丁·安德森。它主要致力于一个问题,一个在安德森看来属于里根政府未尽的事业:导弹防御计划。

在某种程度上,拉姆斯菲尔德的导弹防御班子与"火神派"班子有些重叠。来自"火神派"的赖斯、沃尔福威茨、哈德雷和珀尔也都参加了拉姆斯菲尔德所主持的讨论。但是这个独立班子还包括舒尔茨、安德森和一些长期以来一直就导弹防御方面提出建议的科学家,如利弗莫尔实验室的洛厄尔·伍德。拉姆斯菲尔德刚刚结束了 1998 年导弹防御委员会主席一职的任期,所以顺理成章地成为了这个班子的负责人。

2000 年 9 月 2 日,共和党总统提名人乔治·W. 布什在得克萨斯州克劳福德附近的布什农场,在中央情报局情报吹风会开始前,会见他的两位高级外交政策竞选顾问康多莉扎·赖斯和保罗·沃尔福威茨。(AP Photo/David J. Phillip)

这个班子成员多次聚会,其中一次他们从全国各地飞到了芝加哥,聚集在拉姆斯菲尔德家的客厅。这种助选会最终给了布什班子在接掌政权后尽可能快地推进导弹防御的动力与决心。这些集会同样也使拉姆斯菲尔德在不被公众注意的情况下再次成为共和党外交政策的推动力量。

另一个逡巡在布什竞选阵营的外交政策方面的著名人物是科林·鲍威尔。但他在竞选活动中的角色既不同于切尼,也不同于拉姆斯菲尔德。从一开始,切尼在内外两个层次上都是中心角色:对内,他参与讨论制订外交政策所应采取的立场;对外,他是副总统提名人。拉姆斯菲尔德在对内层次上也是相当活跃的。形成鲜明对比的是,鲍威尔仅仅在对外层次上显得非常重要,如有助于布什应对公众,也有助于为布什赢得政治支持。无论是在"火神派"的圈子里,还是在拉姆斯菲尔德的导弹防御班子里,或者布什团队能够据以设计外交政策的任何其他班子里,都难见他的积极作用。

最初,鲍威尔清楚地表明,并再三重申他无意做布什的竞选伙伴。1995年决定放弃竞选总统后,他对作为副总统提名人就更没有兴趣了,何况早在1992年的总统竞选中,他就首次拒绝了作为副总统提名人而参选。"我对政治职务没有兴趣,"他在2000年3月的一次记者采访中这样说。⑨ 但是在鲍威尔的话中关键的不易被人注意的限定词就是"政治"这个词。2000年里,自始至终,鲍威尔都在经常地向公众表明他愿意作为国务卿重返政府。

在费城的共和党全国大会上,鲍威尔替布什做了一个重要的演讲。演讲的主要内容谈及的是结束贫困和帮助那些急需帮助的孩子的必要性;因此他的演讲有助于宣扬布什竞选活动中提倡的富有同情心的保守主义主题。在外交政策上,他高奏凯歌,告诉那些忠诚的共和党人:"那些仍然坚持虚伪的暴政并寻求获得大规模杀伤性武器的病态国家,很快就会发现他们将被扔进历史的垃圾堆。"⑩

在10月下旬,秋季竞选活动的高峰时期,鲍威尔陪伴在布什身边,增强了布什对少数族裔、中间派选民和退伍老兵的吸引力。此时,布什已经清楚表明他期望鲍威尔成为其政府中的重要一员。"告诉我们你打算让哪些人来帮你做事,"10月在新罕布什尔州曼彻斯特的一位选民问布什。他回答了那位选民的问话,并按顺序列举出科林·鲍威尔、康多莉扎·赖斯,以及经济学顾问劳伦斯·林赛。在阿肯色州的一次采访中,有人问及鲍威尔是否会成为布什的国务卿。"他已经对此暗示过,我同样也以暗示回答了他,"鲍威尔回答道。2000年11月30日,总统选举结果仍未确定,佛罗里达州的法律诉讼还在继续的情况下,布什试图表明

第十六章 竞 选

选举实际上已经结束,他已经在扮演当选总统的角色。他选择的方式是把科林·鲍威尔邀请到他在得克萨斯的牧场中,并让记者对这次会面尽情拍摄。⑪

因此,虽然鲍威尔始终置身于布什竞选活动中详细外交政策制订的圈子之外,但他仍然在其中扮演着关键的角色。而这为后来的布什政权所面临的问题埋下了种子。

布什的顾问班子——切尼、鲍威尔、拉姆斯菲尔德、赖斯、沃尔福威茨、阿米蒂奇和其他"火神派"成员——是布什在 2000 年竞选中向公众传递有关外交政策方面核心信息的主要成员。外交政策将掌握在可靠的人手中,他告诉选民们,因为他将仰赖这些有经验的人们,这些人都曾是服务于往届政府的老手。

竞选活动伊始,布什就在努力减轻人们对他显然缺乏对国际事务的兴趣与经验的担忧。无论是在他年轻时,还是在私生活上,他都没有像他同时代的那些富裕的美国人那样或者出于好奇,或者出于找乐而到国外旅行。他仅仅踏访过欧洲,去过伦敦几次,还在意大利停留过一次,那是为了看望正巧待在那里的一个女儿。也到亚洲旅行过一次,参观过北京,那是 1975 年,那时他父亲是美国驻北京联络处主任。作为得克萨斯州州长,布什的主要时间不可避免地都花在处理国内事务上,除了偶尔要同墨西哥打交道外。

布什在开始竞选活动时,在新罕布什尔州遭到一名电视记者的"突然进行的测验"袭击,他被要求回答出几个外国政府首脑的名字,由此,布什在国际事务上的无经验逐渐被传播开来。当被问及巴基斯坦首脑的名字时,他未能给出答案。"将军……"布什回答道,竭力在思考着但最终没能想出佩尔韦兹·穆沙拉夫。那么他知道印度总理吗?"印度的新总理是——不知道,"布什回答说。同样,在第二年春天当一名为《魅力》杂志撰稿的作家让他辨别何为塔利班时,他表现得非常愚蠢。最后,这位作家不得不暗示他。"在阿富汗压制妇女?"作家提示说。"啊,我想你提的是某个帮派,"布什回答说,"阿富汗的塔利班。完全正确,压制的。"⑫

因此,在 1999 和 2000 年的两年中,布什为了缓解人们对他在外交政策上缺乏知识与经验的怀疑,总是强调他是一个能被信任的总统,因为他的顾问们都是些经验丰富的杰出人物。"与这样一个总统布什有关的其中一件事是我周围都是些善良、坚强、能干、聪明的人,他们明白美国的使命是要带领世界走向和平,"他说。⑬

2000 年布什反对戈尔和克林顿政府所提的那些特定外交政策议题并不是特别新颖或别出一格的议题。其攻击的方式与早先国会中的共和党议员攻击克林

顿政府的方式颇为接近,也与1996年鲍勃·多尔竞选总统时所采取的攻击方式相似。布什表态坚决支持国家弹道导弹防御这个议题,说如果对国家导弹防御必要的话,他愿意放弃1972年《反弹道导弹(ABM)条约》。"现在不是为过时的条约辩护的时候,而是保护美国人民的时候,"他在被提名为候选人的共和党大会上慷慨激昂。他也许诺增加军事开支。"美国的军队需要更好的设备、更好的训练、更好的酬劳,"他说。布什攻击中国是美国的竞争对手,而不是伙伴。在谈及俄罗斯时,布什指责民主党与俄罗斯总统鲍里斯·叶利钦和前总理维克多·切尔诺梅尔金发展了个人化色彩浓厚的私人关系。⑭

在整个总统竞选活动中,不论布什关注哪种外交政策议题,这个议题基本是比较宽泛的、一般性的议题。他所传递的信息是共和党要回归根本,重新回到自二战以来直到冷战结束期间美国所走的道路上来。他强调的主题是,20世纪90年代的民主党已经远远偏离了美国国家安全的传统关切所在:加强与美国的欧洲盟友和亚洲盟友之间的关系,建设强大的军队,应对俄罗斯和中国这样的大国挑战。他说他反对把军队派往如海地这类国家执行小规模的人道主义使命,他也不认同某些自由主义分子所说的防止艾滋病蔓延和环境的进一步恶化是后冷战世界中美国外交政策的新任务。就军队而言,布什说他宁愿把它用于大的战争。"我们现任副总统在使用军队上和我有不同看法,"他在一次总统候选人辩论中说,"他信奉国家建设(中的军队作用)。在把军队当作国家建设者这个问题上我宁愿持谨慎的态度。我认为军队的作用就是打仗并打赢战争。……我不想在任何时候都把军队派往世界各地。我不想成为世界警察。"⑮

盟国的重要性成了布什的一个口头禅。在其竞选主张中有关主要外交政策的演讲中,他声称:"我们在欧亚的目标将取决于美国与盟国关系的巩固,正是那些盟国在协助美国维持影响力。"他说,美国的盟国是"伙伴,不是卫星国"。这些是布什针对克林顿总统1998年对中国进行一个超长的访问时,却未在美国的盟国日本停留这件事而发出的批评之语。但是他所发出的有关盟国的信息不止于此,他还在其他时候提及美国的盟国。"美国需要它的欧洲盟友们……帮助我们应对随时可能出现的安全挑战,"他说。

同样,布什也指责克林顿政府未能维持好他父亲曾巧妙促成的反对伊拉克的海湾战争联盟。"反对萨达姆的联盟正在分化,"他在一次与戈尔的电视辩论中说。⑯ 在他看来,维持好与盟国和联盟的关系在于美国要表现出谦让。"如果我们是一个自负的民族,那些盟友将对我们非常反感,"他解释道,"如果我们是一个谦逊又强大的国家,那么他们就会欢迎我们。"⑰

第十六章 竞 选

2000年秋天在他与戈尔进行的三次电视竞选辩论中的第二次辩论中,戈尔宣称这是"一个独特的历史时期",在这个时期,全世界都在期待美国在环境和国际经济方面起领导作用。当作为布什的辩论顾问之一的沃尔福威茨听到这些话时,斟酌着这些话太平常了,很难让人不这样回答,"我也这样认为,"这就是沃尔福威茨所想的。[18]

然而,出乎他的意料,布什打断了副总统的话。"我不敢断定,这是不是美国所应起的作用,就是跑到世界各地说,'事情应该是这样做的',"布什反驳说,"我们能够有所帮助。或许这仅仅是我们看待政府的方式不同。……你们知道,我想帮助人们自助,不是让政府来告诉他们做什么。我并不认为,这就是美国所应起的作用,即跑到一个别的国家对它说,'我们这样做;因此你也应该这样做。'"[19]这些话不是赖斯和沃尔福威茨为布什所准备的答案;而是布什的即兴之语。沃尔福威茨非常高兴,并认为这是一个有启迪意义的时刻,强调了布什信奉授予人们以权力而不是告诉他们做什么。[20]

但是,一次竞选辩论并不必然准确地揭示出布什的未来外交政策。两年后,当布什未能成功说服其他国家加入美国对伊拉克的战争时,他对重建联盟和保持美国谦逊作风的重要性的评论被人们回忆起来,并在极具讥讽的意义下被电视节目所重播。

还有些议题在竞选活动中布什和"火神派"没有提及,也有一些他们刻意加以掩盖或者忽视了的基本分歧。

在整个竞选活动中,布什和他的外交政策班子极少提到恐怖主义。布什仅在一次有关检讨国家防御事务的演讲中谈到过。在竞选活动的最后一个月,停泊在亚丁港的美国海军"科尔号"驱逐舰受到也门基地组织恐怖分子的炸弹袭击,17名美国人在爆炸中丧生。布什,像戈尔一样,仅仅是含糊地号召美国惩罚那些爆炸者。布什说美国应该"向全世界的恐怖主义分子发出迅速、准确、清楚的信号,即我们不会容忍恐怖主义"。但是对任何比较大的政策议题,譬如,如何提高国土安全或者美国政府是否应该或怎样才能对恐怖主义发动一场战役,从来没有讨论过。的确,布什从来没有提到恐怖主义是美国外交政策的一个主要问题,他也很少在这方面抨击克林顿政府。总统们都不得不确定事务的优先次序,布什在竞选活动的一开始就说:"让我来迅速梳理一下我们优先考虑的事情:俄罗斯和在欧洲拥有一个强大的北约;中国和我们在远东的盟友;我们自己的这个半球;以及中东。"[21]赖斯发表于《外交》杂志上的一篇长文,综述了布什竞选总统活动中所体

现的对世界的看法,其中仅仅顺带提了一下恐怖主义,文章重点强调了美国政策的中心应该转移至像俄罗斯和中国这样的大国的必要性。㉒

因此,布什的竞选活动也没有特别强调伊拉克问题。即使乔治·W.布什认为萨达姆·侯赛因野蛮虐待伊拉克人民的行径,如1988年3月对库尔德人使用毒气的做法,令人发指,需要外部军事干涉,但他也设法在竞选总统的18个月中对此缄口。

在这方面,布什仅仅走的是美国选举政治中的一条老路。1916年的伍德罗·威尔逊、1940年的富兰克林·罗斯福和1964年的林登·约翰逊在竞选总统过程中都丝毫没有提及美国很可能不久就要进入战争之中。(的确,这些前辈在发誓要使美国置身于战争"之外"方面都比布什走得更远。)但是,因为在2000年竞选中未能给予伊拉克事务以优先性,未能在那个时候强调萨达姆·侯赛因的滥杀行为,所以布什在两年以后有关萨达姆·侯赛因残忍对待伊拉克人民的长久历史就是美国发动战争的原因的论点非常站不住脚。在2003年3月16日,在他就要发动对伊拉克的军事行动时,布什宣称:"就在15年前的今天,萨达姆·侯赛因用化学武器袭击了伊拉克的哈拉比亚村。就凭一个简单的命令,伊拉克政权就残忍无耻地杀害了成千上万的男子、妇女和儿童。"㉓那的确是事实,只是无法解释为什么美国要等15年后才开始反应。

可以肯定的是,布什的"火神派"成员中有些人在1998年"美国新世纪计划"发起的信上签了字,信中号召推翻萨达姆·侯赛因。但是这个新保守主义团体并不代表布什班子。实际上,虽然这个事实后来被人们遗忘了,但是新保守主义分子在共和党预选阶段大都不支持布什。相反,他们更同情参议员约翰·麦凯恩,他支持克林顿政府为反对塞尔维亚独裁者米洛舍维奇而对科索沃的军事干预,而当时共和党国会领袖们都把这场战争称作比尔·克林顿的战争,敦促美国置身事外,故麦凯恩对这些新保守主义者而言,是一位英雄。"我喜欢麦凯恩,使我下决心支持他的原因就是科索沃,在科索沃问题上,他与共和党中的大多数杠上了,"威廉·克里斯托尔,新保守主义《旗帜周刊》的编辑回忆说。尽管克里斯托尔与布什竞选阵营中的老朋友,如沃尔福威茨等,保持着良好的关系,但他承认"这种良好关系在[2000年]1月、2月变得有些干涩",当时麦凯恩在新罕布什尔的预选中轻而易举击败了布什,并开始在南卡罗来纳挑战布什。㉔

因而尽管新保守主义都明确表示支持通过军事干涉将萨达姆·侯赛因赶下台,但是并不清楚布什的竞选班子是否也支持采取这样的行动。的确,赖斯,布什的高级顾问,在2000年曾提出,对付伊拉克的这位领导人同样可以运用过去几十年里曾对苏联用过的威慑政策。她在《外交》上的那篇文章里,写到像伊拉克这样的"无赖政体出乎意料地存在了这么久的时间,因此对它们没有必要恐慌。相反,第一道防线应该是明晰的传统的威慑警告——假使它们的确获得了大规模杀伤性武器,就正告它们,武器会毫无用处,因为任何使用它们的企图都会招致其国家的毁灭"。[25] 这类威慑言论很容易成为赖斯的旧老板布伦特·斯考克罗夫特或其他任何外交政策中的现实主义信奉者信手拈来的东西,这种现实主义是冷战大多数时期美国的主导思想。

围绕伊拉克问题的这些潜藏的分歧仅仅是 2000 年布什总统竞选过程中内部紧张关系的一个体现。新保守主义者趋向对中国采取强硬政策,但商界——共和党的一个核心构成——急于同中国保持友好的关系。布什批评克林顿向海地派兵对海地的"国家建设"而言是一项误入歧途的行动。但是新保守主义者认为美国对海地的干涉是一次高尚的尝试。[26]

支持共和党总统候选人的人们之间的关系也并非完全和谐。里根的追随者并不信任第一个布什政权的旧面孔,尤其是对那些曾供职于斯考克罗夫特手下的人就更不信任,而这两个阵营的人又都小心提防着前国务卿贝克的那些手下。海湾战争在以科林·鲍威尔为一方、切尼和其他保守主义者为另一方之间遗留下了难以扯得清的摩擦。在科林·鲍威尔的自传中,他用显而易见的调侃笔调写道,切尼和他在五角大楼的文职助手们(当然包括最突出的沃尔福威茨)是一群"狂热的右派分子"[27]。而后者,包括沃尔福威茨在内的一些保守主义分子,也在合作出书和写文章,试图揭开鲍威尔的神秘面孔,抨击他在海湾战争中谨小慎微。[28]

不管怎样,这些隐藏的紧张关系在共和党争取重新掌权的过程中暂时被置于一旁。2000 年 12 月 12 日,当最高法院以 5 票对 4 票的结果判决布什赢得佛罗里达的选举时,那些在前几届共和党政府中负责美国外交政策的经验老到的人物已经为重新掌权而蓄势待发。"火神派"回来了。

注 释

① 这是基于 2002 年 2 月 12 日对乔治·舒尔茨和马丁·安德森的采访和随后经舒尔茨证实的陈述。要了解 1998 年布什竞选活动的全貌,参见 Sam Howe Verhovek, "Riding High, Bush Eases into 2000 Election," *New York Times*, May 25, 1998, p. A1。

② Roberto Suro, "U.S. Lacking in Terrorism Defenses," *Washington Post*, April 24, 1998, p. A1。

③ 2002 年 1 月 3 日对布伦特·斯考克罗夫特的采访。

④ 2002年2月13日对科伊特·布莱克的采访。

⑤ Walter M. Mears, "Bush Gets CIA Briefing," *Associated Press*, September 2, 2000, 配有 Associated Press 的图片。

⑥ 2002年6月28日对多夫·扎赫姆的采访。

⑦ 2001年11月30日对理查德·阿米蒂奇的采访。

⑧ 转录自2000年7月25日布什在和理查德·切尼共同出席的新闻发布会上的讲话,联邦通讯社(Federal News Service)。

⑨ 未署名的文章,"Colin Powell Rules out Vice President Bid," *Associated Press*, March 21, 2000。

⑩ 转录自科林·鲍威尔在共和党全国大会上的讲话, Federal Documents Clearing House, July 31, 2000。

⑪ Sandy Davis, "Colin Powell Throws Full Weight Behind Bush Presidential Quest," *Arkansas Democrat-Gazette*, October 25, 2000, p. A1; Dave Boyer, "Bush Speculates About His Cabinet," *Washington Times*, October 21, 2000, p. A4; Tom Raum, "Bush Meets Powell at His Ranch," Associated Press, November 30, 2000。

⑫ 转录自 CNBC 新闻,"George W. Bush Stumped When asked to Name the leaders," November 4, 1999; Elaine Sciolino, "Bush's Foreign Policy Tutor," *New York Times*, June 16, 2000, p. A1。

⑬ 转录自 NBC 的 *Meet the Press* 节目, November 21, 1999。

⑭ 乔治·W. 布什在共和党全国大会上的演讲,2000年8月3日;*Meet the Press* 的采访,1999年11月21日。

⑮ 转录自2000年10月11日戈尔—布什第二次辩论。

⑯ 乔治·W. 布什州长1999年11月19日在罗纳德·里根总统图书馆的讲话,"A Distinctly American Internationalism"。转录自2000年10月17日戈尔—布什第三次辩论。

⑰ 转录自2000年10月11日戈尔—布什第二次辩论。

⑱ 2002年3月12日对保罗·沃尔福威茨的采访。

⑲ 转录自2000年10月11日戈尔—布什第二次辩论。

⑳ 对沃尔福威茨的采访。

㉑ *Meet the Press* 的采访。

㉒ Condoleezza Rice, "Promoting the National Interest," *Foreign Affairs*, Vol. 79, no. 1 (January—February 2000), pp. 45-62.

㉓ 选自 Lajes Azores 举行的联合新闻发布会,*New York Times*, March 17, 2003, p. A13。

㉔ 2001年12月7日对威廉·克里斯托尔的采访,另见 Robert Kagan, "The Biggest Issue of Them All," *Washington Post*, February 15, 2000, p. A23。

㉕ 出处同前文引用赖斯的著作。

㉖ Robert Kagan, "A World of Problems," *Washington Post*, April 10, 2000, p. A21。

㉗ 见 Colin Powell, *My American Journey* (New York: Ballantine Books, 1995), p. 526。

㉘ 见 Michael Gordon and Bernard E. Trainor, *The Generals' War* (Boston: Little, Brown, 1995), pp. 150-152, 468-469。

RISE OF THE VULCANS
The History of Bush's War Cabinet

第十七章

谁来执掌五角大楼?

第十七章 谁来执掌五角大楼?

2000年12月下旬,乔治·W.布什的班子以惊人的速度开始组阁,围绕着新政府里谁来坐外交政策的头几把交椅,特别是谁来担任国防部长,展开了一场不为外人所知但非常激烈的斗争。美国历史上很少有哪届新政府的外交政策竟然主要取决于政府官员的第一轮任命。

2000年选举的特殊情况最终使得布什必须以史无前例的速度挑选好他的新班子成员,这种急迫使得对不同职位的秘密操控越发狂躁。通常当选总统有大约10周的时间来组建起新一届政府。然而,这次选举中佛罗里达投票结果引起的法律争议持续了一个多月的时间,直到距新总统就职仅有5周半的时候,2000年选举结果才有了定论。就外交政策而言,布什可以选择的范围很广,拥有一个令人印象深刻的团队,在这个团队中都是些经验丰富的人,因为在前32年中共和党执政的时间就有20年。但是"火神派"集体的经验并不能回答这个棘手的难题:谁获得哪个职位?

新当选总统为此与其他三人进行了一连串会议,这三个人是:切尼、安德鲁·卡德和克雷·约翰逊。卡德已经被布什任命为白宫办公厅主任;约翰逊是布什在耶鲁的同宿舍校友,在布什任得克萨斯州州长时一直做州长办公室主任,很快要成为白宫的人事主管。在这些会议后,布什最终确定当选的名单,接着这个小组就会把名单传给另两个人,这两个人实际已担当起该小组向外界通风报信的角色。其中之一是戴夫·格里本,切尼前助手,一个国会关系专家,他负责赢得参议院对总统所提名的人的批准;另一个是阿里·弗莱舍,新闻发言人,负责把消息通报给媒体。①

某些外交职位上的人选对新任总统来说不难确定。如毫无疑问科林·鲍威尔将担任国务卿。布什在竞选活动中几乎都已做出这项许诺,且鲍威尔也明确表示出兴趣。同样,对谁该做国家安全事务助理也没有争议。赖斯与布什配合得非常默契,很显然,该职位非她莫属。

一开始,谁来做中央情报局局长似乎也比较明了。唐纳德·拉姆斯菲尔德似乎是最可能的人选。他两年前曾负责防止导弹对美国威胁的委员会,这使他获得

了直接的、全新的与美国情报集团打交道的经验和处理与导弹相关的情报议题上的经验,而这种经验对新政府来说又非常重要,因为该政府最急于想做的事是推进导弹防御。在过去的几年中,拉姆斯菲尔德还担任过多尔竞选总统时的顾问,也做过国会共和党议员的顾问,这种经历为他赢得了不少的盟友。当布什开始挑选他的外交团队时,"有一帮人在为拉姆斯菲尔德说话,"共和党国会议员克里斯·考克斯回顾说,"拉姆斯菲尔德有他自己的拉拉队。"②

据拉姆斯菲尔德的朋友们介绍,他并不是完全肯定自己想要中央情报局的这份工作。不管怎样,他已经着手为得到这份工作做准备。据一位前中央情报局的主任说,拉姆斯菲尔德已着手网罗各种各样的情报专家和局内人,向他们征询有关情报圈内的问题和内部运作情况的看法。"他们[布什班子中的成员]也已就拉姆斯菲尔德担任中央情报局局长进行讨论,并向拉姆斯菲尔德本人提到该职位,"拉姆斯菲尔德的一位老朋友理查德·艾伦,后来回忆说。③

有一个职位显然还没有明显的候选人,这就是国防部长一职。在总统竞选活动中非常卖力的两位"火神派"成员,保罗·沃尔福威茨和理查德·阿米蒂奇,是可能的人选;两人都有在五角大楼高级职位上工作的经验。但两人的资历都不足以胜任国防部长这一重要的职位,两个人都有各自的弱点。沃尔福威茨非常聪明、勤奋,在这一点上即使他的许多对手都对他赞许有加,但他因缺乏行政管理技能或兴趣又受到批评,有些批评甚至来自支持他的人。他总是相信(常常他是对的)自己能够对文件中所涉想法加以改进或能对文件的写作加以提高,故行政机关工作备忘录总是堆满了他的办公桌。"保罗是个聪明的家伙,但每次你到他在国务院的办公室时,你根本就找不到人,文件总是堆那么高,"一位崇拜他的高级官员回顾说。④ 他的工作习惯也颇富传奇色彩。老布什政府执政的一个时期内,五角大楼有两个轮换为沃尔福威茨工作的秘书班子——其中一个班子在上午8:00至下午4:00上班,另一个在下午4:00开始上班至午夜。五角大楼这个庞大的官僚机构,通常被认为在高层需要有强有力的管理人员,沃尔福威茨好像不大适合这种要求。与之相反的是,阿米蒂奇被认为是一个优秀的管理者,但他在外交政策圈子外没有什么名气,或者说对国会没有影响力;的确,在罗斯·佩罗的抨击下,在第一个布什政府时期,阿米蒂奇发现要赢得参议院对他担任陆军部长的批准是不可能的。沃尔福威茨和阿米蒂奇二人显然都是新政府高级职位的人选,但国防部长一职对他们来说好像不在其能力之内。

随着布什开始挑选内阁阁员,五角大楼开始出现另一个不同的组合构思,这

第十七章 谁来执掌五角大楼？

个景致可以被冠名为政治家搭配阿米蒂奇的组合。在这种组合下，布什可以任命某个有名的共和党政治人物负责五角大楼；主要的人选有宾夕法尼亚州州长汤姆·里奇和已于1998年退休的前印第安纳州参议员丹·科茨。这样政治家可以为布什的国防政策赢得国会和公众的支持。政治家可能不太了解国防部的内部运作情形，但如果布什任命一位在五角大楼方面的经验丰富的老手，譬如，阿米蒂奇担任国防部副部长，就可以弥补政治家的不足。阿米蒂奇可以负责五角大楼的运作，处理政策和人事细则，而科茨或里奇则负责对外推销各种计划与发布信息。

里奇被任命的可能性很快就烟消云散了，因为保守主义者敲响了警钟。他曾是布什的一个最亲密的政治盟友，在越南战争服役期间荣获过一枚铜质奖章。然而，他担任国会议员期间，他在国防问题上的投票记录表明他的立场非常自由化；他对里根的战略防御倡议曾投反对票，并支持里根这项倡议的反对者。他也是一名妇女堕胎权的支持者。尤其鲍威尔的同盟者们支持里奇做国防部长的事实使得保守分子们格外疑心。

注意力很快转向科茨，他作为国防部长的人选形成了很强的势头。参议院多数党领袖特伦特·洛特，一个来自国会山的老盟友，竭力举荐他，其他的共和党参议员也同样如此。科茨与切尼关系密切；戴夫·格里本，切尼的前怀俄明学校校友和华盛顿工作时的长期助手，也曾经为科茨工作。科茨也可以声称对防御事务比较熟悉，因为他曾在参议院武装部队委员会工作过。

最为重要的是，科茨是一个宗教权利的坚定维护者。"科茨先生被那些社会保守主义者所认可，这些保守主义者认为8年来克林顿所任命的人一直在对五角大楼进行'社会实验'，希望他能扭转这种趋势，"这是保守的《华盛顿时报》在专为推动科茨当选国防部长的几篇报道和社论的头版上的话，"科茨先生反对堕胎，反对军队中的同性恋的公开化，并对在新兵训练中男女混合训练持保留态度。"⑤

不管怎样，12月下旬的两周时间内，这个政治家加阿米蒂奇的组合构想破灭了。这个构想破灭的主要原因来自一个新的因素，这成为随后的几年中布什外交团队所面临的最重要的问题——即，布什政府内的一些人和政府外的保守分子一直以来想要限制科林·鲍威尔的权力和影响的强烈愿望。

2000年12月16日星期六，最高法院做出裁决之后的第四天，布什宣布了他第一份阁僚任命，任命鲍威尔做他的国务卿。新闻发布会在得克萨斯州布什的克

劳福德农场举行,时间的安排也是刻意的,目标是第二天的星期日报纸和脱口秀节目。这是一个用来向全国昭示,当选总统已经开始组建新一届政府,有争议的选举此时已成为历史。

"我们必须本着民族团结和两党合作的精神贯彻我们的外交政策,"布什宣告,身边站着当选副总统切尼,"同我一样,我们新的国务卿相信,在风平浪静的日子里我们必须同我们的盟国和朋友紧密合作,为的是我们在危机四伏的日子里依然能够竭诚合作。同我一样,他相信,我们的民族最优秀之处在于我们寓我们的力量、我们的目标于谦逊之中。"⑥彼时彼刻,没有人意识到,在当选总统说出这些话后,科林·鲍威尔在布什政府内的地位已经达于巅峰。没有多久,鲍威尔的地位就开始下降了。

在布什讲话后,鲍威尔开始讲话,他用了两倍于当选总统的时间完成他的讲话;接着两个人开始接受记者提问,几乎所有的问题都指向鲍威尔,他也几乎回答了所有的提问。前将军主导了整个场面。从体态上讲,他比布什要高一些,也更魁梧些。从语态上看,他要自信得多。他谈起他的任命对非洲裔美国人的重要性,颇有说服力。他在外交政策上的评论所涉领域广泛,从中东,到俄罗斯,到中国,甚至,他有欠考虑地谈到国防预算、美国海外军队部署以及导弹防御。他允诺将帮助新任国防部长"获得他认为军队所需要的东西"。他暗示他可能也会参与国内政策,允诺他将帮助布什展现他是一位"任何时候都为了全体人民的"总统。⑦

表面上,鲍威尔的表现似乎并不怎样特别。这是他的一天,的确也是一个具有历史意义的日子。他同几乎所有的美国新任国务卿一样,力图在这个时刻向世界的其他国家表明美国的外交政策掌握在可靠的人手中。如果说鲍威尔的评论超出了国际外交领域,那么他是在某种意义上回应新布什团队中选择任命他的政治背景:选后的和解与民族团结涉及许多主题,这些主题早已超出了外交政策或国务院管辖的领域,新闻发布会所暗含的潜在信息仅是其中的一个。

然而,鲍威尔的讲话,以及他发表评论时张扬的自信,影响到了他将在新政府内所起的作用。他说得越多,他在支持共和党和支持新政府的关键选民中引起的焦虑就越多。新保守主义者因此而回忆起那个反对美国对巴尔干进行军事干涉但又赞成对少数族裔采取扶持的"肯定性行动"政策的科林·鲍威尔。老布什政府时期五角大楼的老手们,包括当选副总统切尼,都因此而记起1990—1991年的科林·鲍威尔,那个有着政治技巧的军事领导者悄然独自一人反对对伊拉克开战并因此同总统和国务卿进行争论。对里根政府的同僚来说,科林·鲍威尔的表现激起了他们对国务卿亚历山大·黑格试图想成为美国外交政策的"牧师"的那段

第十七章 谁来执掌五角大楼？

日子的回顾。也有可能，一个刚刚因最高法院的 5 对 4 的投票判决而当选、地位依然不稳固的总统，很可能会思考有这样一位有可能使其老板黯然失色的国务卿将意味着什么。

科林·鲍威尔曾经是美国历史上权力最大的参谋长联席会议主席。他是不是也会成为权力最大的国务卿呢？在老布什政府时期，切尼曾不得不警告鲍威尔："你并非国家安全事务助理……别插手军事以外的事。"⑧ 是不是这届新的布什政府现在又要警告鲍威尔管好外交，不要插手军事事务呢？"鲍威尔说，又是鲍威尔说，还是鲍威尔说，接着鲍威尔又说，我想，天哪……"老牌共和党右翼分子艾伦说，"直到鲍威尔说完了我都没搞明白，他到底是国务卿还是国防部长。"⑨

如果焦虑的保守分子们还能说服自己相信对新闻会所发生的事仅仅是他们的揣测罢了，但是第二天的《纽约时报》对布什—鲍威尔前一日活动的头版新闻报道再一次激起了他们的担忧。"相比即将就职的总统的讲话，将军所说的涉及范围更宽泛，寓意也更广博；在记者提问时，是鲍威尔在回答问题，"记者阿利森·米切尔写道，"……很多次，听起来鲍威尔将军不仅是作为下届国务卿在讲话，而且是作为下届国防部长在讲话。"⑩

整个国家的报纸普遍都对任命鲍威尔表示欢欣鼓舞。《华盛顿邮报》的一篇社论说他"令人印象深刻"，并以赞许的笔调评论说："鲍威尔先生已经表明他想使他的声望影响扩及政府各个部门——国防政策、教育及政府对待少数族裔群体的政策，他们对这次选举结果感到愤怒。"⑪ 类似这样的赞誉丝毫无助于缓和右翼人士的极度紧张情绪。新保守主义《旗帜周刊》很快刊登了一篇表现这种紧张的文章。其标题是《科林·鲍威尔的长臂：是不是下一任国务卿也将执掌五角大楼？》。⑫

结果是，布什团队在挑选国防部长时，暗地里逐渐把遏制科林·鲍威尔对新政府外交政策的影响作为挑选工作的重点考虑。

星期一，布什提名赖斯做他的国家安全事务助理，这是人们意料之中的事。也是在这一天，12 月 18 日，鲍威尔新闻发布会后仅两天后，布什飞赴华盛顿开始了一系列的会晤，其中包括同科茨的会面。在麦迪逊饭店举行的这次会面进展得并不顺利。科茨曾向当选总统明确提出了鲍威尔的权威这个话题，并问总统，如果鲍威尔试图闯入他作为国防部长的管辖地盘，他是否能够从总统那儿获得支持。这是一个不该问及的错误问题。当选总统并不需要一个指望白宫的支持来阻止鲍威尔影响的国防部长，而是需要一个能够自己对付国务卿的国防部长。⑬ 如果想让国防部长充当对抗鲍威尔的平衡力量，那么就既需要在防御问题上的经

验,也需要官僚技巧及个性上的强硬色彩,而这些正是科茨或其他任何共和党政治家所不具备的。

对反对鲍威尔的阵营来说,阿米蒂奇做副国防部长似乎更成问题。阿米蒂奇并不认为自己是鲍威尔的死党。在里根政府执政时,他靠着自己在五角大楼内的努力而成为国防部长卡斯珀·温伯格的一名高级帮办。阿米蒂奇在外交上有着自己的兴趣,尤其表现在对亚洲和中东的外交政策上,而这与鲍威尔毫无关联,他也有一个联系广泛的朋友网络,他们与鲍威尔也没有多少瓜葛。然而,事实上阿米蒂奇和鲍威尔是一对密友,他们经常甚至是每天都通过电话进行交谈,实际上在外交或防御政策上工作的人都知道他们彼此关系密切。如果阿米蒂奇做副国防部长,实际执掌五角大楼,而像科茨这样的老板只能置身事外时,那么鲍威尔一定会在相当程度上间接影响防务政策的内部运作。然而如果不任命阿米蒂奇做科茨的副手,那么又能找到谁来帮助科茨管理国防部呢?

在围绕新任国防部长人选问题上展开的权术斗争中,还有另外一层考虑。这就是前总统乔治·H.布什,新当选总统的父亲所提出的一种选择。老布什并不喜欢在新政府执政之初,就任命拉姆斯菲尔德或别的什么人做中央情报局的新局长这个想法。

这似乎是一个抽象的问题,一个政治科学家要研究的问题:中央情报局局长这个职位应该被看做一个政治职位,需要随着每一次白宫的易手而更迭吗?或者说,这个职位是否应该独立于政治之外?无论支持哪一种观点,都能给出一个合理的解释。中央情报局局长应该向政府提供直接的、不加任何修饰的、客观的信息与分析,在这一点上,这个职位似乎需要的是一个政治上独立的人士。另一方面,中情局负责人管理着分布广泛的海外秘密行动,他是政府外交团队中不可或缺的一员,同政府一道担当着政治责任。

前总统对此问题有着丰富的个人体验。1975年福特总统将他从中国召回,任命为中央情报局局长,同时国会要他做出保证,如果他接受了该任命,他就不能以共和党的身份参选副总统。老布什为了执掌中央情报局而答应了国会的要求,因此也极不情愿地推迟了他的政治生涯。"我不得不努力工作来克服人们对把政治带入该机构的关切,这种关切是可以让人理解的,"他后来回忆说。⑭ 当福特竞选失败后,布什希望继续担任中央情报局局长,在一次去往佐治亚州普林斯的旅途中,布什试图说服当选总统卡特让他继续留任情报局长。但让他颇为失望的是,卡特很快就让人替换下他。⑮ 从这些事件中,布什得出了一个结论,中央情报

第十七章 谁来执掌五角大楼？

局局长职位应该像联邦调查局局长职位和参谋长联席会议主席职位一样,可以从一届政府延续至下一届政府。"在每一届新政府就职时就自动更换情报局长可能会使一个基本超越于政治之外的职业工作政治化,"他在回忆录中写下了这些话。[16] 1989 年,当老布什当选为总统后,他让里根任命的中央情报局局长威廉·韦伯斯特继续留任了两年,虽然人们对韦伯斯特的表现褒贬不一。

因有着老布什对更换中央情报局局长的关注,开始有了让拉姆斯菲尔德担任总统情报委员会头头的说法,通过这个职位,他可以在经历体面的一段间隔期后,再将现任中央情报局局长乔治·特内替换下来。[17] 但这似乎仅仅是权宜之计,并不能解决谁来当国防部长的问题。

与此同时,拉姆斯菲尔德的一些交往最久、声名最显赫的朋友开始暗中为他卖力地游说——不是为他获得中央情报局局长一职进行游说,而是为他获得国防部长一职进行游说。这些人中有前国务卿乔治·舒尔茨,自尼克松时代以来就是拉姆斯菲尔德的朋友。他分别同赖斯和克雷·约翰逊谈起拉氏当国防部长的可能性。舒尔茨这样做时是在拉姆斯菲尔德不知晓的情况下似乎是根本不可能的。

"我大大插了一手,"舒尔茨在采访中回顾说,"我说,他会是一个好的中央情报局局长,但他们的确(应该)想让他做国防部长。你在国防部需要做的就是三件事:需要一个知道如何管理大的机构、了解国会、能够打仗的人,一个强硬的人。"[18]

拉姆斯菲尔德并非布什家族的朋友。事实上,老布什和拉姆斯菲尔德在共和党内多年来一直是竞争对手。忠于布什家族的人还在继续谴责拉姆斯菲尔德,在 1975 年的人事变动中,拉姆斯菲尔德时任福特的白宫办公厅主任,那次人事变动使老布什成为了中央情报局局长,但也将他从副总统候选人中剔除出去。10 年后,当拉姆斯菲尔德试图参选 1988 年共和党总统候选人提名时,毫无疑问地反映出拉姆斯菲尔德并没有把任期内的副总统布什放在眼里。

不管怎样,按照布什的前国家安全事务助理布伦特·斯考克罗夫特的说法,到 80 年代末时,老布什和拉姆斯菲尔德的纠葛已经烟消云散。[19] 当选总统聘用来自政治竞争对手阵营中的那些有才干之人基本属于共和党的一个传统,如:基辛格在为理查德·尼克松工作之前是纳尔逊·洛克菲勒竞选总统活动的一名顾问,詹姆斯·贝克在成为罗纳德·里根的白宫办公厅主任之前在替里根 1980 年共和党内的总统竞选对手——布什的竞选活动运筹帷幄。小布什将一份重要的工作交给他父亲过去的对手——拉姆斯菲尔德去做,并不像表面上那样不同寻常。

一旦决定已做出,实施起来就非常迅速。在12月27日那个星期三中午,拉姆斯菲尔德还在同老朋友谈论主管中央情报局的可能性。"我说,你完全胜任这份工作,"理查德·艾伦那天在一次电话中对他讲。"我不知道,"拉姆斯菲尔德有些怀疑而不敢肯定。在同一天的《华盛顿时报》的头版报道了拉姆斯菲尔德已经成为中央情报局局长职务的头号人选,并引用一位官员的话说任命已经是"一桩搞定的交易"了;其他候选人,包括特内据说都已经出局。⑳ 当天,当选总统正在佛罗里达的博卡格兰德与其父及其弟杰布垂钓。

次日上午的《纽约时报》在报道拉姆斯菲尔德为何是中央情报局的第一人选上也不惜笔墨,完全可以同《华盛顿时报》相媲美。㉑ 而此时布什已经在回华盛顿的途中。当日下午,刚刚过了2:00,当选总统对报界宣布了他对拉姆斯菲尔德的任命——不是报界所报道的中央情报局局长一职,而是拉姆斯菲尔德25前曾经执掌的五角大楼的那个职位。"他将再一次成为一名伟大的国防部长,"布什在新闻发布会上说。

布什非常简短也非常巧妙地提及了那个潜在的问题,外交政策团队中各个成员的相对势力。"……鲍威尔将军是一位强悍人物,迪克·切尼也绝非谦逊之人,而唐·拉姆斯菲尔德和康迪·赖斯都更不是吃素的,"布什说,"我认为他们四个能够相得益彰。"当选总统也提到拉姆斯菲尔德的首要任务之一是"向五角大楼内的现状发起挑战"。拉姆斯菲尔德表态说他不仅愿意而且急迫地想这么做。"显然现在不是小心翼翼地管理和调整五角大楼的时候,"他说。㉒

布什让特内继续留在中央情报局,因此而听从了他父亲的观点,这个工作不应该每次在新总统当选后就换人。两个月后,布什悄悄任命了丹·科茨做美国驻德国大使。

外交事务上的高级职务都安排妥当后,布什团队的注意力开始转向两个副职位置,同时也就是如何安置保罗·沃尔福威茨和理查德·阿米蒂奇的问题。

沃尔福威茨希望被任命为鲍威尔的副国务卿。虽然在老布什政府时期他的工作与防御政策密切相关,但是他在里根时期却是在国务院工作,他非常喜欢处理国务院所涉及的问题及相关工作。的确,沃尔福威茨好像也认为自己更适合在国务院工作,而不是在五角大楼,因为他没有从军的经历,这虽然很少被人提起,但却是一个隐藏的问题。相反,阿米蒂奇多年来像其他五角大楼的官员们一样,总是讥讽国务院的官僚气十足、刻板而羸弱的文化。阿米蒂奇在担任菲律宾基地谈判代表时,曾分得一套位于国务院大楼一层的办公室,他招募了几个军官帮他

第十七章 谁来执掌五角大楼？

料理这套办公室,使这套办公室犹如驻扎在外国领土上的一个前哨,就像美国在卡斯特罗的古巴领土上的关塔那摩湾基地。沃尔福威茨没有说过国务院的坏话;他渴望着哪天能像他过去的老板乔治·舒尔茨那样执掌国务院。

然而问题是,沃尔福威茨同鲍威尔的关系不大靠得住。对两个以前从未谋面却要在一起工作的人来说,一定会非常尴尬,但对彼此都知根知底而在一起工作的人来说,那就更尴尬了。他们曾在五角大楼并肩工作过,在那些不相信鲍威尔的权力和他出于本能的小心谨慎的那些文职人员中,沃尔福威茨最为突出;而鲍威尔一直以来就把沃尔福威茨和他的那一整套人马看做是一群"里根时代的强硬分子"。[23]

鲍威尔在被任命为国务卿后,就把朋友肯尼思·杜伯斯坦招致麾下,请他负责应对那些属意于国务院高级职位的人选并同他们进行面谈。杜伯斯坦,前里根政府时期的白宫办公厅主任,其时是一名华盛顿的说客,在相隔国务院大楼大约半英里的宾夕法尼亚大街有一套办公室。沃尔福威茨到那儿拜访了他,并告诉了他急于得到副国务卿一职的想法。

鲍威尔对此兴趣不大。相反,作为鲍威尔的中间人,杜伯斯坦建议沃尔福威茨去做美国驻联合国大使一职,这份工作将把沃尔福威茨派往远离华盛顿的地方,这种建议可能不是偶然的。沃尔福威茨根本就不想在纽约谋份什么工作,那个城市虽然自恃甚高,但就外交决策而言,却仅仅是一个偏远的省份。

理查德·阿米蒂奇的朋友们都认为在科茨的任命落空后,他显得抑郁不振。在为布什的竞选工作了近两年后,阿米蒂奇开始谈论他可能成为这届新政府的局外人。他意识到拉姆斯菲尔德不需要也不想让他做国防部副部长。他与拉姆斯菲尔德分别来自里根时代彼此对立的一方:阿米蒂奇是当时国防部长卡斯珀·温伯格的心腹助理,而拉姆斯菲尔德则是舒尔茨的盟友,温伯格和舒尔茨两人为黎巴嫩和中东总是在不停地争吵。然而最终阿米蒂奇的麻烦不是来自前嫌,而是新交。不管阿米蒂奇怎样认为自己是独立的,不依附任何人,可是在华盛顿,人们就认为他首先是鲍威尔的一个盟友。布什团队中根本不希望五角大楼的一个高级职位让鲍威尔的一位结交所占据。"就我而言,我认为国防部副部长的任命问题主要是因为我同鲍威尔将军的关系,"阿米蒂奇在次年的一次记者采访中承认。[24]

阿米蒂奇也为国防部副部长一职走了走过场,去同拉姆斯菲尔德晤谈。但那是一场冷冰冰的谈话。朋友们后来都坚称拉姆斯菲尔德原来还打算让阿米蒂奇去做军种部长,可能是海军部长,但是即便如此,谈话很快转向了。在彼此互致问候之后,拉姆斯菲尔德突兀地告诉阿米蒂奇,他得到国防部副部长一职的机会概率不到

"50%"。阿米蒂奇被激怒了,反驳说他原以为他得到或愿意接受这份工作的机会概率大概是"零";他对拉姆斯菲尔德说,你不会选我的,因为我与鲍威尔关系密切。㉕

　　国防部副部长的备选名单也还有其他人选,如威廉·施奈德,里根政府时期国务院的一名高级官员;肖恩·奥基夫,切尼的前五角大楼助手。但是,现在回头看,人选早就选定了:沃尔福威茨。拉姆斯菲尔德曾两度与沃尔福威茨并肩工作过:一次是1996年一同为多尔竞选总统出力;一次是1998年两人都在导弹防御委员会工作。副总统是沃尔福威茨的强有力支持者。沃尔福威茨在切尼做国防部长的五角大楼中是位谋士,也是位制订政策的能手;他可以再一次为拉姆斯菲尔德扮演同样的角色,而这次他有了更高级的头衔——国防部副部长。拉姆斯菲尔德原本自己就能管理好五角大楼,可以找到其他比沃尔福威茨对行政更感兴趣的人,负责那些案头工作,保证日常文件的流转。

国防部长唐纳德·拉姆斯菲尔德(左)、国防部副部长保罗·沃尔福威茨(中)和副总统理查德·切尼(右),2001年3月在沃尔福威茨的宣誓就职仪式上。照片上切尼的题词写道:"保罗,谁是你为之效过力的最好的国防部长?——迪克。"(经美国国防部同意使用)

　　最后那份高级职位的任命似乎也同样是可以预见的,即阿米蒂奇成为鲍威尔的二号人物——副国务卿。这两个人不仅仅是朋友,而且对世界(和华盛顿)持相似的看法。两个人都是经历过越战的老兵,这在布什的核心圈子内是罕见的资历。两个人都对可能因军事决策不当造成的不必要的冒险和文职官员倡导的改革格外提防。两个人都视自己为反精英主义者,因为他们俩均出身低微,也不像布什团队中的许多先生们和女士们那样在常春藤学校受过熏陶,但他们获得了自己事业的成功。

但是令人好奇的是,在最终交易达成以前,颇费了些时日和悄无声息的劝服工作。因为一直渴望回到五角大楼,阿米蒂奇不敢肯定自己是不是想去国务院。在他看来,为鲍威尔工作就像为自己的兄长干活。与此同时,鲍威尔也认为阿米蒂奇想到国防部干,也已经开始物色副手的其他可能人选。

在整整一个星期中,以前在共和党政府中工作过的一些老资格人士开始恳求阿米蒂奇去为鲍威尔工作。"我对他讲,他有一种义务,"艾伦说,"我们让一个小圈子动起来,[前国防部副部长弗雷德·]埃克雷等一大群人都开始轮番轰炸他。"[26] 劝说者中最有说服力的当然是鲍威尔本人。最终,经过长时间的推宕,并已经告诉了朋友们他不会接受这个工作后,阿米蒂奇屈服了。他同意作为副国务卿加入新政府。

几个月后的某一天,在布什政府已经步入正轨、按部就班开始运转,沃尔福威茨和阿米蒂奇两人为消除五角大楼和国务院的诸多苦涩分歧之一碰头的时候,沃尔福威茨承认了那个一直没有公开的让人尴尬又颇有讽刺意味的事实。你知道,里奇,沃尔福威茨说,你得到了我想要的那份工作,而我得到了你想要的那份。

这并不是一出抢座位游戏。这些人员的选择决定了布什团队中的个体成员的影响力会有多大,决定了外交政策体制将以何种方式运作,也决定了这届政府将从何种概念框架出发来看待这个世界。

拉姆斯菲尔德被任命为国防部长以便制约科林·鲍威尔对政府外交事务的权威,这是事实,但他的任命并不仅仅因为他咄咄逼人的个性、官僚式的强硬和曾经做过国防部长的经验,而且还因为他与副总统切尼长达30年之久的私人关系,这30年中切尼不仅在他手下工作过,而且受到他的举荐。

当然切尼的影响也不仅仅限于对拉姆斯菲尔德的任命。沃尔福威茨,这位新国防部副部长,与切尼同样关系密切。老布什政府时期曾在五角大楼切尼和沃尔福威茨手下工作的其他几个人也都在新的外交事务班子中占据了重要的位置:斯库特·利比,沃尔福威茨的被保护人,成为切尼办公室主任;斯蒂芬·哈德雷,沃

尔福威茨的另一位助手,成为副国家安全事务助理;扎尔梅·卡利尔扎德在国家安全委员会主管阿富汗和伊拉克事务。

因而在基本就是切尼和鲍威尔争夺对五角大楼的影响这场未被公开承认的斗争中——即,第一个布什政府时期的国防部长和参谋长联席会议主席之间的斗争中,切尼显然是胜利者。鲍威尔尽管有着很高的声望和才干,但他的结交赶不上切尼在保守主义者中和共和党内熟悉外交事务的精英们中那广为分布的人脉。鲍威尔可以相对自由地管理新政府的国务院,但他将像亚历山大·黑格一样,不会被允许成为美国外交政策的"牧师"。他只能是来自上层的其中一个声音,但不是居优势的声音。

这一系列的任命实际确保了新外交政策关注的中心将是美国的军事实力。事实上新班子的每一个成员在政府工作的几年经验都是在国防部所获得的。即使是鲍威尔和阿米蒂奇,这两位国务院的新领导也不例外,他们职业生涯的大部分是在五角大楼度过的。(每当鲍威尔和阿米蒂奇冒犯了保守分子时,他们俩总是被指责为已被国务院的官僚习气所"俘获"。)布什外交团队的高级职位上包括两名前国防部长和一名前参谋长联席会议主席。

他们中无一人的职业生涯曾经专注于外交或构建国际体制。他们中也无一人有类似迪安·艾奇逊或艾夫里尔·哈里曼的经历。"火神派"都是非常聪明、具有冲天干劲和足够技巧的人,但他们把自己的才干都主要用来帮助美国保持并构筑军事实力上了。即使班子中的内部分歧——在不愿把军队投放到险恶的环境中去作战的越战老兵鲍威尔和阿米蒂奇与更具鹰派色彩的切尼、拉姆斯菲尔德和沃尔福威茨之间所产生——最终也只是在军事力量的使用上的分歧。

"火神派"竞选班子中唯一一名担任过国务院高级职位的成员是罗伯特·佐立克。他被任命为美国贸易代表,这是一个重要的职位,但这个职位使他无法参与确定美国外交政策总的方向的讨论。不管公正与否,佐立克因个人作风与个性而受到某些人的批评,但隐而不露的事实是他从未在五角大楼工作过,是一个与新班子不合拍的"火神派"或者说无法分享新班子利益的"火神派"。

对新政府中的高层和次高层的任命为随后四年中国务院和国防部总是龃龉不断的关系埋下了伏笔。布什本可以通过下面任意一种选择避免这种情形:或者任命一个能与鲍威尔密切合作的国防部长,或者干脆另选一人而不是鲍威尔做国务卿。但围绕鲍威尔的国内政治气候却使得布什无法采纳其中的任一种。保守主义者是布什竞选总统所依靠的基础,但他们却从不信任鲍威尔,然而没有鲍威尔他们也无法赢得选举。鲍威尔在布什竞选时与他并肩在共和党全国大会上扮演了明星般的角色,帮助布什提出了富有同情心的保守主义竞选主题。多年来国务卿和国防部长彼此不和的事例也比比皆是,但以前两部门出现的这些龃龉都没有像此次涉及鲍威尔的分歧这样有着更为深远的政治根源。

分别任命沃尔福威茨做国防部副部长和阿米蒂奇做常务副国务卿进一步加深了两部门的摩擦。他们两个人的任命意味着拉姆斯菲尔德和鲍威尔都有一名能干的副手,这两位副手几乎和他们各自辅佐的人想法几乎一样。如果把沃尔福威茨和阿米蒂奇的任命彼此调换,那么布什政府中的紧张关系就可能存在于各个部门的内部,即国防部长、国务卿与各自副手的个性摩擦。然而事实是,在国务院和国防部各自的高层之间相对和谐,而两大机构之间的吵吵闹闹则接连不断。

在里根和老布什政府时期,美国政府各部门高层之间的许多摩擦基本被副手和其他更低一级的官员在私下里消除掉。然而在乔治·W.布什政府中这种现象却很罕见。即使五角大楼的一个最不经意的到访者都会很快发现国务院是真正的对手;同样,在国务院,到访者总是会无意中听到人们对国防部的文职人员的指责。

这种官僚式的冲突意味着白宫经常会被请来解决两个部门的争执。这就赋予了布什和切尼相当大的权力,如果国务院和五角大楼能够彼此和睦地合作的话,这种权力就不会这样大。由于当选总统下车伊始,在外交上几乎没有任何经验,所以,主要的影响还是来自切尼,尤其在新政府走马上任之初。

为了进一步加强他的影响,切尼着手组建了他自己的外交政策专家队伍,这些人独立于国家安全委员会之外,因而大大提升了副总统办公室在国际事务中的作用,这种作用是任何以前的政府副总统办公室所难以企及的。各国外交官们很快了解到他们在访问华盛顿时,仅仅同国务院、国家安全委员会和五角大楼的官员们进行会谈还是不够的,他们还须在日程上安排拜访切尼办公室的时间。

人们一定记得,切尼的一位前任,曾在罗斯福执政时担任两届副总统的约翰·南斯·加尔内曾说过的讥讽话,副总统一职不足挂齿。切尼却把同样的工作岗位变成了一片欣欣向荣的天地。

注 释

① 2001 年 12 月 17 日对戴夫·格里本的采访。
② 2003 年 3 月对克里斯·考克斯的采访。
③ 2001 年 12 月 21 日对理查德·艾伦的采访;2002 年 1 月 3 日对布伦特·斯考克罗夫特的采

访;2001 年 12 月 12 日对莫顿·阿布拉莫维茨的采访,以及对一名前中央情报局主任的采访。

④ 对一名前国务院官员的采访。

⑤ Rowan Scarborough,"GOP Right Clamoring for Coats as Defense Chief," *Washington Times*, December 22, 2000, p. A1.

⑥ 转录自布什—鲍威尔新闻发布会,2000 年 12 月 16 日,Federal News Service。

⑦ 出处同上。

⑧ 见第 12 章。

⑨ 对艾伦的采访。

⑩ Alison Mitchell,"Powell to Head State Dept. as Bush's First Cabinet Pick," *New York Times*, December 17, 2000, p. A1.

⑪ Editorial,"Colin Powell's Message," *Washington Post*, December 18, 2000, p. A26.

⑫ Matthew Rees,"The Long Arm of Colin Powell," *Weekly Standard*, December 25, 2000, p. 17.

⑬ 这种描述基于 2000 年 12 月 17 日对戴夫·格里本、艾伦及对另两个要求不予暴露身份的人的采访。

⑭ George Bush and Brent Scowcroft, *A World Transformed*(New York:Alfred A. Knopf, 1998 年), p. 21.

⑮ 1976 年年底,布什拜访正在平原镇的卡特时,作者本人是报道这次拜访的记者之一。布什发现很难掩盖自己见卡特之前想保留住情报局局长这个位置的迫切心态,也很难掩饰在被拒绝后的深深失望。

⑯ 出处同上。

⑰ 有关拉姆斯菲尔德和这个委员会的情况,见 Walter Pincus,"Intelligence Shakeup Would Boost CIA," *Washington Post*, November 8, 2001, p. A1。

⑱ 2002 年 2 月 12 日对乔治·舒尔茨的采访。

⑲ 2002 年 6 月 6 日对布伦特·斯考克罗夫特的采访。

⑳ Ralph Z. Hallow and Bill Gertz,"Rumsfeld Atop List to Take Over as CIA Director," *Washington Times*, December 27, 2000, p. A1.

㉑ Eric Schmitt,"Ex-Defense Chief Seems to Be Bush Choice for CIA," *New York Times*, December 28, 2000, p. A18.

㉒ 转录自 CNN Live Event,布什任命唐纳德·拉姆斯菲尔德为国防部长,2000 年 12 月 28 日。

㉓ Colin Powell, *My American Journey*(New York:Ballantine Books, 1995), p.525.

㉔ 2001 年 11 月 30 日对理查德·阿米蒂奇的采访。

㉕ 这种描述是基于对阿米蒂奇的两位知交和拉姆斯菲尔德的一位知交的采访。

㉖ 对艾伦的采访。

RISE OF THE VULCANS

The History of Bush's War Cabinet

第十八章

预兆与信号

第十八章 预兆与信号

2001 年1月20日,乔治·W.布什宣誓就任美国第43届总统。其后的几个星期内,原来隐伏起来的由科林·鲍威尔的角色而引发的紧张对立因政府在筹划对朝鲜的新政策上产生分歧而突然被昭示天下。逐渐地,新的布什班子公布了他们对世界的基本看法及其处理方式。

在外国领导人中已经展开了一场静悄悄的比赛,看谁能第一个见到美国的新领导。现在回顾起来,颇有讽刺意味的是,赢者竟然是法国总统雅克·希拉克,他在2000年12月访问华盛顿的时候,巧妙地在日程中安排了同当选总统布什的会面。"看起来法国在……争取同当选总统布什(的会面)中打出了一个本垒打,"《华盛顿邮报》当时这样报道,暗示法国在接近新一届政府的竞赛中获胜。①

2001年3月上旬,韩国总统金大中飞到华盛顿以探悉布什政府的外交新动向。他是第一个带有正式外交使命来同新政府打交道的外国政府领导人。他急于征得美国新政府对他的"阳光政策"的认可,这项政策旨在同朝鲜进行和解。他也希望布什班子能够允诺延续前任克林顿政府在其执政的最后几个月着手进行的外交努力,即就限制朝鲜导弹生产和出口签订一项新的协议。

就在韩国总统到达华盛顿的当日,好像他能得到他想要的东西。"我们的确计划要同朝鲜打交道,克林顿总统和政府在哪儿停下的,我们就在哪儿开始,"鲍威尔在国务院的新闻发布会上这样对记者们说。②

然而次日金大中拜会了布什之后,他大吃一惊,发现新总统对朝鲜所持的立场相当强硬,与鲍威尔所持的立场大不一样。布什明确表示,他不急于同朝鲜领导人进行对话,同时他也怀疑同朝鲜领导人签订任何协议的意义所在。"我们不能肯定他们是否会遵守所有协议的所有条款,"总统宣称说,因此他也对朝鲜是否履行1994年与克林顿政府所签的协定表示怀疑,克林顿政府宣称那个协定使得朝鲜搁置了它的核武器计划。"我们期待着将来某个时候同朝鲜人进行对话,"布什说,但他很快补充说,任何协议都以"彻底查证"朝鲜是否履行诺言为条件。③

几个月以后,鲍威尔承认他犯了一个错误,他不该说新政府班子将继续前任克林顿政府的政策,因为班子中的其他人对此有不同看法。"滑雪时你有时会比

别人滑得快一些,"鲍威尔这样说。④ 新国务卿此时刚刚开始了解他的新职位的局限所在。而在以后的几年中,他常常发现向前滑是多么艰难;布什的白宫一而再、再而三地扯着他的后腿,使他无法向前。

即使新布什班子中那些鹰派色彩较淡的人在就职以后,对待朝鲜的态度,相比民主党政府的官员,也要强硬许多。鲍威尔在亚洲问题上的高级顾问是常务副国务卿理查德·阿米蒂奇和詹姆斯·凯利,后者刚刚被任命为负责东亚事务的助理国务卿。两人都对克林顿的朝鲜政策持批评态度。在共和党人接掌政权之前的几个月,他们二人都坦言他们认为美国总统没有必要飞赴平壤与朝鲜最高领导人金正日进行高级会晤,这是克林顿在其任内的最后几个月一直在斟酌的事情。他们还论证说,克林顿政府过分吹嘘了它与平壤的1994年协议,该协议中朝鲜曾允诺冻结其两个众所周知的核武器设施以换得能源供给;他们指出(非常正确,正像后来事实所验证的),即使有了这个协议,朝鲜仍很可能继续其核武器计划。⑤

然而,在布什刚刚就任之时,无论是他们俩还是其他"火神派"成员,都没有提出废除克林顿政府与朝鲜所签的协议。在任命听证会上被问及他是否更倾向于废除1994年的协议时,保罗·沃尔福威茨仅用一个简单的词作了回答:"不。"阿米蒂奇解释说,新班子并不打算与朝鲜发生对抗。"我们还有别的事要做,"他说,并指出政府还有其他大事等着去完成,如减税、导弹防御和中东的和平等。⑥

但问题是国务卿含混的话语暗含着布什有可能像克林顿一样,匆匆与朝鲜签订一项新协定——或者更糟糕的是,布什可能如克林顿所曾经设想的那样,动身前往平壤进行两国的高级会晤。在会晤金大中之前的几小时内,布什在椭圆形办公室与副总统切尼、国家安全事务助理康多莉扎·赖斯、白宫办公厅主任安德鲁·卡德和布什的通信主任卡伦·休斯仓促开会,他们决定要把他们对鲍威尔的话的看法公之于众,让公众明白,鲍威尔已经走得太远了。于是有了布什在朝鲜问题上的强硬声明。"这是总统不许国务卿随心所欲发表自己的看法而发出的一个较早的信号",许多个月后,一个高级行政部门官员回顾说,"这个信号对其他阁员来说也非常有效。"⑦

此时玩世不恭者们低估了布什话语的含义,说那些话代表了一个新政府暂时所采取的一种姿态。新政府仅仅是想表明它不同于克林顿政府,仅此而已。在经历一段适度短暂的时间后,即克林顿不再被当作协定的有功之人时,布什班子将会寻求同朝鲜签订一项类似的导弹协定。依据这种看法,布什政府只是暂时表现

第十八章 预兆与信号

出对抗的性质,在最终面对执政的现实之前的几个月依旧发泄着竞选式言辞。

事实上,布什对金大中"阳光政策"的拒绝表明了比条件反射式的反克林顿主义更为宽广、更为持久的某种东西。它反映了"火神派"对世界的不同看法。新布什班子中的领军人物,包括国防部长唐纳德·拉姆斯菲尔德、切尼和沃尔福威茨在内,在70年代都反对亨利·基辛格对待苏联的政策。拉姆斯菲尔德曾争辩说,在武器控制方面迁就苏联是不明智的;沃尔福威茨更进一步指出,与莫斯科的缓和是不道德的,因为这样做可能使一个镇压性的、反民主的政权继续存在下去。如果说70年代时,力量相对较弱的美国都决定反对迁就苏联的话,那么2001年处于力量巅峰时期的美国还有什么必要谋求与朝鲜这个比莫斯科的政权要相对小得多,也更虚弱、镇压性更强的政权妥协呢?如果美国曾经成功地挑战了苏联的集权主义制度,并最终见证了这个政权的垮台,那么为什么不能让它在朝鲜重演呢?

就在金大中刚刚结束了他在白宫的访问之后的那天,一位高级官员非常肯定地对记者说,朝鲜不是一个民主国家,美国新政府对应该在何种程度上与它的领导人打交道仍然充满疑虑。在新政府执政的头几个月中,一名高级美国军事指挥官从海外回来,在拜访五角大楼时,被告知:"我们不与朝鲜打交道。"⑧他听后大为惊愕。

在朝鲜政策上的突然转向正好完全展示了新政府的风格及其对于外交政策的基本设想。"火神派"们并不急于签约——绝不会为了签约而签约。没有约定要比有约定好,如果那个约定不起作用,或者说帮助了一个"残暴政权"保持权力的话。相比前任政府的民主党人,"火神派"更倾向于把道德判断作为美国外交政策的基础,比如说一个政权(或者说一个政权的领导人)是否是不民主的政权或者说是镇压性的政权。

沃尔福威茨对新政府的这种转向尤其感到高兴。在上任最初几个月的一次外交政策讨论会上,布什曾打断他人的议论,专门就一个国家的领导人发表看法:"我们谈论起来好像他们就是雪佛兰狩猎乡村俱乐部的成员一般。他们到底是些什么人?……这是一些何等残暴之人?"沃尔福威茨感到布什所提的这些问题提出了一个重要的观点,一个华盛顿所罕见的观点。⑨

然而新政府的不妥协做法隐含着某些困难。如果其基本战略是等待像朝鲜这样的政权屈服于美国的要求,或者自我彻底崩溃的话,那么这种战略就使美国政府此时无事可做。它本身也包含着一种风险,那就是这个美国拒绝与之打交道

的摇摇欲坠的政权很可能延续很长时间,在其最终垮掉之前造成严重危害。这样在接下来的几年中,朝鲜就可能成为布什政府的一个棘手问题。从2002年下半年开始,在布什政府发现了朝鲜继续发展核武器的证据而对其加以指控后,平壤政权重新启动了核反应堆,揭掉了核设施上的封条,并命令国际核查员离开朝鲜,退出了《核不扩散条约》,试射了导弹,并声称它在提取纯钚。在朝鲜逐渐向一个真正的核国家迈进的同时,它也力图迫使布什政府开始对话。"火神派"并不想同朝鲜进行直接的谈判。相反,他们保持着耐性,冀望朝鲜最终会投降或者自行崩溃。2003年8月,美国与朝鲜在有另外四个国家同时参加的情况下进行了六方会谈,这四个国家是中国、俄罗斯、日本和韩国,但是即使在会谈开始后,美国政府仍然不急于达成任何协议。

康多莉扎·赖斯不是一个中国问题专家。然而新政府就职之后的头几个星期内,这位新的国家安全事务助理显然已经开始思考如何与世界上这个人口最多的国家打交道,这是被布什贴上了"战略竞争对手"标签的一个国家。她在白宫的小公室中,向一个采访者解释说,新政府预料到同中国会有冲突,但希望这些冲突来得早些,最好是第一年就来,这样就可以尽早把这些冲突解决掉。赖斯注意到了中国共产党每五年举行的党代表大会要选举出新的领导人,而下一次党代表大会定于2002年秋天举行。她希望在中国召开党代会之前的这几个月,美国能够避免同中国争论,并保持低姿态。目的是避免做任何可能引发中国反美情绪宣泄的事,那种反美主义情绪已经见诸1999年中国驻贝尔格莱德的大使馆遭美国轰炸之后。因此新政府的一个战略考虑就是,试图确保让任何同北京的冲突尽量在2001年发生,而不是2002年。曾经训练有素的赖斯,提出了针对中国问题的一套全新的方案;那就是制订日程表,并严格遵守它。⑩

她不可能知道将要发生什么。在她谈论华盛顿与北京的可能冲突时,她主要考虑的是台湾问题。新布什班子都倾向支持台湾是有据可查的。在克林顿政府执政的最后几年,他们一再推迟对台湾要求购买新武器系统的要求做决定,把这个问题留给了下一届政府来做决定。布什不得不在2001年4月下旬对这个问题做出决定。

在做决定的最终日期来临之前,新布什班子突然发现自己同中国及其人民解放军都置身于一个没有预见的、非常严重的冲突之中。2001年4月1日,星期天,一架美国EP-3侦察飞机在靠近中国海岸线执行情报收集任务时与中国一架战斗

第十八章 预兆与信号

2002年4月22日,康多莉扎·赖斯为大提琴家马友友钢琴伴奏,听众包括乔治·W.布什总统。(路透社/CORBIS)

机相撞。中国飞机坠入大海,飞行员失踪。美国飞机降落于海南岛,24名机组人员被扣留在那里。在收到美国的正式道歉之前,中国拒绝释放他们。

两架飞机的相撞和中国对机组人员的扣留构成了中美两国三十多年来最严重的军事冲突。在持续一周有余的时间里,美国国会的走廊上、电视的脱口秀节目中都充斥着对可能发生的战争或者经济制裁的猜测。加利福尼亚州的众议员达纳·罗拉巴谢宣称,中国已经向美国证明了它是"一个对美国充满敌意的国家"。另一位国会议员邓肯·亨特建议立法取消中国在与美国贸易过程中所获得的收益。"我们在与中国做买卖时,他们却在准备战争,"亨特说。⑪

一时间,新政府在与中国领导层进行沟通方面也困难重重。在北京,美国大使普理赫第一次发现他只能拜会到外交部的低级官员而无法接触到外交部的任何高级别官员。布什班子成员对中国人的这种方式感到非常恼火。北京似乎主要在对布什亲自出马而带来的压力做出反应。只是在布什公开要求允许美国人接触被扣留的机组人员,并举行两国政府的高层对话之后,中国才开始回应美国。

最终，严肃的会谈在两个层面展开：在北京，是美国大使普理赫和中国外交部官员的会谈；在华盛顿，是中国大使杨洁篪与阿米蒂奇的会谈。很快会谈的中心集中在如何解决中国要求道歉的问题上。双方最终设计出了一个解决方案，由普理赫向中国官员递交一封信，声明美国对中国飞行员的牺牲和美国飞机未经官方许可就降落中国海南"深表遗憾"（very sorry）。普理赫的信的英文版本并没有用"道歉"（apology）这个词，但在北京，官方在把信翻译成中文时具有了"深表道歉或遗憾"的含义。凭借这种语言的托词，11天的危机结束了，中国释放了美国机组人员。⑫

新政府对待中国的政策与对待朝鲜的政策有着强烈的反差。对中国，该届政府仔细制订了能够实现的有限目标，丝毫没有期待中国政权会自行崩溃或向美国投降。为了实现那些有限的目标，美国政府愿意直接与中国打交道。然而，中国领导层显然不会屈从于布什的雪佛兰狩猎乡村俱乐部的测试（或者如果他们屈服了，通过了测试，也是因为他们国家的广袤）。

用这样不同的方式与中国打交道当然部分是因为中国要比朝鲜大得多，军事也强大得多。也还有另一个原因，就是力求避免影响美中的商业关系。"火神派"在布什竞选总统的早期，就已形成了有关中国问题的思想框架，依据这个框架在安全问题和台湾问题上他们将比民主党人更咄咄逼人，但又将避免危及美国在中国的投资或两国之间的贸易。

在竞选期间的一次演讲中，沃尔福威茨，这位"火神派"的主要理论家曾讲过，在他看来，中国"可能构成未来数十年内美国外交政策唯一最严重的挑战"。沃尔福威茨接着说，虽然中国实力在继续增长，"我认为，像对待冷战时代的苏联那样对待中国将是一个错误"。中国不同于苏联，沃尔福威茨解释说，中国有"相当数量的私有成分，私有经济的规模和影响都在增长"。赖斯则称赞中国出现了一个被她称为"不再靠国家生存的企业家阶层"。⑬

这种看法往往夸大了中国商业不受国家控制的独立程度。不管怎样，这些说法与分析是为着重要的政治目的服务的：继续支持与中国进行贸易的政策。共和党得到来自美国商界强有力的支持，任何一个"火神派"成员都不会匆忙危及这种支持。在竞选总统期间，布什从没有允许自己班子中的人公开谈论在他与克林顿政府之间在贸易的中心议题上的不同看法。

冷战期间，"火神派"曾决定与苏联进行对抗而不是迁就它。但是当时的苏联经济游离于全球经济体系之外，而此时的中国则与全球经济联系越来越紧密。

第十八章 预兆与信号

因此,"火神派"都愿意同中国做生意,而这对于当时的莫斯科来说是不可能的。

当布什批准了就间谍飞机一事所写的道歉信后,一些新保守主义者被激怒了。罗伯特·卡甘和威廉·克里斯托尔在《旗帜周刊》上发文指出,布什已经使美国"蒙受了极大的民族之辱";他们抨击布什的政策是一种绥靖政策,呼吁取消中国贸易收益。一时间,新保守主义者和布什政府的关系变得紧张起来。⑭

布什很快重新赢得了政治右翼们的支持。在中国释放美国机组人员后不到两周的时间,他就宣布政府批准出售给台湾的新武器系统,这是多年来最大的一宗武器买卖,包括台湾自20世纪70年代以来就一直试图得到的潜水艇。中国为之惊愕。早在2001年初的几个月中,中国官员就已在煞费苦心地劝说布什政府停止向台湾出售一套不同的武器系统,配备着宙斯盾先进雷达系统的新式先进驱逐舰。北京在反对宙斯盾的出售上取得了成功,但没有意识到潜艇被列在供货单上。中国人"上当受骗了,最终买卖被调了包,"许多个月后阿米蒂奇回忆说。⑮

布什政府很快又给了中国人一个出其不意。在就职后的近百日,布什接受了一次电视采访,当被问到美国是否有义务保卫台湾时,他回答说:"是的,我们有义务,中国人必须明白这点。"接着记者问到美国是否会动用全部的美国军事力量来保卫台湾时,他的回答是:"采取一切措施帮助台湾'自卫'。"总统的话,至少在表面上,代表了美国在台湾问题上长期以来坚持的"战略模糊"政策的改变。⑯ 20世纪50年代约翰·福斯特·杜勒斯就试图劝说蒋介石放弃进犯中国大陆的念头,自那时以来,美国就一直拒绝澄清,究竟在何种条件下,美国将会在台湾与中国大陆的军事冲突中帮助台湾。结束这种模糊的政策一直是新保守主义的首要议程之一;他们设立的"美国新世纪计划"曾经在1999年起草过一封信,并且得到沃尔福威茨和阿米蒂奇的联署,这封信呼吁调整美国的台湾政策。这种变化可以被看做是迈向道德清晰的一步,看做美国明确支持"民主"台湾的一步。

事实上,布什"采取一切措施……"的声明实际意义如何是一个尚待讨论的问题。布什已经指出如果台湾遭受攻击,美国将会帮助保卫台湾;但他没有说明的是在其他条件下,如台湾被煽动起来挑起对抗而引发战争时,美国将会怎么办。然而美国模糊战略想要覆盖的正是这些暧昧不清的情势。布什总统这次电视采访后的第四天,切尼在提到模糊"可能"是错误的同时,也讲到布什的声明起到了"加强"和"重申"美国既定的政策的作用,因此他的话也没有澄清美国的政策到

底改变了多少。⑰ 布什的声明之后,他并没有向美国军队发出具体的命令,让军队为在台湾海峡可能发生的冲突而修正原来的计划或者调整资源部署。中国的军事决策者自20世纪90年代中期以来就似乎已经认定,如果中国人民解放军进攻台湾的话,美国将会派遣军队帮助台湾进行"防卫";而这一点在1995—1996年台海危机期间,克林顿政府派遣两艘航空母舰去帮助台湾时就已经清楚了。因而,布什的声明主要还是针对美国国内而讲的,是对美国的保守主义者和他们要求道德清晰的目标的一次重大的象征性回应,而不是针对中国大陆和台湾而做出的一番外交阐释。

在电视采访的同一周内,布什政府悄悄地推进了另一个重要的政策变化,一个对台湾有着长远影响的政策变化,一个巧妙地削弱了台湾地位的政策变化。总统宣布他要废除对台湾要求购买美国武器的年度审议程序。⑱ 那些年度审议使得台湾比较容易在美国赢得对其购买武器要求的支持,因为每年春天国会对台军售进行年度审议的最终截止日期到来之前的几个星期中,国会和新闻媒体都主要集中讨论台湾应该获得什么样的武器这个问题。布什对这个政策的改变为白宫较为平静从容地在对台武器上的决策廓清了道路,减轻了来自最终截止日期和国会的压力。的确,在2002和2003年,几年来,美国头一次不再听到有关售台武器的公众争论。

总的来说,"火神派"基本依据赖斯在2001年初所制订的针对中国的战略日程行事。政府在布什上任的头几个月中就将挑战中国的几大议题提了出来。于是在后来的日子里,布什班子避免了在同中国打交道过程中公开对抗,尤其是避免了2002年中国共产党全国代表大会召开前后这段日子中与中国的公开对抗。在阐明不应把新政府当作是中国的一个朋友之后,布什班子接着在私下里开始同中国领导人定期地打交道。"火神派"是有选择的,他们知道怎样选择自己的对手。

到2001年6月布什第一次出访欧洲时,人们已经有了一个感觉,一个将持续下去的感觉。人们在说,他的政府追求的是"单边主义"道路。在他第一次出访海外时被问到的第一个问题就是,美国是否准备在世界上"独立行事"。布什很快发现他既要否认人们的单边主义指控,又要试图重新从更狭隘的意义上对该词进行定义,尽管这种定义可能并不适用于他的政府:"我希望单边主义路线的观念此地此刻起就会从某些人的头脑中消失,……单边主义者是不会向世界领袖们征求意见的。"⑲

欧洲的这些感触是因那年早春时节布什政府决定放弃有关全球变暖的《京都议定书》而触发的,那个议定书是 1997 年为减少二氧化碳、甲烷和其他污染物质的排放而签订的一个国际协议。克林顿政府签署了这个协议,但是当时没有呈交给参院审议批准;不顾欧洲各国政府的抗议,新的布什班子采取了完全退出该议定书的惊人举措。

退出《京都议定书》并不是一个孤立的事件。新政府上任后的头 9 个月中,还采取了其他几项旨在削弱既有条约或协议的影响的措施。5 月时,布什宣布为了构筑国家导弹防御体系,政府希望能够"超越《1972 年反弹道导弹条约》的限制"。7 月,政府又驳回了要求为禁止生物武器的国际监督建立执行机制的提议草案。布什班子的拒绝事例越多,甚至对国际协议发表的怀疑言论越多,"单边主义"一词就越来越同布什政府连在一起。

这种指责虽准确但不公平,如果这种指责暗含着单边主义现象开始于 2001 年的话。的确美国存在着一种单边主义的趋向——那就是,美国倾向于自己采取行动,而不是同其他国家或国际组织协调行动。然而这种趋势开始于 90 年代,而不是始自乔治·W. 布什的政府。它首先是冷战结束、美国作为世界上唯一霸权的这种新地位所带来的一个副产品。一方面,美国感到能更为自由地推进自己的国家利益而不是整个西方或盟国的更大利益。另一方面,别的国家政府相比过去,对美国实力的展示变得越来越敏感。

克林顿政府也曾受到单边主义的指责,只是这个事实在布什上台后似乎很快被人遗忘。在 90 年代后期,克林顿政府曾拒绝签署《国际禁止使用地雷条约》(1997),拒绝加入国际刑事法庭(1998),并拒绝将《京都议定书》呈交给国会。⑳ 1999 年美国参院拒绝签署《全面禁止核试验条约》。在这段时期,美国国务院官员时常提起美国在海外的"霸权问题"。像中国、俄罗斯和法国这样的国家也开始相互磋商如何抗衡美国势力的问题。当 1998 年克林顿政府对伊拉克采取军事行动时,只有英国愿意加入进来。㉑

当然可以肯定的是,90 年代上述这些被视作单边主义的行动中有一些是因为当时的共和党人所主导的国会所采取的,而不是克林顿的白宫。但是另一些行动中,包括拒绝签署《地雷条约》和拒绝加入国际刑事法庭,主要是克林顿政府基于五角大楼的强烈反对而采取的单独行动。90 年代有些分析家认为,美国转向单边主义是因为克林顿个人的缺陷所致,正像后来很多人指责布什个人的不足一

样。"我们的总统对外交事务不感兴趣,因此凡是外交问题都是国内游说者说了算,"前总统国家安全事务助理兹比格纽·布热津斯基在他离开白宫前的最后一年这样评论当时的民主党总统。㉒ 总而言之,布什政府所继续并推动的美国外交事务方面的单边主义倾向早在它上台之前就已经存在了。

在出访欧洲的最后一站,布什第一次同俄罗斯总统弗拉基米尔·普京会晤。正是在这次会晤后,布什说出了他对俄罗斯总统的那段著名的快速判断。他对记者们说,他直视着普京的眼睛,"发现他是一个非常直率、值得信任的人……我能感触到他的心灵。"这些话语会令一些学者想起赖斯曾批评民主党的话;她曾说,克林顿政府在对俄政策上因过度依赖克林顿与鲍里斯·叶利钦的个人关系而呈现浓厚的个人色彩。"我了解康迪,我敢断定她一定恶心透了,"斯坦福大学俄罗斯问题专家迈克尔·麦克福尔在听到布什谈起他与普京建立起的那种新的深厚关系时这样说。㉓

赖斯坚持说,她早先对克林顿对俄政策的批评被人们误解了。"从没有人否认俄罗斯总统和美国总统建立起良好的亲切关系是一件好事。……问题是,美国总统是否开始把改革等同于鲍里斯·叶利钦,"赖斯对记者们解释说。但是依据相同的逻辑,将来的问题是布什和赖斯是否将把对俄外交政策等同于普京(美国总统已经开始称其为普狄普特[Pootie-Poot])。㉔

24 年后重新回到五角大楼的唐纳德·拉姆斯菲尔德就像一个现代的里普·凡·温克尔*。当 1975 年他第一次接受福特总统任命时,年仅 43 岁,从而成为美国历史上最年轻的国防部长。而这次任命,则使他以 68 岁的年龄,成为美国历史上仅次于乔治·C.马歇尔的年龄最大的国防部长。他首次执掌五角大楼时,在缓和与对苏联威胁的性质的看法上陷入了与亨利·基辛格的官僚争斗之中。现在他重新回到五角大楼时,苏联已经消失 9 年了。"我们现在生活在一个

---

* 小说《里普·凡·温克尔》(*Rip van Winkle*)是美国小说家及历史学家华盛顿·欧文(Washington Irving, 1783—1859)的名篇。故事大意为:有一天里普·凡·温克尔在山中遇到背着酒桶的形状古怪的老头,他带里普穿过极深的山峡,来到了一个半圆形的山洼,看到一群奇形怪状的人,不声不响地在玩着九桂球。这些人看到老头与里普,即停止游戏,痛饮老头带来的酒之后,再开始游戏。里普禁不住趁这些人没看见时偷偷地尝了一口酒,觉得酒香四溢,因而再偷喝几口。最后竟至头昏脑涨,两眼发眩,不知不觉之中睡着了。一睡就是二十年。醒后回到自己的村子里,发现村子里没有一个熟人,连他所惧怕的太太也已离开人间。——译者

第十八章 预兆与信号

不同的世界里,"拉姆斯菲尔德在他的任命听证会上这样说,这是他在反思对照他二十多年前曾经任职过的那个国防部。在回到这个岗位的头几周,他感到自己不得不提醒人们,虽然他自70年代以来就从公众视线中消失,但是他一直在跟踪外交事务和国防事务的最新发展动态。"过去的25年里我并不是两耳不闻窗外事,"他在一次电视采访中不高兴地这么说,并指出,他在90年代时曾在导弹委员会工作,也曾在80年代的短时期内做过中东和平协调人。[25]

拉姆斯菲尔德上任后的最初几个月中,最主要的任务是使美国武装部队及其武器系统能有一个根本的改变。在竞选期间,布什曾隐隐约约承诺要进行军队方面的"变革",这种变革应该是为了保证军队适应军事技术的改进和世界变化的需要。"我们的军队的组织形式仍然是适合防御冷战威胁的,而不适合迎接新世纪的挑战,"他宣称。美国的军队,布什继续说,需要"灵活、杀伤性强、容易部署,只需最低水平的后勤支持"。[26] 他这样说时,是把自己与五角大楼的改革事业连在了一起,只是以一种更为稳妥的方式表达出来,避免了涉及过多的细节。

多年来,"火神派"就一向支持构建美国军事实力这项事业。然而对国防变革所提出的问题和利益权衡,"火神派"们基本没有现成的答案,尽管他们都承诺要发展军事实力。美国**如何**构建军事实力?美国是把国防预算花费在扩大现有的坦克、飞机和其他重武器的数量上,还是逐渐淘汰这些较陈旧的武器系统,致力于发展新一代先进武器?政府的文职领袖到底应该支持将军们,还是挑战他们并大刀阔斧地进行改组?

国防改革一直也没有成为上几届共和党政府的优先事务。里根政府时期,国防部长卡斯珀·温伯格主要是尽快购买尽可能多的舰只和飞机,以构筑针对苏联的美国军火库。在老布什执政时期,因为有着冷战后要求削减防务预算的压力,切尼和鲍威尔关注的则是必须保持基本的兵力规模,即美国能够维持其海外存在的最低部署水平。

在2001年的头几个月中,布什和切尼所做的头件大事不是国防,而是削减1.3万亿美元的政府税收。他们多次拒绝了拉姆斯菲尔德增加五角大楼开支的要求。在总统宣誓就任后的几个星期内,白宫就拒绝了拉姆斯菲尔德的首次请求,这次请求所要求的防务款项超过了克林顿提出的那一年的年度预算。几个月后,白宫又将拉姆斯菲尔德对下一个年度的增加预算要求减半。结果,如果五角大楼仍然想花更多的钱进行武器更新换代的话,它就不得不削减某些依旧还在开发的旧武器系统。

于是，支持布什减税的人与赞成积极外交政策的人之间的紧张气氛一触即发。新保守主义者都纷纷支持拉姆斯菲尔德、沃尔福威茨和五角大楼；他们斥责布什和切尼在国防问题上的吝啬。"切尼副总统竞选时对军队所做的承诺：'帮助马上就到'已经失效了，"专栏作家罗伯特·卡甘写道，"……对克林顿进行多年的指责后，共和党人现在突然哑口无声了——什么[国防]预算危机？——而拉姆斯菲尔德和沃尔福威茨却被晾在了一边。"《旗帜周刊》在一篇社论中暗示拉姆斯菲尔德和沃尔福威茨两人应该辞职。㉗

拉姆斯菲尔德开始从其改革承诺中后退。带着一丝苦涩，他在一次记者招待会上说："现实是无人会对任何事进行重大的改变，因为那根本不是华盛顿运转的方式。"他开始强调国防变革最初是布什的想法，而不是他的："我们的情况是，新总统让国防部长对他在竞选中提出的、关心并相信应该加以关注的一些问题加以研究。新国防部长所做的也正是这些。"㉘

虽然拉姆斯菲尔德调低了改革的期望值，但是他依旧以正面冲突的方式在推进国防改革，这种矛盾的方式曾经构成他在政府内外所从事的职业的显著特征。很快他就疏远了那些老资格军事领袖和国会议员，这些人也开始在媒体上表达他们对拉姆斯菲尔德的不满。㉙

但在2001年暮暑时，拉姆斯菲尔德显然已经陷入麻烦。批评者们说，他离开五角大楼的时间太长了，好像来自另一个时代，他是一个局外人，根本不了解局中人，也不了解这里的议题。人们甚至猜测他可能会下台。"人们已经开始对谁可能接替国防部长拉姆斯菲尔德下赌注，如果他下台的话，"艾尔·卡门在《华盛顿邮报》他的"圈内"专栏中报道。在9月上旬五角大楼的一次记者吹风会上，一个记者想对拉姆斯菲尔德表示同情，因此温和地问他："你是否感到精疲力竭，就像一个练拳用的吊袋？"

拉姆斯菲尔德几乎承认他的确有这样的感觉。"新的一群人加入，每个人在头五分钟内都满怀善意，接下来他们就把新来者投进桶里，开始击打他们。生活还在继续，我们都会活下去。"这是发生在2001年9月6日五角大楼的一次交流。当时无人知道到底将要受到什么样的打击。㉚

在6月上旬，布什政府执政七个月后，保罗·沃尔福威茨在西点军校做了一次毕业典礼演讲，现在看来，那次演讲非常精彩。他提醒大家，2001年是美国罹

第十八章 预兆与信号

受珍珠港灾难60周年纪念日。"令人感兴趣的是,在受到'意外打击'之前,有大量被忽视的预兆和被错过的信号,"沃尔福威茨这样对毕业班的学员们说。他在反思《珍珠港:警告和决策》一书对于情报失败的经典分析,那本书是罗伯塔·沃尔斯泰特所写的,她是沃尔福威茨毕业论文指导者——艾伯特·沃尔斯泰特的妻子。[31] "……意外总是发生,因而我们依然震惊于意外这是令人吃惊的,"沃尔福威茨接着说。他说美国需要克服自满感,需要"培养对非常规之情形和意外之情形的预见力"。[32]

他比自己所能想象的更有预见力。美国就要受到攻击。美国又一次未能应对非常规和出其不意的情形。又一次出现了被忽视的预兆和被错过的信号。

在沃尔福威茨演讲后不久,联邦调查局的一位名叫肯尼思·威廉姆斯的间谍在菲尼克斯地方办事处注意到八名中东人后裔在亚利桑那州普雷斯科特的恩布里—里德尔航空大学注册了学习飞行员训练课程,而这八个人都被怀疑与恐怖主义者有联系并正受到调查。2001年7月10日,这名间谍给在华盛顿的联邦调查局总部和调查局在纽约的地方办事处写信,建议联邦调查局与其他民用飞行学校联系,提醒整个情报系统。调查局认为没有足够的人手去追踪这条线索。没有人将威廉姆斯所注意的情况通知中央情报局或者国家安全事务委员会。[33] 8月16日,联邦调查局明尼阿波利斯地方办事处拘留了扎卡里亚斯·摩萨维,一名法国籍摩洛哥后裔,他想在飞行学校学习模仿机的驾驶课程,但他只学习如何驾驶飞机,不学习如何使飞机落地。联邦调查局总部拒绝了批准查阅他的计算机的要求。联邦调查局也无人把摩萨维同较早些的菲尼克斯地方办事处的备忘录相联系。

与此同时,2001年的春季和夏季,中央情报局系统截获了奥萨玛·本·拉登的基地组织计划对美国发动新的大规模攻击的信号。科菲·布莱克,中央情报局反恐中心主任,在5月份曾报告说,一次大的袭击即将发生。依据中央情报局局长乔治·特内的描述,整个夏季截获了本·拉登的追随者的34次通讯联络,他们提到"零时"或者"惊天动地的事情"。但是中央情报局认为本·拉登的组织可能会针对海外美国人发动袭击,就像较早时候他们对美国驻非洲的大使馆的袭击,以及对也门的美国舰艇"科尔"号的袭击一样。[34] 在8月6日,情报局官员向赖斯和总统呈交了一份有关基地组织计划的书面报告。报告讨论了飞机被劫持的可能性,但都是基于过去飞机被劫持的相类似的情形,报告建议恐怖主义可能试图迫降一架飞机,劫持乘客做人质,试图用人质做交换,要求释放某个囚犯。

在这个时期,新政府就国土安全提出更广泛的政策方面进展缓慢。2001年5月8日,切尼被任命为新布什政府应对国内恐怖主义的特别工作组组长,目的是检查美国本土遭受恐怖主义袭击的可能性,以及研究美国如何应对。但是直到9月初,切尼的特别工作组还没有开始工作。㉟

一次由包括赖斯、鲍威尔和沃尔福威茨等政府高官参加的就如何打击基地组织的独立的跨部门审查原计划在8月初实施,后来推迟到8月中,接着又被推迟到9月初。参加者都同意投入更多资金并付出更大努力帮助阿富汗北方联盟和乌兹别克的塔利班政权的反对者,因为塔利班政权是本·拉登的庇护者。讨论主要集中在是否应该使用新式武器,即无人驾驶武装飞行器"捕食者",攻击基地组织。中央情报局不愿承担使用武装飞行器"捕食者"的责任,而参谋长联席会议也不愿承担。会议没有做出任何决定。㊱

"火神派"们对自己过去的经验引以为豪。在过去他们执政的岁月里,他们帮助美国从越战中恢复元气;又是在他们主政时,苏联解体;接着他们又赢得了1991年的海湾战争。他们在乔治·W.布什的率领下满怀信心地重掌政权。在对付过去曾遭遇过的各种安全威胁——大国、"流氓国家"、独裁者及地面部队,这些运作于固定的领土和清晰可见的边界内的实体组织——他们都是胸有成竹的,但是在面对一个没有国家的、难以分辨的像基地这样的恐怖主义组织来说,他们还没有做好准备。

正如沃尔福威茨在他的西点军校演讲中所表明的,"火神派"们已经做好了承受意外的准备。他们所期待的方向还是错了。2001年9月11日,当三架被劫持的飞机撞上世贸中心大楼和五角大楼时,"火神派"们被惊得目瞪口呆,同60年前那个沉睡的星期天早上,日本飞机突现于火奴鲁鲁上空时,美国人的感受一样毫无二致。

注　释

① Nora Boustany, "Bush Drops by the French Ambassador's House and Gets to Know Chirac," *Washington Post*, December 20, 2000, p. A30.
② 国务院转录自2001年3月6日有媒体参加的鲍威尔与瑞典外交大臣安娜·林德和欧盟代表们的会谈。
③ 白宫转录自2001年3月7日布什总统与金大中总统的谈话。

④ William Douglas, "Powell Acknowledges Some Miscues," *Newsday*, May 5, 2001, p. A7.

⑤ 2000年12月至2001年2月间作者与詹姆斯·凯利、理查德·阿米蒂奇的谈话。

⑥ 出处同上;2001年2月27日参议院武装部队委员会对保罗·沃尔福威茨进行了认命听证会。

⑦ 对参加了政府审议的两名布什政府高级官员的采访。

⑧ 2001年3月9日对一名布什政府高级官员的采访,以及对一名美国高级军官的采访。

⑨ 2002年3月12日对保罗·沃尔福威茨的采访。

⑩ 2001年3月30日对康多莉扎·赖斯的采访。

⑪ 转录自2001年4月5日CBS Morning News对罗尔巴赫尔(Rohrabacher)的采访;Jim Puzzanghera, "California Lawmakers at Center of Capitol Hill's Debate on China," Knight Ridder News Service, April 6, 2001。

⑫ 有关对话部分是2001年11月30日对理查德·阿米蒂奇的采访;有关翻译的差异见:John Pomfret, "Resolving Crisis Was a Matter of Interpretation," *Washington Post*, April 12, 2001, p. A1。

⑬ Paul Wolfowitz, "Asia Democracy and Asian Values," B. C. Lee Lecture, the Heritage Foundation, March 2, 2000; Condoleezza Rice, "Promoting the National Interest," *Foreign Affairs*, Vol. 79, no. 1(Jan. —Feb., 2000), p. 45.

⑭ Robert Kagan and William Kristol, "A National Humiliation," *Weekly Standard*(April 16, 2001), p. 11;2001年12月7日对威廉·克里斯托尔的采访。

⑮ 2001年11月30日对理查德·阿米蒂奇的采访。见 Jim Mann, "U. S. Promised Subs to Taiwan It Doesn't have," *Los Angels Times*, July 15, 2001, p. A1。

⑯ 转录自 ABC News, "President Bush Discusses His First 100 Days In Office," April 25, 2001。

⑰ 转录自 CNN transcript, "Vice President Cheney on Larry King Live," April 25, 2001, p. A22。

⑱ 转录自2001年4月25日 *Washington Post* 第A22版对乔治·W.布什的采访:"A Huge Honor to Be in This Office"。

⑲ 白宫记录的2001年6月12日乔治·W.布什总统和西班牙首相何塞·玛丽亚·阿斯纳尔的联合记者招待会;及2001年6月13日有媒体出席的布什总统和北约秘书长洛德·罗伯逊的会谈。

⑳ 克林顿政府后来又改变了立场,签署了成立国际刑事法庭的条约,但是在2000年12月31日签署时,克林顿已经是一个即将离任的总统。即使在签署了条约后,克林顿说他并不打算把条约呈交参议院批准,因为他还在考虑这个法庭所涉及的权力问题。他说他也不想建议即将上任的布什政府把条约呈交给参议院履行批准程序。见 Thomas Ricks, "U. S. Signs Treaty on War Crimes Tribunal," *Washington Post*, January 1, 2003, p. A1。

㉑ 有关克林顿执政时的美国单边主义,见 Martin Woollacott, "It's Time America Woke Up to the Rest of the Planet," *Guardian*, October 20, 2000, p. 24; Tyler Marshall and Jim Mann, "Goodwill Towards U. S. Is Dwindling Globally," *Los Angeles Times*, March 26, 2000, p. A1。

㉒ Marshall and Mann, op. cit.

㉓ 白宫记录的 2001 年 6 月 16 日"布什总统和俄罗斯联邦总统普京的联合记者招待会";2002 年 2 月 14 日对迈克尔·迈克福尔的采访。

㉔ "Press Briefing by Secretary of State Colin Powell and National Security Adviser Condoleezza Rice," June 16, 2001; James Carney, "Our New Best Friend," *Time* (May 27, 2002), p. 42.

㉕ 转录自 2001 年 1 月 11 日参议院武装部队委员会对任命唐纳德·拉姆斯菲尔德的听证会;转录自刊登于 2001 年 2 月 14 日的 *Newshour with Jim Lehrer* 对国防部长拉姆斯菲尔德的采访。

㉖ 乔治·W. 布什的演讲,题为"A Period of Consequences", The Citadel, September 23, 1999。

㉗ Robert Kagan, "Indefensible Defense Budget," *Washington Post*, July 20, 2001, p. A31; "No Defense," *Weekly Standard*, July 23, 2001, p. 11.

㉘ Pamela Hess, "Rumsfeld Plays Down Pentagon Reform," United Press International, May 24, 2001.

㉙ Thomas Ricks, "For Rumsfeld, Many Roadblocks," *Washington Post*, August 7, 2001, p. A1.

㉚ 转录自 2001 年 9 月 6 日唐纳德·拉姆斯菲尔德记者招待会;Al Kamen, "Donny, We Hardly Knew Ye," *Washington Post*, September 7, 2001, p. A27。

㉛ 见 Roberta Wohlstetter, *Pearl Harbour*: *Warning and Decision* (Stanford, Calif.: Stanford University Press, 1989)。

㉜ 2001 年 6 月 2 日保罗·沃尔福威茨在美国西点军校毕业典礼上的演讲。

㉝ Factual Finding 5 (e), Final Report of the Congressional Joint Inquiry into 9/11, December 10, 2002; Dan Eggen, "FBI Pigeonholed Agent's Request," *Washington Post*, May 22, 2002, p. A1.

㉞ 有关 9 月 11 日前几个月内的详细情报分析和华盛顿对反对恐怖主义措施的审议,见 Daniel Benjamin and Steven Simon, *The Age of Sacred Terror* (New York: Random House, 2002), pp. 326—349。有关特内的观点,见 Bob Woodward, *Bush at War* (New York: Simon & Schuster, 2002), pp. 3—7。

㉟ 2001 年 5 月 8 日白宫对国内反对大规模杀伤性武器的国内准备工作的声明;Barton Gellman, "Before September 11, the Bush Anti-Terror Effort Was Mostly Ambition," *Washington Post*, January 20, 2002, p. A1。

㊱ Benjamin and Simon, op. cit., pp. 345—346.

RISE OF THE VULCANS

The History of Bush's War Cabinet

第十九章

历史从今天开始

第十九章 历史从今天开始

在逆境中,许多"火神派"本能地从温斯顿·邱吉尔那里寻找灵感。他是他们的守护神。邱吉尔与暴政斗争过。面对普遍流行的情绪,他敢于反其道而行之;他领会到与独裁者妥协和谈判是徒劳的;他带领一个国家走过了最黑暗的时刻。对邱吉尔的钦佩主要是基于他不同寻常的个人品质,那些超越党派政治或国内琐事之上的因素。而邱吉尔身为托利党党员和保守派也并无妨害。那位在二战中与邱吉尔携手合作的美国总统(一个拥有相当的领导才能、远见和辩才的人)则是个民主党和自由主义者,在"火神派"中并不享有同样的偶像地位。

因而,当副总统切尼的办公厅主任斯库特·利比在 2001 年 9 月 11 日那灾难性的时刻在白宫里注视着他的老板时,脑海中浮现出温斯顿·邱吉尔的一些话也就毫不奇怪了。在邱吉尔关于那些战争年代的回忆录《风云紧急》的最后一段里,他描写了他最终成为英国首相的那一刻:"我觉得,我好像在和命运同行,我以往的全部经历不过是为这一时刻和这一考验作铺垫。"利比相信,9 月 11 日这天,这段话可以用来恰如其分地形容切尼。①

这个比较显得夸张,特别是对切尼这样像邱吉尔乐于炫耀那样回避炫耀的人。然而潜含的意义耐人寻味。在美国,拥有能对恐怖分子袭击华盛顿做出反应的政府经历的人只有切尼一个人。作为福特总统的办公厅副主任和主任,切尼掌管过白宫内部的运行,甚至是盐瓶和下水管道之类的琐事。在国会,他在众院情报委员会任职,了解了中央情报局和美国其他几个情报机构是怎样运作的。作为国防部长,他曾负责美国武装部队。最重要的是,尽管鲜为人知,切尼在 80 年代是为美国遭到核打击时保持政府连续性和建立总统指挥序列而进行的高度机密计划的参加者之一(见第 9 章)。

9 月 11 日,切尼前一天到肯塔基旅行,刚刚返回白宫。上午,他正在与其讲话撰稿人碰头时,他的秘书打断了他们,说一架飞机撞上了世界贸易中心。一打开电视,副总统就看见第二架飞机撞上了那座塔楼。他急忙在他位于白宫西厢的办公室召集康多莉扎·赖斯、利比和其他官员开会;他们给正在佛罗里达旅行的布什挂了电话,准备讨论他应该发表什么样的讲话。突然,特工人员冲进来喊道:

"先生,我们得马上离开。"他们担心已飞离杜勒斯机场的美洲航空公司77号航班可能正朝着白宫飞来。特工们架起切尼,冲下一段段台阶,跑进总统紧急作战中心。这个加固的地下掩体被称作PEOC(总统紧急作战中心),是冷战时期为让白宫领导人躲避核打击而修建的②。

那架美洲航空公司的飞机撞进了五角大楼。副总统在白宫的掩体里拿起电话,要通了布什,要他推迟返回首都。副总统解释道,因为他本人已经在华盛顿,总统应该呆在华盛顿以外,以确保两位领导人不会在同一次攻击中伤亡。切尼在按照他在保持政府连续性的演习中学到的东西行事;他扮演防御方,首先必须防止核战争专家所谓的"斩首",即国家高层决策者被一网打尽,使国家群龙无首,失去反应的能力。(19个月以后,当布什政府决定对萨达姆·侯赛因的伊拉克开战时,打掉敌方首脑成为美国军事进攻战略的内容。)

切尼是9月11日的主导人物;是他敦促总统飞到内布拉斯加的奥夫特空军基地,那里有安全的通讯设施;也是他命令把众院议长丹尼斯·哈斯德特和其他国会领导人送到城外一处艾森豪威尔时期为美国一旦遭到核打击时使用而建设的掩体的。后来在采访中解释他在9月11日的行动时,副总统平淡无奇地谈论了一旦发生危机保证总统接续的重要性。他从未提到他和拉姆斯菲尔德及几十位公务员曾经有时半夜悄悄溜出华盛顿参加秘密演习,一连几天练习如何在核战争中管理美国。

布什9月11日夜里返回华盛顿后,切尼马上搬到戴维营,这样当总统在家时,他在首都之外。入秋后,随着美军开始攻打阿富汗,常有报道说副总统在华盛顿外一个"未经透露的地点"工作。最后,"未经透露的地点"成了全国的笑话,成为喜剧表演的保留节目。它也成了切尼的特点。严肃和神秘的结合倒是适合这个人,他的一生都体现着一个双重主题:一是管理政府是件繁重、乏味的工作;二是他总有些不能拿到桌面上的秘密。

9月11日那天,有一件事是切尼没有做的:他没有对全国发表讲话。在负责总统紧急作战中心的运作时,他没有说任何宽慰人心的话,没做"在滩头和他们决斗"的演讲。那是总统的事。对切尼这样一个"少言寡语的人"来说,那样挺好。如果他在扮演邱吉尔的角色的话,那也是个没有声带的邱吉尔。总统那天夜里向全国讲话时打了磕巴,但在一周后的讲话中又恢复了他在公众中的地位。③

切尼一方面生性不善于与人交流,另一方面,也有一些政治力量让切尼保持沉默。白宫里不少权势很大的人,诸如布什的政治顾问卡尔·罗夫和联络主任卡伦·休斯等人,把他们的时间都花在确保总统能吸引到公众的全部注意力,并得到领导反恐斗争的全部功劳。切尼在"9·11"后的星期日出现在电视屏幕上,极为详尽、连贯一致地讲述了那天发生的事件以及政府的应急处置,此后,副总统实际上从电波中消失了好几个月。有些微妙的迹象在暗示,在危机的最初几天里,他可能有点让总统黯然失色④。

不过,虽然切尼在公众视线以外,但他仍然无所不在,甚至当他离开华盛顿身处某个未经披露的地点,仅能通过安全电视会议系统以声音和图像的形式参加政府的会议时,也是如此。切尼的幽灵悬浮在布什政府的政策审议、内部争斗和决策之上。布什政府的其他官员可以去处理电视访谈之类抛头露面的事。但布什政府采取的几乎每一项外交政策行动,无论涉及的是恐怖主义还是阿富汗,中东还是伊拉克,总有这个秃顶、白发、矮胖、架着眼镜,观点极端保守,对政府事务较真,极为精通内部运作的老手的影子。

9月11日之后的几天里,"火神派"已决心以与以往不同的方式行事。他们现在已经不再愿意聆听那些在过去的政府里他们与世界打交道时不得不容忍的老借口、老理由和老思路了。这种决心和义愤填膺的结合遍及布什政府,从鹰派到温和派,从恐怖主义的中心问题到边缘问题,概莫能外。理查德·阿米蒂奇就是这种新的心态的绝好例证。

那个月,来自中国地方电视台的一个由14位记者组成的代表团正巧作为国际教育研究所的客人在美国访问。9月11日,这个代表团在华盛顿。在一个会议室里,当一个大屏幕电视机播放飞机撞击世界贸易中心的画面时,美国旁观者惊异地看到有几个中国记者大笑或欢呼起来。

这一事件在国务院内激起一场短暂激烈的辩论。国务院的东亚局想马上把这些记者送回家,但国务院负责教育和文化事务的单位反对。它的官员坚持说,看起来在笑的样子也可能仅仅是紧张和尴尬的迹象;也许这些行为仅仅反映了美国人与中国人的文化差别。这些鸽派还进而说,这些记者可能是未来在中国有影响力的重要人。鹰派回应道,无论怎么说,笑都是无法接受的行为,这个代表团应该被驱逐。美国在北京的大使馆开始站在鸽派一边施加压力。这场内部争执沿着国务院官僚机构往上一直吵到阿米蒂奇那里,在一个星期六上午召开的会议上,他被要求解决这个僵局。

常务副国务卿对所罗门式的折中或文化相对主义都没有兴趣。"送他们回国,"阿米蒂奇命令道,"这些人应该在下一架离开这里的飞机上。"后来,国务院

掩盖了他们这么做的原因。美国官员拒绝承认这个代表团是被驱逐的,只解释说"访问缩短了",并暗示美国政府是出于对这些记者的安全的关心。但这场争执和阿米蒂奇对此事的处置传遍了国务院。它被当作一个新时代的象征,在这个新时代里,美国人不会长篇大论地解释那些无法解释的事。⑤

那年夏初,中央情报局局长乔治·特内曾秘密访问巴基斯坦去交换有关奥萨玛·本·拉登的情报。世界贸易中心遭到打击时,巴基斯坦的特务头子,巴基斯坦情报局长穆哈默德·艾哈迈德将军恰好在华盛顿回访中央情报局。阿米蒂奇要求见他。

艾哈迈德与巴基斯坦大使玛莉拉·洛迪并肩坐在阿米蒂奇的办公室里,这时,常务副国务卿反复回到一个主题上。"你们站在我们这边,还是反对我们?"他问道。巴基斯坦是塔利班这个收容和保护了奥萨玛·本·拉登及其基地组织的阿富汗政权的主要支持者。阿米蒂奇说,现在巴基斯坦面临着一个选择。巴基斯坦到底站不站在美国一边。阿米蒂奇说,你可以向巴基斯坦总统佩尔韦兹·穆沙拉夫将军报告此事。当艾哈迈德试图解释巴基斯坦与塔利班关系的背景时,阿米蒂奇打断了他,"历史从今天开始,"他说。

在次日的第二次会见中,阿米蒂奇递给艾哈迈德一张有七项明确要求的单子。首先,布什政府想要飞越巴基斯坦领空和着陆的权利,以便从事军事和情报行动;美国需要让作战飞机能够飞越和降落在巴基斯坦领土上,以便轰炸阿富汗境内的塔利班部队。美国也寻求其他的帮助,包括为美军提供后勤支持,得到所有能够得到的关于塔利班和基地组织的情报⑥。阿米蒂奇告诉巴基斯坦的情报头目,这些要求没有讨价还价的余地,美国不打算跑到穆斯林人的露天市场上去砍价。在伊斯兰堡,穆沙拉夫领会了这个信息;在华盛顿,艾哈迈德告诉阿米蒂奇,巴基斯坦将答应美国的所有要求。⑦

阿米蒂奇的警告,是"火神派"和他们的总统乔治·W.布什在此后几年里一再发出的警告:"你们要么是和我们站在一起,要么就是反对我们。"对"火神派"而言,这些话是要显示现在已经是一个新的时代,美国在"9·11"后已经发生了变化。"历史从今天开始。"不再有长篇大论的解释,不再有灰色地带。

然而,并非所有外国官员都能照美国的意图去领会这些话。巴基斯坦大使拉迪是个新布什政府的崇拜者。她告诉朋友,比起布什的前任来,她更喜欢布什这帮人。布什的外交政策班子似乎是从战略的角度思考,不像克林顿那帮人那样过于关注人权和不扩散之类的问题。然而,拉迪坦白说,当她听到那句"你们要么是和我们站在

第十九章 历史从今天开始

一起,要么就是反对我们"的排比句的时候,她并没认为那是代表着一个新时代的信息。相反,拉迪认为美国正在倒退到过去的思维模式。"你们要么是和我们站在一起,要么就是反对我们"是冷战期间当美国告诉其他政府得在美国和苏联之间做出选择时传递的信息。用这个信息,美国正在拒绝承认其他国家的复杂性。

在其后的几个月里,穆沙拉夫对于布什政府打击塔利班的作战行动给予了相当多的(尽管不是没有限制的)支持。次年,当穆沙拉夫修改巴基斯坦宪法,以使其得以把总统任期再延长五年并赋予他解散国会的权力时,美国悄悄地默认了。布什政府对民主重要性的令人赞美的信仰似乎没有延伸到巴基斯坦。

恐怖袭击两天后,保罗·沃尔福威茨拣起了阿米蒂奇同样的主题,在遭到严重毁坏的五角大楼里对记者说:"我认为每个人都懂得,我们已经不幸地进入了一个新时代。"

9月11日那天,与切尼一起参加过80年代秘密的政府连续性演习的关键人物拉姆斯菲尔德,命令沃尔福威茨出城躲到一个旧的核掩体以确保他的安全,这样国防部长和他的副手不会同时身处国家的首都。但沃尔福威茨只在那里待了很短的时间就赶回了华盛顿。像利比一样,他也从援引邱吉尔的话中寻找安慰和灵感。沃尔福威茨那个星期接受采访时说道:"正如邱吉尔在珍珠港遭到袭击后第二天所说的,独裁者低估了美国的力量。"⑧

但美国究竟应该做什么呢?它应当怎样回应恐怖分子的袭击呢?从一开始就假定会有某种形式的军事反击。"火神派"中人人都熟悉使用武力。所有人在成长的过程中都在五角大楼经历过一段时光。甚至连克林顿政府对本·拉登1998年对美国驻非洲使馆的袭击都做出了有限的军事反应(使用了巡航导弹)。那个行动被证明效果不大。而现在美国人在国内被人用前所未有的严重方式袭击了。美国拿谁来报复呢?本·拉登?在阿富汗当他的保护人和东道主的塔利班政权?报复本身能制止恐怖主义吗?美国是否应该走得更远?

在最初的那些日子里,沃尔福威茨主张做出尽可能广泛的反应。他说:"几个罪犯伏法不会让它停下来。"美国要发动广泛的战役,切断所有恐怖主义的支持系统。用一度引起愤怒的话,沃尔福威茨呼吁采取"消除所有支持恐怖主义的国家"的战略。尽管一天后,他纠正了自己的话,断言他的意思是"结束国家对恐怖主义的支持",但早先他讲话的版本已经吸引了所有人的注意。沃尔福威茨似乎在建议采取行动推翻某些现存政府。那么,沃尔福威茨考虑的是哪些政府呢?猜测马上就转向了伊拉克和萨达姆·侯赛因。二十多年来一直警告强大的伊拉克

会造成危险的沃尔福威茨,并没有想办法去打消这种看法。他在"9·11"后的第一个星期里就说:"他(侯赛因)是国家恐怖主义最积极的支持者之一。"⑨

在此之前的2月份,新政府刚刚上台,就向伊拉克发出过简短的警告,称美国随时准备诉诸军事行动。布什在访问墨西哥期间,美军和英军对伊拉克的雷达和防空指挥中心,包括巴格达附近的目标,进行了一轮空中打击,以回应伊拉克对联军飞机的炮火和导弹攻击。但这只是临时措施。在最初的几个月里,布什政府把精力集中在其他事务上,如中国。伊拉克政策主要由国务卿科林·鲍威尔负责。他提出了一个使对伊拉克经济制裁更有效的倡议,即放松对民用产品贸易的限制,同时进一步抽紧伊拉克购买任何可用于军事目的的产品的能力,希望布什政府通过改进制裁措施,重新赢得盟国的支持,并重建起参加过1991年海湾战争的国际联盟。

鲍威尔的政策(称为灵巧的制裁)在新政府的鹰派中并不受欢迎。反对者担心,如果扩大民品贸易,这个政策可能会加强伊拉克政权的地位。这个政策并不能让萨达姆·侯赛因倒台,而这是若干"火神派"人士90年代后期就公开支持的目标。在关于任命他为国防部副部长的听证会上,沃尔福威茨明确断言,制裁只能是有效的伊拉克政策的一个组成部分⑩。

鲍威尔的努力很快就在联合国陷入困境。法国人、中国人和俄国人都不喜欢美国的提议。他们希望在更多方面放松制裁,例如,允许法国对伊拉克石油工业投资。俄国人也不喜欢抽紧向伊拉克的军品销售的限制。夏天,制裁的事被搁置下来。

如果历史真的是从9月11日开始,那就不会有人能够想到在"9·11"之后会立即发动对伊拉克的军事行动。美国对伊拉克政权不满的地方很多:它对美国地缘政治利益的威胁;它残忍地对待伊拉克人民;它企图发展大规模杀伤性武器的历史等等。但没有证据表明(而且以后也没有发现),这次恐怖袭击有伊拉克在背后支持⑪。

然而,正当布什政府在"9·11"后权衡如何采取行动的时候,沃尔福威茨与切尼的办公厅主任斯库特·利比一起,端出了武装进攻伊拉克的事。他们坚持说,中东恐怖主义背后的力量都是联系在一起的。萨达姆·侯赛因是美国面对的最强大的敌人。如果美国能打败它,就会削弱整个中东的恐怖主义组织。他们坚持说,问题远远超出了基地组织的范围。沃尔福威茨在后来的一次访谈中指出:"我们真正争论的是,你是想要把美国的反应局限在一个特定的、可恶的恐怖组织上,还是'"9·11"'意味着你对恐怖主义的整个态度得变一变了?"⑫他敦促布什政府不要把军事反应局限在阿富汗。

第十九章 历史从今天开始

鲍威尔反驳说,美国无法获得其他政府对伊拉克采取军事行动的支持。他敦促道,咱们现在先盯住阿富汗。在公开场合,国务卿对沃尔福威茨提出要对其他国家采取行动的建议进行了直率的批评。"我们是要结束恐怖主义,"鲍威尔说,"如果有哪些国家、政权和民族支持恐怖主义,我们希望说服他们,停止这样做符合他们的利益。但我想,关于'结束恐怖主义'的问题我就不谈了,还是留给沃尔福威茨自己来说吧。"⑬

于是,鲍威尔与沃尔福威茨之间在老布什政府里就出现的紧张关系又一次公开化,并为国务院与国防部之间更大的机构间摩擦所加剧。在接下来的几个星期里,也有过一些试图缓和局面的试探。阿米蒂奇曾与沃尔福威茨在整个80年代密切合作过,有一次,他邀请沃尔福威茨到国务院共进午餐。他提醒沃尔福威茨注意他自己对鲍威尔的绝对忠诚,还说他把国防部对鲍威尔的诽谤看做是针对他个人的侮辱。紧张关系缓和了,但只是暂时的。

对伊拉克问题上,布什起初似乎与鲍威尔站在一边。他选择了把精力集中在阿富汗,把它作为美国对"9·11"恐怖袭击采取军事反应的第一个对象。当时,这被看做是最强烈主张对伊拉克采取行动的沃尔福威茨的失败。报纸报道说,鲍威尔"吵赢了"。⑭ 但那是一种错误解释。布什政府并没有决定**不**攻打伊拉克;它只是决定了首先集中解决阿富汗问题,然后再决定如何处置伊拉克问题。从更广泛的意义上讲,布什政府并没有把反恐战争局限于基地组织,而是保留了采取广泛行动的可能性。

像通常的情况一样,是切尼为"火神派"的实际政策指明了道路。他说,布什政府已经得出结论,要把美国的"全部愤怒"倾泻到为恐怖分子提供避难所或支持的国家身上。这些话与沃尔福威茨结束国家对恐怖主义的支持的公式没有什么区别。当被问到对伊拉克的行动时,副总统说,奥萨玛·本·拉登是美国"当前……这个阶段的"目标⑮。会轮到伊拉克的。

"9·11"后紧接着的几周里,一种关于布什政府的新的神秘说法流行起来。报纸文章和电视访谈节目上流传的看法是,按照常理,布什和他的班子已经决定放弃在前九个月里奉行的单边主义。

"世界在星期二上午9点改变了,"一位支持这种理论的人这样写道,"以前的单边主义者布什退场了,新的多边主义的布什登台了……迄今,布什给盟国的印象是他并不太需要他们,而他们却更需要他。但现在,他在给全世界打911求救电话。"国际经济研究所的C.弗雷德·伯格斯滕断言说,布什政府"将不得不在

许多事务上缓和其单边主义的本能"⑯。

当总统为美国的反恐斗争寻求尽可能多的国际支持时,关于布什政府突然发现需要盟友的这个错误观念流行了起来。在欧洲,美国得到大量的支持。在法国,《世界报》发表了后来非常著名的支持社论。编辑让—玛莉·克鲁巴尼写道:"我们都是美国人。我们都是纽约人,就像约翰·F.肯尼迪 1963 年在柏林是柏林人一样。"在布鲁塞尔,当鲍威尔要求举行表示支持的示威游行后,北大西洋公约组织的 19 个政府在历史上第一次引用了公约第 5 条,即联合防御条款,该条款责成所有成员国在必要时使用武力来保护任何一个成员国的领土。⑰

然而,把美国政府描绘成一个经过磨炼发现自己不再能够在这个世界上单独行动的政府,这是不准确的。"9·11"之前布什政府表现出的单边主义倾向,并不像批评者声称的那么新,那么独特;"9·11"后,同样,这些单边主义倾向也从未被放弃过。

90 年代期间,欧洲和美国领导人对国际事务和军事力量形成了截然不同的看法。欧洲人越来越倾向于依靠谈判、外交和国际法来解决争端;相反,美国人则倾向于强调强大军队的持续重要性和必要性。⑱恐怖袭击并没有改变这些看法上的分歧。欧洲领导人尽管在"9·11"后宣布支持美国,但很快就明确表示他们对美国外交政策的支持并不是没有限制的。德国总理格哈德·施罗德对德国国会说:"我强调,我们准备承担风险,也准备承担军事风险,但不打算做任何冒险行动。"法国总统雅克·希拉克像 2000 年竞选结束后第一个来见布什一样,是"9·11"后第一位访问白宫的外国领导人。但当两位总统一同出现在联合记者招待会上时,布什反复把这场反对恐怖主义的斗争称作"战争",而希拉克则说他不愿意称它为"战争"。⑲ 这两位欧洲领导人显然不愿支持美国对伊拉克的军事行动。他们担心,美国可能做出不利于中东现存秩序稳定的举动,而他们的国家在这一地区有很大利益,需要维护该地区的稳定。

美国人在跨大西洋合作方面也表现出犹豫不决,只是方式不同。那年秋天,当法国官员到位于佛罗里达州坦帕的美国中央司令部,对美国领导的阿富汗作战自愿提供法军部队时,他们沮丧地发现美军指挥官们对他们的帮助并不感兴趣。法国人被告知:谢谢你们的好意,但我们不想通过委员会来打仗。⑳

法国驻美大使弗朗索瓦·比容·德勒埃斯唐称此为"科索沃综合症"。90 年代,美军领导人被在北约内就巴尔干军事行动寻求一致意见的过程搞得很恼火。现在,面对着在世界上一个遥远的地方匆忙发起一场军事行动的险峻任务,美军领导人认为与欧洲势力合作的情景是弊大于利。

第十九章 历史从今天开始

这里值得强调的是，拒绝欧洲帮助的主导力量是军人，而非布什的白宫或拉姆斯菲尔德在五角大楼的文职领导人。法国官员发现，在最高层，布什政府似乎愿意，并实际上是渴望组成国际联盟来打阿富汗这一仗。但在坦帕，美国军官不但对其他国家表示愿意提供帮助反应迟缓，就连自己需要什么也迟迟不能明确[21]。那么，美国单边主义的这一分支并非源于布什政府。它直接源于 90 年代的军事现实，即美国和盟国军队在巴尔干作战协调的困难，以及美国与欧洲之间在军事实力上的总体差别。

即便大西洋两岸的和谐在"9·11"后的几周里达到高峰时，欧洲人从布什的白宫也很少能得到从前些届美国政府那里已经习惯得到的尊重。法国官员发现很难约到或约到足够的时间会见赖斯、切尼或拉姆斯菲尔德。当希拉克在华盛顿访问时，他当然能得到最高级会见，但他后来告诉助手，他不能肯定有谁在意听他说些什么。法国开始对不太大的希望也不放过。法国国民大会的一位保守派议员皮埃尔·勒卢什是沃尔福威茨的老朋友。一位法国官员琢磨，也许这个关系能帮上点忙。但没什么结果。美国和法国之间的鸿沟太大了，不是任何个人关系能够弥合的。

比容最后得出结论，布什政府是美国当代历史上第一个不把欧洲放在其战略思维中心的政府。对这个新政府而言，欧洲已经不再是在整个冷战和巴尔干战争期间让美国头疼的事了。布什新班子所关心的事情和战略思维现在集中在从中东开始一直伸展到东北亚的那个地区。

布什政府对欧洲各国相对重要性的看法似乎也与以前的美国政府不同。法国和德国不再占据中央舞台。布什 2001 年春天初次造访欧洲，出席了必须露面的北约和欧盟会议，然后访问了三个国家：西班牙、波兰和斯洛文尼亚，在巴黎和柏林都没有停留。"给法国人和德国人的微妙提示是，美国在欧洲的外交还有别的选择，"评论家马丁·沃克当时写道[22]。布什初次出访的日程为日后发生的事件提供了重要线索：两年后，当布什政府发动对伊拉克的战争时，它在欧洲的支持者包括了西班牙和波兰，但没有法国和德国。

9 月 11 日早晨，拉姆斯菲尔德在五角大楼一间不对外开放的餐厅里，正一边用早餐，一边与一群共和党众议员讨论如何为他的计划，特别是弹道导弹防御计划，赢得国会更多的支持。和往常一样，国防部长警告了恐怖集团和流氓国家对美国构成的威胁。他说，美国应该对突然袭击做好准备。就在早餐结束前，第一架被劫持的飞机撞进了世界贸易中心。一小时之后，另一架撞进了五角大楼。整

个大楼都震动了。拉姆斯菲尔德冲到外面,在废墟中指挥了15分钟的抢救工作,又返回浓烟滚滚的五角大楼,在国家军事指挥中心呆了一整天。㉓

后来证明,恐怖袭击及其后来的影响对拉姆斯菲尔德在布什政府里的命运和他的整个生涯,都是一个决定性的事件。他以前当过国防部长,但不是在军事行动时期。他过去参与的斗争一直是关于政策、情报和预算等抽象问题。他的对手一直是对立的美国官员,如亨利·基辛格。现在,面临着打一场真正的战争的紧急情况,这使拉姆斯菲尔德和他的五角大楼成了美国政府内部商议的牵头机构。更重要的是,拉姆斯菲尔德对公众也扮演了一个新的角色。此后几个月里,当美军在阿富汗对基地组织和塔利班采取军事行动的同时,拉姆斯菲尔德开始每周几次有时甚至是每天举行电视转播的新闻发布会。在这个过程中,他成了媒体明星。

美国的公众突然间在拉姆斯菲尔德身上发现了理查德·尼克松三十多年前就察觉到的东西:他的才干和敏捷,回答和回避问题时的机灵,他浑身洋溢的自信,他的深谙行话,以及对向他挑战的人的无情的反击。尼克松曾评论过这个似乎有无穷无尽的潜力、自负和野心勃勃的白宫职员——"他年轻,才39岁,他是个极好的发言人"。到了2001年,青春已经不再,当总统的野心似乎也已消退,但拉姆斯菲尔德当发言人的技巧仍旧与以前一样犀利。

媒体对拉姆斯菲尔德的报道主要集中在他的风格、个性和对新闻媒体的掌控上。不少文章把他的讲话模式和诸如"天哪"、"你打赌"等他在整个职业生涯中用来打断思路的老式表达方式编纂起来。《人物》杂志决定把他收入世界最性感的男人之列。总统给他起了个绰号叫"拉姆斯塔德"㉔。著名的"星期六夜间现场直播"的幽默表演,表现了拉姆斯菲尔德把记者吓得不敢再提问题的片段。

这些吹捧名人的描述往往忽略了拉姆斯菲尔德个人表现的外在大背景。国防部长不仅在对新闻界(这是相对容易的目标),更重要的是在对军事领导人表明他的主导地位。当拉姆斯菲尔德日复一日地站在五角大楼的讲台前时,空军上将理查德·迈尔斯通常站在他身后,很少说话,看起来就像被降到了无足轻重的长矛兵一样。这与切尼和科林·鲍威尔在入侵巴拿马和海湾战争时的记者招待会上所起的作用是一个令人震惊的逆转。那时,主要是担任参谋长联席会议主席的鲍威尔说话并占据讲台,而国防部长切尼则站在后边一声不吭。10年之后,拉姆斯菲尔德刻意不让穿军装的军队领导人产生像当年鲍威尔曾掌握的那样大的权力、注意力和独立权威。

在其他方面,拉姆斯菲尔德也让大家明白,他才是军队的负责人,不是泛泛地监督,而是管理日常的具体工作。阿富汗战争期间,他每天都与负责作战的中央

第十九章 历史从今天开始

司令部司令汤米·弗兰克斯将军通话。这也是国防部长作用的变化之一(相反,在整个科索沃战争期间,美军司令韦斯利·克拉克将军与拉姆斯菲尔德的前任威廉·科恩没有直接联系[25])。

美英军队从 2001 年 11 月 7 日起开始对阿富汗塔利班军队实施空中打击。被称为"持久自由行动"的作战行动在一连三个星期里似乎没有取得什么进展。到 10 月末,评论家们开始警告,这场作战行动正陷入泥潭。记者和专栏作家们开始将 80 年代的逸事和引语拿出来老调重弹,那个时候,尽管苏军拥有极大优势力量,却在阿富汗战争中陷入困境。其中更野心勃勃者重温了拉迪亚德·基普林,还把 19 世纪英国在阿富汗受挫的故事挖掘出来。据称,要想得到任何赢得战争的机会,美军得忍受漫长痛苦的冬天。公开露面时,拉姆斯菲尔德开始试图恳求公众要有耐心。他在一次星期日脱口秀节目里说:"我们说过这场战争会很长,我们说过会很困难。"[26]

实际上,军事上的胜利已为期不远。11 月 9 日,在美军战斗机高强度的轰炸下,塔利班军队放弃了马扎里沙里夫市,并迅速失去了对几乎整个阿富汗北部的控制。四天后,反塔利班的北方联盟军队在美国掩护下,开进了阿富汗首都喀布尔。塔利班撤往该运动的老根据地南部城市坎大哈。12 月 7 日,在密集的空中打击下,他们又被迫退出了该市。随着这次失败,塔利班在阿富汗的统治走向了终结。

但美国及其盟国未能完成布什最初预想的目标——"无论死活,要抓住本·拉登"。11 月末到 12 月初,基地组织有多达 1 500 名阿拉伯和车臣战士在阿富汗东部高山上,离巴基斯坦边境不远的托拉博拉地区的山洞群里隐藏下来。但美军作战飞机从空中猛烈轰炸,阿富汗部队进行了地面进攻,坚守的基地组织于 12 月 16 日放弃了托拉博拉。到那时,本·拉登已经脱身藏到附近的山里去了。[27]

拉姆斯菲尔德那天恰好在阿富汗,对喀布尔城外巴格拉姆空军基地的美军进行凯旋式的访问。他明确指出,战争并不会由于阿富汗作战的结束而终结。他对部队说:"你们的任务肯定尚未结束。""还有好多国家在恐怖主义名单上呢。"[28]

下一个是谁呢?布什班子从一开始就确定了,阿富汗仅代表这场全球战争的最初的焦点。总统告诉全国人民:"我们的反恐战争从基地组织开始,但并不在此结束。"鲍威尔经常运用这个套话:阿富汗代表着一场更大的战争的"第一阶段"[29]。秋末,随着基地组织逃离阿富汗,布什政府在长达数周的时间里都确定不了它的下一个目的和目标。

起初，布什政府似乎想在"持久自由行动"之后，接着对一个或多个像阿富汗那样作为基地组织大本营的国家进行类似的军事行动。美国国防和情报官员在 11 月有一段时间一度把索马里置于严密监视下，被认为是军事打击的前奏。也有关于美军进入苏丹、也门和菲律宾的传言。㉚

美军指挥官从海外向国内发回了对这些或那些国家采取军事行动的冗长、详细的建议。在华盛顿的政府机构里，国防与情报官员开始着手制订针对基地组织头目驻扎过的所有国家的一揽子攻击计划和应急计划。㉛

最终，这些建议的新冒险中看来没有一个重要到可作为反恐战争第二阶段主要目标的地步。它们没有一个拥有像塔利班那样有明显敌意的政权；索马里实际上就没有政府，而也门和菲律宾的领导人在不同意义上对美国是友善的。也没有一个政权像塔利班那样与基地组织有密切的联系。奥萨玛·本·拉登从 1996 年起被苏丹驱逐后就没有再在那里居住过。

还有其他一些问题。如果布什政府再打一些其他边缘国家，就很难维持公众对反恐战争"第二阶段"的注意力和支持。阿富汗战争之后，美国对索马里或苏丹的军事打击最好也会被看做是照搬阿富汗，闹不好，还会被看做是虎头蛇尾。如果美军能抓住本·拉登，情况可能会不同，但他刚刚溜掉一次，而且没有迹象表明他逃亡到了这些其他任何一个国家。拉姆斯菲尔德曾经告诫过："找几个人确实就像在干草堆里寻针一样。"㉜ "持久自由行动"一旦结束，美国对基地组织的斗争看来最适合静悄悄的秘密情报战，而不是一场新的公开的军事作战。

当然，仍然悬而未决的是伊拉克问题。沃尔福威茨和布什政府的其他人仍在推动在那里进行政权更迭。但沃尔福威茨本人在这段时间也在谈论把索马里那样的国家作为反恐战争的下一个目标。㉝ 在这个阶段，在 2001 年末和 2002 年 1 月，一直在进行的关于伊拉克问题辩论的双方主要在讨论能否把萨达姆·侯赛因政权与基地组织联系起来的问题。鹰派在继续寻找证明应该把伊拉克作为反恐战争目标的可能联系，但却找不到这种证据。阿米蒂奇 11 月下旬说："政府之外有好多人花了好多时间和精力，试图把伊拉克与基地组织联系在一起，但迄今还未能做到这一点。我的看法是，我们在大规模杀伤性武器上与伊拉克的问题已经够多的了，他们得为此付出代价，不过得按我们的时间和我们的步骤。"㉞

美国对恐怖主义的斗争似乎在阿富汗之后停住了脚步，在等待新的方向。布什政府在搜寻某种概念上的突破，某种对前景、目的和抱负更宽泛的表述。这些很快就要来临了。"火神派"正处在重新确定美国总体战略以及与世界交往方式的过程中。

第十九章 历史从今天开始

注 释

① 2001年12月11日对I.刘易斯·利比的采访；Winston Churchill, The *Gathering Storm* (Boston: Houghton Mifflin/Mariner Books, 1948), p.601。

② 关于对这天情况最详细的描述，见2001年9月16日全国广播公司蒂姆·拉瑟特在 Meet the Press 节目上对切尼的采访。

③ 有关布什在9月11日的讲话以及他后来好转起来的分析，见 The Right Man (New York: Random House, 2002), pp.124-151。

④ Eric Schmitt, "Out Front of Low Profile, Cheney Keeps Powerful Role," *New York Times*, October 7, 2001, section 1B, p.4.

⑤ 这个故事是根据对国务院两位官员的采访，并在2001年11月30日的采访中经阿米蒂奇确认。也可见根据国务院2001年9月19日每日情况介绍会的录音整理的记录。

⑥ 阿米蒂奇的单子还包括要求巴基斯坦关闭边界，不让所有基地组织人员和运给基地组织的武器出入，巴基斯坦要约束国内支持恐怖主义的表示，并切断对塔利班的燃料运输，一旦有证据证实基地组织与"9·11"有牵连，必须断绝与塔利班的外交关系。这些要求的单子由阿米蒂奇办公室提供。

⑦ 这些会见的情况是根据2001年11月30日对阿米蒂奇的采访，以及2002年3月18日对玛莉拉·洛迪大使的采访。

⑧ 2001年9月13日保罗·沃尔福威茨在国防部作情况介绍的录音整理稿；2001年9月14日，"Newshour with Jim Lehrer"节目上对保罗·沃尔福威茨的采访。

⑨ 沃尔福威茨2001年9月13日的国防部情况介绍；沃尔福威茨2001年9月14日在 *National Public Radio* 的访谈；沃尔福威茨2001年9月13日在 Fox News 节目与 Brit Hume 的访谈。

⑩ Jane Perlez, "Capital Hawks Seek Tougher Line on Iraq," *New York Times*, March 7, 2001, p.A10.

⑪ "9·11"后不久，有人说劫机小组的头子穆罕默德·阿塔曾于2001年4月在布拉格与一名伊拉克情报官员见面。该报道是根据捷克的情报。但是，中央情报局和捷克人后来调查了这篇报道，并得出没有证据支持该报道的结论。见 Walter Pincus, "No Link Between Hijachers, Iraq Found, U.S. Says," *Washington Post*, May 1, 2002, p.A9; Dana Priest, "U.S. Not Claiming Iraqi Link to Terror," *Washington Post*, September 10, 2002, p.A1。

⑫ 2003年6月18日对沃尔福威茨的采访。

⑬ 对政府高级官员的采访；另见 Patrick Tyler and Elaine Sciolino, "Bush's Advisers Split on Scope of Retaliation," *New York Times*, September 20, 2001, p.A5; Bob Woodward and Dan Balz, "At Camp David, Advise and Dissent," *Washington Post*, January 31, 2002, p.A1；科林·鲍威尔2001年9月17日在国防部的情况介绍录音整理稿。

⑭ 如见 Mark Mathews, "The Resurrection of Colin Powell," *Baltimore Sun*, October 8, 2001, p.2A; Richard A. Ryan, "Powell Resists Rumsfeld's Vision on Broader Battles," *Detroit News*, October 7, 2001, p.15A。

⑮ Cheney, *Meet the Press*, September 16, 2001.

⑯ Dick Polman, "Amid Crisis, Bush Has Abandoned His Unilateral Ways," *Philadelphia Inquirer*, September 14, 2001, p. A3; Joseph Kahn, "Awakening to Terror, and Asking the World for Help," *New York Times*, September 16, 2001, section 4, p. 12.

⑰ "Old Friends, Best Friends", *Economist*, Special Report (September 15, 2001); Jean Marie Colombani, "Nous sommes tous Americains," *Le Monde*, September 13, 2001; William Drozdiak, "Attack On U.S. Is Attack On All, NATO Agrees," *Washington Post*, September 13, 2001, p. A25.

⑱ See Robert Kagan, *Of Paradise and Power* (New York: Alfred A. Knopf, 2003).

⑲ "German Parliament Approves Possible U.S. Military Aid", *Deutsche Presse Agentur*, September 19, 2001; Norman Kempster, "Chirac Visit White House," *Los Angeles Times*, September 19, 2001, p. A18.

⑳ 2002年4月17日对法国驻华盛顿大使弗朗索瓦·比容·德勒埃斯唐的采访。

㉑ 对比容的采访。法国最终在阿富汗战争的前几个月提供了约2000人的部队，从事辅助性工作，如情报、侦察和加油。

㉒ Martin Walker, "Bush Avoiding France and Germany?" *United Press International*, June 20, 2001.

㉓ 2003年3月3日对克里斯·考克斯的采访；Don Van Atta and Lizette Alvarez, "A Hijacked Boeing 757 Slam into the Pentagon, Halting the Government," *New York Times*, September 12, 2001, p. A5。

㉔ "Donald Rumsfeld, Sexiest Cabinet Member", *People* (December 2, 2002), p. 92.

㉕ 见 Susan Baer, "Playing by His Own Rules", *Baltimore Sun*, December 9, 2001, p. 6E.

㉖ *CNN Late Edition*, October 28, 2001.

㉗ 关于本·拉登如何脱身的情况，见 Philip Smucker, "How ben Laden Got Away", *Christian Science Monitor*, March 4, 2002。

㉘ "Secretary Rumsfeld with U.S. Troops at Bagram", Defense Department transcript, December 16, 2001.

㉙ 2001年9月20日布什总统对国会两院联系会议的讲话；2001年9月23日科林·鲍威尔接受 *Meet the Press* 节目的采访录音整理稿。

㉚ 2001年11月对国务院两位高级官员的采访。

㉛ 2002年3月对一位美国高级情报官员的采访；Thomas Ricks, "Pacific Plan Seeks Clues to Al Qaeda Contacts," *Washington Post*, November 4, 2001。

㉜ 国防部录音整理稿，"Rumsfeld Media Availability with New York City Mayor Giuliani," November 14, 2001。

㉝ James Dao and Eric Schmitt, "U.S. Sees Battle in Lawless Areas After Afghan War", *New York Times*, January 8, 2002, p. A1.

㉞ 2001年11月30日对理查德·阿米蒂奇的采访。

RISE OF THE VULCANS
The History of Bush's War Cabinet

第二十章

新 战 略

第二十章 新战略

反恐战争初期,"火神派"的精力主要集中在他们提出的特定任务上:击败塔利班并把基地组织赶出阿富汗。到2002年初,执政差不多一年后,他们已经准备转到某种更广阔的东西上——不仅仅是另一个国家或另一个恐怖组织,而是一种全新的认识美国与世界关系的思维方法。他们准备在思想领域发起一场新的运动。结果,"第二阶段"将不是由军队和战斗机,而是通过演讲和战略文件进行。虽然"火神派"几十年来一直在冷战时期形成的思维框架内运作,但到了2002年,在苏联解体差不多10年之后,他们中有不少人似乎在渴望着挣脱这块思想的锚地。

冷战的基本社会精神气质是一种谨慎感和约束感。有些事情美国一直不愿意做,因为有与苏联(曾经一度是与中国)发生全面战争的风险。杜鲁门总统在朝鲜打的是有限战争,道格拉斯·麦克阿瑟将军想把战火烧到中国领土上时,被解除了职务。艾森豪威尔政府在支持匈牙利"自由战士"的事情上踌躇不前。肯尼迪、约翰逊、尼克松政府在越南打的也是有限战争。冷战的主要策略遏制和威慑,其本质是防御性的。

柏林墙倒塌以后,美国经过一段时间之后才领悟出这些变化的含义。1991年,乔治·H.W.布什总统笼统地提到世界新秩序,这是一种建立在美苏之间为了反对伊拉克而前所未有的临时合作基础上的想法。那时,老布什政府的成员不得不把他们的绝大部分时间花在应对世界发生的巨大变化上,包括苏联的解体和德国的统一,几乎无暇重新思考指导美国外交政策的根本原则。当沃尔福威茨及其助手们于1992年勾画出美国在其中是唯一超级大国的世界远景时,新思维框架的最初迹象便在五角大楼诞生了。然而,这些新奇的思想从未被正式接受,因为争议太大,白宫难以批准,同时也因为无论怎样,布什政府不到一年就必须离开白宫了。

接下来的10年里,美国继续扩充军事实力,到2002年,美国的军事实力不仅超过了任何一个国家,而且超过了任何可以想象的国家组合的共同实力。同时,对美国安全的潜在威胁的性质也在变化。看来,危险不再来自纳粹德国或苏联之

类的敌对的大国,而是来自所谓的非对称战争。一个"流氓国家"或恐怖集团不可能在战场上击败美军,但它可能会发射导弹或撞飞机,杀死成千上万的美国人。

20世纪70和80年代,"火神派"里许多人都曾建议美国应该加大力度与苏联对抗。拉姆斯菲尔德向缓和发出挑战。迪克·切尼在1976年共和党全国代表大会上带头接受了"外交政策的道德"纲领。沃尔福威茨质疑基辛格的现实政治信念及其均势外交。阿米蒂奇协助实施过里根主义,即在第三世界挑战苏联。然而在当时,这些人谁也没有挑战过"遏制"这个美国战略的核心。所有这些人都接受了冷战的框架以及它所强加的制约。

但到2002年初,"火神派"急于获得新思维。经过"9·11"的冲击后,他们倾向于在指导美国外交政策的根本原则上有更广泛、更持久的变化。他们相信美国已经进入一个新的时代,需要新的概念来指导。在"9·11"危机中,"火神派"从温斯顿·邱吉尔那里获得了灵感。在危机影响的冲击下,他们开始转向其他历史楷模,转向杜鲁门、乔治·凯南和迪安·艾奇逊这群创造出二战后帮助了美国对付苏联的新的外交政策和新想法的人们。

"火神派"对告别过去的渴望并非自"9·11"恐怖袭击开始。至少在一个政策领域里,布什政府是带着埋葬冷战遗产的特定意图入主白宫的。在推进导弹防御的决心上,新政府经常公开质疑主导了国家安全几十年的根本假定。

在当政后前几个月里周游欧洲时,沃尔福威茨反复声称,尼克松政府谈判达成的反弹道导弹协定已经不再有意义。他说:"2001年的世界与1972年的世界根本不同。"美国面临着导弹和大规模杀伤性武器扩散的新威胁。沃尔福威茨在柏林发问:"柏林墙倒塌12年了,我们为什么还抱着遏制这个冷战观念不放?"康多莉扎·赖斯在白宫自嘲道:"在我的大部分职业生涯中,我是个苏联问题专家,……我过去是个军控的大祭司,一名真正的信仰者。"①

"9·11"极大地加快了布什政府重新思考冷战关于国家安全的观念的意愿。这次恐怖袭击不但远没有像许多分析家在袭击过后最初预计的那样使布什政府返回到过去的多边主义方法上,而是创造了一种新氛围,使布什政府准备对二战后一直指导美国安全的基本原则重新进行思考。

"9·11"过去半年后,一位老资格的情报官员说,他认为乔治·W.布什政府的运作风格不同于前任政府。他说,外交政策班子看起来有一种急躁感,这是他在老布什政府或里根政府里从未看到过的。"每天我都感到惊讶,因为我三十多年来得到的教导一直告诉我,危机过后六个星期到两个月,事情都会回归正常。但这些人却始终如一。他们显然决心不循规蹈矩。他们拒绝回到正常的状态。"②

2001年12月,当布什总统宣布美国将退出《反弹道导弹协定》时,政府向放弃冷战规则和限制方面迈出了第一大步。他说,那个协定"是在一个不同的时代,针对一个不同的敌人制定的"。

废弃《反弹道导弹协定》代表着自里根政府开始并在90年代积累起势头的努力达到了顶峰。拉姆斯菲尔德发挥了核心作用。他不仅领导过1998年警告美国领土可能遭到导弹攻击的那个正式委员会,而且领导过布什竞选总统时规划导弹防御的秘密竞选班子。

鲍威尔自他担任里根的总统国家安全事务助理时起就一直支持导弹防御。然而在2001年,他寻求与莫斯科达成妥协,以便使美国在不退出《反弹道导弹协定》的情况下仍可继续推进导弹防御。结果,国务卿保留该协定的意图未能实现。布什和赖斯站到了拉姆斯菲尔德一边,选择了与过去决裂。③

尽管推进导弹防御本身很重要,但很快就有迹象表明,它仅代表了更广泛的战略变化的一个方面。2002年初,国防部向国会提交了一份名为"核态势的回顾"的秘密文件。其中,布什政府提出发展新的、更小型化,不仅可用于针对俄罗斯和中国等核大国,也能用于伊拉克、朝鲜、伊朗、叙利亚和利比亚的核武器。克林顿政府已在某种程度上奠定了基础,起草过包括一些用核武器打击"流氓国家"的应急计划在内的总统令。④ 布什政府则将此政策明确化。布什新战略的推动力,是使美国核武器的根本目的从防御和遏制观念转向作战目的。报告设想,地堡爆破核弹可用于敌人的化学和生物武器供应点。该文件说,美国的核武器也可以用来对"伊拉克攻击以色列或其他邻国,或朝鲜攻击韩国,或台湾的地位问题引起的军事对抗"等情况做出反应。华盛顿已不再担心与莫斯科之间发生会导致世界末日的全面核大战,而是在考虑美国核武器在第三世界的未来冲突中可能发挥的作用。⑤

"9月11日袭击我们的恐怖分子显然没有被美国庞大的核武库遏制住,"拉姆斯菲尔德在2002年1月的一次讲话中解释说。遏制,这个几十年来美国军事战略的核心因素,是个正在失宠的概念。"火神派"越来越倾向于强调军事进攻行动的战略。"防御恐怖主义和21世纪的其他威胁,需要我们把战争带到敌人那里去,"拉姆斯菲尔德说,"最好的防御,有时是唯一的防御,就是成功的进攻。"⑥

这些更大的概念变化的核心人物是康多莉扎·赖斯。布什的总统国家安全事务助理在影响上不及切尼、鲍威尔、拉姆斯菲尔德这些更老、更有经验的人物。但在某些意义上,她是非常重要的。迄今,她是所有最高级官员中与布什关系最近的。当国防部与国务院出现分歧,或拉姆斯菲尔德与切尼主张一套行动步骤,而鲍威尔主张另一套时,便由赖斯帮助总统做出决定。她在总统及其政治顾问和总统的外交政策班子之间的界面上运作。

在所有"火神派"中,赖斯是最能代表从老布什政府向小布什政府的深刻思想转换的人。赖斯过去可不仅仅是"军控大祭司"。她是作为亨利·基辛格和布伦特·斯考克罗夫特外交政策传统的继承人爬上高位的。在斯坦福大学和老布什政府期间,她自称是现实主义信条的支持者,即以国家利益和均势外交为基础的强硬外交政策。在2000年总统竞选期间和布什入主白宫初期,赖斯似乎在倡导那些相同的现实主义传统最新的、经过修改的版本。她主张,美国外交政策应该把注意力集中在最大、最强的国家上,尤其是中国和俄罗斯,应该避免陷在重建国家的事务当中。她写道,美国不应该把自己的军队当作"世界的911呼救台","……当其他国家也冒称拥有同样的权威时,这种对美国国家利益过于宽泛的定义,就一定会产生适得其反的结果"⑦。

不过,赖斯还是小心地避免疏远激烈反对基辛格式的现实主义的保守派。像乔治·W. 布什本人一样,赖斯试图避免卷入共和党保守派内的派系之争,这种争斗曾给老布什和更早的杰拉尔德·福特造成严重伤害。她确保小布什在竞选总统期间提倡"为理想服务的现实主义",这是一个试图弥合早已存在的共和党内分歧的口号。⑧

2001年中,在《旗帜周刊》的编辑严厉指责了新总统处理与中国在间谍飞机问题上的争议后不久,赖斯悄悄接近这家杂志代表的新保守主义运动。她对新保守主义的领导人威廉·克里斯托尔说,什么时候到我的办公室来坐坐,咱们谈谈,别只看报纸上引用对方的话。当克里斯托尔到白宫聊天时,赖斯告诉他,在一次到访波兰时,她自己被民主在那里的重要性和力量深深打动。她对克里斯托尔说,她已经不那么相信现实主义政治了。⑨

是赖斯,而不是其他任何人把"火神派"在"9·11"后的使命看做可与二战后那代人相比的历史使命。美国不仅是与恐怖主义做斗争,而且是在建设一种全新的秩序。"自苏联的权力崩溃以来,国际体系一直处于不断变化当中,"她在一次讲话中说,"现在,这种过渡正在结束,这不仅是可能的,并且的确是会发生的……

第二十章 新战略

这是一个与1945年到1947年相似的时期,那时,美国的领导扩大了自由和民主国家的数量——大国中有日本和德国——来创造一种有利于自由的力量平衡。"⑩

当鲍威尔的高级助手、国务院政策规划司司长理查德·哈斯为布什政府起草对美国国家安全战略的回顾时,赖斯指令这份文件要全部重写。她认为布什政府需要某种更大胆的东西,一种能够代表对以往的思想有更大突破的东西。赖斯把起草工作交给了她的老同事、弗吉尼亚大学教授菲利普·泽利科。后者曾与她在老布什政府一同工作过,并与她合著过一本关于德国统一的书。⑪

2001年11月,在阿富汗战争最后阶段,布什政府的公开言论中出现一种奇特的、微妙的变化。最高级官员越来越多地强调基地组织可能获得大规模杀伤性武器的危险。拉姆斯菲尔德在一次电视访谈中说,"有理由假定"奥萨玛·本·拉登有办法弄到化学和生物武器。布什在对联合国大会的讲话中警告,恐怖分子正在"寻找大规模杀伤性武器,寻找能把他们的仇恨变为大屠杀的手段"⑫。

表面上,布什政府只是为反恐战争再多提供一条理由,而且似乎是一条多余的理由。基地组织刚刚在对世界贸易中心和五角大楼的攻击中杀死了3 000名美国人。还需要什么更多的理由吗?实际上,虽然当时很少有人认识到,布什政府新近开始强调大规模杀伤性武器,其实是一场范围广阔得多的作战行动最早的迹象,这场作战行动在阿富汗战争、"持久自由行动",甚至基地组织在报纸头条消息中消失后很久,还将主导布什政府的政策。

当时,巴基斯坦政府刚刚逮捕了三位为该国核武器项目工作的科学家,询问他们对阿富汗的访问及其与塔利班的联系。⑬在美国国内,带有炭疽孢子的信件被邮寄,造成了五人死亡,二十多人受到感染。最终,都没能把这两个事件与基地组织挂上钩。但恐怖袭击促使布什政府去研究"假如发生会怎样"的想定:如果恐怖分子在"9·11"事件中使用的是核武器,或化学、生物武器,会怎么样呢?如果死的不是3 000人,而是30万人,会怎么样呢?

起初,焦点集中在可能获得大规模杀伤性武器的恐怖分子身上。但当然了,这些武器总得从什么地方得到。不久,布什政府就开始把注意力转向可能的提供者了。

2002年1月29日,布什在调整反恐战争方向上采取了第二个重要步骤。在

国情咨文讲话中,布什宣布,政府正在寻求与"邪恶轴心"做斗争,这番话震惊了全国和全世界。"邪恶轴心"是指寻求发展大规模杀伤性武器,并可能向恐怖分子提供这些武器的一些国家。他特别点名朝鲜、伊朗和伊拉克是这个"轴心"的成员。

就这样,在不到 5 个月的时间里,布什政府已逐步把反恐战争的重点从(a)对"9·11"袭击的罪犯实施报复,转为(b)阻止恐怖分子获得大规模杀伤性武器,又转到(c)防止国家向恐怖分子提供这些武器。确实,布什的讲话暗示,国家与恐怖主义之间不一定非得有联系;最重要的是(d)"邪恶轴心"国家和它们的武器计划。"通过寻求大规模杀伤性武器,这些政权构成了严重的、日益增大的危险,"总统说。[14]

布什当时的发言撰稿人之一戴维·弗鲁姆后来声称,"邪恶轴心"讲话最初的目的是特别针对伊拉克的。他写道,布什的主撰稿人马克·格尔森最初要弗鲁姆去找对伊开战的理由;后来又加上了伊朗,最后像是事后随便想到的一样又加上了朝鲜。[15] 弗鲁姆的观点既反映了他作为发言撰稿人的经验,也反映了布什政府内新保守主义者的思想,他们渴望实现伊拉克政权的更迭[16]。

弗鲁姆本人没有参与"火神派"的外交政策考虑,他的分析也没有注意到那篇有关"邪恶轴心"的讲话中其他更广泛的方面。伊拉克、伊朗和朝鲜并不是完全偶然地,或仅仅为了布什的国情咨文讲话而被放到一起的。拉姆斯菲尔德1998 年的导弹威胁委员会也正是把这三个国家作为特别担心的国家提了出来。克林顿政府也把伊拉克、伊朗和朝鲜单独拿出来[17],不是作为"邪恶"或"轴心",而是由于这三个快速发展核武器和导弹的国家似乎违反了《核不扩散条约》,而且被认为对美国的利益怀有敌意。[18]

这样,对布什政府而言,"邪恶轴心"讲话可以为多方面的目的服务。它突出了"火神派"对恐怖集团获得核武器、化学武器和生物武器的高度关注。它使布什政府得以把注意力从朦胧的、往往让人灰心丧气的捕捉没有固定地址的恐怖分子(本·拉登在哪儿呢?)的任务上,转到更熟悉的与常规国家,如伊拉克、朝鲜和伊朗打交道的领域上来。它也把阿富汗之后需要新方向的新的反恐战争,与长期以来美国阻止大规模杀伤性武器扩散的既定政策联系在一起。

最后,对布什政府里的那些人,如在"9·11"之前很久就极力主张推翻萨达姆·侯赛因的沃尔福威茨而言,布什的"邪恶轴心"讲话也提供了一种新的、更广阔的概念框架,可以在框架下追求伊拉克政权更迭的目标。在这方面,"邪恶轴心"讲话对最终对伊开战具有深刻的含义。此后的14个月里,随着布什政府走向对伊拉克的军事行动,官员们反复强调萨达姆·侯赛因正在发展大规模杀伤性武器的问题;这一点,超过伊拉克领导人的残暴或对该地区的危险,成为开战的首要理由。战争结束后的几个月里,无法找到伊拉克的大规模杀伤性武器,针对布什政府先前的说法,人们接连不断地提出了质疑。

国情咨文讲话使布什政府有了一个新的方向。不再强调抓捕恐怖分子了,至少是不再公开强调了;而阻止"流氓国家"发展大规模杀伤性武器,成了布什政府的头号重点。布什的讲话导致美国外交政策急剧变化。国务院与朝鲜和伊朗断断续续的外交被暂时冻结。美国人民不可能支持对被打上"邪恶"标记的政权进行任何广泛的妥协;反过来,被打上"邪恶"标记的朝鲜和伊朗领导人也愈发不可能与美国谈判。因此,"火神派"再一次回到他们70年代反对同苏联"缓和"和80年代把苏联称为"邪恶帝国"时走过的老路上:对不道德的政权避免妥协或迁就,依赖美国的军事实力。

布什的国情咨文讲话后,一种关于"邪恶轴心"的说法仅仅是空话或是撰稿人最后一分钟想出的措辞的说法开始流传。《纽约时报》报道说,"例如,国务院一些高级官员发现布什先生将把那3个国家称作'邪恶轴心'"的时间,并不比其他美国人要早。[19] 对某些国务院官员来说,可能真是这样,但实际上,鲍威尔和阿米蒂奇这两位国务院最高官员仔细审核过布什的讲话,包括"邪恶轴心"的措辞,并签了字。阿米蒂奇那年晚些时候接受采访时承认,"那份讲话在这里全文通过"。"国务卿(鲍威尔)和我反复读过,做了不少修改。那个讲话没有通过整个机构,但多次经过了我们的手。我们从来没有想过要修改'邪恶轴心'的措辞。那个措辞从来没让我们觉得有什么反常。"鲍威尔和阿米蒂奇以前听过类似的措辞;里根给苏联打上"邪恶帝国"的标记时,两人都正在政府里工作。[20]

布什的讲话让许多外国政府大吃一惊。这些国家包括美国在欧洲的盟国,其中许多与伊朗有关;也包括在亚洲的盟国,其中韩国和日本正在琢磨怎么对付朝鲜。布什政府没有提前通知盟国反恐战争方向的这一重大转变。

沃尔福威茨坚持说布什政府并没有贬低盟国的重要性。在被问到布什政府是否就国情咨文征求过他们的意见时,他回答说这个讲话本身就代表了征求意见过程的开始。"他们可以读嘛,"他说,"……我认为国情咨文讲话是个邀请,邀请

各式各样的人去磋商,去讨论,去辩论,我希望他们能够给予支持。"他坚持美国只是在显示其领导作用,并告诉盟国美国想干什么,然后征求盟国的意见。作为比较,沃尔福威茨指出,在伊拉克1990年入侵科威特后,老布什政府到沙特阿拉伯去,不是问美国应该做什么,而是明确地说出美国计划并打算把萨达姆·侯赛因的军队赶回伊拉克去[21]。

然而,沃尔福威茨的解释掩饰了一个重要的变化:在冷战中,与盟国"磋商"并不意味着做一番划时代的公开讲话,然后再问其他政府怎么看[22];相反,它意味着在做这样的讲话之前进行私下的交谈和征求意见。与1990年对沙特阿拉伯的外交相比较,就可以明显看出这个重要的差别:切尼和沃尔福威茨曾私下而不是公开地征求过沙特官员的意见。在电视黄金时间播出的"邪恶轴心"讲话,代表了与盟国的一种不同的"咨询"形式。这似乎是一种不必要的蔑视。

引起美国盟国如此反应,还有另外一个问题,除巴基斯坦外,国情咨文讲话中单独挑出来赞扬了俄罗斯、中国和印度这几个国家;这体现了赖斯关于大国的重要性的信念。布什的讲话只字未提韩国和日本,总统也没有感谢(或者提及)"9·11"后史无前例地通过决议支持美国的北约;也没有感谢二战后首次出兵到海外作战的德国;甚至没有提到其军队和飞机在阿富汗与美军并肩战斗的英国。其实,在布什的讲话中给这些海外伙伴表表功只不过是政府说几句话的问题。

正像后来的结果证实的那样,"邪恶轴心"讲话代表了美国与欧洲关系的分水岭。大西洋两岸间的紧张经过整个90年代逐步加温,在布什上台头一年里到了将沸未沸的状态,现在真正开锅了。法国外交部长于贝尔·韦德里纳称这份国情咨文讲话"过于简单化"。德国外交部长约施卡·菲舍尔则警告"盟国是合作伙伴不是卫星国"。在欧盟工作的英国保守党领袖彭定康提醒华盛顿回忆温斯顿·邱吉尔说过的话:"与盟国一起工作时,他们有时会产生自己的想法。"彭定康肯定意识到,这是对布什政府中邱吉尔崇拜者的讥讽。

布什政府内外的美国人对欧洲人同样刻薄,认为他们对大规模杀伤性武器的危险视而不见,而且由于长期不愿在国防上花钱使自己处于边缘地位。新保守主义专栏作家查尔斯·克劳特哈默把欧洲称作"'耍性子的轴心',公开抱怨是美国固有的风格。真正的问题是他们自己无关紧要"。鲍威尔在布什政府带头对法国的批评不屑一顾,说韦德里纳"只是空谈"。一年后将在联合国上演的那场戏的舞台已经搭好了[23]。

第二十章 新战略

2002年1月3日,在距以色列海岸外约300英里的地方,以色列海军特种部队登上了一艘名叫"卡伦A"的船。在船上,他们缴获了50吨军火,包括喀秋莎火箭弹、迫击炮弹、炸药和弹药。以色列官员声称,阿拉法特的巴勒斯坦当局买下了这艘船,在伊朗搞到了武器,现在正要把这船武器偷运进加沙地带,可能准备在对以色列的起义中所用。美国官员事后说,他们的情报证实了以色列的说法。鲍威尔说:"巴勒斯坦当局的领导人一定知道这件事,船上有巴勒斯坦当局的人,这是支正在冒烟的大枪。"曾一再向美国保证要采取措施制止暴力的巴勒斯坦当局这回被抓了个现行,而且正是在布什政府考虑其未来政策的时候。[24]

其后6个月,布什政府采取了协调行动,缓和沙龙的以色列政府和阿拉法特的巴勒斯坦当局之间的冲突。切尼副总统和鲍威尔作为布什政府里观点对立的两派的头号发言人,都在这个地区做了广泛旅行。最后,切尼的观点占了上风。

所有的"火神派"成员都是从同一个广泛的基本前提出发:以色列和巴勒斯坦之争,是与中东和波斯湾地区更广泛的政治分不开的。但是布什政府内的两派在这种联系的实质以及采取什么措施的问题上存在分歧。

对包括切尼、拉姆斯菲尔德和沃尔福威茨在内的鹰派而言,最重要的因素是阿拉法特的巴勒斯坦领导层与伊拉克的萨达姆·侯赛因之间利益的潜在汇合。他们认为,这二者在互相加强:巴勒斯坦反对以色列的起义分散了美国对付伊拉克的精力;相应地,萨达姆·侯赛因在伊拉克继续当政,对巴勒斯坦反对以色列的起义提供了支持。鹰派指出,请记住,阿拉法特在最孤立的时候最愿意妥协,就像萨达姆·侯赛因在1991年战败时那样。[25] 对鹰派来说,近期的要务是结束巴勒斯坦起义,而取得长期进展的办法则是找到使巴勒斯坦领导人更愿意和解的途径。

包括鲍威尔、阿米蒂奇和国务院其他人在内的反对派,对巴以关系和更大范围的中东战略有不同的看法。从他们的观点来看,在解决巴以冲突取得进展之前,布什政府不可能对萨达姆·侯赛因采取行动。按照这种逻辑,是美国对沙龙的支持在整个中东激起了愤怒;因此,美国要赢得阿拉伯政府支持对伊拉克采取行动,布什政府首先得处理巴以争端。对于这群官员来说,近期的要务是让沙龙政府缓和对巴勒斯坦人的镇压,而长期解决办法的关键,是劝说以色列在和平解决条件上让步。

3月初,切尼开始了在中东的十天旅程。这次旅行让人回忆起他1990年在萨达姆·侯赛因入侵科威特后对沙特阿拉伯和其他阿拉伯首都的开创性访问。

12年后,切尼再次在中东为美国对伊拉克的另一场军事行动寻求支持。

然而几乎在每一站,伊拉克都被当作二等重要的事务对待。阿拉伯领导人告诉副总统,美国需要采取更多的行动来推进解决以色列和巴勒斯坦问题。特别是,切尼被敦促去说服以色列让阿拉法特离开西岸以便能参加在贝鲁特举行的阿拉伯领导人会议。

入主白宫后,无论布什还是切尼都没有见过阿拉法特。他们认为,90年代后期,克林顿总统在与这位巴勒斯坦领导人打交道的问题上,个人卷入得太深了,而这个人证明不可靠。切尼原先没打算在中东会见阿拉法特。但在他的旅程快要结束时,切尼突然在以色列宣布,如果这位巴勒斯坦领导人能采取行动制止巴勒斯坦的暴力活动并与以色列实现停火,他就希望在一周内见到阿拉法特。切尼会见沙龙后,以色列这位领导人说,他会允许阿拉法特离开西岸去参加阿拉伯领导人会议。布什政府似乎即将开始一场协调好的外交行动,鞭策沙龙和阿拉法特走向和平。㉖

和以往在中东一样,其他事件插了进来。以色列在那个月里已经发生过几起自杀性爆炸。3月27日,伤亡最惨重的一次自杀性爆炸发生了:29个以色列人在内坦亚一家旅馆坐下准备吃逾越节晚宴时被自杀性炸弹炸死。以色列的反应是对西岸发动所谓的"防盾行动"的武装进攻。在坦克和直升机支援下,以色列部队占领了拉马拉,包围了阿拉法特的总部,把阿拉法特及其助手禁闭在几个房间里。

即使在此之前,切尼的倡议遇到麻烦的迹象也已经很明显了。沙龙已经停止允许阿拉法特去贝鲁特开会,因为他没采取足够的措施制止恐怖活动,而这位巴勒斯坦领导人也不肯离开西岸,因为他害怕以色列会不让他回来。在内坦亚爆炸及随后的以色列进攻之后,所有的事情又都停顿下来。切尼返回了华盛顿并一直待在那里,他与阿拉法特没有见成面。一年后,切尼的一位助手回想到,副总统2002年3月的旅行是阿拉法特最后一次机会,而那位巴勒斯坦领导人没有能抓住它。㉗

4月初,布什对持续的暴力活动做出反应,他派鲍威尔到中东去再一次推动和平。总统要求阿拉法特采取措施制止恐怖活动。他呼吁以色列停止建设居民点,把军队撤出被占领土,开放边界检查点,让巴勒斯坦人回来工作。这是通常的做法,目的是寻求双方都做出让步。

第二十章 | 新战略

鲍威尔已经有近一年没去中东了。与布什政府其他高官一样,在以色列和巴勒斯坦领导人看来还没准备好之前,他不想被费时耗力的中东调解事务缠住。国务卿的4月之旅加深了悲观情绪。阿拉伯各国政府呼吁以色列停止围困阿拉法特的总部,并撤回派到西岸的军队。布什本人实际上呼吁以色列马上行动,不要再"拖延"。而沙龙并不想从命,鲍威尔与沙龙谈过后,也没有能得到任何撤军时间表。在华盛顿,拉姆斯菲尔德、沃尔福威茨及五角大楼的其他领导人抵制关于布什政府应当对沙龙采取强硬立场的意见。他们坚持,以色列的军事行动是合法反恐斗争的一部分。鲍威尔也会见了仍然在拉马拉被以色列军队禁锢和围困着的阿拉法特。但鲍威尔事后说,他对巴勒斯坦领导人没有采取更多措施来制止反对以色列的恐怖活动感到失望。鲍威尔说:"世界正在期待他做出战略选择,带领他的人民走上和平的道路。"㉘

到这个时候,中东的混乱已经在美国国内引起了某种将会产生长期政治反响的激动情绪。以色列的支持者开始在华盛顿组织示威。布什政府不得不决定派谁代表政府参加集会。它不能派内阁成员那么高级别的官员去。这个问题很敏感。布什的政治顾问卡尔·罗夫在这个讨论中起了关键作用。

选择最后缩小到三位"火神派"成员身上:赖斯、阿米蒂奇或沃尔福威茨。但若派阿米蒂奇这位国务院官员去,而鲍威尔正在中东从事外交使命,可能会显得官方在某种程度上支持亲以色列的示威。于是就剩下赖斯和沃尔福威茨。决策是可以预计的:沃尔福威茨,这个身居布什外交政策班子高层的犹太人。罗夫给沃尔福威茨打电话,告诉了他这个消息。

沃尔福威茨并不乐于干这个差事。他反驳说派赖斯去更合适。为什么不派康迪去呢?运气不好。他被告之,实际上当做出派他去的这个决定时,赖斯就在那个房间里。这对这两位"火神派"知识分子作用的差别,是个很能说明问题的提示:赖斯与沃尔福威茨相比更是圈内的人,她更靠近政治权力中心。㉙

在集会上,沃尔福威茨发表讲话,坚决支持以色列,但也对巴勒斯坦说了几句同情话。"无辜的巴勒斯坦人也在受苦,在大量死亡,"他对听众说,"关键是我们要认清和承认这个事实。"人们对这些话报以嘘声,并高呼"打倒阿拉法特"的口号。㉚

沃尔福威茨被搞懵了。他并没有期待他关于巴勒斯坦的话会受到听众的欢迎,但他原先揣摩这些话可能遇到的是一片死寂,没想到会是这种倾泻而来的敌

意㉛。这是个尴尬的时刻。布什政府的头号理论家激起了街头示威者的愤怒。

鲍威尔回到华盛顿后,自杀性爆炸和以色列的军事攻势都仍在继续。5月,国务卿提出了由美国主办一次中东问题国际和平会议的主意,沙龙的政府和阿拉法特的巴勒斯坦当局都参加。布什政府官员开始起草讲话稿,总统在讲话中会公布美国关于这个会议的建议。

然而到这个时候,布什政府高层意见的气候已经开始变化。阿拉法特在挫败了克林顿的调解努力后,没有做任何能让布什的班子对与他谈判的前景报有希望的事情。在五角大楼,拉姆斯菲尔德、沃尔福威茨及其他人坚持反对回到过去已经失败过的那种外交道路上去。同时,沙龙也在敦促布什政府停止与阿拉法特打交道。5月在以色列发生了四起自杀性爆炸,6月又有两起。

布什的中东讲话经过至少28次修改。修改过程接近尾声时,在2002年6月29日,又一次爆炸炸死了7个以色列人;一个叫阿克萨烈士旅的组织声称对此负责。次日,以色列武官给国家安全委员会送来情报,阿拉法特批准给阿克萨烈士旅2万美元。布什政府要将其中东政策带到它已经在走的方向,要的就是这个情报。㉜

6月24日,布什终于在白宫玫瑰园就中东问题做了人们期待已久的讲话。他并没有如鲍威尔所建议的那样呼吁召开国际和平会议,而是要求巴勒斯坦人选举"不向恐怖主义妥协的"新的领导人。布什保证,当巴勒斯坦有了民主的新领导人后,美国将支持建立巴勒斯坦国。

这篇讲话在许多方面都是个里程碑。美国第一次明确地抛弃了阿拉法特,宣布美国只有在巴勒斯坦不在阿拉法特领导下时才会支持巴勒斯坦国。此前几个月,鲍威尔反复说美国准备与阿拉法特合作;现在,鲍威尔的外交被搁置在一边。布什政府也摒弃了过去寻求让以色列和巴勒斯坦人双方同时妥协的做法。按布什的新政策,在要求以色列采取新的和平步骤前,巴勒斯坦首先得更换领导人。

布什的讲话对中东的其他国家也很重要。总统公开呼吁巴勒斯坦人建立"起作用的民主"制度。布什抱怨现行的巴勒斯坦宪法没有权力。任何巴勒斯坦国必须有一部"新宪法",一个拥有真正权力的立法和"真正独立的司法体系"㉝。这是布什第一次把沃尔福威茨等官员80年代后期在东亚开始信奉的原则和民主理想应用于中东。该地区的大多数政府,包括美国在沙特阿拉伯和埃及的长期伙伴,都达不到布什为巴勒斯坦设立的民主标准。

"火神派"再一次选择了有长远影响的办法。开始作为召开另一次中东和平会议的建议,导致了对长期政策的另一次戏剧性突破。"9·11"后的几个月里,布什政府抛弃了《反弹道导弹协定》,摒弃了冷战的威慑战略,重写了美国的核武器原则,并把反恐战争转变为一场反对大规模杀伤性武器的斗争。现在,它正在重新塑造美国对以色列和巴勒斯坦的政策。更多的还在后面。

布什政府自2002年初以来就开始暗示,军事战略可能发生根本性改变。在国情咨文的一个段落中,布什声称:"当危险迫近时,我不会袖手旁观。"他说,美国不会允许"世界上最危险的政权用世界上最具毁灭性的武器来威胁我们"。赖斯在春天就开始在公开场合含糊地提到泽利科在为布什政府起草的文件。这份文件将展示出美国全新的国家安全战略[34]。

6月,布什披露了这一新战略的核心内容。总统在西点军校毕业典礼上讲话。整整一年前,沃尔福威茨在同一地点深思冥想过突然袭击的前景。在那里,布什首次警告美国人应该准备用"先发制人的行动"保卫国家安全。总统说:"我们必须把战斗带到敌人那里去,打乱他们的计划,在最严重的威胁出现前就面对它。"[35]

这次讲话,在上一次关于需要进攻而不是防守的讲话的基础上向前迈出了重要一步。"先发制人"意味着如果美国认为自己将要受到攻击,或者,按照布什的公式,如果它觉得受到了威胁,就会发动战争。美国将不再依赖遏制和威慑战略来防止战争的发生。美国正在摒弃或至少是在重新定义美国帮助写入《联合国宪章》的原则,即一个国家只有为自卫才能发动战争。

诚然,美国虽未明说过,但一直暗中为自己保留着采取先发制人行动的权利。美国官员从未排除过如果发现苏联在准备发动对美国的战争,首先打击苏联的可能性。肯尼迪政府在古巴导弹危机期间进行了可看做先发制人行动的海军封锁。但那一行动并未发展为战争,而且美国官员多年来一直谴责先发制人的普遍原则。当以色列对奥西拉克的处于萌芽状态的伊拉克核设施发动了先发制人攻击后,美国进行了谴责。谁能判断什么样的威胁使美国有理由首先出击?如果美国声称有权发动先发制人的打击,怎么能让其他国家不效法美国呢?例如,若印度决定先发制人打击巴基斯坦,美国的官员们会说什么呢?[36]

这些问题的答案似乎是美国把自己,这个世界上独一无二的大国,当成了国际稳定的首席法官和执法人。布什的西点军校讲话中的另一个段落,与提出要采

取先发制人行动的段落同样重要,在那段里,总统接受了沃尔福威茨的五角大楼工作人员10年前提出的设想:世界将由美国这个超级大国主导,美国在军事上极为强大,任何其他国家都无法与之相比,而且也不值得开始这种尝试。"强国之间的竞争是无法避免的,但在我们这个世界,武装冲突不是可以避免的,"布什说,"……美国已经并打算保持无法挑战的军事实力,从而使其他时代里破坏稳定的军备竞赛毫无意义。"㊲

西点军校的讲话只是一场预演。三个月之后,布什政府发表了它全新的国家安全战略,一份31页长的文件,以书面形式展示了它对美国与世界关系的看法。

1986年的《戈德华特—尼科尔斯法》,要求每一届美国政府大约每年要发布一份国家安全战略的审议报告。在以前的各届政府,这些文件相对来说一直都是些镇痛剂。但2002年9月公布的这项战略,是乔治·W.布什发布的第一份,也是"9·11"恐怖袭击后的第一份。㊳

该文件把"火神派"新视野的三个关键因素糅合到了一起。首先是提倡先发制人。文件写道:"如果必要,我们会毫不犹豫地单独采取先发制人的行动打击恐怖主义,来行使我们自卫的权利。"其次,文件采纳了美国超级大国地位不可挑战的主张:"我们的军队将强大到足以阻止潜在对手不要寄希望于超过或赶上美国的实力而进行军事集结。"第三,在与世界打交道的过程中,超级大国美国将寻求在海外推行这个国家的民主理想。伍德罗·威尔逊的理想将得到复兴,但这一次将与美国前所未有的军事实力紧密联系在一起。国家安全战略强调:"国家的成功只有一种可持续的模式:自由、民主和自由企业。"美国"必须坚决支持"法制、限制国家权力、言论自由、信仰自由、司法平等、尊重妇女、宗教和种族宽容,以及尊重私有财产。㊴

这个文件简单提到了与过去的延续性。它提到与包括俄罗斯、印度和中国在内的其他主要大国合作的重要性。它包括了赖斯最喜欢说的一句话:美国将寻求"有利于人类自由的力量均势",这个口号代表着把赖斯从斯考克罗夫特等导师那里学到的现实主义(力量均势)和新保守主义者的理想("人类自由")相结合的又一次努力。但是,这些有关合作和均势的提法,与一个向全世界推广民主的不可挑战的美国超级霸权的想法之间,似乎存在潜在的冲突。

总之,国家安全战略涉及的范围令人吃惊。确实,即使一些批评布什政府的人也承认,基地组织的崛起使得有必要调整冷战时期的旧学说,因为那些学说假定对美国安全的威胁将来自占有确定领土的现存国家。一位批评者承认,"要对大规模恐怖主义做出反应,确实需要引申一下国际法,来适应主权国家合理的安全需要"⑩。布什政府再一次选择了不是仅仅对过去修修补补,而是推动更大胆、更根本的变化。

简言之,从2002年1月到9月,在不到9个月的时间里,"火神派"制定了一整套新的思想和原则。他们有意识地选择创造一种新的美国外交政策概念,正如杜鲁门政府在冷战开始时建立起一套新的思想框架和机构一样。

到这个时期结束时,"火神派"已经开始谈论他们都参加过的冷战,就像他们记不起来一样。在新的国家安全战略中一个有趣的具有讽刺意味的段落里,布什政府用几乎是怀念的口吻提起了苏联,说苏联的威胁比基地组织小,并且更容易预测。文件说,"在冷战中,特别是古巴导弹危机之后,我们总的来说面对着的是一个维持现状、不愿冒险的对手"⑪。这当然是与"火神派"70年代对苏联持有的极其不同的看法,当时,拉姆斯菲尔德反对缓和,沃尔福威茨参与了B组对关于苏联意图的情报的检讨。在以前那个时期,两人都不相信苏联不愿冒险或愿意保持现状。

就这样,在苏联崩溃10年后,美国政治光谱的两端对冷战的性质似乎都患上了健忘症。在自由派中,90年代的一个说法是,在冷战期间,美国人有一个共同的目的,但自那时以来,美国的外交政策便一直随波逐流。比尔·布拉德利在开始其2000年竞选时说:"二战结束50年来,直到1989年柏林墙倒塌,我们一直对一件事有把握,即我们知道我们的外交立场是什么。"⑫这种陈词滥调忘记了冷战时激烈的外交政策辩论;所谓团结一致对付苏联和共产主义只是事后才被发现的。相反,"火神派"及其政治右翼的盟友在倒回去看那段历史时,创造着一个比他们猛烈抨击了几十年的那个更为仁慈的苏联。

新的国家安全战略在很大程度上是赖斯的国家安全委员会的倡议。奇怪的是,五角大楼和切尼副总统办公室的鹰派们并没有密切参与,虽然该文件包括了他们的许多重要思想。他们把细节和起草的事交给了赖斯和泽利科,以及赖斯的副手斯蒂文·哈德利。

鹰派正全神贯注于某些更具体的东西;他们相信伊拉克政权更迭比所有的事都更重要。他们认为,要对伊拉克采取行动,美国并不需要一项新的国家安全战

略,甚至不需要一项新的先发制人战争的学说。美国仅仅需要执行现有的而萨达姆·侯赛因却没有遵守的联合国关于伊拉克的决议。㊸

然而,既然新的战略已经制定,"火神派"也准备将其付诸实践。他们准备向世界展示,布什政府先发制人的新学说将如何发挥作用。有发展大规模杀伤性武器的历史,对美国的实力和利益已经证实怀有敌意,并有违反民主理想的长期残酷镇压记录,这样的政权将成为明显的选择对象。收拾伊拉克的时候到了。

注 释

① Defense Department transcript, "Press Availability with Deputy Secretary Wolfowitz", May 10, 2001; 2001年7月13日康多莉扎·赖斯在国家新闻俱乐部新闻人物午餐会上的讲话。
② 对一位高级情报官员采访。
③ Davis Sanger and Elizabeth Bumiller, "U.S. to Pull Out of ABM Treaty, Clearing Path for Antimissile Tests," *New York Times*, December 12, 2001, p. A1.
④ Walter Pincus, "'Rogue' Nations Policy Builds on Clinton's Lead," *Washington Post*, March 12, 2002, p. A4.
⑤ William H. Arkin, "Secret Plan Outlines the Unthinkable," *Los Angeles Times*, March 10, 2002, p. M1; Michael R. Gordon, "U.S. Nuclear Plan Sees New Targets and New Weapons," *New York Times*, March 10, 2002, p. A1; Michael A. Gordon, "Nuclear Arms: For Deterrence or Fighting?" *New York Times*, March 11, 2002, p. A1.
⑥ Defense Department transcript, "Secretary Rumsfeld Speaks on 21st Century Transformation of the U.S. Armed Forces," address to National Defense University, January 31, 2002.
⑦ Condoleezza Rice, "Promoting the National Interest", *Foreign Affairs*, vol. 79, no. 1 (January—February 2000), pp. 45-62.
⑧ 乔治·W.布什州长在罗纳德·里根图书馆的讲话,"A Distinctly American Internationalism",1999年11月19日。
⑨ 2001年12月7日对威廉·克里斯托尔的采访。
⑩ White House transcript, "Remarks by National Security Adviser Condoleezza Rice on Terrorism and Foreign Policy", speech to Paul H. Nitze School of Advanced International Studies, Johns Hopkins University, April 29, 2002.
⑪ 2003年5月29日对菲利普·泽利科的采访。
⑫ 乔治·W.布什总统2001年11月10日对联合国大会的讲话;CBS news transcript, "Defense Secretary Donald Rumsfeld Discusses the War on Terrorism," *Face the Nation*, November 11, 2001。
⑬ John Burns, "Pakistan Releases 3 Scientists Questioned on Ties to Taliban," *New York Times*, No-

vember 3,2001,p. B5.

⑭ 乔治·W. 布什,国情咨文讲话,2002 年 1 月 29 日。

⑮ "轴心"(axis)这个词最初是因贝尼托·墨索里尼而流行起来的,他在 1936 年的一次讲话中用这个词描述意大利刚与德国签订的新协议。Kenneth Janda and Stafano Mula,"Dubya, Meet Il Duce," *Chicago Tribune*, April 21, 2002, perspective section, p. 1。布什并未声称这三个国家像第二次世界大战时德国、日本、意大利轴心那样彼此密切合作。

⑯ David Frum, *The Right Man*(New York:Random House,2003),pp. 225-245。

⑰ 关于克林顿政府的情况,见第 15 章的注释 17。

⑱ 除联合国安理会 5 个常任理事国外,只有 6 个国家有先进的核武器和导弹计划:伊拉克、伊朗、朝鲜、以色列、印度和巴基斯坦。前 3 个已经签署了《核不扩散条约》,因而有可能违反该条约;后 3 个没有加入该条约。

⑲ 如参见 Elisabeth Bumiller,"Axis of Debate:Hawkish Words," *New York Times*, February 3, 2002, section 4, p. 5。

⑳ 2002 年 8 月 21 日对理查德·阿米蒂奇的采访。

㉑ 2002 年 3 月 12 日对保罗·沃尔福威茨的采访。

㉒ 在冷战中,有几个值得注意的例外。尼克松政府安排基辛格到中国进行了里程碑式的访问,但事先没有通知日本。

㉓ Steven Erlanger,"German Joins Europe's Cry That the U. S. Won't Consult," *New York Times*, February 13, 2002, p. A18;Gerald Baker and Richard Wolffe,"Powell Shrugs Off European Dismay over 'Axis of Evil'," *Financial Times*, February 14, 2002, p. 1;Charles Krauthammer, "The Axis of Petulance," *Washington Post*, March 1, 2002, p. A25。

㉔ James Bennet with Joel Greenberg," Israel Seizes Ship It Says Was Arming Palestinians", *New York Times*, January 5, 2002, p. A1;Hanna Rosin,"Israel Says Ship with Weapons Was Loaded in Iran," *Washington Post*, January 6, 2002, p. A19;2002 年 1 月 25 日"Newshour with Jim Lehrer"节目上采访科林·鲍威尔,国务院录音整理稿。

㉕ 这一段是根据对一位代表鹰派观点的官员的采访。

㉖ 2002 年 3 月 19 日切尼副总统与以色列总理沙龙召开的记者招待会上的讲话,录音整理稿; Michael R. Gordon,"Cheney's Bid to Arafat Aimed to End Violence," *New York Times*, March 21, 2002, p. A16。

㉗ 对切尼一位助手的采访。

㉘ Robin Wright,"Powell Talks to Both Sides," *Los Angeles Times*, April 15, 2002, p. A1;Robin Wright,"Powell's Peace Mission Yields No Ceasefire," *Los Angeles Times*, April 18, 2002, p. A1;Alan Sipress,"Policy Divide Thwarts Powell in Mideast Effort," *Washington Post*, April 26, 2002, p. A1。

㉙ 2003 年 6 月 19 日对保罗·沃尔福威茨的采访;Eric Schmitt,"The Busy Life of Being a Lightning Rod for Bush," *New York Times*, April 22, 2002, p. A1。

㉚ Nick Anderson,"Pro-Israel Demonstration Draws Tens of Thousands to Washington," *Los Angeles*

Times, April 16, 2002, p. A10.

㉛ 对沃尔福威茨的采访。

㉜ Robin Wright and Tracy Wilkinson, "A Vision for Peace—After 28 Drafts," *Los Angeles Times*, June 27, 2002, p. A1; Glenn Kessler, "Cutting Arafat Loose, but Not by Name," *Washington Post*, June 30, 2002; Patrick E. Tyler, David E. Sanger, Todd Purdum and Eric Schmitt, "With Time Running Out, Bush Shifted Mideast Policy," *New York Times*, June 30, 2002, p. I12.

㉝ White House Transcript, "President Bush Calls for New Palestinian Leadership," June 24, 2002.

㉞ 国情咨文讲话,2002 年 1 月 29 日;Nicholas Lehman, "The Bush Administration May Have a Brand-New Doctrine of Power," *New Yorker* (April 1, 2002)。

㉟ Transcript, "Remarks by the President at 2002 Graduation Exercise of the United States Military Academy," June 1, 2002.

㊱ 2003 年 5 月,印度尼西亚政府对亚齐省分裂主义叛乱分子发动军事进攻时,明确地引用了布什政府的先发制人理论作为运用武力的理由。见 Jane Perlez, "Indonesia Says It Will Press Attacks on Separatists in Sumatra," *New York Times*, May 23, 2002, p. A11。

㊲ 布什在西点军校的讲话。

㊳ John Lewis Gaddis, "A Grand Strategy of Transformation," *Foreign Policy*, issue no. 103 (November—December, 2002), pp. 50-57 and accompanying sidebar, p. 53.

㊴ National Security Strategy of the United States of America, September 2002, introduction; pp. 3, 6, 15, 30.

㊵ Richard Falk, "The New Bush Doctrine," *Nation*, vol. 275, no. 3 (July 15, 2002), p. 9.

㊶ National Security Strategy, p. 15.

㊷ 1999 年 11 月 29 日比尔·布拉德利在弗莱彻法律与外交学院的外交政策讲话。

㊸ 有关鹰派的观点,参见对一位高级政府官员的采访。

RISE OF THE VULCANS
The History of Bush's War Cabinet

第二十一章

走向伊拉克战争

第二十一章 走向伊拉克战争

"邪恶轴心"讲话把伊拉克带到了舞台中央,它也一直是在那里。从2002年1月到2003年开战,布什政府应该如何处置萨达姆·侯赛因政权,成为美国外交政策和全部美国政治生活中压倒一切的问题。其他国家和其他问题也会偶尔飘进人们的意识,但过不了几天就被人淡忘,主要原因是布什政府不想让精力和资源从伊拉克分散开来。例如,当朝鲜证实它正在实施的核武器计划时,布什政府坚持说不存在危机或紧迫感。布什发表国情咨文讲话后不久,国务卿科林·鲍威尔指出:"关于伊朗和朝鲜,没有对这些国家发动战争的计划。"鲍威尔干脆把伊拉克从那份不准备发动战争的国家的名单上省略了。①

那年晚冬和2002年春天,布什政府连续对美国对伊拉克的政策进行内部检讨。参加者是各主要外交政策部门的二、三把手。五角大楼的代表是沃尔福威茨和负责政策的副部长道格拉斯·菲斯。国务院来的是阿米蒂奇和副国务卿马克·格罗斯曼。国家安全委员会的代表包括赖斯的副手斯蒂文·哈德利,以及负责伊拉克的中东地区专家扎尔梅·卡利尔扎德;有一段时间还有国安会反恐专家的韦恩·唐宁将军。中央情报局副局长约翰·麦克劳克林、参联会副主席彼得·佩斯也都参加了。②

该小组同意,遏制已不再是对付萨达姆·侯赛因的可行策略。即便是克林顿政府,在其最后几年里至少在理论上也公开倾向于更迭伊拉克政权。现在,阿富汗的塔利班已经推翻,布什班子的成员决心把萨达姆·侯赛因赶下台。他们希望,在伊拉克更迭政权不仅是个目标,而且成为事实。

但怎么干呢?有三种可能。第一种选择称为飞地战略。这个主意是流亡的伊拉克国民大会领导人及沃尔福威茨和卡利扎德等美国支持者在20世纪90年代末提出来的。如果采纳这个办法,伊拉克反对派将在美国的支持下,在伊拉克南部、北部或南北同时建立飞地。美国将承认这些飞地的领导人为伊拉克合法政府并提供军事支持。反对派可以从这些飞地挑战萨达姆·侯赛因政权并对其发起军事行动,直到该政权倒台。

第二种选择是通过政变推翻萨达姆·侯赛因。中央情报局在20世纪90年

代曾做过尝试,但没有成功。第三种选择是美国以地面部队全面入侵伊拉克。当然,这也是老布什政府1991年海湾战争时拒绝采纳的办法。

政府官员排除了飞地战略。那种方法太慢,不可能奏效,而且让人担心肯尼迪政府在古巴搞猪湾入侵时那样的灾难重演。伊拉克反对派靠自己不可能在军事上打败萨达姆·侯赛因,到头来还得美国派兵干涉去救他们。③ 即使事情进展顺利,飞地战略也会把局面搞得很混乱,参加这项研究的人想要的是更快、更果断的办法。

于是,剩下的选择就是政变或入侵。参加者不排除政变的可能,实际上,中央情报局一直被鼓励继续尝试。但布什的官员们也意识到政变成功的可能性很小,布什政府实际上不能依赖这一策略把萨达姆·侯赛因赶下台。而且,政府官员们认为即使政变成功,它本身也不足以达到他们的全部目的。政变之后,仍然可能需要美国在伊拉克进行某种形式的军事干涉,以确保伊拉克的某些新领导人不能控制并重新恢复萨达姆·侯赛因多年前开始的大规模杀伤性武器计划。

由于所有这些因素,第三种选择随之凸现出来,即美国全面入侵。这种方法看起来最可能成功地更迭伊拉克政权。早在2001年秋,五角大楼就开始起草计划对伊拉克采取军事行动,一劳永逸地把萨达姆·侯赛因赶下台。2002年初,该军事计划变得更认真、更具体了。拉姆斯菲尔德开始与中央司令部司令汤米·弗兰克斯将军密切合作,制定入侵计划。在最宽泛的意义上,军事干涉伊拉克的进程在2002年春天,也就是战争爆发一年前就计划好了。

毫不奇怪,布什政府对伊拉克加强关注的事开始泄露到新闻界,有关军事计划也走漏了风声。一则报道说,五角大楼"正致力于一场大规模空中作战和地面入侵"。最先由战略家哈伦·厄尔曼提出,意指大规模、毫不掩饰地展示美国军事力量的"震慑战"一词,就是在这个时期进入大众词汇的。④

在政府之外,若干位前政府官员在理查德·珀尔和詹姆斯·伍尔西的率领下,整个春天至夏初都在力陈对伊战争的理由。"之所以要打这场战争,是因为我们知道萨达姆·侯赛因拥有化学和生物武器,"珀尔在华盛顿的一个论坛上说,"我们知道他恨美国。我们知道他正在搞核武器。"珀尔与伊拉克流亡领导人艾哈迈德·沙拉比关系密切,特别反对通过政变推翻萨达姆·侯赛因的政策,警告说这一策略几乎必定会导致侯赛因政权内部的某位高级军官而不是沙拉比之类的流亡人士,成为伊拉克领导人。他说:"如果推翻萨达姆只是换上另一个独裁者,那将是一场悲剧。"⑤

珀尔也开始主张美国需要尽快对伊拉克动手。他声称,威胁正日益严重。"我们不能再浪费时间了,"他在电视采访中说。⑥ 这是珀尔及其导师艾伯特·沃尔斯泰特和保罗·尼采曾就苏联发出过的警告的修订版本。

在科林·鲍威尔的国务院内,珀尔被讥讽为"不拿工资的顾问"。珀尔之所以得到这个绰号,是因为他经常被当作布什外交政策班子的成员,而实际上并没有真正的职责。他唯一的正式头衔是国防政策委员会主席,该委员会是一群前官员,每两三个月开一次会,给拉姆斯菲尔德出出主意。⑦ 有时,珀尔的左派政治对手和珀尔本人,出于不同的原因,似乎夸大了珀尔对布什政府政策制定的影响。

然而,尽管珀尔和伍尔西是圈外人,但把他们与"火神派"(包括拉姆斯菲尔德和切尼,特别是沃尔福威茨)联系起来的人际关系网络是错综复杂和长期存在的。结果,当他们呼吁对伊拉克采取军事行动时,人们认为他们反映的是政府内部的观点。沃尔福威茨和珀尔自1969年在大学就读期间来到华盛顿就结成了盟友,伍尔西在70年代后期结识了他们二人。这三个人不但是性情相投的朋友,而且是邻居。"我们在切维蔡斯住得很近,"身为民主党保守派的伍尔西说。他曾在一段短暂而不愉快的时期当过克林顿的首任中央情报局长。⑧ 伍尔西、切尼和拉姆斯菲尔德,是在里根政府秘密的世界末日演习中担任组长和未来的白宫办公厅主任时结识的。90年代,伍尔西在拉姆斯菲尔德的导弹委员会工作;2001年后,他和珀尔都在国防委员会。

对于他在有关伊拉克的电视采访和报纸文章中替沃尔福威茨和拉姆斯菲尔德吹风的说法,伍尔西嗤之以鼻。他曾在2002年春天的一次采访中解释过,"没有秘密见面,也没有秘密握手、秘密会议这类事情"。自新政府上台,他和沃尔福威茨难得见面,即使见面也往往是在国防委员会的会议上。伍尔西解释说,他们——珀尔和伍尔西在政府之外,沃尔福威茨在政府内——关于军事干涉伊拉克的建议相似,只是由于他们的观点相像,而不是因为他们彼此进行过协调。⑨

政府的内部讨论和军事计划导致媒体对伊拉克作战的事继续猜测不休。"火神派"的朋友们公开呼吁采取行动,加强了媒体报道的力度。反过来,有关战争的持续报道又推动着内部的计划制定,因为假如真的要打仗,谁都不想打无准备之仗。到2002年仲夏,对萨达姆·侯赛因政权采取行动已形成势头,问题似乎已不再是政府是否要打仗,而是什么时候打了。直到那时,关于伊拉克的公开辩论还

非常有限,但这种情况很快就要改变了。

密切注视着事态走向战争的布伦特·斯考克罗夫特越来越感到惊愕。这位老布什政府的国家安全事务顾问无法相信小布什政府当时的走向。斯考克罗夫特至少和珀尔或伍尔西一样,与政府保持着许多私人联系。1989年,他在国安会起用了赖斯,并亲自挑选切尼出任国防部长。在整个老布什政府期间,他与参联会主席鲍威尔也有密切合作。

斯考克罗夫特已77岁高龄,依然是现实主义外交政策的坚定倡导者。他以其观点四分之一世纪以来基本没有改变为荣。70年代,他被视为是主要的鹰派人物,而到了2002年,使他感到好笑的是,自己竟被描绘成了鸽派人物。[10] 他一贯致力于通过与其他大国保持稳定关系来推进美国的利益,不论那些大国的政府体制如何。对把美国外交政策转变为在全世界推行民主改革的十字军运动的企图,他心存戒心。最令斯考克罗夫特感到骄傲的,是老布什政府在1991年海湾战争之前建立起来的广泛的国际联盟。他在距离白宫几个街区的地方经营着自己的私人咨询公司,并与沙特阿拉伯及中东地区其他与美国一道参加海湾战争的阿拉伯国家政府保持着密切联系。

小布什入主白宫的头几个月里,斯考克罗夫特就开始对在他看来是新政府的单边主义倾向感到不安。但"9·11"后,他认为新的布什班子已变得更加务实,并开始承认与其他国家合作的重要性。当布什政府在2002年春夏似乎全神贯注于对伊拉克开战时,他大为吃惊。他相信对萨达姆·侯赛因动武会把注意力从反恐斗争上转移开,并影响中东地区其他政府对美国的支持。斯考克罗夫特并不隐瞒这些观点;数月来,他私下也多次公开地对每一个请教他的人阐述这些观点。起初,几乎没人注意他说什么。

8月初,斯考克罗夫特在星期日电视节目里详细陈述了他的观点。他坚持政府在以巴和平取得进展前不应该对伊拉克开战。他也坚持政府应当首先到联合国去,让联合国坚持把武器核查员重新派回伊拉克。他说:"如果他(侯赛因)不同意,那就给了你开战的理由。而这个理由我们现在确实没有。"[11]

讲话并没有立即引起反应。过了一周,斯考克罗夫特的助手阿诺德·坎特建议他把对伊拉克的看法写成一篇评论文章。[12] 斯考克罗夫特这样做了,该文章发表在8月16日的《华尔街日报》上。这一回,他提出一系列关于如果美国对伊拉克动武可能会有什么样的后果的不祥预测,把论点提炼得更鲜明。萨达姆·侯赛因如果断定他什么也不会损失的话,可能会使用他的大规模杀伤性武器。伊拉克可能会进攻以色列,而后者可能会以核武器回击,"在中东引发世界末日之战"。在中东其他地区会爆发对美国的愤怒,结果可能会动摇其他阿拉伯政府。[13]

这一回,斯考克罗夫特的观点不仅在新闻界,也在白宫引起了注意。报纸对他的评论文章给予突出的报道,以其作为后续反战文章的开端。[14] 赖斯给斯考克罗夫特打电话,责备他不该给政府来了个突然袭击。"你为什么不告诉我呢?"赖斯这样问她以前的老板。斯考克罗夫特指出,他只是重复几天前在"面向全国"电视节目里所说过的话。他提醒她,他事先寄过一份评论版文章的复印件给她。然而,直到发表的那天早上,这文章才送到赖斯的办公桌上。

接下来几天里,詹姆斯·贝克和劳伦斯·伊戈尔伯格这两位老布什政府的国务卿,发表了他们自己反对立即对伊拉克开战的警告。两人都呼吁政府放慢事件的节奏,提交联合国,寻求反对伊拉克政权的国际支持。"我们应该尽量避免自己单枪匹马地干,总统应当拒绝那些主张单干的人的建议,"贝克说。贝克曾在佛罗里达计票争议中代表小布什,在帮助其赢得总统职位上起过关键作用。[15]

是什么造成了斯考克罗夫特与赖斯,这位老师与他精心举荐的女门徒之间在观点上如此巨大的分歧呢?如何解释老布什外交政策班子的中坚,为什么会在小布什任期内变成忠心于政府的反对派呢?

斯考克罗夫特往往把分歧归结于国内政治。他认为,小布什及其政治顾问卡尔·罗夫表述政府的外交政策的方法,能够吸引共和党保守派,他们是共和党的支持基础。他们试图从布什的父亲在1992年竞选失败中吸取教训。斯考克罗夫特对外交政策的关心远超过政治,但即使是他,在那次竞选失败10年之后,也承认没有给予共和党保守派基础足够的关注是老布什政府所犯的严重错误。[16]

然而,国内政治只能部分解释从第一个布什政府到第二个布什政府的变化。"火神派"对外交政策是认真的,并为其贡献了他们大半的职业生涯。他们正在改写半个世纪以来指导美国与世界关系的一些基本原则。他们正在干的远远超过了在国内政治中所必须做的,他们显然信仰他们正在做的事情。

赖斯的一些同事提出了另一种解释:从老布什到小布什的转变,反映了年龄差别和一代人的差别。按这种理论,斯考克罗夫特、贝克和伊戈尔伯格代表着上一代人,他们仍然信奉伴随了他们大半生的冷战时期的谨慎与克制。相比之下,

赖斯及其一些助手,诸如国家安全副顾问斯蒂文·哈德利,是在老布什政府里获得他们在外交政策方面的最初经历的,那时,他们目睹了整个世界发生积极变化的可能性。⑰

但是,这种以年龄为基础的分析似乎是不充分的。小布什政府里起主要推动作用的还包括切尼、拉姆斯菲尔德和沃尔福威茨。这三个人都不是在老布什政府时才声名鹊起的,而是更早,在尼克松—福特年代,几乎与斯考克罗夫特、贝克在同一时期。

实际上,从老布什到小布什的变化反映的并非年龄问题,而是共和党内自70年代以来在外交政策上的基本分歧。尽管每个人都接受了冷战强加的限制,切尼、拉姆斯菲尔德和沃尔福威茨当时就比斯考克罗夫特等现实主义者更渴望试探这些界限。他们不那么愿意接受与苏联关系的缓和,他们更渴望用美国的理念和军事实力与之对抗。

除了这些长期的哲学分歧,又发生了"9·11"的猛烈冲击。确实,使乔治·W.布什的外交政策班子不同于他父亲班子的,不是他们在冷战中的经历,而是他们在冷战结束十多年后的经历。当纽约和华盛顿遭到恐怖分子打击时,斯考克罗夫特、贝克和伊戈尔伯格并不负责美国的安全,负责的是"火神派"。斯考克罗夫特、贝克和伊戈尔伯格在政府的工作几乎完全在冷战结束以前。而"火神派"的突出特点则是他们的职业生涯横跨这个重大变化的前后。对"火神派"而言,冷战的结束只是故事的一半,恐怖主义是后来的年代中最主要的主题。这造成了对未来看法的显著不同。例如,在1990和1991年那些事件的基础上,斯考克罗夫特和贝克可以合情合理地把沙特阿拉伯看做美国的朋友和合作伙伴。而从小布什政府官员同样正当的观点看来,沙特阿拉伯的作用,充其量也是成问题的。1991年后的十来年,断断续续地发生过一系列恐怖袭击事件,本·拉登和其他沙特人在其中发挥了重要作用。

赖斯和斯考克罗夫特就那篇评论版文章进行了不愉快的交锋后,仍然维持着友善的关系。但自那时起,只要斯考克罗夫特打算写篇文章,都会事先通知赖斯;有时她会要求和他先谈谈。斯考克罗夫特并没有改变他的观点。许多个月之后,当乔治·W.布什和英国首相托尼·布莱尔开始筹划在萨达姆·侯赛因下台后建立一个统治伊拉克的美英临时当局时,斯考克罗夫特宣称,绕过联合国将激起穆斯林世界的"愤怒和敌意"。"我怀疑在任何现实的时间内把伊拉克改造为民主国家的能力,"他说。⑱

斯考克罗夫特,这位老布什的朋友和合作著书的作者,在某种意义上变成了美国最意想不到的高层持不同政见者,向曾与他一同工作并受他举荐的小布什的外交政策官员和小布什推行的政策提出了明确挑战。在他开始发表自己的观点之后,华盛顿外交政策精英圈子的其他人注意到,他仍受到礼遇,但是距离却拉开了。当拉姆斯菲尔德之类的官员给前国务卿和总统国家安全事务助理们秘密介绍情况时,有时斯考克罗夫特并没有到场。

在政府内部,科林·鲍威尔提出了许多与布伦特·斯考克罗夫特相同的观点。确实,鲍威尔和斯考克罗夫特正好与沃尔福威茨和珀尔形成一种对应。每一对中的两个人,想法相同并在过去曾密切合作过,他们的道路是平行的,一个在政府圈外,一个在圈内。

鲍威尔向总统和政府中的其他人强调,他原则上不反对军事干涉伊拉克。他坚持说,重要的问题是怎样干涉,什么时候干涉,和谁一起干涉,以及如何善后。鲍威尔说,美国不应该单干,而应与志同道合的朋友和盟友组成联盟,共同对萨达姆·侯赛因采取行动。他还说不必过急;政府应该在自己选择的时机行动。

鲍威尔推荐了一项更深思熟虑的行动方案,首先争取在联合国赢得对武器核查员重返伊拉克的支持。但在政府内部的讨论中,切尼坚持认为政府不应再从联合国争取任何新的授权;美国只需要通知联合国,由于伊拉克未能遵守安理会以前的各项决议,已经到对伊拉克采取行动的时候了。⑲

8月26日,切尼在纳什维尔对一群海外战争老兵发表讲话,公开直接批驳了鲍威尔发表过的一些观点。副总统首先拒绝了布什政府应寻求让联合国武器核查员返回伊拉克的观点。"萨达姆精通欺骗和退却的伎俩,也善于玩弄否认和欺诈的手腕,"切尼说,"核查员回去也根本无法保证他执行联合国的决议。"他断言萨达姆·侯赛因已经重新企图获取核武器,并要加强伊拉克化学和生物武器能力。

副总统还简明地阐述了伊拉克石油与政府的考虑之间的关系。切尼指出,伊拉克拥有世界10%的石油储量,如果萨达姆·侯赛因掌握了大规模杀伤性武器,"可以预计,他将会寻求主导整个中东,从而控制世界很大一部分能源供应"。切尼批驳了斯考克罗夫特关于对伊拉克采取行动将加剧整个中东紧张局势并削弱反恐战争的论点。相反,他说:"该地区的极端分子将不得不重新思考他们的'圣

战'策略。整个地区的温和派将会振作起来。"⑳

向海外战争老兵发表的讲话,代表了切尼正在扮演某种新的角色,这让他过去的同僚们感到吃惊。切尼,这个典型的局内人,这个几乎从未在众院大厅发表过演说的前众议员,这个在五角大楼联合记者招待会上让科林·鲍威尔唱主角的前国防部长,主动在一场公开辩论中领起头来。这在过去是他通常会留给别人的角色。这也表明了切尼对伊拉克问题感觉多么强烈,他在政府内部会议上会是如何力主开战的,内部会议原本是最适合他的地方。

到 2002 年夏末,共和党外交政策精英圈内关于伊拉克的争论开始变得带有敌意了。越战老兵和没有参加过越战的人之间原有的对立再次公开化。越战老兵内布拉斯加参议员查克·哈格尔,向没有部队经历的珀尔发问,他是否愿意"随第一波部队攻打巴格达"。在网页上和互联网聊天室里,人们给切尼、沃尔福威茨及布什政府其他从军经历的人起了"雏鹰"的绰号,"雏鹰"指的是那些从未经历过战争而又主张打仗的人。㉑ 主战派的一些人则向反战派进行同样针对个人的、恶意的攻击。有人提出,斯考克罗夫特和贝克关于伊拉克的观点不过是出于他们与沙特人的朋友关系以及获得咨询合同的需要,而鲍威尔则是被国务院这个官僚机构洗了脑。

布什迅速采取行动结束了党内和政府内的争吵。总统决定把伊拉克问题提交联合国。布什 9 月 12 日在联合国大会的发言中宣布,美国将提请安理会通过一项关于伊拉克的新决议。他说,"萨达姆·侯赛因政权是一个不断扩大的严重危险"。如果伊拉克想要和平,就得"公开、清除和销毁"全部大规模杀伤性武器。㉒

布什的决定表面上是国务卿对副总统的胜利。在短时间内的确是这样。政府采纳了鲍威尔和斯考克罗夫特建议的谨慎的方法,在战前寻求让联合国核查员返回伊拉克,而不是像切尼建议的那样跳过这一步。正如"9·11"后布什按鲍威尔意见决定集中对付阿富汗而不是伊拉克那样,这次总统又推迟了对萨达姆·侯赛因立即动手,同时寻求国际支持。

在更大的意义上,政府内外就伊拉克问题整整一个夏天的争论,结果是一个有利于鹰派的妥协。为了赢得提交联合国讨论的争论,鲍威尔和斯考克罗夫特感到不得不被迫提出最终有利于推动战争的论点。两人都强调他们并不反对伊拉克的政权更迭或美国最终对伊拉克进行军事干涉的想法。斯考克罗夫特表示,如果伊拉克不与联合国核查员合作,就给了美国开战的理由。鲍威尔也坚持说问题不是要不要对伊动武,而是如何打。

实际上,布什决定把伊拉克问题拿到联合国,并没有做出什么让步。在2002年9月时,美国反正还没有做好对伊作战的准备。[23]五角大楼还没有为入侵部署好足够的部队。政府内部的假定是萨达姆·侯赛因不会服从联合国;他不会和盘托出他的大规模杀伤性武器的情况。而且,当部队到达那个地区后,如果美国想甩开联合国,仍然可以这么做。

同时,联合国可以帮助布什政府不仅在国外而且在国内获得对战争的支持。那时的民意测验持续显示,美国民众只有在得到国际社会支持时,才会支持对伊开战。"我们最新的民意测验结果是,64%的人总体上赞成对伊拉克采取军事行动,但如果我们的盟国不参加,这个支持率就缩小到33%,"皮尤民众和媒体研究中心的安德鲁·科胡特9月份这样写道。这样的民意测验结果有助于解释,为什么布什政府最终入侵伊拉克时要不遗余力地宣称它是在广泛的国际联盟的支持下行动的,即使这个毫无价值的联盟包括了许多非常小的国家,而美国最老的一些盟友却不在其内。

回想起来,当时没有人意识到,共和党人在2002年夏天的那场口水战是美国关于伊拉克战争唯一的一场严肃的公开辩论。民主党人分化严重,对就伊拉克问题挑战布什犹豫不决。他们关于是否开战的争论从未达到共和党内部口角的激烈程度。那年秋天,经过断断续续的辩论,参众两院高票通过授权布什"在他认为必要和适当的时候,……对伊拉克造成的持续威胁使用美国武装力量"[24]。布什和共和党在11月国会选举中赢得席位后,民主党就更不愿意质疑布什政府的伊拉克政策了。持不同政见的共和党人也把调门降了下来。布什一决定经过联合国,斯考克罗夫特、贝克和老布什政府的其他老人对小布什政府的批评也变得谨慎多了。他们再也没就伊拉克问题发出直接的公开挑战。鲍威尔最终向政府的其他人靠拢,支持了推翻萨达姆·侯赛因的军事行动。

总之,布什2002年9月寻求联合国授权的决定是精明的政治手腕。不论是不是精心设计的,它都起到了在关键时刻改变伊拉克问题的政治作用。接下来的几个月,人人都等着看联合国将如何处置伊拉克,而在这段时间里,美国国内的激情消退了。到伊拉克问题的辩论再起时,参加的各方已经改变。主角已不再是在华盛顿的个人或派别(切尼对鲍威尔,珀尔对斯考克罗夫特,现实主义者对新保守主义者),而是整个国家(美、英对德、法、俄)。布什政府成功地把辩论国际化,而

且在这个过程中,瓦解了国内的反对派。

9月中,负责东亚太平洋地区事务的助理国务卿詹姆斯·凯利在华盛顿关注着日本首相小泉对朝鲜的访问,此次访问令他越来越兴奋。小泉受到热烈欢迎,朝鲜领导人金正日在多年否认后,终于承认他的政权在许多年前绑架过日本公民。"我认为小泉的民意测验分数会猛升,"凯利说。㉕

凯利有理由密切跟踪这些事件。他本人正在准备作为布什政府的第一人访问朝鲜。鲍威尔和阿米蒂奇已经说服了布什政府,现在是尝试与朝鲜对话、看它是否有意放弃其核武器计划的时候了。五角大楼和副总统切尼办公室的官员已经放出口风,对这种访问的价值表示怀疑,坚持说现在想取得进展还为时过早,为谈而谈没有意义。布什政府内部的根本分歧,要比凯利的日程问题深刻得多。"火神派"的一些人认为美国不应当做出可能会帮助世界上最专制的政权继续执政的妥协。

朝鲜在大大小小的事务上一直让布什政府头疼。有不少小危机从未见诸报章。美国一家私人企业的一组核专家几年来不断访问朝鲜,按美国能源部的合同,协助把该国的废燃料装进容器里。2001年秋,这个组里的一些人突然被禁止离开朝鲜;有些人交了不少钱才获释。经布什政府高层干涉后,这些人才获得自由。㉖

后果更为严重的是,美国情报机构报告,朝鲜在继续进行其核武器项目。克林顿政府认为,这个项目已经根据1994年签订的协议冻结了。朝鲜在该协议中同意停止收集制造核武器的关键成分——钚。然而,美国情报机构的报告从2000年起就做出朝鲜一直在秘密寻求浓缩铀的结论。这是制造核弹的另一种方法。㉗

布什政府决定,凯利应该告诉朝鲜,美国知道这个浓缩铀的计划,并且坚持要它停下来。多数官员预计朝鲜会矢口否认铀计划的存在。在某种意义上,朝鲜如果这样否认,倒会使布什政府内部争论的各方都感到满意。鹰派之所以感到满意,是因为如果朝鲜抵赖,双方就朝鲜在干什么的争论将拖延下去。而鸽派则会将这种否认当作使朝鲜重新回到国际社会的冗长过程的第一步。

朝鲜让所有的人都大吃一惊。10月3日,当凯利在平壤举行的谈判中提出铀计划的问题时,朝鲜官员不但没有否认,而且在第二天通知凯利"朝鲜有权拥有核武器"㉘。

凯利带着这个消息返回华盛顿后,布什政府起初对此秘而不宣。有些官员希望美国可以马上请中国和俄罗斯劝说朝鲜放弃该计划。但是,帮助来得没这么快。不到两个星期,朝鲜承认有核计划的事就泄露了出去。㉙

消息的走漏给布什政府带来一连串麻烦。此时,布什班子正试图在国内外赢得对伊拉克采取军事行动的支持,而此事可能会把注意力从伊拉克转移开。更糟的是,朝鲜承认有核武器,可能让布什政府对伊拉克采取行动的合理性产生问题。朝鲜的核计划比伊拉克更先进也更危险,批评的人就会问:对一个国家非得动武,而对另一个却不打的道理何在。诚然,朝鲜先进核武器计划的存在并不能迫使美国接受伊拉克也有可能性。但是,如果美国对朝鲜的核计划采取宽容并耐心的态度,那么将如何解释在伊拉克问题上的紧迫感?

根本问题在于,"火神派"发展的新学说对朝鲜不能像对伊拉克那样适用。朝鲜由于拥有进攻韩国和一旦开战便可摧毁其首都首尔的能力,因此不太可能成为先发制人打击的候选国。朝鲜也不可能被转化为传播民主的示范项目。部分"火神派"希望,一旦美国推翻萨达姆·侯赛因,可以把伊拉克变成民主的典范,从而改变阿拉伯政治文化以及整个中东的政治。但在东亚,有些政府已经是民主政府,剩下的也不会效法朝鲜。伊拉克地处一个充满麻烦地区的中心并与之错综复杂地联系在一起;而朝鲜则地处一个繁荣兴旺地区的中心,但却与之隔绝。

所以,在朝鲜问题上,"火神派"只得使用权宜之计。他们在世界其他地方往往大胆行事,推行快速持久的解决办法,而对朝鲜,则选择了等待,甚至冒允许危险的核计划继续进展的风险。他们仍然指望中国和俄罗斯最终能帮忙向朝鲜领导人金正日施加压力;他们向往有这么一天,朝鲜绝望的经济问题能迫使它采取更妥协的立场。有些"火神派"甚而希望平壤能出现崩溃和政权更迭。

布什政府在争取时间,坚持说情况并不紧急。科林·鲍威尔的"这不是危机"的说法成了布什政府在朝鲜问题上的反复表态。㉚当朝鲜重新启动其核反应堆时,官员们说这不是危机;当朝鲜强迫国际监察员离开该国时,也不是危机;当朝鲜重新开始生产制造核武器的钚时,还不是危机。

作为一个群体,"火神派"在其整个职业生涯中关注的是军事实力。但朝鲜看来是个不太好动用军事手段解决的问题,这和伊拉克不同。布什政府似乎在寻找军事解决的可能,但没能找到。"朝鲜肯定是个威胁,但是一种不同的威胁,至少在现阶段,可以通过外交手段做不同处理,"拉姆斯菲尔德说。㉛

从2002年末到2003年初,当布什政府准备对伊拉克动武,朝鲜的核计划继

续推进时,拉姆斯菲尔德一番谨慎小心的话,归纳了美国举棋不定、见风使舵的朝鲜政策的实质;"至少在眼下",布什政府把这事交给外交官来处理。

2002年秋,鲍威尔指挥美国在联合国开展了一场外交攻势,争取通过一项针对伊拉克的新的强硬决议。萨达姆·侯赛因突然宣布他将允许联合国武器核查员四年来首次重返伊拉克,但他这最后一分钟的妥协没能阻止安理会采取进一步的措施。美国寻求能授权联合国成员国采取"一切必要手段"的措辞,这是动武的委婉说法,希望保证萨达姆·侯赛因政权放弃大规模杀伤性武器。其他政府在法国和俄罗斯的带领下并没有接受美国的建议,他们希望联合国首先进行新的更严格的武器核查,然后再就使用武力的问题举行第二轮讨论。

在鲍威尔和法国外交部长多米尼克·德维尔潘的斡旋下达成了妥协。美国放弃了在这个联合国决议之后就可授权诉诸武力的"一切必要手段"的措辞。法国则同意,如果伊拉克不放弃大规模杀伤性武器,就可以宣布其实际违反了联合国的决议,包括1991年海湾战争结束时伊拉克承诺过解除武装的那项决议。这些措辞给美国留下了宣称因11年之久的停火被破坏而对伊动武的余地。11月8日,联合国安理会以15比0的票数批准了这项妥协。㉜

当时,联合国的这项决议被广泛描绘为鲍威尔对布什政府内鹰派的胜利。人们说,他既在联合国成功地为布什政府的伊拉克政策赢得了一致支持,同时也在华盛顿为采用多边手段对付伊拉克赢得支持而得了分。人们说,鲍威尔已经再次成为布什外交政策班子的主导人物。布鲁金斯学会的迈克尔·奥哈伦写道:"科林·鲍威尔在也许是布什任期内最重要的国家安全问题的争论中已经获胜。"他的结论是,"现在,总统和他的国务卿一道争取和平解决伊拉克问题已经真正有可能了,这将重写关于高压外交的教科书,以及此前关于谁真正在这届政府里发号施令的历史"㉝。

这是对布什政府,对国务卿在其中的作用以及鲍威尔个人的错误判断。总统、所有的"火神派",包括鲍威尔,都在继续追求更迭伊拉克政权的目标。诚然,布什政府虽已决定尽量争取联合国的支持,但从未放弃把萨达姆·侯赛因赶下台的更广泛的目标。政府的官员把解除武装和政权更迭看做不可分割的两个目标,因为他们假定萨达姆·侯赛因决不会放弃他们相信他一定拥有的大规模杀伤性武器。

在联合国辩论中间的某个时刻,布什宣称:"萨达姆·侯赛因必须解除武装,不然,为了和平,我们将带领联军解除他的武装。"㉞ 这些模糊的言辞看起来给伊拉克领导人留下了一些避免战争并继续掌权的余地。然而,在布什政府的内部讨论中,从来没有明确过伊拉克政权究竟做什么才能算是解除了武装从而免遭武装进攻。有些人,包括鲍威尔在内,相信至少在理论上,萨达姆·侯赛因可以通过转变其政权来保住地位继续掌权;他必须服从国际上的要求,全面公开伊拉克发展武器的计划并拆除之。但布什政府的其他人认为,即使萨达姆·侯赛因走出宫殿,交出大量化学和生物武器,也是不够的。"我们相信,只要萨达姆还在[当政],他就可能[在大规模杀伤性武器问题上]出尔反尔,"在赖斯的国家安全委员会负责伊拉克政策的扎尔梅·卡利扎德数月之后这样解释。当问到布什政府不采取军事行动的底线条件是什么时,卡利扎德回答说:"萨达姆·侯赛因必须离开那个国家。"㉟

2002年整个秋天,布什政府慢慢地、悄悄地把部队和装备运往伊拉克周围地区,并进行其他军事准备。晚秋时,该地区已有近六万美军部队。㊱ 法国等不同意对伊动武的国家并没有提出反对。他们认为布什政府派出这些部队只是在进行高压外交,动用部分武力支持新的安理会决议。㊲

快到新年的时候,已有明显的迹象表明,鲍威尔和德维尔潘搞的决议案无法消除联合国安理会内部的分歧。伊拉克就其武器计划提交了一份1200页的报告,所有的人都认为那是老生常谈且漏洞百出。法、俄、中、德等反战国的反应是要求进一步核查。然而在华盛顿,官员们则越来越担心核查可能会永无休止地拖下去。

12月下旬,五角大楼开始向海湾地区大规模派遣空军、陆军和海军部队。12月24日的部署令签署后,又下达了若干部署令。军事力量的集结在接下来的十周内一直继续进行,直到伊拉克周围集结了大约25万美军,外加4.5万英军及2000澳大利亚部队为止。

到1月初,法国官员已清楚地认识到,美国在海湾的军事集结已远超高压外交的需要。美国在公开备战。这样的大规模武力集结看来确实排除了其他可能性:如果布什改变方向,不打仗就把部队调回国,他在国人面前就会显得很愚蠢,而美国在海外也会丢面子。法国总统希拉克派了一位高级助手到华盛顿私下会晤赖斯。这位助手,莫里斯·古尔道特·蒙塔内,警告说战争是危险的,有可能造成其他中东国家政局不稳,激发抗议的浪潮,使基地组织获得新的人员补充。赖

斯逐项反驳了他的论点。她回应说,战争可能带来这些风险,但萨达姆·侯赛因还当权,还处在能威胁其邻邦的位置上,这样的现状同样不能容忍。㊳

1月中旬,法国外交部长德维尔潘要求联合国召开了一次新的会议,表面上是讨论恐怖主义问题。在正式会议上,德维尔潘只谈这个议题。但在一次记者招待会上,他激动地发出了反对伊拉克战争的警告。他说:"今天,我们相信,没有任何东西能使军事干涉合法化。"外交战线已经划出;法国正式表明反对战争,并会否决争取联合国战争授权的任何企图。

法国的这一举动后来被称为打埋伏。鲍威尔的助手指出,国务卿本以为联合国这次会议是谈反恐,被德维尔潘突然公开与布什政府的伊拉克政策决裂打了个冷不防。接下来几天,鲍威尔关于伊拉克的调门明显变硬,非但不谈武器核查的重要性,他开始坚持说核查无效。他预告了美国可能采取军事行动,并表明他将支持开战。

新的传言开始猜测鲍威尔已转变为鹰派。这个说法在国内外都引起反响。在北京的一次记者招待会上的典型交锋中,一个中国记者问美国国务卿:"现在你在伊拉克问题上已经变成鹰派,说话和拉姆斯菲尔德如出一辙,请问你为什么会有这样的转变?"鲍威尔的回答本可以对他的全部经历进行一次小结,但他反驳说:"用一个词的标签来框住一个人是很不明智的。"在法国方面,官员们断定鲍威尔利用德维尔潘事件作为采取强硬路线的借口。"科林·鲍威尔知道[开战的]决定已经做出,现在是向世界表明鸽派正在转变成鹰派的黄金机遇,"一位外交官说。㊴

实际上,鲍威尔从来就不像人们以为的那样是鸽派。那些认为他在外交政策问题上属于自由派的人根本就不了解他的历史:他曾为国防部长卡斯帕·温伯格和里根总统效力,他在入侵巴拿马决策中的关键作用等。在鲍威尔的整个职业生涯中,他至少与其他"火神派"人士一样相信美国军事实力的重要性。给人以鸽派形象是由于他非常谨慎,他认为美国应该避免卷入时间长、伤亡大且代价高昂的军事干涉。但鲍威尔的基本理念是务实主义,而不是和平主义;通过避免另一场越战式的耗费巨大的冒险,他寻求的是保持并加强美国的军事实力。鲍威尔确实曾质疑美国1991年对伊战争的明智性,并积极反对美国干预波斯尼亚。然而,2003年与伊拉克再次冲突的前景根本不同于以前的这些冒险,没有陷入僵局的危险。鲍威尔的军事专长使他了解,任何新的伊拉克常规战争都会以美国速胜而告终。

除了他在战争问题上出了名的保留态度外,鲍威尔并不放弃大原则。他把自己看做解决问题的人,一个现实主义者。对美国在世界上的作用,他并没有可代替沃尔福威茨班子那种美国是不可挑战的超级大国的观念的全面看法。对赖斯先发制人的国家安全战略,他也没有任何替代提法。在其整个职业生涯中,他经常扮演好军人的角色。他可能在官僚体制里打打边缘性的小战斗,但最终又会支持他所服务的总统。这位总统想把萨达姆赶下台,而从军事角度看,入侵的最佳时机是一年的前三个月,趁中东的天气还没变得酷热起来的时候。

鲍威尔已经说过他原则上不反对军事干涉伊拉克。他支持把联合国外交作为布什政府为武力推翻萨达姆·侯赛因而争取国际支持的努力的一部分。他在联合国协商的妥协是个模糊不清的东西。鲍威尔把联合国11月通过的决议看做争取国际支持在伊拉克更迭政权的一种手段,而法国及其盟友则把同一项决议看做战争和政权更迭的替代物。到1月中旬,妥协破裂了。法、德等国明确表示不支持对伊拉克动武。于是,鲍威尔开始转移重点。他明确表示,美国要和尽可能多的盟国一道对萨达姆·侯赛因采取行动,但无论怎样,必须采取行动。

2月,随着战争的临近,"火神派"在美国构建新外交政策中又铺下一块基石。布什政府接受了在中东推行民主的信念。萨达姆之后的伊拉克将成为整个中东地区政治自由化的样板。

在对美国企业研究所的一次讲话中,布什声称希望伊拉克的解放可以帮助改造中东:"伊拉克新政权将成为该地区其他国家一个生动的、启发性的自由典范。说这整个地区,或占世界五分之一人口的穆斯林不会被这最基本的生活渴望所触动,是专横和侮辱人。"[40] 布什首次触及这个主题是在前一年专门对巴勒斯坦人提出民主建议的时候。现在,他明确地把这个主张扩展到应用于该地区其他非民主政府,包括几十年来支持美国政策但同时又在国内压制不同意见的沙特阿拉伯和埃及。

布什的讲话是沃尔福威茨等政府内新保守主义者的胜利。自1986年菲律宾"人民的力量"进行革命以来,他们日益深信并一直倡导在海外推行民主的理念。尽管斯考克罗夫特等现实主义者坚持认为,支持强权政府是美国外交政策的必要组成部分,但新保守主义者反驳说,这种政策从长远看是有害的;民主政府更稳定。最初,随着菲律宾、韩国开放其政治体制,新保守主义者把注意力集中在东亚

的民主上。现在,新保守主义者在把同样的民主主张输送到中东。在思想上,新保守主义者受到著书论述了伊斯兰世界政治体制失败的伯纳德·路易斯的影响。政治上,他们在对"9·11"袭击做出反应,这些袭击反映了美国支持沙特阿拉伯等非民主政府的消极方面。

在呼吁中东民主的问题上,新保守主义者又回到了原位。70年代末,珍妮·柯克帕特里克等新保守主义的带头人,曾对卡特政府迫使伊朗国王开放政权和推行民主进行过激烈的批评。在那个时期,对专制政权采取更加宽容的态度,对新保守主义者不是可以含糊的微末小事,而是重要的具有长远政治意义的问题。当新保守主义在里根政府期间首次倒向共和党时,柯克帕特里克成为这场转变的先锋人物,而里根对柯克帕特里克关于伊朗国王的观点的赞许,是她愿意转换党派的一个主要因素。

20年后的今天,新保守主义者提议在整个中东地区推行他们曾反对用于伊朗的民主改革。究竟什么发生了变化呢?首先,冷战已经结束,美国应该为与苏联作斗争这一更大的事业而支持专制盟友的理由已不复存在。其次,美国在军事上已经如此强大,已不再像70年代那样需要依赖专制政权的支持了。

四分之一个世纪以来,新保守主义者持之以恒的根本兴趣是打败美国的主要对手(冷战时期是苏联,小布什时期是恐怖主义及所谓的"流氓国家"),推进美国的军事实力和理想。70年代,战胜美国最大敌人的事业需要美国把伊朗国王作为反对共产主义的伙伴予以支持。在80年代,它意味着撤回对菲律宾的费迪南·马科斯的支持,因为他的专制引起了在一个美国有两大军事设施的国家出现共产党夺权的恐惧。2003年,它意味着把在中东支持民主作为反对恐怖主义的楔子。

中央情报局长乔治·特内原计划2003年2月初去中东,但鲍威尔不让他去。国务卿正在为争取美国的欧洲盟友和联合国安理会支持伊拉克战争进行最后一次协调努力。他定于2月5日向安理会介绍美国掌握的有关伊拉克大规模杀伤性武器的情报综述。鲍威尔不愿意就这么到纽约去读美国情报界给他写的讲稿。他要求特内推迟其海外行期,到联合国来坐在他背后,这样可以在电视镜头里看到特内点头赞同鲍威尔的演讲。作为中央情报局长,特内不仅领导中情局,也领导美国情报界的所有机构。国务卿坚持要求特内对他给联合国的所有有关伊拉克的情报给予个人认可。㊶

到了那一天,鲍威尔概述了美国情报的细节,又加上对伊拉克设施的侦察照片和监听到的伊拉克官员关于藏匿东西让联合国武器核查员找不到的通话记录。但这番演讲对海外没什么影响。反对使用武力的人怀疑美国的说法,坚持说无论如何美国的情报证明联合国需要进行更严格的核查,而不是打仗。9天以后,德维尔潘对联合国安理会大厅里热情洋溢的听众的一番情绪激动的讲话中,夸口说法国"在历史和人类面前从不屈服"。法国并不是单枪匹马反对美国军事干涉伊拉克;法国一边牵头,一边与德国和俄罗斯密切配合。[42]

美国的外交被国防部长搞得更加复杂。在这个时期,拉姆斯菲尔德展示了他毕生好与对手针锋相对、挑战对方的核心价值观和假设的倾向。他似乎不会彬彬有礼地装糊涂、绕圈子、说车轱辘话这些常作为外交基础的本领。

在华盛顿一次外国记者招待会上,拉姆斯菲尔德贬低法、德及其领导统一欧洲的愿望。拉姆斯菲尔德说,尽管法国和德国反对美国的伊拉克政策,但它们并不代表欧洲,而仅仅代表"旧欧洲"。他指出,随着原属苏联阵营的新成员的加入,欧洲的重心已经东移。"(如果)你们看看,欧洲数量众多的其他国家在这个问题上不是跟法国、德国站在一起,而是和美国在一起,"他总结道。[43] 这番话只有些许真实(有几个欧洲国家至少在某种程度上支持美国)和大量夸张("数量众多")。更重要的是,拉姆斯菲尔德的讲话代表了从美国支持欧洲统一这一长期立场的重大偏离。尤其值得注意的是美国对欧洲的新政策——企图鼓励内部分裂——不是由总统或国务卿提出,而是出自国防部长之口。

几周后在一次记者吹风会上,拉姆斯菲尔德暗示,如果必要的话,美国可以独自攻打伊拉克,用不着英国部队。"只要他们(英军)愿意参加……显然是欢迎的,"国防部长说,"要是参加不了,可以做一些别的工作,他们用不着参与,至少在那个阶段用不着。"[44] 这些话对英国首相托尼·布莱尔来说是毁灭性的,他当时正极力以美国迫切需要老盟友的帮助为由,说服国会英国应该加入这次军事行动。那个月一直跟随英国首相的一位英国记者这样写下拉姆斯菲尔德的话对布莱尔的打击:"被英国传统的对手法国背后捅一刀是一码事。被大西洋彼岸的盟友踢一脚,被告知他在国内争取国会多数议员的支持的所有努力都是浪费时间,那可是另一码事。"[45] 在布莱尔半夜给布什打了两次电话以后,拉姆斯菲尔德发表了一份书面澄清,说他的本意不是他的话明确包含的那个意思。

布什和"火神派"在他竞选总统时曾保证要恢复美国的联盟的力量。随着伊

拉克辩论在联合国达到高峰,美国与其欧洲一些主要盟国的关系降到了最低点。2月17日是华盛顿的一个假日,切尼副总统在官邸会见法国大使让—达维德·莱维特并与其争论起来。"法国是盟友还是敌人?"他问道。莱维特坚持说法国仍然是盟友。切尼不同意。副总统说:"我们有许多理由得出结论,你们其实不是朋友,也不是盟国。"㊻

在联合国最后几周的斡旋是自相矛盾、诡计和做戏的大杂烩。整个秋天,布什政府都坚持没必要再搞第二个安理会决议来授权动武。美国的立场一直是现有的联合国决议已经给予所有必要的授权。但美国在2月份决定改变立场,寻求批准专门授权动武的第二个联合国决议。布什政府这样做主要是应英国首相布莱尔的要求。为消除国内的反对,布莱尔承诺在开战前,再到联合国去寻求新的批准。

同时,一直坚持对伊拉克动武前必须通过联合国第二个决议的法国也来了个一百八十度大转弯。法国大使按希拉克的指示秘密去了白宫。他坚持美国应当放弃争取赢得第二个联合国决议,而且,如果美国决心要打仗,打就是了,用不着这个决议。㊼法国官员解释,他们希望避免在联合国里打一场激烈的、伤害巨大的争斗。法国人没说出口的是,通过秘密说服美国不经联合国第二个决议就打仗,他们就挖了需要返回联合国讨论的布莱尔的墙角。实际上,伊拉克战前最后几周的外交,是华盛顿与巴黎之间一场新的外交上的"不列颠之战"。美国要保住英国的支持,而法国则试图加强布莱尔国内的反对力量,从而离间英国和美国。

2003年3月6日夜里,鲍威尔和德维尔潘在纽约的华尔道夫—阿斯托利亚饭店里秘密会见时,美法之间在战前摊牌了。德维尔潘表示,他是出于外交礼貌才要说下面说的话的。法国外交部长对美国国务卿说,我不希望有任何事出人意料。法国决定否决联合国关于伊拉克的第二个决议。他告诫鲍威尔不要以为这是谈判的策略。法国不是在讹诈;它决心要使用否决权。

"谢谢你,多米尼克,"鲍威尔回答说,"你要明白,即使你们否决这第二个决议,我们也会援引1441号决议(联合国的第一个决议),如果萨达姆·侯赛因到最后一分钟还不转向,我们就对他动手。"㊽

法国人表明了他们的立场不能转变,美国人也明确了要对伊拉克动武的决心。

布什政府继续加紧寻求新的联合国决议。鲍威尔一再对美国可以争取尚在犹豫不决的安理会成员的支持表示乐观。3月9日他还在说,安理会的15个成员中至少有多数支持美国的"可能性很大"⁴⁹。

然而第二天,15个成员中还有6个仍举棋不定,希拉克公开宣布,法国"在任何情况下"都将反对新的美英提议。希拉克宣布之后,美国和英国发现要赢得尚未做出决定的成员已经不可能了。一周后,美国和英国官员做了让步,承认他们无力为新的联合国决议赢得批准。

布什和布莱尔都谴责希拉克。他们指出法国总统公开站到联合国第二决议的对立面,实际上终结了美英赢得安理会尚未决定的国家的任何可能性,因为那些政府会得出结论,试图决定是否支持一个法国要否决的决议毫无意义。法国官员后来宣称,希拉克提出否决也是受到墨西哥的文森特·福克斯等领导人私下里施加的压力,他们不想被迫在联合国的摊牌中投票支持或是反对美国。⁵⁰

对美国外交而言,在联合国这六个月的冒险是一次引人注目的失败。布什政府一上台就承诺要对与墨西哥和拉美国家的关系给予新的重视,但没能赢得墨西哥和智利这两个安理会拉美成员的支持。同样,赖斯一直想打造美国与俄罗斯总统普京的新关系,但在联合国,俄罗斯和法、德站在一起反对美国。鲍威尔和阿米蒂奇为发展与巴基斯坦总统穆沙拉夫的牢固联系颇费心血,但巴基斯坦也没有站出来支持美国的立场。

"火神派"的某些最基本的假设是错误的。自20世纪90年代末以来,沃尔福威茨一直坚持如果美国对伊拉克表现出更大的决心,美国的朋友和盟国就会支持。当欧洲和中东的政府出言反对美国的伊拉克政策时,沃尔福威茨争辩说,他们在公开场合说的话不应该按字面去理解;盟国和朋友只是拿不准美国有多大的耐力进行一场成功的反对萨达姆·侯赛因的斗争。但在现实中,随着布什政府对伊拉克的态度越来越强硬,海外的朋友和盟国却没有立即站到美国一边。与沃尔福威茨的预测相反,更强硬的政策反而制造了越来越强烈的反对。

布什竞选总统时曾按"火神派"给他起草的讲稿这样宣告:"我们在欧亚大陆的所有目标都取决于美国加强维持着我们影响的联盟。"⁵¹布什政府在联合国采取的行动如此严重地侵蚀了美国的欧洲联盟,如此严重地损害了它在海外的影响,以至于人们提出疑问:是否值得为这场在联合国的冒险付出这么昂贵的代价?

对"火神派"而言,在伊拉克问题上做出的妥协和交易,都不会超过20世纪70年代他们的职业生涯刚开始时对苏联的妥协。外交不是他们最厉害的一手牌。他们最终依靠的是美国的军事实力。

3月17日,美国承认其在联合国的外交努力失败后一小时之内,布什总统在白宫会见了拉姆斯菲尔德和沃尔福威茨,审查入侵的军事准备情况。两天后,在3月19日晚上,他宣布开始"伊拉克自由"作战行动。总统宣布:"现在冲突已经开始,缩短冲突时间的唯一办法是使用决定性的力量。"㊾

布什政府对伊拉克动用了"火神派"自美国在越南失败后几十年里一手发展起来的令人畏惧的军事力量。他们用这军事力量来为他们的理想服务:他们的目标是建立一个这样的美国,它的价值观和理想将在全世界获胜,因为美国是如此强大,没有任何国家能够承受与之竞争的代价,甚至没有人会开始这样的尝试。

注 释

① Michael R. Gordon and David L. Sanger, "Powell Says U. S. Is Weighing Ways to Topple Hussein," *New York Times*, February 13, 2002, p. A1.
② 该选择方案的单子和内容介绍是由一位参加跨部门讨论的人士提供的。
③ 对飞地方案的讨论和分析,见 Daniel Byman, Kenneth Pollack and Gideon Rose, "The Rollback Fantasy," *Foreign Affairs*, vol. 78, no. 1 (January—February 1999), pp. 24-41。
④ Thom Shanker and David E. Sanger, "U. S. Envisions Blueprint on Iraq Including Big Invasion Next Year," *New York Times*, April 28, 2002, p. A1; William Arkin, "Planning an Iraqi War but Not an Outcome," *Los Angeles Times*, May 5, 2002, part M, p. 1.
⑤ 理查德·珀尔与雷奥·福尔斯的辩论,由马里兰大学公共事务学院和哈德逊研究所举办,2002年4月17日;Todd S. Purdum, "After Saddam, What," *New York Times*, February 17, 2002, section 4, p. 1。
⑥ 2002年7月11日《广角》杂志对理查德·珀尔的采访录音整理稿。
⑦ 珀尔同意以 725 000 美元的代理费协助设在美国的电信公司 Global Crossing 争取国防部批准将该公司出售给中国香港和新加坡投资者控制的企业的事被披露后,于2003年3月辞去国防委员会主席一职。见 Stephen Labaton, "Pentagon Adviser Is Also Advising Global Crossing," *New York Times*, March 21, 2003, p. C1。卸去主席职务后,珀尔留任该委员会成员。五角大楼监察总监后来查明珀尔没有违反道德法规,因为他在国防部的咨询职务只要求他每年工作8天,远低于这些法规要求的最低天数。Stephen Labaton, "Report Finds No Violations at Pentagon by Adviser," *New York Times*, November 15, 2003, p. B1。
⑧ 2002年3月29日对詹姆斯·伍尔西的采访。
⑨ Ibid.
⑩ 2002年6月6日对布伦特·斯考克罗夫特的采访。
⑪ "2002年8月4日 *Face the Nation* 电视节目对布伦特·斯考克罗夫特采访的录音整理稿。
⑫ 2003年2月20日对布伦特·斯考克罗夫特的采访。

⑬ Brent Scowcroft,"Don't Attack Saddam," *Wall Street Journal*, August 15, 2002, p. A12.
⑭ 见 Todd Purdum and Patrick E. Tyler,"Top Republicans Break with Bush on Iraq Strategy," *New York Times*, August 16, 2002, p. A1。
⑮ James A. Baker III,"The Right Way to Change a Regime," *New York Times*, August 25, 2002, section 4, p.9; transcript of Lawrence Eagleburger, *Crossfire*, August 19, 2002.
⑯ 2003 年 2 月 20 日对斯考克罗夫特的采访。
⑰ 对泽利科的采访。
⑱ Walter Gibbs,"Scowcroft Urges Wide Role for the U.N. in Postwar Iraq," *New York Times*, April 9, 2003, p. B6.
⑲ 对鲍威尔一位高级助手的采访;对切尼一位高级助手的采访。
⑳ 2002 年 8 月 26 日切尼副总统对 103 届海外战争老兵全国大会的讲话。
㉑ Hagel quote in Purdum and Tyler, op. cit. "雏鹰"(chicken hawks)的说法,见名为 the New Hampshire Gazette 的网页 www.nhgazette.com。
㉒ 2002 年 9 月 12 日布什总统在联合国大会的发言。
㉓ Doyle McManus, "Poll Still Backs Military Move on Iraq," *Los Angeles Times*, September 2, 2002, p. A1; Andrew Kohut, "Simply Put, the Public's View Can't Be Put Simply," *Washington Post*, September 29, 2002, p. B5.
㉔ 国会两院联合决议文本,发表于《华盛顿邮报》2002 年 10 月 11 日,A12 版。
㉕ 2002 年 9 月 17 日对詹姆斯·凯利的采访。
㉖ 对一位参与朝鲜政策的美国政府官员的采访。
㉗ Doug Struck, "Hints on N. Korea Surfaced in 2000," *Washington Post*, October 19, 2002, p. A19.
㉘ Don Oberdorfer, "My Private Seat at Pyongyang's Table," *Washington Post*, November 10, 2002, Outlook section, p. B3.
㉙ 见 Barbara Slavin, "N. Korea Admits Nuclear Program," *USA Today*, October 17, 2002, p. 1A。
㉚ 2002 年 12 月 29 日 *Meet the Press* 电视节目对科林·鲍威尔的采访。
㉛ 2002 年 1 月 20 日唐纳德·拉姆斯菲尔德对预备役军官协会的讲话,国防部录音整理稿。
㉜ 关于争取联合国决议的外交活动细节,见 Tyler Marshall, "A War of Words Led to Unanimous U.N. Vote," *Los Angeles Times*, November 10, 2002,及 Karen DeYoung, "For Powell, a Long Path to a Victory," *Washington Post*, November 10, 2002, p. A1。
㉝ Michael O'Hanlon, "How the Hard-Liners Lost," *Washington Post*, November 10, 2002, p. B7.
㉞ 2002 年 10 月 7 日总统在辛辛那提博物馆中心就伊拉克问题讲话的白宫录音整理稿。
㉟ 2003 年 6 月 3 日对扎尔梅·卡利尔扎德的采访。
㊱ Eric Schmitt, "Buildup Leaves U.S. Nearly Set to Start Attack," *New York Times*, December 8, 2002, p.11.
㊲ 对一位法国高级官员的采访。
㊳ Ibid.

㊴ Glenn Kessler,"Moderate Powell Turns Hawkish on War with Iraq," *Washington Post*, January 24, 2003, p. A1; Steven R. Weisman, "Patience Gone, Powell Adopts Hawkish Tone," *New York Times*, January 28, 2003, p. A1;2003年2月24日国务卿鲍威尔在北京举行的记者招待会,国务院录音整理稿;对一位法国高级高级官员的采访。

㊵ 2003年2月26日乔治·W.布什在美国企业研究所的讲话。

㊶ 鲍威尔、特内的这些言论及联合国发言的介绍,由在政府内部辩论中总体持反对意见的两位布什政府官员提供。

㊷ 多米尼克·德维尔潘讲话的录音整理稿,"France's Response," *New York Times*, February 15, 2003, p. A13。

㊸ 2003年1月22日拉姆斯菲尔德部长在外国新闻中心的吹风,国防部录音整理稿。

㊹ 2003年3月11日国防部部长拉姆斯菲尔德和参谋长联席会议主席迈尔斯将军在新闻吹风会上的讲话,录音整理稿;Karen DeYong and Colum Lynch, "Bush Lobbies for Deal on Iraq," *Washington Post*, March 12, 2003, p. A1。

㊺ Peter Stothard, *Thirty Days: Tony Blair and the Test of History* (New York: HarperCollins, 2003), p. 21.

㊻ 对一位法国高级官员的采访。

㊼ 见 Gerard Baker, James Blitz, Judy Dempsey, Robert Graham, Quentin Peel and Mark Turner, "Blair's Mission Impossible," *Financial Times*, May 29, 2003, p. 17。

㊽ 对一位美国官员的采访。

㊾ NBC News transcript, 2003年3月9日 *Meet the Press* 电视节目对科林·鲍威尔采访的录音整理稿。

㊿ 对一位法国高级官员的采访。

㉛ 1999年11月19日乔治·W.布什州长在罗纳德·里根总统图书馆的演讲,"A Distinctly American Internationalism"。

㉜ 2003年3月19日布什总统对全国发表的讲话。

结束语

结果，这场围绕伊拉克战争展开的激烈辩论的双方都错了，并且是在重要问题上犯了错误。反对派警告说，入侵伊拉克将导致周边的中东国家发生巨大变动。他们的论点是，一场美国领导的战争将促使整个地区爆发示威游行，会威胁到其他阿拉伯政府的稳定。一些反对者提出，伊拉克有可能打击以色列，而以色列则有可能用核武器予以还击。

以上是反对派提出的一些最主要的论点。然而，他们所预言的严重后果基本上都没有发生。入侵一开始，美军和英军（外加为了提供一块广泛"联盟"的遮羞布而由其他国家拼凑起来的为数甚少的部队）在持续三周的作战中，攻占了巴格达，废黜了萨达姆·侯赛因；又用了三周时间，完成了伊拉克其他地区的主要军事行动。该地区其他体制相同的政府没有一个垮台；似乎没有一个政府因为战争而发生严重动荡。伊拉克没有攻击以色列，也没有使以色列卷入这场冲突。没有发生核决战。伊拉克的军队没有对联军使用生物或者化学武器。对于入侵部队来说，伤亡小得惊人。到5月1日布什总统宣布胜利时，美军仅死亡138人，比1991年为期4天的"沙漠风暴"行动的死亡人数还低。

其后，一些反战人士企图将他们预言会发生一系列可怕事件纯属主观臆想的说法给解释过去。法国官员事先反复告诫，如果入侵伊拉克,就有可能在其他阿拉伯国家引起愤怒情绪的爆发从而导致整个中东的不稳,后来又改口说如果战争不是这么快结束的话,这些后果迟早会发生。法国官员解释说,他们没有能预见到美英军队会如此轻易取胜。① 如果这种解释站得住脚的话,那法国官员就严重误判了军事形势。在谴责美国强权的时候,他们也低估了美国可运用于现代常规作战的能力。

但在反战派出错的同时,美国最狂热的对伊主战派同样犯了错误。战争结束后,鹰派的许多预测证明都不准确。他们想象,一旦萨达姆·侯赛因及其一小撮高级助手被赶下台,其他人就会奋起欢呼伊拉克的解放。正如对伊拉克领导层的斩首行动曾是美国军事计划的核心要素一样,它也是战后重建策略的关键部分。目的不是要自下而上重建伊拉克,而是一旦摆脱了萨达姆·侯赛因及其高层助手后,要让伊拉克人接管这个国家。主战派曾相信,伊拉克的文官队伍和市民社会将保持这个国家的运转并将效忠更有代表性的伊拉克新领导。

但是,伊拉克局势的发展并不符合鹰派战前的概念。"结果,有些重要的假定把问题低估了,"保罗·沃尔福威茨在战争结束三个月后承认道。② 萨达姆·侯赛因的复兴社会党对伊拉克社会的控制,远比布什政府预想的要深刻得多、难改变得多。伊拉克的军队和警察不愿意为美国人工作,也不愿意和美国人工作。结果,美国占领军发现与自己打交道的伊拉克人心存畏惧,疑虑重重,这与鹰派想象的那个出来欢迎侵略军的欢乐的民族的形象大相径庭。

当布什总统于5月1日在美国海军亚伯拉罕·林肯号军舰上宣告主要作战行动结束时,他声称:"伊拉克之战是2000年9月11日开始的反恐战争的一个胜利。"③ 然而,胜利并不完整。在接下来的数月里,美军遭遇了伊拉克的武装抵抗,伤亡比战争本身还要大。拉姆斯菲尔德这位在越战末期任白宫办公厅主任的国防部长曾哀叹道,越战的"特点就是谎言和借口多"。但他本人也在为美国在伊拉克战后的局势寻找借口。他一连两个多星期试图坚持说美军没有陷入游击战;最后是驻伊美军司令约翰·P.阿比扎伊德将军承认了他的部队对付的正是"典型的游击战式的"作战。④

与鹰派战前所预测的更不同的是,控制了伊拉克的联军没能找到布什政府反复说萨达姆·侯赛因的军队拥有的大规模杀伤性武器。当布什政府在国内外寻求对入侵的支持时,伊拉克大规模杀伤性武器的风险是走向战争的主要理由。经过几个月的仔细搜查,并没有发现储存的化学和生物武器。政府也没有找到伊拉克在入侵前几年拥有大规模的、正在进行的核武器计划的证据,更不要说(像朝鲜那样)正在迅速获得核弹了。战后受命领导中央情报局搜查伊拉克大规模杀伤性武器的前联合国武器核查员戴维·凯,于2003年10月告诉国会,伊拉克的核武器计划仅仅处于"最初级的"状态。⑤

总之,布什政府面对着比原计划要棘手得多的占领。它发现战后投入伊拉克的美军比原先预料的要多,时间要长。2003年11月,在布什5月1日宣布主要作战已经胜利结束6个月后,大约有13万美军驻扎在伊拉克,受到经常不断的武装攻击。到那时,美军在战后占领时期的死亡人数已近300人,超过战时阵亡人数的两倍。五角大楼为占领支付的费用每月达40亿美元,国会不得不为伊拉克的军事行动和重建授权约700亿美元的补充经费。

那些曾预言一旦推翻萨达姆·侯赛因,全伊拉克人都会欣喜若狂的人后来辩解说,这种情形没有出现,是因为许多伊拉克人受到了恐吓;他们害怕转入地下的复兴社会党仍然拥有的权力,甚至担心萨达姆·侯赛因有朝一日重新掌权。这种论点似乎相当有道理,但却指出了另一个谬误:对萨达姆·侯赛因专制政权、它对伊拉克人民的控制范围,以及要更新伊拉克领导层所需的努力的错误理解。与反对入侵的人过高估计了战争对中东其余地区的影响一样,主战派过高估计了联军的胜利对伊拉克内部的冲击。

入侵伊拉克的决策几乎包含了"火神派"的全部世界观,反映了"火神派"三十年来逐渐发展起来的外交政策思想和主题。

当然,首先,他们相信自己在越战失败后致力于恢复和发展的美国军事实力的中心作用及其效能。2003年,布什政府在有限的外部帮助下,在波斯湾地区发起一场全面入侵,而在70年代,美国在该地区的军事存在仅仅是象征性的,并且一度不得不依靠与伊朗(有一段是与伊拉克)的伙伴关系。没有别的军事行动能更好地展示美国军事能力的上升,或美国依赖这些能力作为与世界打交道的主要手段的程度了。

其次,对伊战争反映了"火神派"关于美国是全球一支善的力量的信念。其他人也许会担心战争和入侵带来的恶果和好处一样多,自由和民主的自由派理想也许不大容易在伊拉克那样的地方扎根。"火神派"总体上并不担心这些事情;确实,他们仅将伊拉克描绘成在整个中东传播民主的第一步。他们以自己在与东欧和东亚打交道的经验为背景来看待这场更高层次的斗争。"火神派"指出,怀疑论者当时也说过韩国等亚洲国家还不适宜实现民主,直到结果发现他们已经一切就绪(然而,区别之一是民主来到那些亚洲国家不是军事侵略的结果)。

第三个主题是"火神派"对美国军事能力特别乐观的评价。这是一个在对自由主义理想或美国善行的信仰之外的因素。人们可能原则上赞成伊拉克或中东其余的地方需要民主,但可能得出结论认为,实现这一目标超出了美国的资源。美国可能没有达成实现其目标所需要的资金、部队、决心和耐久力;它的目标太高,它的预算或军队的部署都难以完成。"火神派"并没有因为这些障碍而放弃。三十年来,他们一直在坚持,美国并没有走下坡路,美国在国际事务上拥有比其他人相信的大得多的储备力量。

第四,入侵的决策表明"火神派"不愿与其他国家达成协议或妥协。尽管在竞选演讲中谈到联盟的重要性,但在他们看来,盟国少一点或没有盟国,比做出可能限制美国在海外行动自由的交易要好得多。确实,拉姆斯菲尔德曾一度暗示,美国如果不是渴望的话,至少愿意在没有其在国际事务中最亲密的盟国和伙伴英国支持的情况下开战。甚至连"火神派"里最愿意妥协的科林·鲍威尔,也毫不犹豫地支持了美国几个最重要的盟国(及联合国安理会其他主要成员国)所反对的军事入侵。

最后,伊拉克战争展示了"火神派"对五角大楼保罗·沃尔福威茨的幕僚们在冷战结束时起草的战略的承诺:美国应当把军事实力建设到这样一个水平,以至于任何国家若与之竞争,不但得不到好处,经济还会受到严重削弱。这篇1992年五角大楼报告的初稿,提到美国必须阻止任何可与之匹敌的大国的出现。后来,由沃尔福威茨的助手斯库特·利比改写并以切尼的名义于1993年初发表的版本,对"塑造未来安全环境"的需要描写得更加模糊。通过对伊战争和试图把中东民主化,布什政府为这个概念的含义提供了一个经典的例子。内部逻辑很简单。恐怖主义已成为对美国的主要安全威胁;而恐怖主义又主要兴起于中东;因此,"塑造未来的安全环境"就意味着改变中东的整个政治和社会结构。

有时,"火神派"称,理解他们侵略伊拉克决策唯一的因果关系背景是"9·11"的恐怖袭击。"'9·11'对我来说是个转折点,我看到恐怖主义可能不止杀害三千人,而是三十万或三百万人,"沃尔福威茨说。⑥

毫无疑问,"9·11"袭击对"火神派"和美国全国产生了同样深远的影响。问题是,是什么了影响了"火神派"对那场创伤的独特反应?并非所有的美国领导人都像"火神派"那样反应;并非所有的外交政策班子都会对恐怖主义宣战,而且决心越来越大,最后导致入侵伊拉克。"火神派"的决策和"9·11"后的选择掩盖的,是怎样的本能、态度和经历呢?我们可以在"火神派"前三十几年的经历和思想中,找到这些问题的答案。尽管他们有时否认,但"火神派"受到的是他们自己历史的影响。

入侵伊拉克,这一布什政府最重大的外交决策,以不同的方式影响着"火神派"的各个成员们。

这场战争比2001年的阿富汗战争还要突出地把唐纳德·拉姆斯菲尔德再次变成美国最显赫的公众人物。在他几乎每天举行的记者招待会上,拉姆斯菲尔德占领了五角大楼的讲台,表现出他惯常的自信。"华盛顿还有比他更杰出的情况介绍人吗?"《华盛顿邮报》一位记者这样问道。⑦ 职业军队领导人被笼罩在拉姆斯菲尔德的阴影里;没人能像科林·鲍威尔在担任参联会主席期间或诺曼·施瓦茨科普夫在"沙漠风暴"行动中那样被允许占据舞台的中心。

开战几天后的短暂时间里,拉姆斯菲尔德似乎陷入了严重的麻烦之中。当美军部队放慢了向巴格达的推进,而美国似乎正在走进一场艰难而漫长的斗争时,批评者谴责拉姆斯菲尔德制订的计划有失完善。有些人,包括退休的军队领导人抱怨,这位国防部长批准进行了一场人力不足的入侵。"对打仗,我比他[拉姆斯菲尔德]懂得多多了,"巴里·麦卡弗里将军说,"问题在于,他们选择用一个装甲师奔袭250英里进攻巴格达,没有后方掩护,也没有第二条战线。"⑧ 但是,仅仅几天之内,美军就开进了巴格达,伊拉克的抵抗瓦解了,对拉姆斯菲尔德作战计划的攻击随之很快就停止了。

拉姆斯菲尔德傲慢好战的态度在战争结束时给他带来进一步的麻烦。当爆发了抢劫,巴格达情况恶化到一片混乱时,国防部长对这些新闻的反应漫不经心,把它看做战争和专制政权终结的预料之中的副产品。"总会出点乱七八糟的事的!"拉姆斯菲尔德冷嘲热讽地说,"是够乱的,自由就是会乱。"⑨ 32年前,作为尼克松政府一名年轻的国内政策官员,拉姆斯菲尔德曾自告奋勇去负责东南亚的战后重建,从而步入了外交政策领域。现在他作为国防部长,对战后发生的事情,显然没有像对战争本身以及发展美军的未来战争能力的任务那么浓厚的兴趣。

对拉姆斯菲尔德来说,出任布什政府的国防部长,是一个难得的角色。拉姆斯菲尔德70年代掌管五角大楼时,美国正努力从军事失败中恢复元气,没有爆发新的战争,美国的外交政策基本上由国务院决定。此次他掌管的五角大楼,则是个积极在海外从事军事行动并已成为美国外交政策的动力的机构。五角大楼给了拉姆斯菲尔德一个机会,去展示他与媒体周旋的技巧以及重组和震慑大机构的能力。国防部长的工作也使他有没完没了的官僚仗要打,有形形色色强大的个人和机构利益要他去挑战。

他从未成就早年当美国总统的抱负。拉姆斯菲尔德命中注定要成为美国最完美的战争部长,一个有时看起来甚至权盖总统的内阁部长。他在第二个布什政府里的表现大概能使他的前老板尼克松精神振奋。

美国入侵伊拉克并不能算是科林·鲍威尔的个人胜利。美国的军事战略表明,五角大楼已开始背离鲍威尔的作战方法;伊拉克战争强调的不是占有压倒优势的军队,而是速度和机动性。战后对伊拉克的占领看起来也与鲍威尔及其上司国防部长卡斯帕·温伯格在80年代确立的谨慎原则大相径庭:长期投入美军部队,但对何时及如何结束作战则没有任何明确的计划。

鲍威尔是"火神派"成员之一。在长期的职业生涯中,他在美国政府中担任过的高级外交政策职务比其他任何人都多。然而他运气不好,在一个经常极度不信任外交的政府里当了国务卿。鲍威尔在解决问题和管理方面具有相当高的技能。他从不装扮成一个幻想家,虽然在"9·11"袭击后,国务卿这个职务有时似乎需要点想象力。美国正处在重新确定与其他国家关系的过程中。布什政府的其他人明确提出了他们对世界的设想,美国在这个世界里首先必须依靠自己的军事力量。鲍威尔没有提出明确的选择。

鲍威尔的作用,以及他与另外几个人在其他时间和地点发挥的作用非常奇特。他是一个忠实的亲信兼有异议嫌疑的人,一个一边执行领导的政策,同时试图改造和缓和这些政策以便使公众更容易接受的高层官员。鲍威尔是美国的周恩来,周是中国总理,是毛泽东的副手。鲍威尔像周恩来一样,最受他为之工作的政府的反对派所钦佩,最不受这个政府最狂热的支持者欢迎。这两派往往认定他私下里在反对人们看到他在公众面前执行的政策。但鲍威尔对这些政策的反对从未激烈到要辞职的地步,而且,他也继续得到他为之辛勤工作的领袖的支持。

伊拉克战争接近尾声时,众院前议长纽特·金里奇公开发起了一场反对鲍威尔领导的国务院的攻势,谴责它削弱了总统的政策,未能为美国赢得海外支持。"美国无法用一个破碎的外交工具来领导世界,"与切尼和拉姆斯菲尔德关系久远的金里奇宣称。常务副国务卿阿米蒂奇的粗鲁回应令人难忘:他说,金里奇是个"无可救药的家伙"。⑩

白宫与这些尖酸刻薄的讥讽保持着距离,但这显示出,自布什上台以来主要在暗地里与鲍威尔作对的鹰派,在伊拉克战争后,变得越来越愿意公开向他挑战了。

鲍威尔在"火神派"的历史中曾经起过关键作用。他在越战后几十年恢复美军实力的过程中一直是领军人物。但随着他公职生涯结束的来临,人们仍然不清楚他的遗产、他关于谨慎和占压倒优势的军队的观点在多大程度上能够延续下去。

与以往一样,康多莉扎·赖斯巧妙地设法置身于这场交火之外。在老布什政府里,赖斯通常能让有关苏联政策连续不断的辩论双方都认为她站在他们一边。在小布什政府里,她再次避免被打上任何特定派别或意识形态的标记。

那些反对入侵伊拉克的人主要把愤怒指向政府里的其他人,指向切尼、拉姆斯菲尔德、沃尔福威茨和总统本人。他们很少注意赖斯。尽管身为国家安全顾问,她悄悄地起着至少与其他人同样重要的作用。她是推动起草新国家安全战略的主要人物,该战略奠定了先发制人战争的框架。在伊拉克战争的全过程中,她是白宫的协调人以及总统最亲密的顾问。战后,政府对自己在中东的使命采取了扩张性的认识,而她成为其主要代言人。赖斯开始论述美国及其盟国需要付出"一代人的努力"来实现给该地区的政治改革。⑪

战争结束几个月后,结果证明赖斯在伊拉克的大规模杀伤性武器问题上允许总统向美国人民提供了虚假情报信息,于是,赖斯作为国家安全顾问的表现受到了质疑。⑫ 但是,对她的批评似乎站不住脚。赖斯,这位"火神派"最年轻的成员,看来有可能把他们的遗产带进未来的政府。

与康多莉扎·赖斯相反,保罗·沃尔福威茨从不设法主要在幕后运作。长久以来,他太愿意在公众面前显示自己的强硬立场了。沃尔福威茨已成为布什政府中与入侵伊拉克联系最紧密的官员。在入侵过程中,在战区内工作的美国人给这位国防部副部长起了个绰号叫"阿拉伯的沃尔福威茨"⑬,这个绰号反映了沃尔福威茨寻求推翻萨达姆·侯赛因和向中东推行民主的执着、激情,有时甚至是浪漫的热情。

尽管有这些关于他的成见,但他心底的动机仍然是个谜。沃尔福威茨支持运

结束语

用美国军事实力作为工具来实现推进美国的理想这一更大的目标吗?或者情况刚好相反?他是否将民主事业当成了提高美国实力这一更大目标的手段?与亨利·基辛格等人的战略思考相反,沃尔福威茨认为,他关于美国外交政策的前景的设想源于理想主义。这种理想主义是真心实意的,但是,如果我们审视一下沃尔福威茨漫长的职业生涯,也会发现他的理想主义总是跟随在对美国利益的精明判断之后。沃尔福威茨是最先警告伊拉克威胁的人。值得记住的是,他在70年代后期对这个国家的兴趣,是由于对某些敌视美国的政权可能会支配波斯湾石油储备的恐惧引起的。相同的战略考虑在其后的四分之一世纪里继续影响着沃尔福威茨的思维;自由和民主的理想是他后来才开始考虑的事情。

在反省自己漫长的经历时,沃尔福威茨曾说过,他在80年代初曾一度把注意力从中东转到东亚,"这就像从压抑、窒息的房间里走出来,走进阳光和新鲜的空气里一样"。他说,在东中,人们只知道如何制造问题;在东亚,人们知道如何解决这些问题。⑭ 但对沃尔福威茨来说,那个窒息的房间是无法永远逃避的。美国决定入侵伊拉克之后,沃尔福威茨的未来看来比任何其他"火神派"人士都更紧密地与中东事件的结局连在了一起。

理查德·阿米蒂奇在入侵伊拉克的事情上没起过任何主要作用。在战争进程中,他做着国务院的工作,协助鲍威尔运转着这个组织,管理它的预算和人事以及其他行政管理事务。他参加了部际会议。但这个曾一度希望能为布什政府掌管五角大楼的人,却在远处观望这场新的军事行动。

这是自相矛盾的。阿米蒂奇以其个人生涯和教养,是"火神派"中最能代表美国武士的精神的。实际上,他曾经正是布什政府希望派往伊拉克的那种士兵。阿米蒂奇了解特种部队,也了解秘密行动,但不是通过华盛顿的会议,而是通过艰难顽强地穿越越南的村庄。他曾一次次志愿参加战斗,并且慢慢爱上了他在其中战斗的国家。他反对过谈判解决,对美国从越南的军事撤退怨恨不已。三十年后的今天,阿米蒂奇在新的军事冒险中被纳入了另册,而他的经历本来是可能使他有所作为的。

表面上,阿米蒂奇权力旁落的根源是他与鲍威尔的友谊及其对鲍威尔的忠诚。那是布什政府组阁时让他没能在五角大楼任职的原因,也是拉姆斯菲尔德与他关系冷淡的根本原因。但更深层次的问题是,阿米蒂奇与布什政府的高层官员有些格格不入。他不像切尼那样冷漠超然,不像拉姆斯菲尔德那样无情,不像沃尔福威茨那样理智,也不像赖斯那样擅长政治手腕。他是个被保守派包围的共和党中间派。

2003年整个夏天和秋天,美国都在竭力镇压反对其占领伊拉克的日益顽强的游击战。在布什政府高层内,阿米蒂奇是唯一有过游击战经验的官员;实际上,他曾在军队里担任过反叛乱教官。然而,他的经验又一次没有派上用场。

阿米蒂奇并不比鲍威尔更有远见。像鲍威尔一样,他并没有准备为美国在世界上的作用提供什么宏伟的概念。实际上,阿米蒂奇在2003年夏天说过,到他常务副国务卿的四年任期结束时,很可能已经江郎才尽了。他正计划在一个四年的任期结束时离开布什政府[15]。

入侵伊拉克在多种意义上是迪克·切尼的战争,正如乔治·W.布什的政府在某些意义上是切尼的政府一样。在最高层,这位副总统是发动把萨达姆·侯赛因赶下台的战争的主战派领军人物。在布什政府内部,切尼也是力争伊拉克拥有大规模杀伤性武器的人。开战前一年,切尼许多次到访中央情报局,与中情局的分析人员讨论有关伊拉克武器计划的证据。对于一位美国副总统来说,这种事必躬亲的作用是非同寻常的[16]。

在乔治·W.布什政府里工作,使得切尼比在福特政府和老布什政府里能更自由地表达其坚定的保守派观点。他独特的天赋,正如他在职业生涯早期就意识到的一样,是他能够传递一种让人宽心的庄重感;无论他谈论什么,切尼都能说得那么理所当然,那么有道理和不证自明,以至于听者往往不会产生任何疑虑。他冷静的风度和商会式的精明气质,一度曾使得国会记者不准确地(也让切尼自己很生气地)把切尼描绘成"温和派",却称那些观点和投票记录相似的人为保守派。其实,切尼的官越高,就变得越保守。

90年代中期,切尼发现,他自己无法成功地竞选总统。他没有足够的资金、知名度和公众吸引力。但是,切尼设法挂上了乔治·W.布什,而后者被证明是美国政治历史上最精通筹款的人。结果,这一伙伴关系给了切尼向总统职位寻求的大部分东西(掌管联邦政府的主要角色),又免去了这个职位中他最不喜欢的东西(总统职务仪式性和象征性的方面)。

在军事和情报问题上,曾为前国防部长和众院情报委员会成员的切尼,在布什政府内部决策中发挥了非同寻常的影响。他有自己的办公厅,前助手的网络遍布外交机构;他们清楚地认识到,他对国防和外交政策问题是严肃认真的。这个

结束语

RISE OF THE VULCANS
The History of Bush's War Cabinet

由助手和前助手组成的网络,与切尼一起推动了旨在推翻萨达姆·侯赛因的军事干涉。在伊拉克战争中,在美军攻占巴格达前一天拍的一张照片上,切尼高兴地指着沃尔福威茨,他的办公厅主任斯库特·利比、国防部副部长道格拉斯·菲斯和沃尔福威茨一起坐在副总统身后:处于胜利巅峰的鹰派人物们。[17]

从给拉姆斯菲尔德看门、负责邮寄圣诞卡的名单和修理白宫下水管道的时期起,切尼走过了漫长的旅程。他已经成为美国历史上权力也许是最大的副总统。

从1968年到2003年的35年间,"火神派"代表着美国整体的心态和信念。这6位共和党外交政策老手能比他们的民主党同行在政府行政部门积攒更多经历的原因之一,其实是因为这个国家总体上不断在选共和党人来担任总统。

在这个时期里,共和党人在9次总统竞选中6次获胜,确立了可与民主党人在1936—1968年期间相比的对白宫的支配地位。诚然,外交政策并非共和党人获胜的唯一原因,但它肯定是个重要的因素。越南曾导致尼克松的胜利;伊朗革命和第二次石油危机使里根得以击败了吉米·卡特;迈克尔·杜卡基斯的形象导致人们对他在国家安全方面是否有经验的疑问,帮助乔治·H.W.布什赢得了1988年的选举。

与民主党外交政策领袖相比,"火神派"本身往往有更紧密的联系,个人也更熟悉选举政治。其中的两位"火神派"人士(拉姆斯菲尔德和切尼)在国会干过,赢得过选举和连选连任;2000年切尼作为副总统候选人也面对过全体选民。确实,在一个时期或者另一个时期,三位"火神派"人士(拉姆斯菲尔德、切尼和鲍威尔)本人曾认真不认真地考虑过竞选总统。民主党中则几乎找不到能与之相比的人物。在民主党政府中掌管外交政策的人一般都不是政客。[18] 相反,对外交政策真正有兴趣的民主党政客,如前副总统阿尔·戈尔,则从未获得过像切尼、拉姆斯菲尔德和鲍威尔以前在担任国防部长或参联会主席时获得的那种管理官僚机构的内阁层面上的具体经验。对民主党人而言,外交政策和选举政治是分开的职业;而对"火神派"来说,它们是紧密缠绕在一起的。

除了与选举政治的这些纽带以外,在1968年到2003年期间,"火神派"也往往比民主党人更能代表军队的观点。他们通常支持更庞大的军事预算、更野心勃勃的战略,这些都是能够为五角大楼带来好处的立场。即便"火神派"在野时,他们仍然会与国家安全机构保持密切联系。当美国政府在80年代的秘密计划中选择可能在核战争中管理美国的人选时,切尼和拉姆斯菲尔德是被选上的三人之二,这是颇有启示意义的。

简言之,在35年时间里,可以说"火神派"代表了为追求美国不可挑战的军事实力而不懈努力的这一代人。许多美国人不同意他们的观点,这种分歧却不足以把他们长时间地排斥在权力之外。[19]

当"火神派"与世界打交道时,他们就是美国的替身:美国的政府、国家安全机构、政治信念和选择。

剩下的问题是,2003年攻打伊拉克是否标志着历史的又一个转折点。它是否代表了扩张美国实力和理想的外部极限?按照"火神派"的观点,显然不是如此;在他们的描绘中,伊拉克只是走向整个中东民主化征程中的一个驿站。

然而,占领伊拉克的困难有多大,代价有多昂贵,还不清楚。更重要的是,美国人民能在多大程度上会支持在整个一个地区和文化实现民主化的目标,也是不确定的。尽管他们与选举政治联系密切,这是否是"火神派"超越了美国人民的意愿、情绪和资源的一个例子?或者反过来,美国公众是否会再次支持他们关于美国能力的扩张性和乐观的观点?

毫无疑问,"火神派"在伊拉克的冒险源于他们在前35年中对美国在世界上的作用的思考。它代表了"火神派"在冷战到冷战后时期形成的思想过渡的最后一步,即美国必须强调军事实力,必须传播它的理想,决不接受其他权力中心。

当代历史学家在过去几年里已经描绘了一幅世界事件的图景,其中,一个时代,即冷战的时代,已经在1989年结束,一个新时代,即冷战后时代,自那时起开始了。但在这幅图画中隐藏着完全不同的另一部历史陈述,它从1989年以前的20年开始,在1989年之后又继续了至少15年。它讲述的是追求世界无敌的美国实力的故事,是"火神派"崛起的故事。

注　释

① 对一位法国高级外交官的采访。
② 2003年7月23日国防部副部长保罗·沃尔福威茨主持的新闻吹风。
③ White House transcript, "Remarks by the President from the USS *Abraham Lincoln* at SeaOff the Coast of San Diego," May 1, 2003.
④ Vernon Loeb, "'Guerrilla' War Acknowledged; New Commander Cites Problems," *Washington Post*, July 17, 2003, p. A1.

⑤ Dana Priest and Walter Pincus,"Search in Iraq Finds No Banned Weapons," *Washington Post*, October 3, 2003, p. A1. 尽管未发现储存的大规模杀伤性武器,凯报告,伊拉克一直在违反联合国决议而进行研究和其他活动。

⑥ 2003 年 6 月 19 日对保罗·沃尔福威茨的采访。

⑦ Robert G. Kaiser,"The Briefing: Rumsfeld's E-Ring Circus," *Washington Post*, March 22, 2003, p. C1.

⑧ Thom Shanker and John Tierney,"Top General Denounces Internal Dissent," *New York Times*, April 2, 2003, p. A1.

⑨ 国防部长唐纳德·拉姆斯菲尔德和理查德·迈尔斯将军,国防部定期新闻吹风,2003 年 4 月 11 日。

⑩ 纽特·金里奇 2003 年 4 月 22 日在美国企业研究所的讲话——《改革国务院》。Newt Gingrich,"Rogue State Department," *Foreign Policy*, issue 137(July-August 2003), pp. 42-48;阿米蒂奇的话引自 Barbara Slavin,"Gingrich Takes Swipe at State Department," *USA Today*, April 23, 2003, p. 8A。

⑪ 康多莉扎·赖斯在全国黑人记者协会第 28 次年会上的讲话,2003 年 8 月 7 日。

⑫ Dana Milbank and Mike Allen,"Iraq Flap Shakes Rice's Image," *Washington Post*, July 27, 2003, p. A1.

⑬ Jane Perlez,"Iraqi Shadow Government Cools Its Heels in Kuwait," *New York Times*, April 3, 2003, p. B9.

⑭ 对沃尔福威茨的采访。

⑮ 2003 年 6 月 23 日对理查德·阿米蒂奇的采访。

⑯ Walter Pincus and Dana Priest,"Some Iraqi Analysts Felt Pressure from Cheney Visits," *Washington Post*, June 5, 2003, p. A1.

⑰ 沃尔福威茨的新闻秘书凯文·凯勒姆斯不允许本书使用该照片。

⑱ 两个例外是曾当过卡特总统国务卿的前参议员埃德蒙·马斯基,和曾当过克林顿总统第一个国防部长的前众议员莱斯·阿斯平。但这两个人在各自的外交职务上工作都不到一年。

⑲ 1968 至 2003 年期间,共和党在野时间超过一届总统任期是在克林顿政府期间。但那次,共和党在克林顿执政两年后控制了国会,如第 15 章所解释的,"火神派"的一些成员与国会山上的共和党领导层也有密切合作。

致谢

我交了好运。2001年的早秋时节,我获得了在美国外交政策领域中的思想库及最重要的研究中心——战略与国际研究中心撰写我下一部著作的机会。接下来的两年中,战略与国际研究中心成为我研究并写作《"火神派"的崛起》的大本营。尤其要提及的是,甚至在还不知道我将要撰写的书的主题、也没有看到完成并交付的手稿内容之前,该研究中心的人们便欣然接纳了我,让我得以阐述一个作者的独特观点。在我看来,他们的宽容,证明了战略与国际研究中心对各种思想包容并蓄和对自由探索精神的承诺。不言而喻,战略与国际研究中心对本书的内容不承担责任;书中的思想和观点完全是我个人的。

我要特别感谢战略与研究中心的两位人士:中心主任John Hamre和国际安全项目主任Kurt Campbell,感谢他们为我提供的巨大支持。我同样要感谢Stephanie Kaplan,Julianne Smith和Jessica Cox,正是他们的协作,使我为之工作的国际安全项目得以运转。我还要对三位能干的助手深表感谢,他们前后各为我工作了几个月,协助了本书的研究工作。其中Andrew Peterson为我准备好档案材料,使我得以启动写作工作;Valerie Lincy做了进一步的研究,并提出了非常有价值的见解;Brian Kennedy为研究工作收尾、收集照片,在帮助编辑手稿上展示了

致谢 | RISE OF THE VULCANS
The History of Bush's War Cabinet

出色的技能。

我还要感谢杰拉尔德·福特图书馆,该馆为我提供了旅行经费,使我得以在 2002 年夏季的几天到安阿伯查阅该馆的总统档案。档案总监 David A Horrocks 和他在福特图书馆的工作班子,对我提供了巨大帮助,帮助我查阅了福特政府时期中有关迪克·切尼和唐纳德·拉姆斯菲尔德的信息。

最后我要感谢另一个不凡的机构——《洛杉矶时报》,我曾在该报供职 20 多年,在此期间,我采访过若干位"火神派"成员,并对美国外交政策发生了浓厚的兴趣。当我决定放弃记者的每日写作报道,转为专职著书时,编辑 John Carroll, Dean Baquet 和华盛顿记者站主任 Doyle McManus 都给予理解,表现出了宽厚,并予以支持。

我为本书进行过一百多次的访谈,有时对同一个人进行过反复访谈。为此我感谢以下这些人,他们都为我的研究提供了有益的想法、见解和信息:Morton Abramowitz, Elliott Abrams, Harry Aderholt, Richard Allen, Martin Anderson, Michael Armacost, Richard Armitage, Scott Armstrong, Jeffrey Bergner, Coit Blacker, Dennis Blair, Tom Blanton, Robert Borosage, Frederick Brown, Zbigniew Brzezinski, François Bujon, John Carbaugh, Frank Carlucci, Richard Childress, Chris Cox, Susan Crowder, Matt Daley, François Delattre, Kenneth Duberstein, Robert Ellsworth, Fritz Ermath, Robert Fauver, Jeffrey Fiedler, Daren Flitcroft, Carl Ford, Francis Fukuyama, Frank Gaffney, Len Garment, Dave Gribben, David Hatcher, Kent Harrington, Charles Horner, Fred Iklé, Karl Jackson, Chalmers Johnson, James Kelly, Geoffrey Kemp, Zalmay Khalilzad, Jeane Kirkpatrick, Lawrence Korb, William Kristol, Jean-David Levitte, I. Lewis(Scooter) Libby, James Lilley, Maleela Lodhi, Edward Luttwak, Robert McFarlane, Michael McFaul, Michael Malbin, Mike Matrinko, William Odom, Douglas Paal, Torkel Patterson, Michael Pillsbury, Jonathan Pollack, Colin Powell, James Reichley, Condoleeza Rice, Larry Ropka, Dennis Ross, Stanley Roth, Henry Rowan, Robin Sakoda, Jean-André Sauvageot, James Schlesinger, Gary Schmitt, Bill Schneider, Randall Schriver, Brent Scowcroft, Richard Secord, George Shultz, Kiron Skinner, Stephen Solarz, Ed Timberlake, Bill Triplett, Chase Untermeyer, Erich von Marbod, Susan Wallace, Paul Wilkinson, Peter Wilson, Paul Wolfowitz, James Woolsey, Dov Zakheim and Philip Zelikow。除此之外,还有一些我无法披露姓名的人,对他们,我同样充满感激之情。

两位杰出的历史学家、我的好友,孔华润(Warren I. Cohen)和唐耐心(Nancy Bernkopf Tucker)不厌其烦地阅读了本书的手稿,并提供了反馈和修改意见。另外两位才华横溢的朋友,Henry Allen 和 Ellen Bork,就手稿的部分内容也提出了有价值的建议。他们都对本书鼎力相助,但是他们不对书中的观点和阐述承担责任。

最后,尤其要感谢的是维京企鹅出版公司的善解人意并善于鼓舞人的编辑 Andrian Zackheim,甚至在布什政府外交政策团队似乎还是一个模糊的话题时,他"慧眼识珠",看到了这本书构思的意义,并愿意支持这本书的完成。在该出版社,Mark Ippoliti 同样也给予了我宝贵的帮助。在本书完成的过程中,我有幸有 Rafe Sagalyn 做我的代理,正是他鼓励我去实现写一部集体传记的想法。

的确,没有我妻子卡罗琳的帮助,我无法完成我的前两部书。同样,没有她,我根本不可能完成此书。我的两个业已成年的孩子伊丽莎白和特德给我带来的幸福,对我的帮助更是无以言表。

RISE OF THE VULCANS
The History of Bush's War Cabinet

译者分工

韩　红：前言，第 1—11、13、14 章，
　　　　图片文字说明，全书统稿；

田　军：第 12、15、19—21 章，
　　　　结束语；

肖宏宇：16—18 章、致谢